新编高等院校
金融类
系列教材

农村金融学

(修订本)

NONGCUN JINRONGXUE

主 编 唐青生

中国金融出版社

责任编辑：贾　真
责任校对：张志文
责任印制：陈晓川

图书在版编目（CIP）数据

农村金融学/唐青生主编． —修订本． —北京：中国金融出版社，2019.10
ISBN 978 – 7 – 5220 – 0301 – 6

Ⅰ．①农…　Ⅱ．①唐…　Ⅲ．①农村金融　Ⅳ．①F830.34

中国版本图书馆 CIP 数据核字（2019）第 215839 号

农村金融学（修订本）
Nongcun Jinrongxue（Xiudingben）

出版 中国金融出版社
发行

社址　北京市丰台区益泽路 2 号
市场开发部　（010）63266347，63805472，63439533（传真）
网 上 书 店　http://www.chinafph.com
　　　　　　（010）63286832，63365686（传真）
读者服务部　（010）66070833，62568380
邮编　100071
经销　新华书店
印刷　保利达印务有限公司
尺寸　185 毫米 × 260 毫米
印张　18.25
字数　410 千
版次　2019 年 10 月第 1 版
印次　2019 年 10 月第 1 次印刷
定价　46.00 元
ISBN 978 – 7 – 5220 – 0301 – 6
如出现印装错误本社负责调换　联系电话（010）63263947

修订说明

承蒙读者厚爱，本书得以修订再版。本书自2014年9月首次出版以来，至今已整整五年。五年来，农村金融学作为一门应用型学科伴随我国农村经济社会的快速发展而不断发生着变化。同时，我国农村金融改革与实践的快速发展也对理论与政策提出了更新、更多和更高的要求，迫使我们的教材跟上学科发展与政策实践的步伐。基于此，本书进行了再次修订。

本书第二版修订主要侧重于以下三个方面：一是在时效上，对部分较为陈旧的指标数据尽可能进行更新，以体现最新性；二是在业务政策上，对一些相关业务、政策与制度的变化进行了相应的补正，如存款保险制度的正式实施，银监会和保监会合并为银保监会，部分农村金融机构职能定位与业务的变化等；三是在系统性上，对相关文件、涉农金融机构发展历程阶段等进行跟踪与补述，使之能够相互连贯与比较，从而显得更为完整与系统。

但是，囿于部分资料获取难度大，有的资料来源渠道不一致，口径不统一，难免造成部分数据缺失或不精准。加上时间与能力有限，书中肯定还有不少地方存在遗漏甚至错误，恳请广大读者批评指正。

唐青生
2019年9月

第一版序

唐青生教授请我为他主编的教材作序，欣然应允乃为鼓励他多出佳作。唐教授当年的博士学位论文即以《西部农村金融资源配置研究》为题，获鄙校优秀博士论文奖。而后他又获得国家社会科学基金项目资助，得以继续深化相关问题的研究。今天我们欣喜地看到，唐教授及其研究团队拟将他们长期研究的积淀转化为《农村金融学》教材并正式出版，实现科研为教学服务之目标，实在可喜可贺。

综观全书，个人觉得有以下亮点：第一，对涉及农村金融的相关基本理论、主要金融机构、主要金融业务、主要风险及其监管等问题，进行了较为全面的介绍，方便应用该教材的师生系统掌握相关理论和知识；第二，对改革开放三十多年来中国农村金融改革发展历程进行了梳理，并引导读者深入探讨农村金融改革的新问题；第三，分析了主要代表性国家的农村金融体系及其运作经验，有益于读者从中获得推进我国农村金融改革的启示；第四，理论分析与具体实务的篇章结构安排合理，既有对农业信贷补贴论、农村金融市场论和不完全竞争市场论等农村金融理论的阐述，又有对农村金融市场的供求分析，还有对农村银行、保险、租赁、担保、小额信贷等业务的精要介绍。

中共十八届三中全会发布的《中共中央关于全面深化改革若干重大问题的决定》明确指出，"推进城乡要素平等交换和公共资源均衡配置""保障金融机构农村存款主要用于农业农村"。中共中央、国务院《关于全面深化农村改革加快推进农业现代化的若干意见》（2014年1号文）进一步强调"加快农村金融制度创新"。上述重要文件表明，我国农村金融改革不仅任重道远，而且是解决"三农"问题的关键"抓手"之一。唐青生教授主编的《农村金融学》出版可谓正逢其时。

尽管该书的某些体例不尽完美，某些理论和问题探讨也有值得商榷之处，但总体观之瑕不掩瑜。该书为农村金融教学提供了一本与时俱进的新教材，也是相关从业者不可多得的参考读物。是为序。

刘惠好

全国政协委员、中南财经政法大学教授、博士生导师

二〇一四年二月十八日

第一版前言

1978年底，党的十一届三中全会召开，这标志着我国改革开放大幕正式拉开。我国改革开放最早始于农村，走的是农村包围城市的道路，家庭联产承包责任制作为我国农村经济改革的突破口，引发了我国农村的第一次巨变。1984年随着改革重心从农村转移到城市和市场经济体制改革的不断推进，我国的城乡关系问题、区域发展问题和"三农"问题日益凸显。2000年后，随着"三农"问题上升为国家战略，以及"西部大开发""城乡统筹"和"新农村建设"的提出，农村经济与金融发展逐渐成为全国上下高度关注的热点问题和重大问题。党的十七大报告明确指出，"三农"问题"事关全面建设小康社会大局，必须始终作为全党工作的重中之重"。很显然，"三农"问题已经成为阻碍我国整体经济社会全面发展的重要"瓶颈"，它不仅是一个重大的经济问题，更是一个重大的政治问题，关系到我国改革开放的成败甚至执政党的安危。同时，我国既是一个经济正在转型的新兴市场经济国家，也是一个发展中大国，更是一个农业大国，13亿多人口还有将近一半在农村，因此，党中央、国务院高瞻远瞩，对"三农"问题高度重视，顺大势、得人心。

自2004年以来，党中央连续下发了关于"三农"问题的一号文件，把"三农"问题提到了一个前所未有的高度，显示出我国政府解决"三农"问题的决心和信心。由此可以看到，我国农村的第二次巨变正在或已经到来。

"金融是现代经济的核心"，邓小平同志一针见血地指出了当今经济与金融的关系。那么，如何破解"三农"问题，以什么作为突破口呢？我们认为，农村金融是现代农村经济的核心，唯有农村金融才能从根本上破解"三农"难题从而成为重要的突破口。这是因为：第一，资金是国民经济的"血液"，农村经济也不例外；第二，资金和资本是经济发展的重要动力"引擎"，具有第一推动力和持续推动力的作用，农村经营主体的简单再生产和扩大再生产活动离不开资金的支持；第三，作为虚拟经济的重要组成部分，运用得好能够发挥出引领并活跃实体经济的作用。因此，研究农村金融，从理论和实际出发，了解我国农村金融的发展情况和存在的问题，分析其背后的深层原因，学习借鉴国外农村金融发展的经验，并由此提出有针对性的对策建议，对我国农村金融发展具有重要的理论和现实意义。

因此，我们多年来一直想编写一本农村金融学教材，通过各位同仁的共同努力，现在终于付梓印刷了。本书具有以下四个特点：

第一，内容覆盖较为全面。对涉及的农村金融理论、农村金融机构及其产品业务进行了较为详尽、系统的介绍，以使初学者对农村金融有一个比较全面的、概括性的了解。

第二，理论与实际紧密结合。农村金融理论的一般介绍与我国农村金融改革实践紧密结合，让学习者了解我国农村金融改革发展的现状与存在的种种问题，从而拉近他们与现实的距离。通过实际问题的反复引导，培养学生理论分析、独立思考、接触和解决实际问题的能力。

第三，历史与现实问题相结合。通过对我国农村金融组织体系发展历史的介绍，使学习者能够较好地了解其发展脉络和相互关系。通过对农村金融供给与需求矛盾的剖析、农村金融改革艰难历程的回顾和农村金融改革目标及其发展思路的分析，使学生认识到我国农村金融改革任重道远和进一步改革的方向。

第四，前沿性和启发性。本书尽可能引用、借鉴当今国内外农村金融研究的一系列最新研究成果，尤其是对我国农村金融现状、问题和发展思路的阐述，对国外农村金融理论和实践的介绍，无论对初学者还是入行者都具有一定的启发作用。

本书适合作为财经类金融专业学生、金融机构员工学习、培训的教材，也适合作为对农村金融知识有兴趣人士的参考书。

本书由唐青生负责总体框架设计并修改总纂。本书共由九章组成，主要编写人员为云南财经大学金融学院教师，具体分工如下：第一章、第二章唐青生；第三章第一、第五、第六、第七节何锦，第二、第三、第四节杨慧；第四章张建友；第五章第一、第二、第三节樊永勤，第四、第五节梁隆斌；第六章陈爱华；第七章陈永忠；第八章吴永兴；第九章孙文军。以上人员绝大多数是教授、副教授和博士，富有多年的教学经验和较多的农村金融研究成果。

但是，由于时间较紧，资料有限，以及水平所限，本书作为我们共同努力而形成的一个阶段性教学研究成果，无论体例还是内容方面必然存在诸多缺陷，恳请广大读者批评指正。

目 录

1	**第一章 农村金融学导论**
1	第一节 研究农村金融的意义
4	第二节 农村金融学研究的逻辑起点
14	第三节 农村金融学的研究对象与研究目标
16	第四节 农村金融学的研究方法
19	第五节 农村金融学的框架内容
21	**第二章 农村金融学基本理论**
21	第一节 农村金融概述
29	第二节 现代金融发展理论
34	第三节 农村金融理论
45	**第三章 农村金融组织体系**
45	第一节 新中国农村金融组织体系的演变与发展
51	第二节 中国农业银行
59	第三节 中国农业发展银行
68	第四节 农村信用社
79	第五节 中国邮政储蓄银行
82	第六节 新型农村金融机构
94	第七节 农村非正规金融体系
103	**第四章 农村金融业务**
103	第一节 农村银行业务
121	第二节 农村保险业务
127	第三节 农村典当租赁业务
129	第四节 农村担保业务
131	第五节 其他农村金融业务

135	**第五章**	**农村小额信贷**
135	第一节	农村小额信贷的定义与特点
138	第二节	农村小额信贷的产生与发展
144	第三节	农村小额信贷的发展现状与问题
148	第四节	农村小额信贷的运作
161	第五节	农村小额信贷的模式及其选择
170	**第六章**	**农村金融供给与需求**
170	第一节	农村金融供给
177	第二节	农村金融需求
187	第三节	农村金融供求失衡及其原因
194	**第七章**	**农村金融风险与监管**
194	第一节	金融风险管理与监管理论框架
200	第二节	农村金融风险概述
203	第三节	农村金融风险管理
212	第四节	农村金融风险监管
217	**第八章**	**国外农村金融**
217	第一节	美国的农村金融
226	第二节	日本的农村金融
233	第三节	印度的农村金融
237	第四节	孟加拉国的农村金融
240	第五节	国外农村金融发展的启示
243	**第九章**	**我国农村金融的改革与发展**
243	第一节	我国农村金融改革基本历程
260	第二节	我国农村金融改革的总体目标
263	第三节	当前我国农村金融改革中存在的主要问题
267	第四节	深化农村金融改革的基本思路和政策措施
279	**参考文献**	

第一章

农村金融学导论

农村金融学是一门新兴学科,来自实践并对实践产生指导作用。本章主要对农村金融学的研究对象、研究目标、研究方法和研究内容等进行简要介绍,使学生或初学者对这门学科的理论框架与研究背景有一个基本的把握。特别强调在当今我国农村经济社会快速发展,以及新农村建设和城乡统筹下,研究农村金融的重要意义及其研究的逻辑起点必须立足我国"三农"发展现实,最终实现"三农"问题的逐步解决和城乡一体化目标。

第一节 研究农村金融的意义

一、资源配置与要素流动

现代经济增长理论认为,资本、劳动力、技术、管理等生产要素是推动一国或一个地区经济增长的主要动力。而随着经济的快速发展,资本或资金已成为经济社会发展的最核心要素和主要推动力,因而作为最稀缺资源,自然而然地成为资源中的资源。经济学研究的核心是资源配置,如何将最稀缺、最有限的资本或资金最广泛、最有效地动员和配置到国民经济的各个地区、各个行业、各个部门便成为摆在我们面前的重要难题。

在传统不发达经济中,商品经济决定着货币经济,商品流通的规模、结构和速度决定着货币流通的规模、结构和速度,商品流引导和决定着货币流,商品是第一位的、主导的,而货币是第二位的、附属的。而在发达的市场经济中则刚好相反,货币经济决定着商品经济,货币流通的规模、结构和速度决定着商品流通的规模、结构和速度,货币流引导和决定着商品流,货币是第一位的、主导的,而商品是第二位的、附属的。正因为如此,有人将我国目前的商品经济、市场经济称为货币经济、信用经济或金融经济。可见,货币、资金、资本、金融等已经成为我国经济的最重要形式与内容,其流动规模、结构、方向与速度已经影响到我国经济的运行发展。

与商品需要交换、交换产生价值一样,资金也需要流动,而流动产生价值。金融机构将居民个人、企业和政府部门的资金以存款的形式吸收进来,又以贷款的形式发放出去，这种货币资金的运动过程，也就是其价值增值的过程，即金融机构通过给存款人支付利息使存款人获得收益，而从借款人收取贷款利息使之付出资金使用成本，这样无论对存款人还是金融机构和借款人都带来了一定的价值，这种货币资金的运动形式已成为银行金融机构最基本的运作方式。

二、城市金融与农村金融

我国农村地域广大，人口众多，长期以来我国农业人口占总人口的70%以上，近年来，随着城镇化进程的不断加快，城镇人口快速增长，农业人口明显下降，目前城镇化率近60%。[①] 根据金融服务对象和地域空间不同，一般地我们可以将金融划分为城市金融和农村金融。简而言之，在城市设立主要为城市居民、工商业者和企业服务的金融称为城市金融，而在农村设立主要为农民和农村中小企业服务的金融称为农村金融。长期以来，我国城乡分治、城乡分割、重城轻乡，直接导致城市金融与农村金融发展的差距越来越大，农村金融由于身处农村，面向"三农"，机构多而散，业务产品单一，硬件设施落后，人员素质较低，经营管理不善，服务质量较差，因而与城市金融相比有天壤之别。城市金融则由于地域优势、人才优势、资金优势、政策优势等，使我国的金融资源绝大部分集聚于大中城市，享受着超垄断收益和各种金融特权。随着20世纪70年代末80年代初我国经济改革重心向农村的转移，农村迸发出了巨大的生机与活力，"万元户"如雨后春笋般涌现，城乡"剪刀差"开始缩小，农村金融也开始活跃，以信贷方式有力地支持了农民种植业、养殖业、个体工商业和农村乡镇企业的快速发展。但是农村改革好景不长，自1984年改革重心从农村转移到城市后，农村与城市的经济发展差距又开始进一步拉大，农村金融不被重视，以至于以农村为代表的广大落后地区越来越成为影响我国整个经济社会可持续发展和现代化进程的重大障碍与阻力，由此也加剧了我国东西部地区的差异和城乡二元经济的进一步扭曲。

三、"三农"问题与农村金融

20世纪90年代后期，随着"三农"问题[②]的提出，显示其已成为我国的根本性、全局性和战略性问题。"三农"问题的核心是农民，主要表现为农民收入低、增收难、城乡居民贫富差距大，实质上是农民的权利得不到保障；农村问题主要表现为农村面貌落后，经济不发达，道路水电等基础设施严重滞后；农业问题主要表现为农民种田不赚钱，农业生产方式落后，产业化和商品化程度低。由于党中央和国务院对"三农"问

[①] 国家统计局发布的有关数据显示，2018年底，我国人口总量为13.95亿人，城镇化率（城镇人口占总人口的比重）为59.58%。

[②] "三农"即农村、农民和农业，"三农"问题作为一个概念最早由经济学家温铁军博士于1996年正式提出，自此渐渐被媒体和官方广泛引用。2000年2月，湖北省监利县棋盘乡党委书记李昌平向时任国务院总理的朱镕基写信，反映了"三农"问题的严重性，他在信中说："农民真苦，农村真穷，农业真危险！"此后，"三农"问题得到了政府的高度关注和重视。2001年"三农"问题的提法开始写入文件，正式成为我国理论界和官方决策层使用的术语。中共中央于2003年正式将"三农"问题写入工作报告。

题高度重视，2004—2019年中共中央连续十六个一号文件都是关于"三农"问题的，各级政府也都将解决"三农"问题作为工作的核心与重点，并采取了一系列强有力的政策措施支持"三农"。农村金融自然成为"三农"问题化解中至关重要的一部分，因为"三农"问题归根到底是一个资金投入问题，而农村货币资金的组织、流通与管理靠的就是农村金融，因此，农村金融对于"三农"问题的解决有着至关重要的决定性作用。

我们知道，传统的小农经济、自然经济中，人们对商品与货币并不看重，他们需要的只是日复一日、年复一年的简单再生产，抱着老死不相往来、不愿意借贷、不屑于谈钱的根深蒂固的观念。我国计划经济的典型特点是高度的计划性和垄断性，从而使商品流通与货币流通的范围和作用被大大限制，各个经济主体没有积极性和主动性。目前我国已处于商品经济时代，市场成为它的"代名词"，而市场既需要交易主体和交易对象，也需要交易工具和交易媒体，而交易工具便是货币，交易媒体就是金融机构等中介服务机构。很难想象，在当今全球化的经济社会活动中，没有货币和金融机构这个世界会是怎样。由此可以推断，货币与金融正在史无前例地发挥着无以复加的威力，影响和改变着国家和人们的命运。

既然货币与金融如此重要，那么谁重视它、谁掌握它并运用好它，谁就得利受益。在1978年我国改革开放之前的计划经济时代，尤其在"文化大革命"中，金融抑制严重，不受重视。改革开放之后，金融的地位和作用才开始显现出积极可喜的变化，金融的规模与质量也得到极大提升。但在这个发展过程中，直到现在，城市金融还是占据着种种金融优势与特权，享受着种种金融便利与奢华，而农村金融相对逊色得多，不仅拥有的金融资源少，金融供给严重不足，而且金融服务体系不健全，一些偏远贫困的农村地区甚至存在金融服务网点空白与金融服务严重缺失现象。① 因此，在"三农"问题上升为国家长远发展战略并摆在十分重要的突出地位，以及我国"新农村建设""城乡统筹""西部大开发"等重大背景下，如何解决好"三农"问题，实行工业反哺农业、城市支持农村，城乡统筹，东部、中部、西部地区协调发展，推进城镇化等，都要求农村金融发挥更大的作用。

近年来，虽然我国农村金融改革创新不断，但农村金融供不应求的状况并未得到根本性改观，农村金融供求矛盾依然十分突出。回顾我国农村金融改革历程，不难发现，1978年开始的农村经济改革是在没有触动金融体制下自发进行的。农村经济改革取得初步成功后，从1984年开始，改革的重心便很快在政府的主导下转向了城市和工业。市场化过程中，城市和工业改革迫使政府通过金融向低效率的国有企业注入资金。20世纪90年代以后，连续不断的国际金融危机，使我国政府对金融的依赖变得谨慎起来，金融监管和控制也更加严厉。为化解国有金融风险，政府发起了以强化自我约束为特征的国有金融改革，国有金融开始收缩网点地域，大量从农村撤出，一些地方甚至出现金融服务空白现象，农村金融问题日益显露并不断恶化。由于缺少农村金融支撑，农村经济发育

---

① 中国银保监会统计，截至2014年底，我国农村金融机构网点空白的乡镇仍有1570个。

不足，农业产业化进程缓慢，进而又制约了农村金融发展，农村金融改革最终没有内生出适应现代农业和农村经济需求的农村金融。

为化解日益恶化的农村金融问题，缓解农村金融供求矛盾，我国开始实施农村金融"新政"。① 2007年2月8日，我国首家村镇银行——四川仪陇惠民村镇银行获准开业。2007年12月13日，我国首家由外资银行全资设立的村镇银行——湖北随州曾都汇丰村镇银行正式开业。作为农村地区新型金融机构的其中一项重要成果，村镇银行经历了2007年、2008年和2009年3年的缓慢发展，自2010年开始村镇银行有了相对明显的扩张。中国银保监会统计，截至2018年底，我国村镇银行数量已达到1616家，实现了全国31个省、自治区、直辖市村镇银行全覆盖，中西部占比达65.6%，成为服务"三农"、支持"小微"的重要生力军。目前，村镇银行正以燎原之势快速发展。尽管如此，相对蓬勃旺盛的"三农"金融需求，农村金融供求矛盾依然十分突出。一方面，农村金融需求在不断增加。国家统计局测算，到2020年我国新农村建设新增资金需求总量大概在15万亿元。另一方面，农村金融供给依然严重不足。中国人民银行统计，2011年底，我国金融机构本外币涉农贷款余额12.15万亿元，占金融机构贷款余额的24.5%，而农村GDP占全国的46%以上，农业贷款2.44万亿元，占金融机构贷款余额的比重不足6%，而农业在GDP中所占比重为10.2%。② 一些研究显示：农户5万元以上的大额贷款需求增加，农户贷款满足率不到1/3，正规金融仅能满足农村中小企业信贷需求的20%～30%，其余必须依靠非正规金融。虽然近年来在统筹城乡发展背景下，城乡资金开始双向流动，但农村资金流出规模仍在扩大，尤其是欠发达农村地区。而且，农村金融日益明显的"脱媒"、储蓄下滑和分流现象，也给农村金融机构的资金来源造成了巨大的困境。正因为如此，2004—2019年，中共中央连续下发一号文件聚焦"三农"，高度重视农村金融，不断强调深化农村金融改革，并推出了一系列农村金融改革新举措。可见，农村金融对于"三农"问题的化解具有至关重要的引领和核心作用。

第二节 农村金融学研究的逻辑起点

如上所述，"三农"问题已成为影响我国总体经济社会发展和现代化进程，并将在未来相当长时间内依然是我国必须面对的根本性、关键性难题。因此，我们在考察和研究农村经济、农村金融问题甚至我国许多重大问题的时候，首先需要对我国的农村、农民和农业有一个基本的了解。不了解传统农业社会、转型经济背景下"三农"的历史和实际状况，就难以找到问题的根源和症结所在，也就难以对症下药。因此，研究农村金

---

① 2006年12月21日，中国银监会颁布了《关于调整放宽农村地区银行业金融机构准入政策 更好支持社会主义新农村建设的若干意见》，鼓励符合条件的境内外金融资本、产业资本和民间资本投资设立村镇银行、贷款公司和农村资金互助社三类新型农村金融机构。

② 2012年底，我国金融机构本外币涉农贷款余额为17.83万亿元，2014年底到23.6万亿元，2016年底达到28.2万亿元，2018年底达到32.68万亿元，每年都有较大幅度的增长。

融学的逻辑起点必须立足"三农",以"三农"为出发点,全面、系统地把握和理解"三农",具体包括:第一,深刻地把握农民的行为特征,尤其是农民信贷行为的基本特征,从而为研究农村金融机构和农村金融市场的效率奠定基础;第二,系统地探究农村社会组织的基本特点,从社会学的角度探讨农村地区特有的社会网络特征、人际关系格局、信用发展路径,以便我们理解农村特有的信贷形式和农村金融管理模式;第三,全面地理解传统农业和现代农业的产业特征,以及这些产业特征对农村金融提出的要求,从而为探讨农村金融的未来发展提供理论基础。① 而所有这些工作,首要的是研究农民,了解农民,理解农民。

一、理解农民的重要性

我们这里研究的对象主要是发展中国家的农民和特指的我国的农民。在发展中国家工业化进程中,农民为城市和工业部门提供了大量的剩余劳动力,同时还为工业化贡献了大量的金融剩余。但是在工业化的过程中,农民的地位却被严重地忽视,农民成为社会中被"边缘化"的阶层,农民的社会地位、福利待遇和公民权利并没有得到足够的重视和保障,农民成为事实上的"超弱势群体"。忽视农民的状况处处可见:城市管理者设置各种壁垒,对农民进入城市所从事的职业、报酬和社会福利进行限制;国家政策的制定常常忽视农民阶层的利益,在城乡交易、社会保障和税收中推行损害农民利益的政策措施,农民作为一个群体似乎已被主流社会及其话语系统所遗忘和忽略。

在我国,传统的几千年的农业社会和小农经济,使农民长期处于社会的最底层。1949 年中华人民共和国成立后,农民的政治地位有所上升,而经济地位依然很低。十年(1966—1976 年)的"文化大革命"使我国国民经济濒临崩溃,农村景象破败,农业经济凋敝,农民食不果腹。1978 年底,党的十一届三中全会正式确立了"改革开放"政策,由此,农民开始获得新生,农村渐显繁荣景象。但是,我们要历史地、辩证而清醒地看到,自中华人民共和国成立,到改革开放,再到我国社会主义市场经济的确立,并直至目前,农民为我国经济的发展付出了巨大的牺牲和代价,他们任劳任怨、勤勤恳恳、节衣缩食,不仅为我国经济发展提供了大量低成本的劳动力,而且以工农业产品价格"剪刀差"的形式为工业和城市提供了大量低廉的农副产品。但是,直到目前,他们依然收入较低、生活贫困,农民的公民权利也没有得到切实的保障。著名经济学家和中国农业改革的先驱者杜润生曾写过一篇《我们欠农民太多》②的文章,揭示了农民在中国走向现代化的进程中被严重忽视的事实,呼吁关注农民的权利和生存状况。在其另一篇文章《给农民国民待遇》③中,杜润生指出:农民与城市居民相比,还没有获得国民待遇,农民作为一个公民还受到很多歧视。例如,自由迁徙权利的被剥夺;受教育权利的不公平;社会保障制度的缺乏;农民税负和其他隐性负担沉重;农村医疗卫生体系未

---

① 王曙光,乔郁. 农村金融学 [M]. 北京:北京大学出版社,2008:57 - 91.
② 参见杜润生为李昌平《我向总理说实话》一书所写的序言,收于杜润生所著的《中国农村制度变迁》,四川人民出版社,2003 年版,第 310 - 311 页。
③ 杜润生. 中国农村制度变迁 [M]. 成都:四川人民出版社,2003:300 - 302.

建立；农民在城市就业的基本权利没有保障；土地制度不稳定；农村贫困现象严重，与城市居民收入差距拉大；农村贷款困难，农民因缺乏抵押品而不能获得金融机构贷款；村民自治尚未制度化，农民的政治权利没有保障；农民缺乏自己的代言人，没有属于自己的政治性组织保护自身的权利，等等。这些状况严重制约了我国农村经济的持续增长，也束缚了农民作为公民的全面自由发展。

当一个发展中国家基本实现了工业化，或者进入工业化后期，社会和谐发展的历史使命就提上了议事日程，农民的问题必然要求得到应有的重视。为此，我国政府近年来实施了一系列重大战略构想与改革举措，包括新农村建设、西部大开发、城乡统筹、农村城镇化、脱贫攻坚战等，这无疑对我国农村经济体制的全面改革和经济结构的全面优化起到重要促进作用，也对农民的权利和地位有了新的积极评价。这表明，长期以来我国依靠农业部门贡献大量农业剩余（包括农村金融剩余）来为改革发展和经济转轨支付大规模制度变迁成本的时期已经基本结束，同时三十余年经济转轨的顺利进行和国民经济年均8%以上的持续高速增长，也使我国积聚起了足够的国民财富，从而有能力对当前发展相对滞后的农业部门、基础设施建设落后的农村和收入水平较低的农民进行某种程度的"反哺"。这种"反哺"是制度变迁中必要的补偿机制，既是必要的，也是完全应该的，它对我国国民经济的长期稳定增长、区域经济的全面协调发展、消除贫困与缩小贫富差距、促进城乡一体化进程及社会和谐稳定都具有极为重要的战略意义。因此，认识农民、了解农民的生存状况并进一步理解农民，应是我们所有学生和经济学人的基本职责，甚至应成为我们每一个公民的必修课。

二、农民、农户及其一般行为特征

农民是文化传统中非常重要的元素，当我们试图理解农民的时候，必须深入到我们的传统文化中去，把农民当作传统文化的一个有机构成去审视。反过来，当我们理解文化传统的时候，也必须首先理解农民，难以想象可以在忽视农民的基础上透彻理解我们的文化传统。农民，从概念上来说，是指在土地上从事农业生产劳动以及其他相关活动的劳动者。在我国历史悠久的农耕文化中，农民一直是传统社会中最重要的群体，农业也一直是传统经济中最重要、最主要也是统治者大力倡导的产业。我国传统社会中一般将国民分为"士、农、工、商"四民。所谓士民，即"学习道义者"；所谓农民，即"播殖耕嫁者"；所谓工民，即"巧心劳手以成器物者"；所谓商民，即"通四方之货者"。[①] 传统社会中对农民的重视显然是出于统治者自身的需要，农业生产的稳定是国家财政稳定的重要基础，因此我国历史上几乎所有主流的经济思想都主张"重本抑末"，所谓"本"，就是农业生产，所谓"末"，就是工商业。而在我国已经从农业社会进入工业社会、市场经济不断深化的今天，虽然"农业是国民经济的基础"不可动摇，但是工业社会对农村劳动力的吸纳与农民生产生活方式的变化、流动性加快、货币与财产性收入等都是当前新型农民在转型经济社会中必然面临的问题，由此使其产生和形成不同的

---

① （汉）班固撰，（唐）颜师古注. 汉书·食货志 [M]. 北京：中国财政经济出版社，2007.

心理，如一些城郊农民由于城市扩张而失去了土地，大量农民进城务工或经商而带来的子女入学教育问题、赡养老人问题、夫妻长期分居问题，"离土又离乡"的"农二代""农三代"，以血缘、亲缘关系维系的宗族及社会交往关系等，这些社会转型中带来的变化与问题必然影响着他们的心理从而影响其借贷行为。

理解农民的基础是，必须将农民视为"理性经济人"，而理性经济人最重要的特征就在于对自身成本收益的精明而准确的计算。提出这一基本假说并不是多余的，因为在一些经济学家和社会学家中，农民被假定为非理性的，甚至是"愚"。乡村建设的先驱者晏阳初将中国农民的弊病总结为"贫、愚、弱、私"，因此倾其毕生心力关注农民问题，倡导农村的文化建设。确实，从文化知识来讲，农民无疑是最缺乏的，晏阳初的判断并没有错，但是如果将这种文化知识的缺乏理解为农民的非理性，则大错特错。"理性经济人"在这里并非一般的经济学假定，而是正确认识农民的必要前提。农民在长期的农业生产中，对生产、投资和消费都有着一种特殊的、谨慎的成本—收益计算方法，这使他们在某种程度上成为最好的经济学家。当我们发现农民的一些不可思议和难以理解的行为时，切记首先不要以"非理性"来加以轻易地解释。农民是根据自己的资源禀赋特征，根据自己的预期收益和成本来确定自己的行为的。比如，在农村金融市场上，农民往往以较高的利率水平接受高利贷，如果仅仅从"非理性"这个视角来观察，我们就会得出错误的结论。实际上，高利贷的存在是农村资金供求、交易成本和信息等各种因素造成的必然结果，是农民在一定约束条件下的理性选择。将农民行为理解为理性选择的意义在于：一方面，在这种理念的基础上我们能够发现那些"不可理解"的农民行为背后的根源，从而以一种更为科学和客观的眼光看待发生于农村的各种经济现象；另一方面，政策制定者通过这种观察，可以反审自己制定的"三农"政策的合理性，而不是简单地抱怨农民的"非理性"和"愚"，因为任何现象的背后都有着必然的原因。

在农民经济理性的假定基础上，我们来考察农民行为的基本特征。下面我们重点探讨传统农业社会和传统文化背景下的农民（或传统农民）的行为特征。

传统农业社会中农民行为的基本特征可以概括为以下五个方面：

第一，以亲缘关系为纽带的人际交往网络。传统农民的人际交往是以亲缘关系为纽带来维系的，当他试图去做什么的时候，他首先想到的是他的亲戚能够帮助他什么，在决策上，在人力、物力、财力上能够提供什么帮助，然后再拓展到朋友关系、熟人关系。所以就不难解释，在我国的文化传统中，难以内生地演化出现代企业制度，而是天然地成长出一个又一个的家族式企业。农民的借贷行为就是在这种特殊的人际网络关系基础上展开的。

第二，以个体分散决策为基础的日常投资和生产方式。在小农经济下，农民在自己所拥有的小块土地上耕耘，土地面积与生产规模的狭小导致他们只能以分散的决策来规划他们的投资和生产行为。分散决策意味着农民天然带有一种小私有者的特性，带有个体主义的倾向，抗风险能力较弱，对任何新生的技术和组织形式采取观望的谨慎态度。

第三，缺乏社会性保障前提下的风险规避型行为方式。由于传统社会中社会保障体系的普遍缺位，导致农民对风险的抗击能力减弱，从而采取谨慎规避的心态。这种保护主义的特性，在农业社会中是一种自我保护、防范风险、避免大规模破产的必然要求。农民的风险规避型行为特征意味着农民的任何改变或者革新都只能是尝试性的。这也就解释了为什么很多社会改革或者大规模的创新行动在农村难以推行。农民是理性的，由于用来抗击未来不确定性的资源很少，因而他们很难轻易接受不熟悉的事物。只有当他切实地感受到革新带来的积极效果时，才会慢慢地真正接受。我国文化传统中的保守主义和中庸主义的国民性格，实际上就是这种小农性格的折射。在农民的借贷行为中，一是他们不到万不得已一般不愿意主动进行借贷；二是由于缺乏相应的抵押物和高价值物品，他们只能在很小的范围内，以很小的规模进行借贷，所从事的投资也一般是风险较小、收益比较稳健的项目。

第四，以家庭为基本组织单位，排斥商业化的市场运作机制。在传统的农业社会中，农民以家庭或农户为基本组织单位，其生产具有分散性，投资决策是个体主义的，分工不明显，其交易大多是一种小范围内的、小规模的消费性的交易。家庭里的权威长辈往往是决策的制定者，家庭内部的分工较为明确而细致，一切生活消费物品基本上以这个家庭自己生产的东西为基础，从而形成一个自给自足的单位。传统农业社会的这个特点，使农民对市场是陌生的，对市场中交易者各自的权利和义务关系是陌生的，对复杂烦琐的商业化市场交易是排斥的。这在一定程度上也解释了农民一般不愿意向金融机构借款而宁愿向高利贷者借款的原因。

第五，对家族声望与个人信誉的极端珍视。传统社会中的农民，由于从小生活在一个相对小而确定的社区中，他们对各自的家族历史和行为特点非常熟悉和了解。家族声誉越高，人们的信任度也就越高。如果有人败坏了声誉和名誉，那么人们要么指责他，要么回避他，而他自己在本社区就难以做人，甚至有被剥夺生存权利的危险。因此，他们会千方百计地维护自己的信誉，同时维护家族的信誉。这也是其借贷信用非常高的重要原因。

另外，需要指出的是，我们在研究农村金融市场中的借贷关系等问题时发现，一般单个的农民很少作为借贷的基本单位，而往往是以一个家庭为单位，因此在分析农民借贷关系和评估农民信用的时候，很少着眼于单个的农民而是农户（但有时候也将二者等同）。

到目前为止，学术界对农户及其行为的研究文献，基本上可以分为两个不同的流派，即"理性小农派"和"道义小农派"。[①]"理性小农派"强调农户的理性动机，早期代表人物是美国经济学家、诺贝尔经济学奖得主舒尔茨（T. W. Schultz）；"道义小农派"则强调农户的生存逻辑，早期代表人物是前苏联著名经济学家恰亚诺夫（A. V. Chayanov），后来在此基础上黄宗智提出了著名的"拐杖逻辑"，费孝通提出了"补贴收入说"。黄宗智认为，一个贫农既然无法单从家庭农场或单从做佣工满足最起码的生活需要，他就只好同时牢牢地抓住这两条生计不放，缺一便无法维持家庭生活，因此农业和家庭手工业、外出务工是农户维持生存的"两根拐杖"，有学者便称

---

① 张杰. 中国农村金融制度：结构、变迁与政策［M］. 北京：中国人民大学出版社，2003.

此为"拐杖逻辑"。费孝通认为，要解决农民的生活缺口问题必须通过家庭手工业和外部务工。在黄宗智和费孝通的研究中，"两根拐杖"一是农业，二是手工业、乡村工业，他们都将手工业、乡村工业作为解决生存、补贴家计的手段。但他们所研究的是20世纪80年代以前的农民，并没有分析当今中国大规模的农民打工现象及其生存动机。

为此，下面对我国改革开放以来三代农民打工者的动机与生存逻辑进行剖析，① 为转型社会农民的心理变化及其借贷行为提供些许参考依据。邓大才将我国农民工划分为三代。第一代打工者是指改革开放后分田到户后的第一批外出打工人员，他们打工的动机主要是解决全家人的吃饭问题，他们主要是男劳力，没有放弃承包地，既务农，也务工。目前第一代打工者年纪已大，大多超过50岁，打工的基本目标已经实现，后代已长大成人、成家。第一代打工者大多被后代取代，此时需要第一代打工者回家种田、看家、照顾小孩，甚至回家养老。第二代打工者是20世纪90年代的外出打工人员，是温饱问题基本解决后，农民对生产、生活、交往社会化和市场化诱致的货币支付问题的反应，货币压力是他们打工的基本动机，货币收入最大化是他们的行为目标。而第三代打工者则是20世纪80年代甚至90年代初出生的青年人，他们年轻，知识水平较高，一般都是初中毕业，还有不少人是高中毕业或者职中、职高毕业。第三代打工者既不为生存而打工，也不为货币而打工，而是为自己而打工，为自己的前程而打工，为了离开农村而打工，为了改变自己的农民身份而打工。大部分打工者根本就没有想到要回乡，也根本没有想到要务农，离农、脱农倾向明显，追求个人享受，同时他们也能够并敢于承担一定的风险。

三、农民、农户借贷行为与信用分析

以上对传统农业社会中农民、农户行为的基本特征进行了重点分析，而对于当代农民即处于传统农民与现代农民之间的转型阶段的农民进行了一般分析，主要是因为几千年来我国农业社会和传统文化对农民的影响仍然根深蒂固，尽管改革开放以来我国农村经济社会环境和客观条件在不断发生变化，如由于农民大量外出打工而出现的农村"空心化"，"农二代""农三代"道德价值观的变化，农村城镇化及失地农民问题，以及农业产业化、农村金融的深化等，但是从总体上看，农民的小农经济特征仍旧比较明显，难以很快摆脱，尽管有的方面已经发生了积极可喜的变化，如思维观念的开放性、竞争性和创新性等。因此，本书仍主要以传统农民为对象，并适当结合当代农民的一般行为及其表现，对其目前存在的借贷行为与信用状况进行分析，其基本特征可以归纳为以下几个方面。

第一，借贷用途的非生产消费性比重较大，生产性投资比重较小。这一特征无论是过去还是现在都体现得比较明显。从目前来看，其生活消费性借贷主要用于盖建新房、子女教育、看病住院、人情往来等。

---

① 邓大才. 农民打工：动机与行为逻辑 [J]. 社会科学战线，2008（9）．

第二，更倾向于依赖民间的非正规金融体系，而对正规的金融体系比较疏远。农民或农户的借贷基本上是沿着这样的顺序进行的，首先是亲戚，其次是朋友，然后是熟人，再后是高利贷，最后才是正规金融机构，一般不愿意向陌生人借款。农村民间金融中各种各样的"会"之所以能够广泛存在，实质上与我国农村的小农经济形态、农户的借贷行为以及农村的文化传统深度契合。"会"也称为"互助会"，是一种带有集体储蓄和借贷性质的机构，由若干会员组成，有确定的聚会时间，每次聚会时存一笔款，各会员存的总数，由一个会员收集借用。"会"有各种形式，有"摇会""轮会""抬会"等，主要根据"会主"产生的不同机制而有所区分。在我国农村社会经济生活中，由于这种带有互助性质的"会"很适合短期需要借债的农户，其借款动机主要是各种应急性的消费，故存在普遍且时间久远。而正规金融机构由于机构网点少，服务质量差，贷款审批程序多，时间长，资金供应不足，获得借款难度大，以及各种"不方便"如路途远、取款难、容易忘记还款时间、各种规制约束多等，农民与之打交道较少。

第三，农户的借贷倾向与农户的非农收入呈明显替代关系。也就是说，农户的非农收入越高，借贷倾向越低，反之非农收入越低，则借贷倾向越高。小农经济下的农户，当其资金出现缺口时，有两个选择：一个是增加非农收入，比如，通过发展家庭副业或外出打工来提高收入；另一个是非正规的借贷。这两种选择之间具有明显的替代性。小农经济的内在特性和农户的行为习惯决定了农户只能在这两种方式之间进行选择，目的是维持一种稳定的小规模的小农经济。这一结论，与黄宗智的"拐杖逻辑"是非常吻合的。当非农收入作为"拐杖"提高了农民的收入、增加了农民的流动资金、能够满足家庭开支需要时，农民的借贷倾向就会降低；而当非农收入减少、流动资金紧缺、难以满足家庭开支需要时，农民的借贷倾向就会增强，当然借贷的主要动机仍是一般消费性的，而不是生产性的。但随着我国农村经济社会的快速发展，一部分已经富裕和正在走向富裕的农民，为了维持和扩大生产经营规模，开始打破"拐杖逻辑"，他们收入提高了，流动资金多了，仍然还在不断增加借贷（亲友之间不计利息的借贷逐渐减少而计息的借贷逐渐增加并开始转向正规的金融机构），当然，此时其借贷动机主要是生产性的而非消费性的了。这也在一定程度上反映了当代中国农民在经济转型期阶段的心态与追求。

关于农民或农户的信用，由于他们对家族声望与个人信誉的极端珍视，诚信作为伦理道德的基本要求在传统社会能够普遍得到遵循。但是，我们不得不看到与承认，尤其是在20世纪80年代以后，这种现象开始演化，并逐渐形成了两种不同的信用状况：一方面，农村人口流动的加快、商品经济的影响、对外开放带来的"泥沙俱下"和农村社区不稳定的加剧，使传统的道德观念受到挑战，信用观念受到冲击，不讲道德、不讲信用的情况开始出现，尤其是当农民离开本地农村而进入城市打工经商后，传统的道德信用体系断裂的现象特别明显；另一方面，那些具有较高素质和文化水平能够顺应市场经济变革发展的农民，他们的市场意识、法律意识、信用意识开始增强。这两种现象的同时存在是当前农村一种新的道德伦理文化，一定要辩证地看待分析。对此，持过度悲观的态度是不必要的也是错误的。在社会经济结构剧烈变化的时候，伦理道德的转型需要一个调适过程，这个过程不是依赖于道德说教，而是市场经济的实践。农民在市场经济中的伦理实践，一旦与传统伦理积淀结合起来，就会产生一种新的极具市场适应力的伦理行为，从而使他们成为真正意义上守信懂法的现代农民。近年来许多学者的调研也表明，尽管有的农民或农户出现信用违约，但绝大多数是有信用的。在我国农村许多地区实施的小额信贷中，我们发现，实际上农民是很讲信用的，真正违约的概率是很低的，他们不愿意成为一个违背合约的人，不愿意背上赖账不还的名声。

四、农村及其经济社会特征

理解了农民，就为理解农村经济和社会奠定了一个重要基础。对于农村，首先我们应该要有一个基本判断：农村是一个历史的范畴，是某个特定的人类历史发展阶段的产物。社会学者一般将农村定义为：在以农业生产活动为基础的社会生活区域内，以从事农业生产劳动为主的居民聚居地。① 农村在不同社会形态中的内容和特点并不完全相同。与农村对应的则是城市，城市是随着社会分工和生产力的发展逐步从农村中分化出来的，刚开始并没有城市。当今，随着城市化的加速，农村与城市的界线变得越来越模糊，这在发达国家表现得尤其明显。我们完全可以想象，在未来某个时候，当人类社会的生产力达到一定高度之后，农村和城市的界线将彻底消失，农村作为一种特定的经济与社会范畴也将退出历史舞台。

在城市化逐步加快的今天，农村也在发生着巨大的变化，其中的经济和社会关系也变得纷繁复杂。对我们而言，理解城市也许比理解农村更容易。当前，我国的贫富差距、城乡差距、区域差距、边（疆）内（地）差距、行业差距较大，而农村也是一个分化特别严重的社区，在一些偏远的农村地区，还保留着刀耕火种、以物易物的原始状况，而有的农村地区已经进入了现代化阶段，农民的人均收入和生产生活方式基本上同发达的城市没有什么不同，甚至在一些方面更加优越，这就是我国的实际，对此我们应辩证地看待。如以发展的眼光看农村，会发现农村孕育着巨大的发展潜力和无限商机，如以停滞消极的眼光看农村，可能就会得出错误的结论。

下面，我们从一般发展中国家（以我国为主）的角度，对农村的经济社会特征进行简要归纳。概括起来，主要有以下五个方面。

（一）农村人口职业结构的单一性

这是农村与城市最明显的区别之一。农村基本上以农业生产劳动及其密切相关的生产劳动为主，农民的职业与城市相比是很单一的。费孝通在其著名的《江村经济》一书中，详尽考察了江南一个农村的职业结构，在这个村子里，农业当然是一种基本的职业，大约有76%的人口从事纯粹的农业劳动，而其他职业包括纺织业、零售业、航船业、手工业和服务业（木匠、裁缝、篾匠、理发匠、磨工、泥水匠、接生婆、鞋匠、银匠、和尚等），这些职业的人数很少，整个服务业和手工业的人口比例仅仅占7%。②

---

① 韩明谟. 农村社会学 [M]. 北京：北京大学出版社，2001：69-73.
② 费孝通. 江村经济：中国农民的生活 [M]. 北京：商务印书馆，2001：126-130.

（二）农村产业结构的自我循环性和自我复制性

在农村产业结构中，种植业、养殖业、小型制造业等一般在一个村落里进行，其原料来源于村落自身，其生产过程由本村的农民完成，而消费的主体也是本村的农民及其邻近村落的农民。村里的工匠们往往也是子承父业，由子孙复制祖辈的行业规范与手艺技术。这种自我循环性和自我复制性是传统农业社会中封闭的、自给自足的一种表现，如果市场发展到一定程度，这些产业也同样能够演变成为具有竞争力的产业，我国改革开放后大量涌现的个体企业、乡镇企业、私营企业就是例证。

（三）农村社会评价体系的历史延续性和评价机制的软性

农村的社会评价体系是依靠村落里的居民世代相传来进行的，邻里之间的闲言碎语对农民行为的约束力很强。所谓社会评价体系的历史延续性，是指农村中对一个人的评价往往不仅看这个人的行为和品质，还要看这个家族在历史上的行为和伦理道德。这个道理我们在分析农民的行为时已经进行过详尽的探讨。同时，农村中的社会评价机制是软性的，不像城市那样通常使用一些硬性的指标如银行账户、交易记录、学历、职称、职业性质等来衡量自己的信誉，在农村主要是依靠口碑，口碑表面上看是软性的，但在农村，其实际上的约束力往往超过那些硬性的指标。

（四）农村治理结构的非制度化

农村治理结构的非制度化即非正式制度成为农村社会治理的主要形式。传统的农村治理，一般是通过一些非正式的制度来进行的，其标准是其长期奉行的伦理规范与乡规民约。随着我国法律制度的不断健全、完善和广泛宣传，如何使非正式制度与正式制度有机结合起来，是我们搞好新农村建设和社会治理的一项十分重要的工作。

（五）农村权力结构中宗族势力与地方能人势力的结合

在农村的权力结构中，传统上以宗族势力为核心，这是建立在家族传统和宗法关系基础上的一种治理方式。但随着农村的逐步演变，农村中宗族势力开始下降，而地方能人势力开始上升。在当今我国农村，由于普遍实行自治和直接选举，村里的权力结构倾向于那些具有较强行政管理能力及人脉资源的能人，这些能人由于能够带领村民发展生产、增加收入而受到农民的拥戴。在经济市场化的进程中，这种地方能人的作用将越来越取代传统的宗族势力而成为农村权力结构的核心。

五、农业及其可持续发展

农业是一种风险性和季节约束性较大的产业，容易受到自然灾害的影响。我国数千年的农业社会，使农业成为一国经济中最重要、最主要的产业。众所周知，"农业是国民经济的基础。""没有农业的牢固基础，就不可能有我们国家的自立；没有农业的积累和支持，就不可能有我国工业的发展；没有农村的稳定和进步，就不可能有整个社会的稳定和全面进步；没有农业的现代化，就不可能有整个国民经济的现代化。"[①] 改革开放

---

① 中共中央文献研究室. 江泽民论有中国特色的社会主义 [M]. 北京：中央文献出版社，2002：118.

后，我们总结出了一条十分重要的经验教训，就是"无农不稳、无工不富、无商不活"，可见农业在国民经济中的重要地位和作用。

农业可分为传统农业和现代农业。小农经济下的传统农业一般具有以下基本特征：一是农业结构比较单一，主要以种植谷物和养殖家畜为主；二是生产技术十分落后，一般以铁木制农具为主要生产工具，以畜力为主要动力，农民凭借耕作经验从事农业生产活动；三是生产规模小，市场化程度低，农产品商品率低；四是劳动生产率低，生产专业化程度低；五是农民劳动时间长，劳动强度大而辛苦，正所谓"日出而作日落而息""面朝黄土背朝天"；六是受自然灾害影响大，风险大，收益低。由此使传统农业必须向现代农业转型。

传统农业向现代农业的转型，不仅是规模化的生产和先进技术的应用，更是产业结构、产业发展模式、产业组织制度的革新和演变。概括起来，我国现代农业的基本特征与趋势主要就是"四化"，即市场化、产业化、集约化和开放化。

第一，市场化。在改革开放前，我国实行高度集中的计划经济，农业的高度计划自不待言，农民也失去了生产自由，农产品贸易的自由市场和集市几乎全部取消，就连农民的小块自留地也被说成是"资本主义的尾巴"而必须取缔。非市场化导致农业生产效率低下，农民收入增长缓慢。因此，市场化是农业转型发展中一个必然的制度安排和制度创新。农业市场化还有利于土地、劳动力、资本和技术等生产要素的有效配置，引导农村各种资源的合理流动，从而提高农业生产效率。农业市场化还有助于重构农业经济发展的微观基础和组织机制，过去很长一段时间，我国农业的微观基础是"三级所有、队为基础"（生产队、生产大队和人民公社），其结果是弊大于利，严重束缚了农业生产力的提高。市场化改革中我们确立了以家庭承包经营制度为基础的双层经营制度，使农户经营与市场机制有机结合，从而提高了农业的生产效率，促成了整个农村经济的生产结构转型。更重要的是，农业市场化也有利于国家宏观调控机制的市场化。农业宏观调控主要涉及农业生产和农业流通两个基本领域。生产领域主要包括农业区划、产业布局、区域协调、生态保护、农业基础设施建设等；流通领域主要包括农产品价格机制、农产品流通机制、农村市场体系、农村金融体系等。农业宏观调控的基本职能就是对这些方面给予全局性、长期性、系统性、战略性的规划和管理，其效率则取决于宏观调控的运行机制的效率。我国长期以来习惯于运用计划和行政命令手段对农业进行宏观调控，事实证明是没有效率的。以市场化作为农业宏观调控的基本导向，意味着要以市场化手段为主、行政化手段为辅，充分运用财政政策、货币政策、价格政策、产业政策等来解决农业发展中的一系列"瓶颈"难题。

第二，产业化。农业产业化一般是指以市场为导向，以提高经济效益为中心，对农业的支柱产业和主导产业实行区域化布局、专业化生产、一体化经营、社会化服务和企业化管理，把产供销、农工贸、农技贸紧密结合起来的一种经营体制。传统农业产业链很短，产业之间的联系不紧密，导致信息传递效率和资源配置效率低下，农业效益低，农民收入少。小规模分散化经营的农户在直面市场时，其交易成本和交易风险非常高，导致其比较收益递减。实行农业产业化，能够较好地坚持农业规模化、专业化、一体化和高效化，为农业经营主体带来高附加值，获得较高收益。农业产业化的基本途径有三个：一是大力发展农业龙头企业，通过龙头企业带动中小企业和广大农户；二是广泛建立农业合作经济组织和农业合作协会，通过这些组织中介，增强其产品的市场竞争能力、市场进入能力和市场风险抵御能力；三是大力培育其他新型农业经营主体，如种养大户、家庭农场、农民合作社等。

第三，集约化。农业的发展模式可分为常规发展模式和集约发展模式。常规发展模式是指以生态资源的高开发和生产资源如劳动、土地、资本等的高投入，追求生产数量增长为特征的农业发展模式，这也是传统的农业发展模式。而集约发展模式，是指遵循经济规律和自然规律，以可持续发展理论为指导，以社会发展、经济增长、生态平衡和资源有效利用为目标，以集约经营为基本增长方式，充分依靠科技进步和科技创新，从而实现社会、经济、资源和生态环境持续协调发展的现代化农业发展模式。集约发展模式的核心是农业发展的可持续，这种可持续主要表现在经济可持续、生态可持续和社会可持续上。

第四，开放化。传统农业与现代农业的一个重要区别在于，传统农业市场化程度低，很少参与国际市场竞争。而现代农业则处于一个开放经济的大环境下，不得不面对国内及全球性的竞争，因此必须具有开放性。改革开放是我国经济社会转型发展的一个重大变革，而2001年底正式加入世界贸易组织（WTO）则使我们面临一个更加开放的世界大舞台，不得不参与全球性国际经济竞争，但是我国目前的小农经济和二元经济结构难以应对国际强势农业企业的竞争。因此，实行农业的开放性，就是要将我国原有的封闭型农业转向开放型、外向型农业，充分发挥我国农业的比较优势，在国际分工中获得自己的市场份额，同时农业的开放性也将使我国从国际农产品贸易自由化中获得较大的相对收益。

农业产业化的以上四个基本特征和趋势，给我国农村金融发展提出了新任务、新要求，如何适应并全力支持实现其转型发展，是摆在我们面前的一个重大挑战，也是"三农"金融发展中必须解决的难点所在。关于此，我们将在后面章节中重点探讨。

第三节　农村金融学的研究对象与研究目标

一、农村金融学的研究对象

农村金融学简而言之就是研究农村金融的学问，是适应现代农村经济发展和农村金融活动范围日益扩大的需要而出现的一门新兴学科。农村金融学属于社会科学，是经济学的一部分，也是金融学的重要组成部分。农村金融学在学科体系的位置见图1-1。

农村金融学的研究对象是农村各类经济主体的资金借贷行为和各类农村金融组织的资金运作规律，具体涉及农村货币流通、农村信用活动、农村金融机构、农村金融业

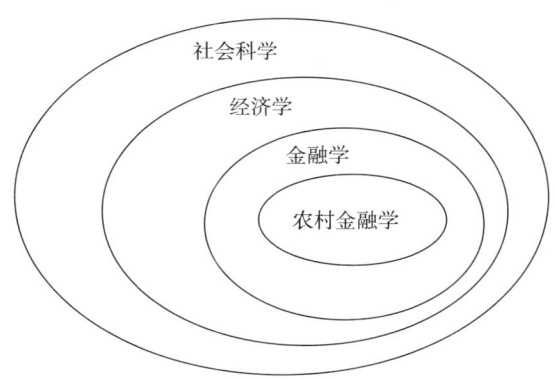

图 1-1 农村金融学在学科体系的位置

务、农村金融风险与监管等。农村各类经济主体既包括一般意义上的农民和农户,也包括农村各类中小企业、小微企业和农业龙头企业,各类经济或专业合作组织,各类农村基层行政组织。各类农村金融组织不仅包括正规金融组织,还包括非正规金融组织。其中,农村正规金融组织是指获得国家正式金融业务许可并受到国家金融法规监管的金融组织,如中国农业银行、中国农业发展银行、中国邮政储蓄银行、农村商业银行、农村合作银行、农村信用合作社等。非正规金融组织是指未获得国家正式金融业务许可并未受到国家金融法规监管,其经营处于地下状态的金融组织,包括各种抬会、摇会、基金会、地下钱庄等,一般也称为民间金融组织或地下金融组织。

农村金融学虽然以货币资金的运动形式与规律为研究对象,但它与货币金融学或金融学不同,它不是一般地研究货币、信用、银行,而是集中地研究农村经济领域中货币流通的特殊规律,以及如何运用这种规律来实现有效的管理,并尽可能满足"三农"的金融需求。

二、农村金融学的研究目标

农村金融学的研究目标可以概括:以经济学和金融学为指导,系统总结国内外农村金融的理论和实践经验,重点研究我国农村金融活动的新情况、新问题及变化发展规律;结合农村经济社会再生产的各个环节、农村资金运动和农户借贷的特点,揭示农村货币资金运动的客观规律;以完善的金融体系、丰富的金融产品与金融业务,满足各类农村经济主体的金融需求,实现农村金融供需的基本平衡;以"三农"为服务对象,以市场为导向,以提高农村经济效益为核心,探讨科学管理农村金融的制度和方法,不断降低农村金融的运行成本,防范农村金融风险,提高农村资金使用效率,为国家制定农村金融方针政策、法律法规提供科学依据;充分发挥农村金融在"三农"服务中的核心作用,不断提升金融服务"三农"的质量与水平,促进农村产业结构调整和农业升级换代,实现农村社会公平与和谐稳定,使农民收入不断增加,城乡差距不断缩小和城乡一体化。

第四节　农村金融学的研究方法

一、研究方法的前提理念

研究方法对于学科的发展至关重要。古人云："工欲善其事，必先利其器。"自1774年亚当·斯密发表《国民财富的性质和原因的研究》以来，现代经济学在两个多世纪的演变过程中，已经形成了一套比较成熟、规范和系统的研究方法。尤其是作为现代经济学主流学派的新古典经济学，已为经济学研究者提供了一整套研究经济行为和经济现象的分析方法。根据钱颖一的研究，这个框架一般由三个主要部分组成：（1）视角（Perspective），如经济人偏好、生产技术和制度约束、可供使用的资源禀赋等经济学基本假定；（2）参照系（Reference），即为研究真实世界而提供的非真实的高度抽象的经济学模型，如一般均衡理论中的阿罗—德布鲁定理；（3）分析工具（Analytical Tools），即用较为简明的图像和数学结构帮助我们深入分析错综复杂的经济行为和现象（钱颖一，2002）。但是，需要指出的是，现代经济学提供的这些基本的视角、参照系和分析工具，是纯粹抽象意义上的经济研究方法，在分析具体的经济现象和经济行为的时候，应该特别注重观察这些经济现象和经济行为背后所给定的约束条件，要注重观察不同经济现象背后特殊的历史发展、传统文化与制度环境等诸多因素，不能完全照搬现成的经济学理论，把主流经济学理论或思潮不加批评地应用到自己的研究中。事实也常常证明，不理解、不清楚经济现象背后的特殊约束条件和制度历史文化背景而盲目照搬西方经济学基本理论的直接"拿来主义"和"囫囵吞枣"的研究方法，其对策效果一定是可想而知的。

在提出具体的研究方法之前，一定要清楚以下四个基本理念。

第一，研究方法不是空泛的学问，应该是实际应用于研究中的行之有效的方法。空洞的、不着边际的、"放之四海而皆准"的文风十分有害，不利于学术发展。研究方法一定要为研究服务，为研究的具体问题服务，不是为方法而方法，为学问而学问。

第二，研究方法不能拘泥于一家一派，应采百家之长，为我所用。只有全面、综合性地运用各种有效的分析方法，才能正确地、从不同角度去认识和分析事物，从而达到认识真理和解决问题的目的。不同的研究者从不同的视角出发，提出不同的理论和政策建议，是十分正常的也是有益的。作为研究者，我们应该审慎地考察这些观点背后的假定条件和特殊的理论背景，从而采纳其中的合理成分，融汇到自己的研究中来。举例来说，当我们在考察农户和农民的行为的时候，至少会面临三个不同的学派观点，即强调农户利润最大化理性行为的"理性小农派"、强调农户寻求生存的稳定性和小农经济中的互惠关系的"道义小农派"，以及强调阶级构成和生产关系的马克思主义学派。实际上这三个学派各有侧重点，其观察农村经济的视角的参照系不同，因而就形成了不同的观点，但这些观点又是可以互补、融合的。不加分析地拘泥于一家之言，以偏概全，会严重妨碍科学研究的全面性、客观性。

第三，研究方法应注重不同学科方法的融合与交叉。农村金融学是一门交叉学科，随着经济社会的快速发展，跨学科研究及其研究方法的交融已成为必然趋势。这就需要我们的研究视野更加开阔，以汲取不同学科的理论成果，并融会贯通。从目前来看，农村金融学的研究除涉及经济学、金融学之外，还涉及数学、统计学、社会学、人类学、历史学等，这些学科的研究方法自然需要学习借鉴。

第四，研究方法不是一成不变的教条，不同的研究需要不同的研究方法。随着研究技术和工具的进步、研究领域和视野的变化、研究对象的历史演进，研究方法也应该随之变化。世界上没有一成不变的东西，发展与创新是必然趋势。另外，不同的研究也需要不同的研究方法，而不是任何研究都必须使用、能够使用相同的研究方法。一定要针对特定的研究内容和研究对象，选用合适的、科学的研究方法，才能从根本上解决所研究的主要问题。

二、主要的研究方法

（一）逻辑分析和历史分析方法

研究农村金融学同研究一切社会科学一样，首先会面临逻辑和历史的关系问题。逻辑和历史的统一，说来容易，但要落实到社会科学研究的实践中却并非易事。研究农村金融学，逻辑和历史的统一至关重要，因为农村金融发展首先是一个历史的动态的发展过程，对这一过程的任何理解，都应该将逻辑推演与实际的历史过程结合起来考察，才能获得对农村金融全面辩证而正确的认识。在农村金融学研究中，金融史或者一般意义上的经济史研究显得特别重要。熊彼特在其《经济分析史》中特别强调方法论，他将经济分析方法分为三部分，即经济史、统计和经济理论，在这三部分中，他尤其推崇经济史的作用。他写道："经济学的内容，实质上是历史长河的一个独特的过程。如果一个人不掌握历史事实，不具备适当的历史感或所谓历史经验，他就不可能指望任何时代（包括当前）的经济现象。其次，历史的叙述不可能是纯经济的，它必然要反映那些不属于纯经济学的制度方面的事实。因此，历史提供了最好的方法让我们了解经济与非经济的事实是怎样联系在一起的，以及各种社会科学应该怎样联系在一起。"[①]

农村金融学的研究，特别是与农户或农民行为研究以及农村经济社会结构研究相关的工作，在很大程度上要借助于经济史的研究成果。农村金融活动中的每一个看似细微的小问题，都有可能引出带有深厚历史背景和悠久历史积淀的大问题，而只有将这些问题在历史上的演变过程和来龙去脉加以科学分析，才能对该领域的现状以及未来趋势有一个准确的把握。只注重短期的分析，是难以获得科学的结论的。

（二）社会学和人类学分析方法

对农村金融学的研究，除运用逻辑上的理论推演和历史上的经验研究外，还需要在

---

① 约瑟夫·阿洛伊斯·熊彼特. 经济分析史［M］. 上海：商务印书馆，1991.

较大程度上借助社会学和人类学的研究方法及其研究成果。例如，在研究农村金融的时候，如果不能深切了解中国的农民和农村的社会生活及其结构特征，就很难了解为什么农民会选择这种金融组织形式和融资方式，而拒斥另一种金融组织形式和融资方式，也很难理解为什么有些金融组织能够在农村获得巨大成功，而有些金融组织却负债累累乃至倒闭。在这方面，我国早期的著名人类社会学家梁漱溟、晏阳初、费孝通的系列研究成果可以为我们进一步理解、了解农村金融制度变迁提供较好的帮助。

（三）理论分析和实证分析方法

农村金融学的研究，需要强大坚实的理论做基础，这是农村金融学作为一门学科快速发展必须具备的基础和先决条件。我国农村金融学在长期发展过程中汲取了经济学、社会学、人类学、金融学、管理学等一系列基本理论，并逐渐形成了一套自己的基本理论方法，这些理论对农村金融实践起到了很好的指导作用。

应该强调的是，实证分析变得越来越重要。就实证分析方法而言，实地调查、问卷调查、抽样调查、观察调研、统计数据分析、模型构建等，是农村金融实证研究一般常用的主要方法。对于农村金融出现的新情况、新问题，首先要进行认真充分的调研，收集问题和数据，再进行分析。只有通过调研而获得的第一手材料，再加上科学合理的加工分析，才能得出比较准确的结论，并据此提出相关对策措施。

（四）制度分析和比较分析方法

由于制度经济学已成为发展最为迅猛同时也是对真实世界解释能力最强的经济学理论之一，在近年来的经济学研究中，制度视角越来越受到研究者的重视。在制度经济学看来，现实的经济世界是复杂的，是由各种抽象的和具体的、有形的和无形的法律法规、政策条例等制度构成的，以约束和指引人们的行为活动。制度一般可分为正规（正式）制度和非正规（非正式）制度。正规制度是指那些公开的、清晰的和刚性的法律和规章制度。非正规制度往往由那些传统风俗、习惯、文化历史、潜规则等构成。制度经济学认为，制度的重要作用在于保护个人的自由领域，帮助人们避免或缓和冲突，促进经济繁荣。

在农村金融学的研究中，制度分析渗透于研究的诸多方面。例如，对农户借贷的研究、对农村合作金融的研究、对农村民间金融的研究、对"贷款难"与"难贷款"的研究等，都可以运用制度分析方法。制度分析还有助于我们理解现代农村转型条件下金融制度安排的基本趋势与发展，例如，对我国农村金融如何发展问题的分析，现有的诸多探索研究大都停留在机构、业务、产品、职能上，而从制度层面上深入剖析的研究较少，这种并非从根源上去寻找问题症结而是从现象表征上"就事论事"的方法，是难以发掘问题的深层次原因，从而找到真正的解决之道的。

而比较分析法，是各种研究中广泛使用的最基本、最普遍的分析方法。在农村金融学研究中，比较经济学和比较制度分析的方法无处不在。如当我们分析农村合作性金融、农村商业性金融、农业政策性金融、农村民间金融的时候，不可避免地要将不同国家和地区的有关经济金融指标及其制度进行比较分析，以了解这些金融形式在不同国家和地区产生的根源和性质、不同的需求环境与运作机制、不同的经营管理绩效等。这些比较分析带给我们更为广阔的分析视角,使我们得以发现和揭示农村金融制度与形式在不同国家地区的运作形式和运行效果。又如当今国际上的农村小额信贷,它有多种不同的运作模式,但哪一种或哪几种适合我国,需要对这些不同种类小额信贷存在的社会文化、组织架构和运行机制等背景条件进行具体的比较分析,才能很好地吸收和引进,否则会事与愿违,达不到应有的效果。

以上我们探讨了农村金融学的基本研究方法,这些方法不仅在本书中而且在大量的农村金融研究中得到应用。当然,除以上方法外还有许多其他的研究方法,如我们经常见到的所谓宏观与微观分析方法、定性与定量分析方法、统计分析方法等,都可以运用进来。对农村金融学的研究而言,往往要综合运用以上各种方法,而在具体的单个农村金融问题研究中,既可以采用一两种方法,也可以采用多种方法,主要应根据特定的研究对象、目标和内容选用合适的方法,而不是越多越好、越多越有价值。

成功的农村金融学研究,往往是理论研究和实证调研的有机完美结合。一方面,可以通过逻辑的推演获得理论,再通过社会调研来检验和证实理论;另一方面,则可以通过大量的农村金融实践,进而总结上升为一定的理论,从而不断丰富和发展农村金融学的内容。

第五节 农村金融学的框架内容

在本书中,农村金融学的基本框架和主要内容共由九章构成。

第一章主要是阐述农村金融学的研究对象、研究目标和研究方法,农村金融学研究的意义,以"三农"为研究的逻辑起点,力图尽可能地揭示和理解"三农",为农村金融学的学习研究奠定必要基础。

第二章主要阐述农村金融的概念、特点、种类,农村金融与农村经济的关系,农村金融的地位与作用,农村金融发展的目标与衡量指标,并介绍相关的现代金融发展理论和农村金融发展理论。

第三章系统地介绍我国农村金融组织体系的演变与发展,重点对中国农业银行、中国农业发展银行、农村信用社、中国邮政储蓄银行、新型农村金融机构和非正规金融体系等发展现状与问题进行了较为深入的分析,并提出了具体的对策措施。

第四章主要对我国农村金融业务,包括农村银行业务、农村保险业务、农村担保业务、农村典当和租赁业务及其他农村金融业务进行必要的介绍。

第五章对农村小额信贷的产生与发展、小额信贷的运作机制、小额信贷的各种模式,以及我国小额信贷发展的现状与问题进行阐述。

第六章分析我国农村金融供给与需求,揭示我国农村金融供给与需求失衡的实质,并分析农村金融供需失衡的主要原因。

第七章介绍农村金融风险与监管,对农村金融风险的定义、成因与分类,以及农村金融风险监管的意义与内容等进行阐述。

第八章对当今一些国家如美国、日本、印度、孟加拉国等农村金融发展情况进行简要介绍，并得出对我国的一些启示。

第九章回顾我国农村金融改革的基本历程，提出我国农村金融改革的总体目标，分析和探讨当前我国农村金融改革中存在的主要问题，探讨进一步深化农村金融改革的基本思路与主要措施。

关键术语

"三农"问题　资源配置　新农村建设　城乡一体化　农村金融　城市金融　农村金融主体　农村金融剩余　价格"剪刀差"　小农经济　传统农业　现代农业　理性小农派　道义小农派　拐杖逻辑　实证分析法　制度分析　比较分析

复习思考题

1. 研究农村金融对当前我国农村经济发展有何重要意义？
2. 农村金融学为何需要将"三农"问题作为研究的逻辑起点？
3. 新农村建设中农村金融扮演着什么样的角色？
4. 简述农村的经济社会特征。
5. 试述我国农民和农户的借贷行为与信用状况。
6. 试述我国农业产业转型的基本特征与主要趋势。
7. 农村金融学的研究对象是什么？这些研究对象与一般金融学的研究对象有何区别？
8. 农村金融学的研究目标有哪些？为什么？
9. 农村金融学的研究方法主要有哪些？

第二章

农村金融学基本理论

农村金融学是研究农村金融的学问。本章重点阐述了农村金融的定义、特点与种类,农村金融与农村经济的关系,农村金融的地位与作用及其发展目标,介绍了最具有影响和代表性的金融结构理论、金融抑制及其深化理论、金融约束理论、金融创新理论和信息不对称理论等现代金融发展理论,在此基础上,介绍了国际上三种经典的农村金融发展理论,以及农村金融抑制论和农村金融发展模式论,并分析了农村金融市场中政府的功能作用及介入问题。

第一节 农村金融概述

一、农村金融的含义与特点

(一)农村金融的概念

金融即货币资金的融通。广义的金融包括银行、证券、保险、信托和基金等,具体包括货币市场、资本市场、保险市场、外汇市场、黄金市场和金融衍生品市场等。狭义的金融仅指货币资金的借贷,主要包括货币市场和资本市场。

与金融的定义一样,农村金融是指农村货币资金的融通,也可分为广义和狭义两种情况。本书所讲的农村金融,是指在农村及与农业有密切关系的各个领域中,为农民、农业和农村经济服务而组织、调剂和管理货币资金的活动,主要包括农业政策性金融、农村商业性金融、农村合作性金融和农村民间金融等。该定义包含以下四层含义:

(1)货币资金活动的领域是农村,与农业有密切关系,直接为"三农"服务。农村金融活动是在农村这个大的特定的环境和条件下进行的。

(2)采用的主要手段是信用。货币在不同经济主体之间的让渡是以偿还和增值为条件的,主要表现为调剂资金余缺的借贷活动。

(3)核心是货币资金。无论生产经营企业与金融机构,还是农户与政府,它们之间进行的一切经济交易行为,都需要通过货币资金的运动来实现,并围绕货币资金开展一切经济活动。

(4) 本书中的农村金融是广义的大金融，既包括宏观运行机制，也包括微观运行机制；既包括农村领域的银行，也包括农村领域的证券、保险、基金、信托租赁和典当等，都通过并围绕货币资金这一主线开展活动。

（二）农村金融的特点

农村金融具有一般金融活动的共同点，但由于它主要活跃于农村经济领域，为"三农"发展服务，从而决定了它还具有自身的一些特点。

1. 涉及面广

农村金融在农村经济生活中处于核心地位，因为农村货币资金运动和信用关系已涉及农村各个经济主体和各个领域，人们的生产与生活离不开货币资金，也就是说，随着农村经济的快速发展，金融正在或已经深入到了农村的每个角落。

2. 政策性强

农业是国民经济的基础，国家为了实现农村的繁荣、农业的发展和农民收入的稳步提高，一般都会在政策上、资金上进行倾斜和重点扶持。因为传统上我国的"三农"就是"三弱"的代名词，农业是弱势产业，农民是弱势群体，农村是弱势领域，故农村金融必须具有较强的政策性，必须紧紧围绕国家"三农"发展政策和目标开展工作。

3. 监管较难

农村地域辽阔，地理、气候、观念、信息等差别很大，各地区、各部门、各生产经营单位等物质生产条件和人力资源条件不一，导致农村劳动生产率差别大，农村经济发展层次差别大，农村金融需求差别大，这一点在发展中国家和地区表现得尤为明显。综合反映在农业生产上，表现为不稳定性和资金需求的不平衡性，从而给农村金融管理带来困难。同时，农村金融市场又是一个高度分散、分割的市场，各种金融机构各自为政，条条管理，条块分割，经营管理水平和监管标准不一，正规的金融和地下民间的黑色、灰色金融共存，使其监管难度很大。

4. 风险性高

这一特点主要表现在以下三个方面：第一，农业生产易受各种自然灾害的影响而表现出波动性和不稳定性，由此必然影响到农村金融的稳定性，使农村金融机构开展业务的风险加大。第二，受农业生产周期季节性的影响，农村货币资金周转速度慢、时间长，也相应增大了农业信贷的风险。第三，农村户均储蓄和户均贷款规模都比较小，金融交易成本高。相同规模的贷款，在农村与城市完全不同，在农村则需要几十笔贷款（户头），甚至几百笔贷款（户头）才能发下去，因为农村贷款大多是小额贷款，加大了银行贷款成本。第四，缺乏相应的贷款抵押品、信息不对称、信用环境较差等，导致贷款违约。

5. 传导性快

随着农村经济的快速发展，农村货币资金流动已出现规模大、频率高、速度快的趋势，对农村实体经济的影响越来越大，同时，其风险的传导效应也越来越大。如果资金运行状况好，农村经济便能极快地恢复和发展；如果资金出现断裂甚至崩盘，则会对农村经济主体甚至整个农村经济造成致命打击，即从一个农户到另一个农户，从一个企业到另一个企业，从一些企业到众多企业，从经济到社会再到政治，形成传递放大效应，于是产生金融危机、经济危机和社会危机。

二、农村金融的种类

根据不同的标准，农村金融可以划分为以下种类。

（一）农业政策性金融、农村商业性金融、农村合作性金融

根据职能分工及经营目标的不同，农村金融可分为农业政策性金融、农村商业性金融和农村合作性金融。

农业政策性金融是一国政府主要为了满足农业生产、流通与服务的融资需要，通过设立农业政策性银行进行金融资源有效配置的一种金融形式。我国的农业政策性金融机构是中国农业发展银行，其大部分资金用于粮食和棉花等农产品的收购，以确保国家的粮食安全和其他农产品供应安全，自1994年设立以来，在体现国家扶持农业、稳定粮棉油等主要农产品供应方面，发挥了其他金融形式不可替代的政策性功能。

农村商业性金融，是一国商业性金融的重要组成部分，是与广大农村地区经济发展水平较低、货币信用欠发达和农民收入水平较低等特点相适应而形成的，与发达地区或城市商业性金融相对应的一种区域性金融制度。我国农村商业性金融组织体系是以中国农业银行为主，中国邮政储蓄银行、农村商业银行、农业保险公司、农村小额贷款公司、村镇银行等为辅，相互协调、配合而组成的。

农村合作性金融又称农村合作金融，是以农村合作经济原则为准则，以金融资产的形式参与合作，专门从事金融活动的一种合作经济形式，是农村金融的最重要组成部分，是商业性金融的重要补充。我国农村合作金融组织主要包括农村信用合作社、农村合作银行和农村资金互助社等。长期的实践研究证明，合作性金融不仅是适应我国农业和农村经济发展实际需要的金融制度安排，也是当前乃至今后很长一段时期我国"三农"服务的基础性金融。

（二）农村正规金融和农村非正规金融

根据法律地位，农村金融可分为农村正规金融和农村非正规金融（又称农村民间金融），由此，农村金融体系相应分为正规金融体系和非正规金融体系。

农村正规金融体系一般是指受到中央银行控制和金融法规约束的金融机构，又可分为营利性（或商业性）金融机构和非营利性（或政策性）金融机构。在我国现有的农村金融体系中，前者包括中国农业银行、中国邮政储蓄银行、农村合作银行、农村商业银行及村镇银行等，后者主要有中国农业发展银行。

农村非正规金融体系是指在中央银行和金融监管机构管理监督之外或金融法规约束之外发生金融交易的金融服务供给方或金融机构。农村非正规金融活动主要是指个人之间的借贷行为、个人和企业团体间的直接借贷行为、农村集资、高利贷、各种合会、私人钱庄、典当行等民间金融活动。其最重要的特征在于它的主体地位没有得到正式制度的承认和保障，甚至被排除在正式制度安排之外。农村非正规金融按其行为目的同样可

分为营利性和非营利性两种不同的性质，但以营利性为主。事实上，在正规金融和非正规金融之间还存在准正规金融，如我国曾经存在现已被取缔的农村合作基金会等。同时，如何使非正规金融或民间金融逐渐正规化，并纳入正式金融范围，也是对监管的重要考验。

（三）农村内生金融和农村外生金融

根据农村金融生成机制，农村金融可以分为农村内生金融和农村外生金融。农村内生金融是指根据农村经济发展的实际需要而自发产生的农村金融活动及其组织机构。农村外生金融则是指由政府自上而下强制设立、安排并由正规金融机构主导的农村金融活动及其组织机构。例如，我国最初的农村信用社、小额贷款公司、农民资金互助社、私人借贷、各种合会、私人钱庄等，大都属于农村内生金融，而中国农业银行、中国农业发展银行、中国邮政储蓄银行、农村合作银行、农村商业银行、村镇银行和现在的农村信用社等则基本属于农村外生金融。

除以上种类外，农村金融还可以根据投资主体分为国有独资、外商独资、私人独资及各种混合所有制等；根据经营主体可以分为国有金融、民营金融、外资金融等。这些形式相互交叉融合、共同存在，构成了农村金融系统多种多样、丰富多彩的组织形式。

三、农村金融与农村经济的关系

农村金融与农村经济具有十分密切的关系。从外延上看，二者是部分与整体的关系，农村金融是农村经济的一部分。从二者的一般关系上看，农村经济决定农村金融，有什么样的农村经济，就会有什么样的农村金融，而农村金融对农村经济也产生着越来越重要的影响。

（一）农村经济决定农村金融

这种决定关系主要体现在以下四个方面。

1. 农村经济的所有制与经营形式决定农村金融的性质与形式

我国农村经济中生产资料的公有制性质，决定了农村货币资金运动中所形成的分配关系与交换关系的性质。这种分配关系，是通过信贷收支表现出的社会资金的分配与再分配关系；这种交换关系，是伴随着货币流通过程的等价交换关系。当前我国农村经济的多种经营形式，包括家庭承包经营、个体经营、集体经营、合作经营、股份制经营等，决定了农村金融的服务对象、信用种类和多种多样的金融形式。

2. 农村经济的发展水平和结构决定农村金融活动的规模范围与发展程度

在美国等发达国家和地区，由于农村经济发展水平较高，农业一般采取大规模的农场经营，科技含量较高，农业的劳动生产率高。我国改革开放前，农村经济发展水平低，生产结构单一，基本上是以粮食生产为主的种植业，土地生产率、劳动生产率和产品商品率都较低，商品流通不发达，农村贷款主要支持的是粮食生产，农村金融活动的规模范围受到极大限制。改革开放后，随着农业和非农产业的飞速发展，农村产业结构日趋丰富完善，农民货币性收入不断增加，农民的生活水平不断提高。农村贷款已由单纯支持粮食生产转为支持农、林、牧、渔的全面发展，支持农工商的综合经营。由以前单纯支持生产环节的简单再生产转而重点支持再生产过程的扩大再生产，这样使农村信贷和农村货币流通的范围不断扩大、结构不断丰富、规模不断增加，农村金融不断深化。

3. 农村经济的发展速度决定农村金融的发展速度

货币资金在某种意义上代表着相应的商品物资。如果农村货币投放或信贷发放在数量上或构成上与农村商品供求状况不相适应，不能换回所需要的生产资料和消费资料，就会造成积压或脱销，影响正常的生产经营活动，甚至影响全局的平衡。我国东部、中部、西部地区农村经济发展程度与速度存在较大差异，东部明显快于西部，而相应地，农村金融也需要相应的力度与速度，才能跟上并适应农村经济发展的要求。

4. 农业和农村经济的效益决定农村金融的效益

有什么样的农业和农村经济，就有什么样的农村金融。落后的农业和农村经济对应的是落后的农村金融，发达的农业和农村经济对应的必然是发达的农村金融。而衡量的重要标准是效益，如果农业和农村经济具有较高的效益，说明投入产出较好，农民等农业经营主体能够从中赚钱获益。农村金融本质上属于虚拟经济的范畴，其本身并不直接创造价值，但一旦与实体经济相结合，便会发挥出巨大的威力。因此，良好的农村金融效益是建立在农村经济繁荣、农业稳定发展和农民收入增长的基础上的，没有农民、农业和农村经济的效益就没有农村金融的效益，那些试图只求自身生存发展而不顾"三农"切身利益，只图眼前利益而不顾长远发展，只是"锦上添花"不能"雪中送炭"的金融机构，是该好好反思了。

(二) 农村金融对农村经济具有重要影响

农村经济决定农村金融，并不是说农村金融总是处于被动、消极的地位，在现代市场经济中，农村金融对农村经济将产生越来越重要的影响。

1. 促进农村商品经济的深入发展

商品经济的核心是货币经济，商品经济的发展需要货币资金的支持，商品与货币在每一次交易中完全对应，因而二者紧密相伴、缺一不可。农村金融所提供的信贷与资金活动，如不同的贷款种类、不同的金融业务和不同的金融工具等，对农村商品经济的发展、农业生产率的提高和农村生产力的发展，有着十分重要的影响。目前，我国货币已经深入到经济社会发展的每个角落甚至每个细胞，经济资源配置方式已从过去的"钱（资金）随物（商品）走"发展到现在的"物随钱走"，货币资金逐渐居于主导和支配地位，货币问题已成为重大经济问题。

2. 促进农村生产关系的巩固与完善

我国农村有着不同的经济组织形式，既有全民所有制的国营农场和集体经济，也有以家庭承包经营为基础的合作经济，还有个体、联营等其他多种经济形式。无论哪一种经济形式，都需要农村信贷资金的大力支持。因此，通过增加农村信贷的规模，调整现有农村信贷的结构与投向，加强农业农村保险，发展农业投资基金等，有助于巩固和完善现有的农村生产关系，维护现有农村经济制度的稳定。

3. 引导调控农村经济

农村金融能够通过国家经济、金融政策的引导，来调整信贷资金的规模和结构，通过贷与不贷、贷多贷少、利率高低、期限长短等，体现对农村经济各行业、各部门、各经济主体的支持与限制，影响农村经济主体生产什么、生产多少、怎样生产等各个方面。因此，农村金融是国家对农村经济进行宏观调控的有力杠杆和重要手段。

4. 是农村经济的核心和主导力量

"金融是现代经济的核心"，自然地，农村金融就是现代农村经济的核心。资金是国民经济的"血液"，农村金融以其经营、运作的货币资金为直接对象与内容，拥有十分优越的资源集聚与分配特权，从而对农村经济活动产生重大影响。国内外实践已经证明，农村经济越发展，就越需要农村金融，农村金融发挥的作用和威力就更大。随着我国农村经济的快速发展，在一些发达地区，农村金融正在或已经成为引领农村经济发展的主导力量。

四、农村金融的地位与作用

农村金融在农村经济发展中具有独特的地位和十分重要的作用。

（一）农村金融的地位

1. 农村金融在农村再生产过程中处于中介地位

农业生产中各种物质资料的购买、农产品的销售及农村其他非农生产经营活动都是通过货币的形式进行的。农村金融作为专门从事农村货币资金再分配的信用中介，主要通过存款、放款、汇兑和转账结算等中间业务，服务于农村生产与生活消费的方方面面。

2. 农村金融是农村资金的总枢纽

农村中各种类型的生产经营活动所需要的资金与农村金融活动密不可分。将农村闲置的货币资金通过存款形式集中起来又通过贷款的形式运用出去，为企业和个人等农村经济主体代理转账结算和资金汇兑等，国家财政对"三农"的无偿拨款、补贴和通过信用方式的投资等，都是通过农村金融机构的支付和放贷来完成的。

3. 农村金融是农村经济的调控者

国家根据宏观经济或农村经济发展状况采取相应的宏观金融调控政策，需要通过农村金融的传导和作用才能产生影响。具体通过贷不贷、贷多少、期限长短、利率高低等对各类农村经济主体的资金需求进行有效的调控。在目前国家大力支持"三农"的发展背景下，在不断增加资金投入的前提下，努力调整农业生产结构，转变农村经济增长方式，改善农民生产生活环境，重点支持新型农业经营主体壮大发展，更需要农村金融通过各种主体、各种渠道、各种方式、各种手段引入各种金融资源，投入到"三农"发展中。另外，对农村经济的金融调控，也是节约有限金融资源和防范金融风险的需要。

（二）农村金融的作用

农村金融的上述地位决定了它在农村经济中发挥着十分重要的作用。

1. 筹集和分配农村货币资金，满足"三农"发展需求

我国"三农"问题的长期性、艰巨性和复杂性，决定了农村改革是我国现代化进程中的重大"攻坚战"。只有"三农"问题得到根本重视，并采取及时、得力和有效的措施，"三农"问题才能逐步得以解决。而破解"三农"问题关键、核心的问题就是资金。农村金融能够通过有效的筹集资金和运用资金的方式，吸纳和优化配置各类金融资源，提供并满足农村各类经济主体对"三农"发展的资金需求。

2. 调节与管理农村货币资金，发展农村经济，增加农民收入

农村经济的稳定和发展，需要强大的货币资金作为支撑。它要求流通中的货币量与商品量相适应，也要求货币购买力与商品供应保持基本一致。如果流通中的货币量超过可供商品量，就可能出现物价上涨、通货膨胀，从而影响农村经济的稳定和农村居民的生活。因此，农村金融的重要任务，就是要加强对货币资金的管理与调节，通过提高"三农"的经济效益，实现自身经济效益的提高，进而达到农业发展、农民增收、农村繁荣的目的。

3. 组织理财和提供良好便利的金融服务

由于农村经济不断发展，农民收入也在不断提高，其拥有的货币性收入不断增加，农民可以根据自己的具体情况，有计划地参与储蓄理财，购买债券、股票和基金等有价证券，进行金融投资，以防止货币资金的闲置和浪费，提高资金收益率。另外，农村金融机构通过为"三农"提供存、贷、汇等基础性和衍生性金融服务，既能够方便群众、服务企业、加速资金周转、提高资金使用效率，还能够为"三农"主体提供各种经济、生产和市场信息，帮助农民与农村企业发展生产，扩大市场，提高收益。

4. 加强农村社会事业建设，维护社会公平

农村金融除满足农户、农村中小微企业或其他经济组织的金融需求外，还要满足农村公共基础设施建设对资金的需求。农村公共基础设施建设是关系农民基本生活质量和共同利益的社会事业。农村公共需求包括公共基础设施建设如道路、水电、水利、通信、环保和公共服务（包括教育、医疗、卫生等）。由于这些公共需求的基本特点是社会效益大于经济效益，大部分公共需求属于财政范畴，但随着公共需求的市场化运作，其经济效益不断拓展，一些领域如道路修建、水利水电建设、学校、医院建设等引入了项目贷款，用商业性金融和政策性金融等不同形式来满足和解决农村公共基础设施建设中的资金需求，以维持农村的稳定与繁荣，加快农村小康社会和城镇化的建设步伐。同时，能够加快缩小城乡差距、区域差距、贫富差距，维护社会公平，实现安定团结，促进社会和谐稳定。

五、农村金融发展的目标

目前，"三农"问题已成为影响和制约我国全面深化改革及现代化进程的重大问题，长期以来农业基础较为薄弱，农村经济社会发展远远落后于城市，城乡居民收入差距大，农民增收难，农村地区贫困面广、程度深，重要原因之一就是农村地区在资金上的严重"贫血"，农村金融资源严重不足。而在这一表象下则存在着深刻的制度根源与理

念误区，需要我们认真、深刻地反思。

从上述农村金融的作用，我们可以知道，农村金融主要通过货币资金活动对农村经济结构进行调整，并通过这种调整对农村贫困和农民收入产生影响。因此，在未来相当长时期内我国农村金融发展的目标可以确定为以下三个，即促进农村经济增长、消除农村贫困、满足"三农"金融需求，前两个目标是最终目标，后一个目标是中间目标。

(一) 促进农村经济增长

这是我国农村金融发展首要的、基本的目标，一切农村金融活动、农村金融政策与措施，都必须围绕这一根本目标进行。只有实现农村经济增长，农民收入才有可能提高。因此，"三农"问题解决的前提是农村经济的增长和发展，核心是农民收入的提高改善，基础是农业的稳定增长。

而要促进农村经济增长，最基础的保证首先是农村市场体系的有效性。如果市场是无效的，就需要创造一个更为合理的政策环境，改善有利于市场发展的法律法规体系，解决市场失效问题。农村经济增长在很大程度上依赖于其市场的竞争与效率，竞争不足与效率低下必然影响农村经济增长，导致农村经济发展停滞与落后。

农村金融市场是农村市场体系的重要组成部分。农村金融市场的有效性是指它能使市场参与者利用一切交易机会来实现经济效益。而有效的金融市场要求金融市场主体是多元的，竞争是自由开放的，交易产品和交易工具是多种多样的，还要具有多层次、多类型的不同金融市场。如果没有这些基本条件或要素，就会导致金融市场低效甚至无效。由于市场是高度一体化的、相互影响的，农村金融市场的无效会导致或加剧农村市场的无效。

一旦发现农村金融市场不是有效运行的，就应找出原因所在，以便采取措施来提高市场效率。一般来看，农村金融市场的低效运行，主要是政策环境不当、严格的法律监管或市场失败造成的。

农村金融市场不能有效运行的首要原因可能是没有一个良好的政策环境。建立一个有效运行的良好的政策环境主要包括：加强宏观经济和金融的稳定，减少宏观经济和金融的波动或扭曲；消除价格、贸易及财政分配上的城市倾斜政策，实行"工业反哺农业、城市支持农村"方针；促进竞争的、统一的、透明的和有弹性的金融市场的发展。

农村金融市场不能有效运行的另一个原因就是缺乏完善的法律法规和监管体系。完善法律法规和监管体系的主要做法有：完善土地所有权及登记制度；完善宅基地、林权等确权制度；改革执法程序，保障市场交易，提高市场效率；取消对非存款机构发放贷款的管制，实行金融自由化；进一步降低和放宽农村金融机构的准入门槛，同时加强金融监管。

但是，也要看到，即使以上两个方面是令人满意的，仍有可能导致金融市场的失败。当农村金融机构无法使其业务成本与收益内在化时，就会出现金融市场的失败。如果存在确认的市场失败问题，那么政府就要考虑采取必要的干预措施以解决市场失败问题，并进行成本效益分析以确定能否用最经济的办法解决这种市场失败问题，如果能，那么最经济的干预措施应该是什么。政府的干预措施一般包括对农村金融机构直接给予补贴，使其享有利率和再贴现、再贷款等政策优惠，为其组织、提供批发性存款和贷款，甚至设立专门的金融机构等，同时以行政手段保障和强力推进农村金融活动的正常、有序开展。

（二）消除农村贫困

农村贫困与农村经济发展实质上是同一问题的两个方面，农村经济发展的程度决定着贫困与否及贫困的大小。农村经济发展长期落后必然引致农村贫困，而良好的农村经济发展必然促进农村富裕。农村贫困主要体现在农民或农户身上。因此，千方百计地提高农民的收入水平，让他们获得较多的货币性收入，增加他们的财产性收入，不断降低绝对贫困人口数量，不断改善农民生存环境质量，是消除农村贫困的基本内容。对于农村金融而言，其拥有和可资利用的手段和方法就是金融，由于农村金融在农村经济中的重要地位，因此应使其能够发挥相应的作用，从而实现消除农村贫困的最终目标[①]。

（三）满足"三农"金融需求

我国农村金融发展的目标，最终是为了促进农村经济增长，同时消除农村贫困。从另外一个角度讲，就是要实现农村繁荣、农民富裕、农业现代化。满足"三农"的金融需求之所以作为一个目标提出，是因为促进农村经济增长、消除农村贫困两个最终目标需要通过这一中间目标来实现，也就是说，"三农"金融需求能否得到满足、在多大程度上得到满足，决定着最终目标的实现程度。"三农"的金融需求，最主要的是资金需求，广义上包括信贷需求、保险需求、证券需求、基金需求、理财需求、信托与租赁需求及民间各种金融需求等。不仅要求在数量上满足，也要在质量上提升（包括金融服务水平和资金利用的效率等），不仅要促使正规金融机构投入，更要调动非正规金融机构尤其是民间资本的积极参与，不仅要在产品、业务上进行创新，更须在体制机制等制度上进行突破，因此这是一项十分艰巨复杂的综合性系统金融工程。做好了，"三农"金融需求得到了基本满足，农村经济增长与消除贫困就能较好地推进，反之就会起到延误甚至阻碍作用。

第二节 现代金融发展理论

货币、金融在经济增长中的重要作用历来是经济学最古老、最持久、最重要的问题之一。尤其是20世纪60年代以后，金融在经济中的作用得到了越来越多的关注，产生了一系列有影响的研究成果。下面主要对国外相关金融理论进行介绍与梳理，为农村金融理论发展和农村金融学研究奠定必要的理论基础。[②]

---

① 董晓林. 农村金融学 [M]. 北京：科学出版社，2012：6-9. 该书提出了农村金融发展的两大目标，即促进农村经济增长和消除农村贫困，本书在此基础上提出了满足"三农"金融需求的中间目标。

② 下面关于现代金融发展理论和农村金融理论的主要引述转自：董晓林. 农村金融学 [M]. 北京：科学出版社，2012：17-30.

一、金融结构理论

最早和最有影响力的现代金融发展理论之一就是金融结构理论,其创立者和主要代表人物是美国经济学家雷蒙德·W. 戈德史密斯,他于1969年出版了《金融结构与金融发展》,该书奠定了金融发展理论的基石。

该理论对金融发展的过程及其规律进行了深入的描述分析,把各种金融现象归纳为三个基本方面:金融工具、金融机构和金融结构。该理论指出,金融结构是一国现存的金融工具和金融机构之和,各种金融工具和金融机构的形式、性质及相对规模构成了一国金融结构的重要特征。金融发展的实质就是金融结构的变化,研究金融发展就是研究金融结构的变化过程和趋势。而农村金融的结构也自然包括上述要素的构成及其变化发展趋势。

二、金融抑制与金融深化理论

金融抑制与金融深化理论的代表人物是罗纳德·麦金农和爱德华·肖。1973年,麦金农出版了《经济发展中的货币与资本》,肖出版了《经济发展中的金融深化》。这两本书都以发展中国家的货币金融问题作为研究的对象,分别从金融抑制和金融深化两个方面,全面地论证了货币金融与经济发展的辩证关系,详细地分析了发展中国家货币金融的特殊性,从而奠定了金融抑制理论和金融深化理论研究的基础。

(一)金融抑制理论

麦金农和肖提出的金融抑制理论认为,大多数发展中国家的金融体制和经济发展之间表现出来的是相互制约的关系,金融体制落后和效率低下阻碍了经济的发展,经济的呆滞又限制了资金的积累,制约了金融的发展,从而形成了恶性循环式的金融抑制。他们认为,发展中国家之所以欠发达,就是因为其实际利率太低,甚至为负,造成这样的原因,可能是政府人为地控制利率,也可能是通货膨胀,或者是二者共同作用的结果。在金融抑制下,人们不愿意储蓄,投资会减少,经济增长受阻。金融抑制现象具体表现在以下四个方面。

1. 金融市场价格扭曲

无论存款利率还是贷款利率都被政府压得过低,不能如实地反映资金的稀缺程度和供求状况。同时,银行的垄断地位抑制了金融创新,因为金融创新伴随着高风险。最致命的是,过低的利率造成资金的过度需求,行政命令式的计划配给制使金融资源难以有效或高效配置,从而进一步降低了金融效率和经济效率。在私人银行系统中,决定信贷分配的往往是裙带关系而不是经济标准。在国有银行系统中,常常是政治因素决定着投资的方向。

因此,解除金融抑制、提高实际利率是达到较高投资水平和提高投资效率的关键因素,也是提高经济增长率的重要条件。

2. 信贷管制

金融抑制理论认为,低利率造成的资金过度需求是导致信贷配给的重要原因。此外，由于缺乏有效的货币和资本市场，货币当局无法运用间接工具进行操作，而常常采取对信贷的直接管制。借款人为获得信贷配给和优惠利率贷款会进行"寻租"，与补贴连在一起的价格歧视也耗费了不小的资源成本，其代价包括进行管制、服从管制和逃避管制所耗费的成本。

3. 金融市场分割、不发达

为保证资金投向符合政府的意图，发展中国家普遍建立了各种专门的信贷机构，并对金融机构的设立和经营范围加以严格限制，政府还常常命令中央银行以非常低的（实际上是负的）利率向特殊信贷机构贷款，以致基础货币过度供给并最终引起通货膨胀。

同时，金融市场种类少、规模小，也不发达。货币市场通常只有银行间拆借市场初具规模，其他市场如票据市场、国库券市场则很不发达或根本没有，资本市场只有政府债券的一级市场，而且常常是政府强行出售给金融机构的，股票市场及金融衍生品市场等几乎没有。此外，许多发展中国家对外汇市场实行严格的管制。

4. 高准备金率和通货膨胀率

发展中国家为了控制信贷增加政府收入，通常对金融机构实行较高的存款准备金率。很多国家以多种形式存在的准备金率超过50%，可贷资金主要用于政府的各种补贴性用途，政府成了银行体系的主要借款人，这进一步降低了存款者收益并对私人投资产生极大的"挤出效应"，最终使通货膨胀不可避免。

通过上述金融抑制现象的归纳与分析，麦金农和肖关于金融抑制理论重点体现在以下三个方面：

首先，金融体制和经济发展之间是一种相互推动和相互制约的关系。一方面，健全的金融体制能将储蓄资金有效地动员起来并引导到生产性投资上去，从而促进经济发展；另一方面，经济发展也会通过国民收入的提高和经济主体对金融需求的增加刺激金融业的发展，形成一种互相促进的良性循环。但是，大多数发展中国家的金融体制和经济发展之间却存在一种相互制约的关系。一方面，金融体制的落后和缺乏效率束缚了经济的发展；另一方面，经济的呆滞又限制了资金积累，制约了金融的发展，从而造成金融抑制与经济落后相互促退的恶性循环。

其次，恶性循环的根源在于金融抑制，即政府当局实行过分干预和管制的政策。制度的缺陷和政策的失误使发展中国家对经济活动的各个领域采取过多的行政干预，金融领域的干预主要表现为金融当局硬性规定存款和贷款利率的上限，使利率不能正确地反映资金的供求状况和资金严重短缺的事实，同时不能有效地控制通货膨胀，以致实际利率（存款利率－通货膨胀率）为负。另外，在政府的信贷配给制下，资金几乎是无偿使用，能获得较多信贷的大多为政府直接掌控的国有企业，而许多中小企业和个人得不到金融机构的支持，致使资金使用效率下降。

最后，金融抑制的结果是政府有可能积累财政赤字，加剧通货膨胀，从而进一步采取金融抑制的办法，最终形成"金融抑制—经济停滞—金融抑制"的恶性循环。

为此，他们得出结论：要使经济得到发展，就必须使金融得到发展，要化解金融抑制，就必须实施金融深化。

(二) 金融深化理论

很显然，金融深化理论是在金融抑制理论的基础上提出来的。金融深化理论认为，政府应放弃对金融的过分干预和管制，取消对利率和汇率的人为压制，使利率和汇率能真实反映资金和外汇的实际供求状况，并充分发挥其调控经济的重要作用，最终实现推动经济与金融同时发展的目的。

金融抑制的核心是利率管制。因此，金融深化的核心就是消除对利率的管制。传统货币金融理论认为，利率与投资之间存在反比关系的"替代效应"。麦金农提出了两者之间的"渠道效应"关系，即货币与资本（投资）之间不是相互竞争的替代品，而是相互补充的互补品，因此，利率的提高会通过提高货币实际收益率而增加实际货币需求和货币积累，增加投资机会，从而刺激投资的增加。或者说，金融深化具有渠道效应。麦金农的"渠道效应论"强调，发展中国家存在着货币持有与资本积累的互补性，正的实际利率是激励投资主体进行货币余额积累与投资的必要条件。而肖也将金融深化可能产生的效应分为收入效应、储蓄效应、投资效应和就业效应四个方面，并提出"债务媒介论"，强调正的实际利率对储蓄的促进作用及对低效益项目投资的约束效果。

麦金农和肖认为，金融深化可以克服金融抑制所引起的金融发展与经济发展之间的恶性循环。因此，陷入金融抑制困境的发展中国家应积极推行金融深化，提高实际利率，放开金融市场，以增加储蓄和投资，提高投资效率，促进经济增长。经济的发展反过来又会通过增加金融服务的需求而刺激金融业的发展，从而形成金融发展与经济发展之间的良性循环。

以解除金融抑制和实现金融深化为目的的金融自由化策略旨在消除政府对金融领域的过度干预和保护，主张通过放松政府金融商品价格的管制，放开对利率、汇率的管制，逐步推行利率自由化，培育民间金融市场。肖还明确指出，金融深化的目的就是要取消金融抑制条件下的信贷配给机制，代之以市场价格机制。

在麦金农和肖之后，卡普尔、马希森、加尔比斯、弗莱等经济学家也相继以利率为主题进行了相关理论和现象的研究分析，论证了提高利率和放开利率管制、实行利率自由化的必要性，进一步丰富和发展了麦金农—肖的金融深化理论。

三、金融约束理论

基于对金融自由化理论的批评与反思，20世纪90年代以来，以莱文、赫尔曼、斯蒂格利茨、默多克等为代表的新凯恩斯主义经济学家已不再满足于对麦金农—肖的金融发展理论框架进行修修补补，他们认为，金融抑制和金融深化模型存在诸多缺陷和局限性，由此提出的主张过于激进和理想化。根据内生增长理论的最新成果，他们对金融理论进行了进一步的发展，通过将内生增长和内生金融中介纳入金融发展理论分析框架之中，来分析金融中介、金融市场的形成及金融发展与经济增长的关系。他们认为，发展中国家的经济或转型经济不适合进行金融自由化，金融约束才是适宜的政策选择，由此他们提出了一个替代金融深化理论的金融约束理论。

所谓金融约束，是指政府通过制定一系列金融政策在民间部门创造租金机会，以达到既防止金融压抑的危害又能促使银行主动规避风险的目的。其金融政策包括对存贷款利率的控制、市场准入的限制，甚至对直接竞争加以管制，以影响资金在生产部门和金融部门之间的分配，并通过租金机会的创造，调动金融企业、生产企业和居民等各个部门的生产、投资和储蓄的积极性。在现实经济生活中，由于信息不对称、道德风险、代理行为等，资金资源难以被有效配置，因此政府很有必要进行适当的干预。金融约束给金融部门和生产部门创造了"租金机会"，通过"租金效应"和"激励作用"，可以避免潜在的逆向选择行为和道德风险，鼓励创新，维护金融稳定，从而对经济产生正向效应。从实质上看，金融约束理论更加强调政府干预的重要作用，认为适当的、选择性的政府干预有助于金融发展。

金融约束理论的核心思想认为，政府适当的、选择性的干预是必要的，为此提出了一系列的政策主张：

（1）利率控制。将存贷款利率控制在一个较低的水平上，并同时保证实际利率为正，从而减少银行的成本负担，使之有长期经营的动力。

（2）限制竞争。激烈的竞争会造成社会资源的浪费，危及金融体系的稳定。因此，限制银行业的竞争，可以提高金融体系的安全性，对整个经济具有正的外部效应。但是，限制竞争并不是禁止进入，而是指新进入者不能侵占先进入者的租金收益。

（3）限制资产替代。限制居民把正式金融部门中的存款转化为证券、国外存款、非正式金融部门的存款和实物资产等其他资产形式。

（4）定向信贷。政府干预信贷资金配置主要是由于市场失灵。但是定向信贷不一定是进入约束必须实行的政策，金融约束对政府定向信贷的范围要有严格限制，必须保证金融机构获得一定的租金。

金融约束理论还认为，实施金融约束应具备两个基本条件，即宏观经济稳定和实际利率为正。对于发展中国家经济或转型经济，在暂不具备金融自由化条件的情况下，可以考虑实施金融约束政策，以求金融发展。在经济发展的初级阶段，金融约束的程度可以深一些，同时可以采取多种政策。在经济发展的高级阶段，金融约束的程度可以适当降低，可以放宽或取消某些政策，直至金融约束过渡到金融自由化。

四、金融创新理论

1912 年，著名经济学家熊彼特（J. A. Schumpeter）在《经济发展理论》一书中最早提出了创新理论。他认为，创新是指企业家把一种从来没有过的生产要素和生产条件实行"新组合"，包括新产品的生产、新技术或新的生产方法应用、新市场开辟、原材料新供应来源的发现和掌握、新的生产组织方式的实行等，有着广泛的外延。

熊彼特创新理论的问世，引起了西方经济学界的普遍重视，一些经济学家运用创新理论来解决或研究某些部门经济的现象或问题。西方的金融创新（Financial Innovation）理论便是西方经济学家自第二次世界大战后，特别是 20 世纪 70 年代以来在金融领域对创新理论的一种应用与发展。

结合熊彼特的创新内涵，金融创新可以定义为，金融领域内部通过各种要素的重新组合和创造性变革所创造或引进的新事物。这个定义至少包含了三个要点：一是金融创新顾名思义是在金融行业或金融领域内的创新；二是金融创新具有新生性和质变性，具有全新性质和特征的新事物，才能叫作创新；三是金融创新是一个动态的广义概念。金融创新不是一个国家和地区特有的现象，而是出现在各个国家和全球范围之内。

金融创新的表现形式多种多样，一般来说，金融创新可分为以下三类：

一是金融制度创新，包括货币制度创新、信用制度创新、银行制度创新、金融管理制度创新等与制度安排相关的金融创新。

二是金融业务创新，包括金融工具创新、金融业务创新、金融市场创新、金融技术创新、金融交易方式创新、金融服务创新等与金融业务活动相关的创新。

三是金融组织结构创新，包括金融机构创新、金融结构创新、金融机构内部经营管理创新等与金融组织机构相关的创新。

在金融发展史上，金融创新是金融的核心和永恒的推动力，它体现了金融的根本特性，增强了金融在经济发展中的重要性、渗透力和作用力，促使金融发展与经济发展融为一体，形成了货币信用经济或金融经济。当今社会，经济发展日益离不开金融的发展，金融发展也日益依赖于经济的发展。金融与经济的融合，使经济发展具备强大的推动力，金融已渗透到经济社会的各个角落，发挥着神奇的威力与作用，也因此成为国民经济的要害部门和神经中枢。

五、信息不对称理论

信息不对称理论自 20 世纪 70 年代产生以来，由于其接近现实的特点，应用范围越来越广。所谓信息不对称，是指市场交易参与者掌握的对所要交易对象的情况在量和质上不相等，某些参与人拥有某些信息而另一些参与人不拥有，具有信息优势的一方有可能凭借信息优势获利。从不对称发生的时间看，不对称可能发生在当事人签约之前，也可能发生在签约之后，前者称为事前信息不对称，后者称为事后信息不对称。事前信息不对称导致的市场失灵称为逆向选择；事后信息不对称会导致道德风险——由于一方监督对方履行交易合约的成本太高而产生的违约风险。由于监督成本太高以至于超过监督收益，信息优势方可能按照自身利益最大化的目标采取不利于他人的行为，侵占对方的利益。

从 20 世纪 80 年代开始，信息不对称理论被引入金融研究领域，在金融市场行为、金融中介职能等方面显示了强大的解释能力。例如，在银行信贷市场上，一般情况下，借款者比贷款者具有更多的信息优势，借款者作为资金的使用者，对投资项目的风险性、投资回报率等有比较全面而深入的了解，而贷款人则对借款者的有关信息不能充分把握。在这种情况下，贷款人会根据自己的风险期望值相应调整贷款利率。

第三节 农村金融理论

农村金融作为金融的一个重要组成部分，不可避免地受到现代金融理论及其政策主张的影响。与发达国家相比，发展中国家农村金融的特殊性尤为明显。发展中国家农业经济的生产特点是分散的小农生产，其生产和消费的市场化与商品化程度较低。与分散化的小农生产相对应的是资金需求规模的有限性，这使从事农村信贷服务的金融机构难以在贷款上获得规模效应。与资金需求相对应的是发展中国家资金供应的有限性，资金的"瓶颈"约束常常是制约农村金融机构、农村中小企业、农户等农村经济主体的最重要因素。同时，其贷款回收率低，不良贷款率非常高。发展中国家农村金融的这些特点导致在农村金融发展上，必然出现不同的观点和理论派别。这些理论派别根据当时的经济社会历史发展状况，从自身对农村金融的理解出发，对农村金融发展的路径提出了不同的设计与主张。它们面临的一个最为核心的问题是，如何看待发展中国家政府在农村金融发展中的作用。围绕这一问题，从这个角度出发，到目前为止，主要形成了三种不同的农村金融理论，即农业信贷补贴论、农村金融市场论和不完全竞争市场论。

一、农业信贷补贴论

20世纪80年代以前，农业信贷补贴论一直是农村金融理论界占主流地位的传统学说。该理论是在借鉴麦金农和肖的金融抑制理论分析发展中国家的农村金融问题的基础上形成的，同时也受到凯恩斯"政府干预主义"的影响。

农业信贷补贴论隐含的基本前提是，农村居民，特别是贫困阶层没有储蓄能力，农村面临的是资金不足问题。由于农业的特点，如投资规模大、周期长、收益低、风险大等，农业不可能成为以利润为目标的商业银行的融资对象。因此，该理论得出结论：一是为了促进农业生产和缓解农村贫困，政府有必要通过提供专项贷款的方式由外部注入资金来干预农村金融市场；二是为缩小农业与其他产业之间的收入差距，对农业的融资利率必须较其他产业要低，二者之间的差距由政府来进行补贴；三是由于金融机构在农村开展业务成本较高，风险较大，因此，应该对金融机构进行保护和管理。这一理论的实质是，政府应该在农村金融市场中占据绝对主导地位、发挥极为重要的作用。

农业信贷补贴论支持的是一种信贷供给先行的农村金融发展战略，在这种理论的指导下，各国纷纷建立起了大量由政府主导的农村金融机构，特别是专业的农业信贷机构，为农民和农村企业提供资金，并实行定向的信贷服务和指导性贷款。此外，考虑到非正规金融一般以高利贷为特征，使农户更加贫困并阻碍了农业生产的发展，为了打击高利贷和各种民间金融活动，政府会采取强硬的取缔措施，并运用政策性金融机构的低利率贷款，为农村注入大量低息的外部政策性资金，排挤民间金融。

农业信贷补贴论存在一系列固有的缺陷，主要表现在以下方面。

（1）如果农民存在可以持续得到廉价资金的预期，那么农民就必然缺乏储蓄的激励，这使农业信贷机构无法动员农村储蓄以建立自己的资金来源，从而使农业信贷成为纯粹的财政压力。

（2）当低的利率上限使农业信贷机构无法补偿由于贷款给小农户而造成的高交易成本时，那么官方信贷的分配就会偏向于照顾大农户，这使低息贷款的主要受益人并不是农村的穷人，低息贷款的补贴被集中并转移到使用大笔贷款的较富有的农民身上。

（3）政府支持的、不具有多少经营责任的农业信贷机构缺少有效地监督其借款者投资和偿债行为的动力，这样会造成借款人故意拖欠贷款。

从实践来看，根据这一理论，发展中国家普遍实行了相应的农村金融政策，设立了政府的各种农业信贷机构，扩大了向农村部门的融资，促进了农业生产的增长。但由于农村储蓄动员不力、过分依赖外部资金、贷款回收率低、偏好向农村中上层和大户融资等问题，许多国家相继陷入了严重的发展困境，信贷资金来源难以为继，农业信贷机构经营难以持续。以此来看，对消除贫困贡献最大的，可能既不是贷款也不是存款，而是建立一种可持续发展的融资机制。农业信贷补贴政策的结果是，在一定程度上损害了农村金融市场的可持续发展能力，导致信贷机构活力衰退，最终使农业信贷补贴政策代价高昂，但收效甚微。实践表明，农业信贷补贴论下的专门农业信贷机构，从未发展成为净储户与净借款人之间真正的、有活力的金融中介。单纯从这一理论出发，很难构建一个有效率、自立的、可持续发展的农村金融体系。但无论如何，它仍是基本适应和指导当时农村金融发展的重要理论。

二、农村金融市场论

自20世纪80年代以来，随着凯恩斯国家干预经济理论的日益衰弱，取而代之的是自由市场经济学派的兴起，由于农业信贷补贴论存在诸多缺陷，农村金融市场论逐渐取代了农业信贷补贴论。

农村金融市场论是建立在金融深化理论的基础上的。该理论反对政府干预，强调市场机制的作用，其主要理论前提与农业信贷补贴论完全相反。该理论认为：

（1）农民及贫困阶层是有储蓄能力的。通过对发展中国家农村地区的大量调研发现，只要提供存款的机会，即使贫困地区的小农户也可以储蓄相当大数量的存款，故没有必要由外部向农村注入资金。

（2）低息政策妨碍人们向金融机构存款，抑制了金融发展。

（3）资金运用的外部依存度过高，是导致贷款回收率低的重要因素。

（4）由于农村资金拥有较高的机会成本和风险费用，非正规金融的高利率具有一定的合理性。

建立在以上发现基础上，该理论的核心思想是反对政府对农村金融的控制和干预，反对政策性金融对市场的干预，坚信并完全依赖市场机制的作用，坚信利率自由化可以使农村金融机构补偿其经营成本并获得可持续发展。

农村金融市场论的政策主张有：

（1）农村金融机构的重要功能是农村内部的金融中介（资金盈余部门和资金短缺部门的借贷中介），动员储蓄是关键之关键。

（2）为了实现储蓄动员、平衡资金供求，利率必须市场化，由市场机制来决定，且实际存款利率不能为负。

（3）判断农村金融是否成功，应根据金融机构经营的自立性和可持续性来判断。

（4）没有必要实行专项特定目标贷款制度。

（5）非正规金融具有一定的合理性，不应一律取消，而应积极引导，与正规金融并存发展。由于这一理论强调并完全依赖市场机制作用，极力排斥政府对农村金融市场的干预，因此，该理论在市场经济国家中占据主流地位，得到高度关注与支持。

但是，农村金融市场论在广大发展中国家实施时的功效并没有想象中的那么大、那么好，甚至在部分发展中国家尤其是欠发达地区是不适合的。因为：首先，该理论的研究对象是私有制经济较为完善的市场经济国家，而农村金融市场化条件假设是很多发展中国家所不具备的。其次，农村金融市场的不完全性和昂贵的信息成本在发展中国家表现得尤为突出，导致信息失灵和农村金融体系动荡。最后，发展中国家普遍存在法规制度不全、征信体系缺失、信用环境较差等情况，一味地取消政府管制可能会造成农村金融市场的失序和不稳定。例如，利率市场化能否使小农户充分地得到正规金融的贷款仍然是一个问题，自由化的利率可能会减少对信贷的总需求，从而可以在一定程度上改善小农户获得资金的状况，但高成本和缺少担保品，可能仍会使他们不能借到所期望的那么多的资金，因此，仍然需要政府的介入以照顾小农户的利益。

三、不完全竞争市场论

20 世纪 90 年代后期，东南亚等国家和地区爆发了严重的金融危机，使人们认识到市场机制并不是万能的。对于稳定金融市场来说，合理的政府干预非常重要。而对于农村金融市场，一些学者和研究者也普遍认为，要培育稳定的、有效率的农村金融市场，减少金融风险，仍需要必要的、合理的政府干预。这种理论的代表人物是斯蒂格利茨（J. Stiglitz），他是一个温和的国家干预主义者，或者说他也是一个温和的自由主义者。他在国家干预论和自由市场论之间保持了一种适度的均衡，既基本肯定市场机制和正确的价格体系的重要性，也注重适度的政府干预对稳定市场、矫正市场失败的作用。尤其是发展中国家的农村金融市场，具有明显的更为严重的信息不对称和市场分割的情形，因而政府的适度干预是非常必要的。

斯蒂格利茨概括了金融市场中市场失灵的七个方面：一是对公共品的监控问题；二是监控、选择和贷款的外部性问题；三是金融机构破产的外部性问题；四是市场不完善和缺乏的问题；五是不完全竞争问题；六是竞争性市场的帕累托无效率问题；七是投资者信息缺乏问题。由此他认为，由于存在市场失灵，政府应积极介入金融市场，填补市场的真空。政府在金融市场中的作用十分重要，但是政府不能取代市场，而是应该补充市场。政府对金融市场的监管应采取间接控制机制，并依据一定的原则确立监管的范围和标准。

学者们将斯蒂格利茨等提出的金融约束理论运用到农村金融领域，形成了不完全竞争市场理论。该理论认为，农村金融市场不是一个完全竞争的市场，借贷双方存在着信息不对称，即放款一方的金融机构对于借款人的情况难以充分掌握，如果仅仅依靠市场机制可能无法生长出一个农村社会所需要的金融市场。为此，有必要采用诸如政府适当介入金融市场以及借款人的组织化等非市场措施，以政府的有限介入来弥补市场机制本身的缺陷。

不完全竞争市场论的主要政策主张与措施有：

（1）金融市场发展的前提条件是低通货膨胀率等宏观经济的稳定。

（2）在金融市场发育到一定程度之前，相比利率自由化，更应当注意将实际存款利率保持在正数范围内，并同时抑制存贷款利率的增长，若因此而产生信用分配和过度信用需求问题，可由政府在不损害金融机构储蓄动员的同时从外部供应资金。

（3）在不损害银行最基本利润的范围内，政策性金融（面向特定部门的低息融资）是有效的。

（4）应鼓励并利用借款人联保小组及组织借款人互助合作形式，以避免农村金融市场存在的不完全信息所导致的贷款回收率低下问题。

（5）利用担保融资、使用权担保及互助储金会等办法是有效的，可以改善信息的非对称性。

（6）融资与实物买卖（肥料、作物等）相结合的方法是有效的，能确保贷款回收。

（7）应给予金融机构一定的特殊政策，如限制新参与者等保护措施。

（8）政府对非正规金融市场应加以引导。

目前，以上三种主要的农村金融理论中，不完全竞争市场理论对发展中国家农村金融的现状是比较有解释能力的，与前两种农村金融理论比较，也更具有可操作性和现实针对性。目前，包括我国在内的许多发展中国家都采行了这一理论。因此，在本节最后部分，我们重点介绍斯蒂格利茨提出的有关政府介入农村金融市场的基本理论基础，以及这种理论框架下政府的功能作用与介入方式。

四、农村金融抑制与金融深化论

如前所述，在现代金融理论中，麦金农和肖主要针对不发达国家而提出的金融抑制论影响深远。其核心思想认为，金融抑制是导致发展中国家经济落后的主要原因，有效的经济增长必须立足于解除金融抑制或实现金融市场的完全自由化。从麦金农和肖对金融抑制的现象描述中，我们可以大体归纳出金融抑制的两个基本特征：一是金融抑制的核心是利率管制；二是银行是金融抑制的核心。

在发展中国家，普遍存在着城市发达的工业部门与农村落后的农业部门这一"二元经济"结构，由此使一国金融政策取向必然是偏向城市工业部门，而对农村农业部门采取金融抑制政策。

农村金融抑制的主要表现：

（1）长期的低利率政策和利率不能正确反映货币资金的供求状况，稀缺的货币资金不能按照效率原则进行合理分配，导致货币资金的供求缺口和金融资源分配的官僚化和无效率。

（2）政府对农村货币资金自由融通的管制措施使农村金融市场的发育和货币资金供给受到严重挫伤，进一步加深了农村地区的金融抑制。

（3）在农村"二元经济"结构中，政府以城市工业优先发展为理由低成本地获取农村剩余资金，造成农村货币资金外流，致使农村金融抑制愈趋严重。

（4）农村金融的"二元性"使现代金融部门和传统金融部门并存，在现代部门中，有组织的或官方金融机构占支配主导地位，但机构少、体系不健全，而非官方的、民间的金融机构处于附属地位，但往往被排挤、被打压甚至被禁止。

（5）农村金融机构高度国有化，在低利率政策下，资金需求旺盛，因而货币资金只能在政府的控制下，以"配给"方式提供信贷。

由于农村金融抑制，广大发展中国家普遍存在着利率扭曲、资金供给不足、信用形式单一、信用工具少，严重阻碍了农村经济的发展。因而麦金农和肖在金融抑制论基础上提出了金融深化论，其核心内容是解除或减少政府对金融的管制，放开金融市场，提高实际利率，让利率自由反映货币资金的供求状况。

农村金融深化论除金融深化理论中所提到的提高利率、放松金融管制以外，应该充分考虑到农业、农民和农村地区的特殊性。

第一，农村地区贫困落后的状况。在发展中国家，农村的金融抑制往往和经济上的贫穷落后相伴而生。金融抑制使农村资金供给缺乏，资金分配低效、无效，经济发展停滞，同时经济的贫困，导致没有更多的收入来形成储蓄，由此形成恶性循环。因此，金融抑制既是农村贫穷落后的原因，也是农村贫穷落后的结果。要改变农村贫穷落后的局面，必须从农村金融深化入手，通过对农村金融市场资金的注入和资金供应方式的改变，对农村金融市场的深度和广度进行拓展，积极主动运用金融手段等，才能为贫困农村创造经济快速增长的重要条件。

第二，发展中国家的农民往往处于社会的底层，分散的、无组织的农民其文化教育程度普遍较低，难以掌握先进技术，也难以摆脱传统思想观念的束缚。因此，在利用金融深化来发展农村经济的同时，必须注重对农民的教育、技术支持和观念转变，才能达到理想的效果。

第三，农业本身具有弱质性和外部性的特征，发展中国家落后的农业更是如此。农业作为农村的主要产业，其发展直接关系到整个农村经济的发展和农民收入及其生活水平的提高。因此，在农村金融深化、培育农村金融市场的同时，政府必须认识到农业的弱质性、外部性、低利性，通过政策性金融对农业信贷市场进行必要的干预，为农业发展提供充分的、强有力的信贷支持。

五、农村金融发展模式论

这一理论是由美国耶鲁大学经济学家帕特里克（Hugh T. Patrick）提出的。他根据发展中国家农村金融与农村经济的发展实际，提出了两种发展模式。

一是需求追随型金融发展模式。该模式认为，随着经济增长，经济主体会产生对金融体系提供融资与服务的强烈需求，作为对这种需求的反应，金融体系将不断趋于完善发展，提供充足的金融服务，从而形成对农业和农村经济增长的推动。该模式强调的是金融需求引致金融发展，其传导机制：经济增长→金融需求增长→金融机构扩张→金融资产多元化→金融服务多元化。

二是供给领先型金融发展模式。该模式认为金融机构、金融资产、金融负债及相关金融服务的供给必须领先于金融需求，只有完善、充足的金融供给才能刺激金融需求增长，并保证满足金融需求，进而促进农业和农村经济的增长。该模式强调金融供给拉动经济增长的作用，其传导机制：金融机构扩张→金融资产多元化→金融服务多元化→金融需求增长→经济增长。

帕特里克认为，上述两种模式与发展中国家农业和农村经济发展的不同阶段相适应，两种模式之间存在一个优先次序问题，在农业和农村经济发展的早期阶段，因为金融不完善，同时也因为存在一定程度的金融抑制，金融供给成为农业和农村经济发展的主要约束，所以，健全和完善农村金融供给就成为促进经济发展的先决条件。因此，处于早期发展阶段的发展中国家应该选择供给领先型金融模式，通过完善的金融服务和较高的金融利率，广泛充分地吸收社会资金，使之转化为储蓄，从而提供尽可能的金融供给。当经济发展到一个新的增长水平时，金融重点将由过去的供给不足转化为金融需求不足，此时政府应将金融制度安排或金融政策方向由供给型金融转变为需求型金融，通过市场化方式，建立竞争性金融体系，充分动员并有效配置金融资源，从而促进经济发展。需求型金融的本质强调政府放松甚至放弃对金融、经济的管制，尽可能让市场机制发挥作用。

六、政府介入农村金融市场的理论基础

斯蒂格利茨有关不完全竞争理论的理论基础是对金融市场中信息不完全和市场失败的论证与阐释。他认为，在金融市场中，作为公共品的信息问题往往产生于两种不同的领域：一是关于金融机构的偿债能力的信息，它对于投资者或者存款人决定对一家金融机构的资本投入或者撤出都有重要意义；二是关于这些金融机构经营的信息，因为这些信息影响投资的风险和收益。我们很容易看出，关于金融机构偿债能力和经营的信息是一种公共品，具有明显的非竞争性和非排他性，同时由于公共品供给不足的性质，花费在监督金融机构偿债能力的信息方面的努力是非常少的。这便产生了两个结果：一是由于金融机构知道自己处于未被监督的状况，因此可能采取风险性（不审慎）的行为，从而产生金融市场的败德行为，但是要设立关于合理的审慎标准和败德标准是非常困难的；二是导致投资者对金融机构的信任和依赖度下降，社会中通过金融机构配置的资源数量下降，这就意味着金融机构难以履行正常的经济功能。

因此，从某种意义上说，私人监督和政府监督是一种互补关系，而不是替代关系。无论理论上还是实践中，政府都有着私人部门不具备的优势：第一，由于监督信息的公共品性质，使依赖私人部门提供这种公共品是无效率的，私人部门不能筹集足够的资金用于有效的监督；第二，信息作为公共品有自然垄断性质，因此在这些信息服务上就不可能存在有效率的竞争，而失去有效竞争，私人部门便难以提供有效率的信息服务，而政府可以通过合理的制度结构设计来缓解这方面的问题；第三，政府在信息监督方面的优势还在于政府具有强制力，政府可以强制公司披露信息，而且可以对不完全的披露或欺诈性的披露进行惩罚。

政府介入金融市场的另一个重要原因是金融市场中存在的外部性问题。金融机构的

重要功能是在不同投资项目中进行选择，以及在资本一旦配置完毕之后进行监督。所以一家金融机构对某个厂商进行贷款这一行为本身就对其他金融机构传达了有价值的信息，就对其他金融机构产生了外部性，并且是一种正的外部性。相应地，金融机构的贷款选择同时也存在着负的外部性。同样，金融市场内部和不同金融市场之间也会存在严重的外部性，这种外部性对于金融体系和金融机构的负面影响非常严重。当这种外部性结果大到足以引发金融机构倒闭甚至经济崩溃的时候，政府一般不会袖手旁观，而是会设法对陷入危机的金融机构进行救助。但是政府的救助行为和保险行为改变了金融机构的行为，容易引发金融机构的道德风险，这是救助承诺和存款保险承诺所不可避免的结果。政府的目标在于通过制度设计尽量降低这种道德风险发生的可能性。

金融市场中还存在着大量市场缺失的情形和市场不完全的情形，这些市场缺失大大限制了金融市场在资源配置中的作用。市场缺失本身不但使某些交易难以进行，从而损失交易收益和资源配置收益，而且使某些经济中的风险难以得到保险和分担。市场缺失和市场不完全的原因在于道德风险和逆向选择。道德风险和逆向选择意味着这些市场的交易成本非常高昂，而高昂的交易成本进一步限制了交易和市场的运作。在防范道德风险和逆向选择方面，政府具有明显优势，它可以强迫金融机构和厂商参与强制性的保险方案和风险分担，以此降低逆向选择问题对金融市场造成的损失。同时，在缓解道德风险方面，政府也处于优势地位，因为政府拥有更大的强制力量，可以强制金融机构和厂商进行有效的、全面的信息披露，以及通过多种控制手段如税收、补贴和其他管制措施，来达到减少道德风险的目的。当然，政府在风险评估和决定合宜的政府公平利率方面也存在着劣势，政府行为还容易创造寻租行为和潜在补贴的机会。

斯蒂格利茨认为，与信息有关的金融市场的失败还表现为金融市场中的不完全竞争。实际上，即使在发达国家，不完全竞争或者垄断都是普遍存在的。英国和德国的银行体系都是高度集中的，美国虽然拥有数以万计的银行，但是银行体系的竞争仍旧是有限的，这些使金融机构对于任何特定的借款人来说都处于一种自然垄断的状态。对于存款性金融机构而言，从存款人的角度来看，由于它们在存款地理位置和服务方面的差异，使它们之间往往是不完全替代的关系。对于贷款市场而言，这种差异更为显著。借款人不可能非常简单地从一个银行转到另一个银行，每个银行都拥有关于客户情况的特殊信息。这就产生了金融市场中各种金融机构之间竞争的不完全甚至垄断现象，而市场经济提供有效资源配置的前提是市场完全竞争的假设，没有完全竞争的市场，就不会有自动的、有效的资源配置，这些现象的存在为政府对金融市场干预提供了理由。

因此，由于金融市场中存在着大量与不完全信息、不完全竞争、外部性等问题相关的市场失败和市场缺失，这些市场失败和市场缺失为政府对金融市场的干预提供了重要理由。当然，在认识到金融市场中的市场失败和市场缺失的同时，我们也千万不要忽视政府在某些情形下的缺陷，不要忽视政府的介入行为可能造成的消极后果与不良影响。

而农村金融市场在以上方面的表现更为严重。由于发展中国家农业生产、投资行为、农户居住的高度分散性，使信息的获取非常困难。农村金融市场也是一个典型的不完全竞争市场，农户和农村企业不可能自由地选择金融机构，金融机构在某个区域内具有很大程度的垄断性，种种现象导致道德风险和逆向选择问题在农村金融市场大量普遍存在。因此，政府在农村金融市场中适度的介入是十分必要的。

七、农村金融中政府的功能与介入方式

在政府采取一定的介入方式之前，首先要清楚政府在农村金融中的功能定位。我们知道，农村金融市场是一个特殊的且十分重要的市场，与一般商品市场相比，更具有不确定性、风险性、脆弱性和复杂性，因此，作为政府来讲，它在一般商品市场中承担着必要的制度功能，在金融市场中则更需要具备这种最基础的、最基本的功能。另外，政府作为市场经济的主体之一，必须清楚地知道政府与市场的边界，哪些可以做哪些不可以做，什么时候做，做的力度和强度。

从广大发展中国家的实际经验看，政府往往能够在许多情况下较好地弥补和发挥市场所难以起到的作用，识别并采取相应的强力保障措施，从而提高农村金融效率，获得较好的经济效益和社会效益。

政府对农村金融的介入干预，关键的问题在于设计合宜的政府干预的制度安排，以保证政府对金融市场进行有限而有效的干预。在设计政府干预的制度安排的时候，有以下四个方面必须清楚：一是政府干预管制措施的执行是要付出成本的，这既包括管制者的成本，也包括被管制的金融机构的成本；二是金融市场中的信息是不完美、不对称的，而相对于被管制的金融机构而言，政府经常处于信息上的劣势地位；三是某些指标具有较高的监督成本，而监督的准确性却较低；四是作用效果最终要靠对金融机构本身的激励，所有制度设计也要基于对金融机构本身的激励。所以，从总体上来说，政府干预管制的制度设计应考虑到政府本身的缺陷和限制，考虑到可观测变量的监督成本，还要基于对金融机构本身的激励以达到干预管制的目标。

政府在农村金融市场的一个重要功能就是创设金融机构，以此弥补那些私人机构所不能提供的信贷种类，这是发展中国家政府进行金融市场干预的最重要任务。许多经济发达国家在其经济发展的一定阶段，都存在着政府创设某些金融机构以提供某些信贷服务的现象。例如，一些欧洲国家的政府在19世纪曾积极投身于创建长期信贷机构；日本政府在第二次世界大战前曾建立日本工业银行，第二次世界大战后建立了日本发展银行和大量带有政府色彩的金融机构；美国政府也建立了联邦国民抵押贷款协会（Federal National Mortgage Association），从而有助于实行抵押贷款的证券化，以弥补私人抵押市场的不足。在许多发展中国家，也存在着一些为特殊团体、特殊种类的厂商、特殊目的而设立的金融机构，如专门为中小企业贷款而设立的金融机构，专门为进出口业务进行融资而设立的进出口银行等。

政府在农村金融市场的制度功能还体现在对金融机构的监管上，这是政府在维持金融市场秩序、保证金融机构稳健经营、防范金融市场动荡和金融危机方面的重要职责。因此，世界各国几乎都采取了必要的管制措施对金融机构进行监管，如净值法（Net Worth）和资本要求（Capital Requirement）、限制银行向单个借款者贷款的比例、限制向内部人进行贷款、对某些风险性贷款的限制、对银行进行某些非银行活动的限制等。这

些管制措施，或是出于矫正金融市场中市场失败的目的，或是为了达到某些更宽泛的社会目标，或是为了对金融市场中的系统性风险进行控制。除政府管制之外，政府还会运用其他方法为金融机构提供激励，使其行为更符合政府合宜的标准。但是，政府在设计激励性的制度安排的时候，一定要考虑到这种激励制度对政府和金融机构行为可能产生的消极后果。经验证明，基于市场竞争性的激励机制往往具有公平性、长期性和稳定性，容易正确引导金融机构的行为，也比较容易避免或减少寻租行为；相反，单纯依赖政府行政性的激励机制，则具有不公平性、短期性和不稳定性，容易引起金融机构的行为扭曲和寻租行为。另外，还有一个最重要的方面必须注意，就是这些干预管制对借款人如农户和企业等可能带来积极的和不利的影响，应尽可能减少不利影响。

总之，在农村金融活动中，政府的基本功能应该是提供公平的游戏规则，具体来讲就是为金融体系制定公平、清晰、有效的法律法规，对金融机构及其市场参与者进行有效的激励、约束与规范。政府对金融市场的干预应该是建立在对金融市场失败的弥补的基础上的，而不是试图以政府力量取代市场力量、以行政手段代替市场机制去配置资源。① 而且，在政府对金融市场进行介入的过程中，还存在着对介入行为不断进行调整的必要性，也就是说，所有介入措施都有一个随着金融与经济形势变化而不断调整的过程，在一定发展阶段表现良好有效的政府介入制度安排，可能在其他发展阶段就会成为损害金融效率和经济增长的制度安排。

在农村金融市场，政府介入的方式在不同的发展中国家和发达国家是不同的。世界各国几乎都存在专门为农村居民和企业提供金融服务的政策性金融机构，这是与农村金融的分散性及贷款规模大、周期长、低收益、高风险联系在一起的。因此，在建立或创新农村金融机构方面，政府在农村金融领域的介入要比一般的金融市场深得多。众所周知，在发展中国家的政策性金融中，如何控制信贷风险、提高资金回收率、降低不良贷款规模，如何将政策性业务与商业性业务有机协调，是一个世界性的难题。同时，在农村商业金融、合作金融、小额信贷、农业保险及民间金融中，都涉及政府行为的合宜性和有效性的探讨，对农村金融发展起着至关重要的指导性和决定性作用。因此，如何进行有效的制度设计，使政府既能实施对农村金融市场的有效干预和监管，又能避免政府对农村金融市场的过度抑制，是值得我们进一步研究的重要问题。

关键术语

农业政策性金融　农村商业性金融　农村合作性金融　农村正规金融　农村非正规金融　农村内生金融　农村外生金融　金融结构理论　金融抑制理论　金融深化理论　金融约束理论　金融创新理论　信息不对称理论　农业信贷补贴论　农村金融市场论　农村金融市场不完全竞争论　农村金融发展模式论

---

① 党的十八届三中全会明确提出要处理好政府与市场的关系，要使市场在资源配置中起决定性作用，同时更好地发挥政府的作用。

复习思考题

1. 农村金融的基本含义与特点是什么?
2. 农村金融的种类有哪些?
3. 简述农村金融与农村经济的关系。
4. 简述农村金融的地位和作用。
5. 我国农村金融发展的目标是什么?
6. 现代金融发展理论主要有哪些,其核心思想和主要内容是什么?
7. 试述主要的农村金融理论,并比较它们的区别。
8. 农村金融抑制的主要表现有哪些?
9. 如何理解农村金融市场中政府的功能与作用?

第三章

农村金融组织体系

一般来讲，农村金融体系包括农村金融的组织体系、制度体系、市场体系及产品与服务体系等。农村金融组织体系具体来看，它是农村金融体系的核心，是农村金融的供给主体，是农村金融运行的根本保证，因而也是农村金融体系中最重要的组成部分。农村金融组织体系是指农村各种金融机构及其活动所构成的有机整体，不仅包括正规的农村金融组织及其活动，还包括非正规的农村金融组织及其活动。本章对我国农村金融组织体系（主要是农村正规金融机构）的演变发展过程进行简要回顾，重点对当前我国主要涉农金融机构的发展现状、问题进行分析并提出具体的对策和措施。

第一节 新中国农村金融组织体系的演变与发展

农村金融组织体系是一国金融体系的重要组成部分，是一国金融机构在农村地区的延伸，与农村的经济发展紧密相连。因此，一国采用什么样的农村金融组织体系是由其国家经济制度、金融制度和农村经济发展水平等多种因素共同决定的。中华人民共和国成立以来，我国农村金融组织体系在其形成和发展过程中，经历了多次重大变革，一路走来，历程曲折。

一、农村金融组织体系的构成

一般来看，农村金融组织体系的构成，可以从以下两个方面进行划分。

（一）从法律特征和金融监管角度划分

从法律特征和金融监管角度划分，农村金融组织体系包括正规金融组织体系和非正规金融组织体系。

所谓正规金融组织体系是指由一国货币和金融市场主管部门批准成立并进行监管的金融机构及其所进行的交易活动。正规金融组织是受一般法律约束并接受专门的监管机构监管的金融机构，在我国现有的农村金融组织体系中，主要包括中国农业银行、中国农业发展银行、中国邮政储蓄银行、农村信用合作社、农村合作银行、农村商业银行、村镇银行及经过合法注册的提供金融服务的非银行金融机构等。

非正规金融组织体系是指由经济发展自发形成、未经注册、未纳入国家金融管理体系、游离于现行法规之外的金融组织及其活动，又称为民间金融、体制外金融、非制度金融、非正式金融等，如个人之间的借贷行为、个人和企业团体间直接借款行为、农村集资、高利贷、各种合会、私人钱庄等。其最重要的特征在于它的主体地位没有得到正式制度的承认和保障，甚至被排除在正式制度安排之外。

（二）从职能分工和经营目标角度划分

从职能分工和经营目标角度划分，农村金融组织体系一般由三部分构成，即农业政策性金融机构、农村商业性金融机构和农村合作性金融机构。这些金融机构主要活跃于农村，为农业生产经营主体提供金融服务，它们之间各有特点，又互为补充。

1. 农业政策性金融机构

农业是整个国民经济的基础，但由于农业具有弱质性，各国政府都采用了一定的政策性金融措施来加强对农业发展的资金支持和保护。农业政策性金融机构是指为贯彻政府社会经济政策或意图，不以商业性标准为原则，而以国家信用为基础在农业及相关领域从事资金融通，并为政府所有、参股、担保、控制，以支持、保护农业生产，促进国民经济协调发展和农业收入稳定增加的一种特殊的金融机构及其活动。作为政策性金融机构，它具有以下主要特征。

（1）经营目标的非营利性。农业政策性金融机构是政府对农业加以支持和保护的重要手段之一，在经营活动中必须坚持不以盈利为主要经营目标的原则，顾全宏观经济协调发展和社会稳定的大局，实现政府农业政策意图，承担起支持、保护、促进农业发展的重任。而且，由于从事政策性贷款的发放，农业政策性金融机构一般能从政府那里享受到贷款利息补贴、税收减免等特殊待遇。

（2）经营方向的政策性。政策性金融机构具有典型的国家意志性，体现国家的政策方向。不同的历史发展阶段，农业发展状况及外部环境都不尽相同，国家要依据农业内外部环境的变化，相应地调整农业发展政策。农业政策性金融机构要配合政府不同时期农业政策的意图及重点，发挥农业政策性金融对宏观经济的调节作用，实现政府经济和社会发展目标。

（3）资金来源的稳定性。稳定、充足的资金来源是农业政策性金融机构资金运用的前提。与商业性金融资金来源决定资金运用的特点不同，其资金投向、使用范围、利率水平都是依据国家政策及有关法律确定的，资金运用的长期性、低利性决定了农业政策性金融机构必须具有稳定、充足、低成本的资金来源，以确保其能满足各种农业项目的资金需求。

（4）资金运用的优惠性。贷款是农业政策性金融机构最主要的资金运用形式。尽管部分农业政策性金融机构也提供短期农业贷款，但大多数农业政策性金融机构主要发放中长期开发性贷款，且利率较低。除发放优惠贷款外，农业政策性金融机构还为业务对象提供优惠条件的担保，以改善借款人的融资条件和地位，鼓励其他金融机构扩大农业贷款。

（5）非竞争性。农业政策性金融机构产生和存在的理由就是为了弥补农村商业性金融机构在农村市场的空缺和不足，弥补市场失灵给农村和农业带来的不利影响。因此，不与商业性金融机构竞争是农业政策性金融机构的一项基本原则。

2. 农村商业性金融机构

农村商业性金融机构是指在农村以盈利为目的，专门从事吸收公众存款、发放贷款、办理结算服务等货币信用业务的商业性货币资金配置活动及其所体现的经济关系。农村商业性金融机构一般具有以下特征。

（1）从经营原则来看，主要按照营利性、安全性和流动性的方针来经营管理。在保持安全性和流动性的前提下追求最大的利润，是商业性金融机构最基本的经营原则。

（2）从经营基础来看，主要凭借自有资本、资产和企业信誉来开展业务活动，获取经营利润，实现经营目标。

（3）从资金来源来看，主要是吸收公众存款，从资金运用来看，主要对符合其信贷原则的客户提供中短期贷款，主要用于增加农户、企业的流动资金，满足其流动性需求。

（4）从风险性角度来看，其所从事的交易一般具有风险性，除对贷款对象的资信程度有要求外，还往往采用对风险较高的贷款对象收取较高的违约风险溢价来应对风险，通过设计差别利率来覆盖贷款风险。

3. 农村合作性金融机构

农村合作性金融机构是指按照合作制原则，农民或农户自愿入股联合，实行民主管理，获得服务与利益的一种集体所有与个人所有相结合的资金融通方式。农村合作性金融组织从本质上说是市场竞争中难以通过正常金融渠道获得金融服务的弱势群体建立起来的自助金融组织，其服务对象和业务领域具有一定的局限性。

农村合作性金融机构一般而言主要具有以下特征。

（1）以股金为资本，以入股者为服务对象。合作金融是经济中的弱小者通过合作组织建立信用关系，借以互相满足资金需求的一种金融活动。农民或农村中小企业经营者在经济生活中处于弱势，难以从商业性金融机构得到贷款，所以他们按合作制原则，组建自己的金融机构，集中闲散的资金用以发展生产、改善生活。

（2）发展宗旨是互助互利，主要是为入股者提供服务。合作社与社员之间是服务互助关系，而不是盈利分红关系，它的业务活动不是为了追求最大的利润，而是通过互助互利原则，调剂农村资金余缺，满足社员的生产、生活需要。

（3）是群众性的组织，具有道德及精神要素。它代表并保护社员的利益，以信用为基础，根据全体社员的愿望与要求开展业务经营活动，并通过组织的力量不断实现各成员的利益，具有道德及精神的成分。但它以等价交换为原则，不具有慈善性质。

（4）以人作为首要因素，是人的结合。合作社是社员的组织，社员的自愿平等合作是其存在的基础。在以资本为核心的工商企业中，资本具有绝对的权威，股东的表决权及分红权都以股份的多少为标准，而合作组织则实行一人一票，资本失去了特权，只是为合作社服务的一种手段。

二、改革开放前我国的农村金融组织体系（1949—1978年）

中华人民共和国成立初期，也是我国农村经济恢复与发展时期。中国人民银行[①]本着"深入农村，帮助农民，解决困难，发展生产"的方针，一方面向下延伸营业机构，在农村县及县以下普遍建立银行营业所；另一方面帮助农民广泛发展信用合作组织，组织形式是信用合作社、信用部、信用互助小组和农村中私人借贷的原有组织形式。在这一时期，农村信用合作进入了大发展的阶段，从而形成了以国家银行为领导、以农村信用合作社为主体的农村金融体系，在组织农村闲散资金、支援农业合作化和打击高利贷过程中起到了重要作用。

关于农村信用社，1958年实现人民公社化后，国家将农村信用社和中国人民银行营业所合并，下放给人民公社甚至生产大队。"文化大革命"中，农村信用社实行贫下中农管理，公社设信用社，根据具体情况，在大队建立信用站，由公社信用社统一核算。这一做法使许多信用社无人负责，规章制度被废除，财务混乱，业务停顿，社队和社员的生产资金得不到解决，因此，农村信用社的作用被大大削弱，正常的信用关系遭到破坏。1977年11月，国务院发出《关于整顿和加强银行工作的几项规定》，把农村信用社纳入国家银行高度集中统一的管理体制之中，使农村信用社严重脱离了社员群众，也基本上失去了集体经济组织的性质。

中国农业银行是中华人民共和国设立的第一家国家专业银行，其发展过程中经历了多次建立和撤销。1951年成立农业合作银行（中国农业银行的前身），负责办理农业、林业、水利等方面的投资拨款业务，并领导农村信用社。但根据中共中央关于精兵简政、增产节约的有关精神，1952年农业合作银行被撤销，由中国人民银行农村金融管理局负责领导和管理农村金融工作。1955年正式成立中国农业银行，其主要任务是指导农村信用社、广泛动员农村资金、合理使用国家农业贷款、辅助农业生产发展、促进对小农经济的社会主义改造。但由于县以下的基层中国农业银行与中国人民银行之间职责划分不清，1957年国务院又决定撤销中国农业银行，并入中国人民银行。为了统一管理支农资金及农业贷款，并统一领导农村信用社的工作，1963年重新建立中国农业银行，但与中国人民银行基层机构工作重复、管理机构重叠等问题仍未解决，1965年中国农业银行第三次被撤销，直至1979年2月第四次恢复建立。这一阶段中国农业银行经历了"四起三落"。

三、改革开放后我国农村金融组织体系的演变（1979年至今）

自1979年我国实行改革开放以来，为了配合整个经济体制改革的推进，推动农村经济的发展，我国农村金融体系也进行了一系列的改革，迄今为止，基本上经历了以下四

[①] 中国人民银行最早是于1948年12月1日在华北银行、北海银行和西北农民银行的基础上合并成立，长期以来履行中央银行和商业银行的基本职能。1983年9月，国务院决定由中国人民银行专门行使中央银行职能，1984年1月1日，正式履行专门的、独立的中央银行职能，同时成立中国工商银行接替原中国人民银行承担的城市储蓄和工商信贷业务。

个阶段。

（一）第一阶段（1979—1993年）

这一阶段我国农村金融组织体系变化的主要内容如下。

第一，恢复中国农业银行。1979年2月23日，国务院发出《关于恢复中国农业银行的通知》，于是中国农业银行得以恢复设立，并自上而下设立各级分支机构。中国农业银行的主要任务是统一管理支农资金，集中办理农村信贷，领导农村信用社，发展农村金融事业。与此同时，新设立的其他专业银行也在农村设置了大量的分支机构。

第二，改革农村信用社。主要是恢复农村信用社的"三性"，并增强其独立性。1984—1986年，农村信用社县联社的建设由试点到普及，很快在全国普遍建立。农村信用社尽管不再是中国农业银行的基层机构，但它仍接受中国农业银行的行政管理。

第三，发展农村民间金融组织。由于放松了对民间信用的管制，允许民间自由借贷，允许成立民间合作金融组织，所以，各种民间金融组织应运而生。农村各种合会、农村合作基金会相继成立，并形成了相当大的组织规模。民间个人借贷、乡镇企业集资活动也异常活跃。

第四，允许多种融资方式并存，包括存款、贷款、债券、股票、基金、票据贴现、信托、租赁等多种信用手段。总的来看，这一阶段的改革成果主要是恢复农村金融机构的重要功能，重构农村金融管理体制，以形成农村金融市场机构的多元化和竞争状态。

（二）第二阶段（1994—1996年）

这一阶段进一步明确了农村金融改革的目标和思路，提出了要建立和完善以合作金融为基础，商业性金融、政策性金融分工协作的农村金融体系。这一阶段农村金融体系变化的主要内容有：

第一，组建中国农业发展银行。1994年中国农业发展银行成立，属于政策性银行，主要任务是承担国家粮棉油储备和农副产品合同收购、农业开发等业务中的政策性贷款，代理财政支农资金的拨付及监督使用。

第二，中国农业银行加快商业化的步伐。中国农业银行的政策性金融业务基本被分离出来，由中国农业发展银行承担，中国农业银行逐步由专业银行向商业银行转化。

第三，继续推进农村信用社的改革。根据国务院1993年12月颁发的《关于金融体制改革的决定》，计划先将农村信用社联社从中国农业银行中独立出来，办成基层信用社的联合组织，并在此基础上有步骤地组建农村合作银行。

虽然实际改革进程相对滞后，但经过以上的一系列改革措施，初步形成了以农村信用社合作金融为基础、中国农业银行商业性金融和中国农业发展银行政策性金融分工协作的农村金融体系新格局。这种体系和改革方向初步改变了我国农村金融机构长期以来政策性、商业性和合作性功能混淆不清、利益冲突、机构单一的局面。

（三）第三阶段（1997—2005年）

由于亚洲金融危机的严重影响和我国经济形势的急剧变化，以"忽视内涵增长、重数量与规模扩张"为特点的外延式金融发展模式受到了前所未有的挑战。农村金融机构盈利能力下降,无序竞争严重。针对这种局面,我国采取了一系列规范、治理与整顿措施,主要着眼于以下四个方面:一是开始在国有商业银行中推行贷款责任制。二是收缩国有商业银行网点。1997年,全国金融工作会议确定了"各国有商业银行收缩县(及以下)机构,发展中小金融机构,支持地方经济发展"的基本策略,包括中国农业银行在内的国有商业银行开始日渐收缩县及县以下机构。三是打击各种非正规金融活动,抑制非正规金融行为。从1997年开始,全面整顿农村合作基金会。1999年1月,国务院宣布取缔农村合作基金会。到2001年底,全国范围内清理整顿农村信用合作基金会的工作基本完成。四是将农村金融体系改革的重点转移到农村信用社改革上。2003年6月27日,国务院下发了《深化农村信用社改革试点方案》,由此正式启动了农村信用社新一轮改革创新,最初试点在浙江等8个省进行,主要内容有三个方面,即改革农村信用社产权制度、改革农村信用社管理体制及国家如何帮扶农村信用社。一年后将试点地区基本上在全国推广,于是各省、自治区、直辖市都成立了省级联社,由地方政府对其进行管理。自2003年以来,这一政策趋势日益明显且力度不断加大,主要体现在放宽对农村信用社贷款利率浮动范围的限制、加大国家财政投入以解决农村信用社的不良资产问题、推动并深化农村信用社改革试点工作等。这一阶段可谓农村信用社主体地位形成及农村金融改革逐步深化的阶段,对金融风险的控制大大加强。

(四)第四阶段(2006年至今)

为从根本上解决农村地区金融机构网点覆盖率低、金融供给不足、竞争不充分等问题,切实提高农村金融服务的充分性,2006年12月,中国银监会发布《关于调整放宽农村地区银行业金融机构准入政策的若干意见》(以下简称《若干意见》),这是深化我国农村金融机构改革的一项重要举措,标志着农村地区金融机构发展迈入了一个新的阶段。《若干意见》涉及三类新型农村金融机构即村镇银行、农村资金互助社和贷款公司的发展指导性意见,以及两类现有机构的发展方向:一是支持各类资本参股、收购、重组农村信用社,将农村信用社代办站改造为新型农村银行业金融机构;二是支持现有银行业金融机构在农村地区增设分支机构。《若干意见》按照商业可持续原则,适度调整和放宽农村地区银行业金融机构准入政策,降低准入门槛,强化监管约束,加大政策支持,促进农村地区形成投资多元、种类多样、覆盖全面、治理灵活、服务高效的银行业金融服务体系,以更好地改进和加强农村金融服务,支持新农村建设。这是我国首次正式引入农村银行业竞争,此后许多农村信用社改制转型为农村商业银行和农村合作银行,从而为农村银行业金融组织多元化、多样化奠定了制度基础。目前,新型农村金融机构主要包括村镇银行、贷款公司和农村资金互助社,以及在农村地区从事小额贷款活动的小额贷款公司,其中以村镇银行和小额贷款公司发展速度较快。这一阶段,尤为瞩目的是农村信用社改革持续深入,符合条件的农村信用社纷纷改制为农村商业银行和农村合作银行,据统计,截至2018年6月底,我国农村商业银行数量发展到1311家,农村合作银行31家,尤其是农村商业银行的发展速度很快。

四、当前我国农村金融组织体系的基本结构

经过多年的农村金融改革,目前我国已经形成了包括政策性、商业性、合作性金融机构在内的,以正规金融机构为主导、以农村信用合作社为核心、以民间金融机构为补充的多元化的农村金融组织体系。具体如图3-1所示①。

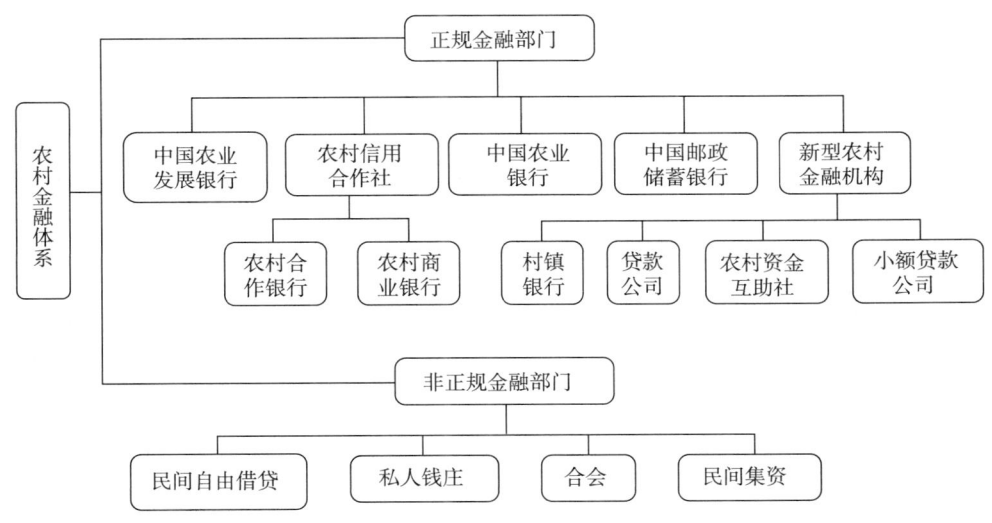

图3-1 我国农村金融组织体系的基本结构

第二节 中国农业银行

中国农业银行(Agricultural Bank of China,ABC)是我国农村金融体系的重要组成部分,其前身为1951年成立的农业合作银行,是中华人民共和国成立的第一家专业银行,也是中华人民共和国成立的第一家国有商业银行。自20世纪70年代末以来,中国农业银行相继经历了国家专业银行、国有独资商业银行和国有控股商业银行三个发展阶段。2009年1月15日,中国农业银行完成工商变更登记手续,由国有独资商业银行整体改制为股份有限公司,并更名为"中国农业银行股份有限公司"。2010年7月15日和16日,中国农业银行分别在上海证券交易所和香港联合交易所挂牌上市,完成了向国际化公众持股银行的跨越。

作为我国主要的综合性金融服务提供商之一,中国农业银行不断优化县域金融业务经营管理模式,建立起权、责、利相结合的自我约束机制,致力于建设面向"三农"、城乡联动、融入国际、服务多元的一流商业银行,保障"三农"业务持续、稳健发展。

---

① 小额贷款公司虽然目前还不具备正式的金融机构身份,但其经过合法注册而提供金融服务,设立条件明确,接受政府部门监管,管理透明化,所以在此归类为正规金融机构。

截至 2018 年底，中国农业银行总资产达 22.61 万亿元，贷款余额 11.9 万亿元，存款余额 17.3 万亿元，资本充足率达 15.12%，全年实现净利润 2026.31 亿元。境内分支机构共计 23381 个，包括总行本部、总行营业部、3 个总行专营机构、4 个培训学院、37 个一级分行、386 个二级分行、3455 个一级支行、19442 个基层营业机构及 52 个其他机构。境外分支机构包括 13 家境外分行和 4 家境外代表处。拥有 15 家主要控股子公司，其中境内 10 家，境外 5 家。①

一、中国农业银行的发展历程

中国农业银行的发展主要经历了四个阶段。

（一）第一阶段：服务新中国农村经济恢复与发展阶段（1951 年 7 月—1965 年 11 月）

中国农业银行是中华人民共和国设立的第一家国家专业银行，前身为 1951 年 7 月中央人民政府政务院批准组建的农业合作银行，在 1951 年 7 月至 1965 年 11 月，历经三次建立和撤销。

1. 中国农业银行第一次建立与撤销（1951 年 7 月—1952 年 7 月）

为适应土地改革和农村经济发展的需要，在 1950 年 12 月召开的第二届全国金融工作会议上，讨论通过了《筹设农业合作银行提案》。1951 年 6 月 22 日，中国人民银行向中央财经委员会提交了筹备农业合作银行的报告。6 月 27 日，中央财经委员会转报中央人民政府政务院核示。7 月 10 日，政务院批复"正式建立，准予备案"。8 月 10 日，中国农业银行的前身——农业合作银行正式建立，成为中国人民银行领导下的专业银行。

农业合作银行的主要任务：一是依照国家预算，执行农、牧、水利、林垦合作社的企业机关的投资拨款工作，并监督其使用；二是依照信贷计划办理农、牧、水利、林垦合作社等长期贷款；三是编订农业合作短期信贷计划并进行信贷工作；四是组织领导农村金融工作及领导信用合作社工作。

农业合作银行建立后，员工 144 人，设综合、农业放贷、少数民族放贷、合作放贷 4 个科，没有设立分支机构。按照中央"深入农村，帮助农民，解决困难，发展生产"的农村金融工作方针，发挥职能作用，积极开展农村金融工作。中国人民银行统计，1951—1952 年两年累计发放农业贷款 143039 亿元（旧币），累计收回 102973 亿元（旧币），有力支援和促进了农村经济和农业互助合作运动。根据中共中央关于精兵简政、增产节约的有关精神，1952 年 7 月，农业合作银行第一次被撤销，其职能并入中国人民银行。

2. 中国农业银行第二次建立与撤销（1955 年 3 月—1957 年 4 月）

为适应我国农业生产发展的需要，支持农业合作化运动，打击农村高利贷活动，1954 年 10 月，中国人民银行总行党组向国务院报送了《关于建立中国农业银行的请示报告》。1955 年 3 月 1 日，国务院予以批复，决定中国农业银行归中国人民银行领导，

---

① 中国农业银行 2018 年年度报告。

作为中国人民银行总行的一个直辖行。1955年3月26日，中国人民银行总行向所属各分行发出通告："遵照国务院决定，中国农业银行总行已于3月25日正式成立，开始办公，即希知照执行。"

这一时期，中国农业银行的主要工作任务：一是发放各项支农贷款，促进农业合作化；二是组织整顿农村信用社，指导农村信用合作事业健康发展；三是办理农业生产合作社的会计辅导工作。

这一时期，中国农业银行在中国人民银行的领导下，积极开展农村金融业务，组织办理了贫农合作基金贷款、极贫户贷款及农田水利、国营农业、牧业贷款，支持农业生产和农民生活，特别是提高了贫农在农业社内的政治与经济地位，增强了贫农走合作化道路的信心。中国农业银行建立后，由于中国人民银行、中国农业银行两行业务并存等原因，1957年4月12日，国务院发出了《关于撤销中国农业银行的通知》，决定将中国农业银行的各级机构与中国人民银行合并，中国农业银行第二次被撤销。

3. 中国农业银行第三次建立与撤销（1963年11月—1965年11月）

1963年10月8日，中共中央、国务院作出《关于建立中国农业银行，统一管理国家支援农业资金的决定》，10月23日，国务院决定建立中国农业银行，提请全国人民代表大会常务委员会审议批准。11月9日，全国人民代表大会常务委员会第106次会议通过决议，批准设立中国农业银行，作为国务院的直属机构。

此次中国农业银行的建立，是党和国家贯彻执行以农业为基础、以工业为主导发展国民经济总方针的一个步骤，主要担负着统一管理国家支农资金和贷款的任务。这一时期，中国农业银行的主要工作：一是统一管理支农资金；二是建立贫下中农无息专项贷款；三是对农贷资金实行基金制；四是接办投资拨款监督工作；五是全面清理1961年以前的农业贷款；六是接办社队会计辅导工作；七是整顿信用社、打击高利贷；八是帮助生产队建立耕畜和农具折旧制度。

这一时期，中国农业银行除统一管理支农资金外，还根据中央的要求，重点对1961年以前的农业贷款进行了全面清理，对社队和贫下中农等贷款进行了豁免。中国人民银行、中国农业银行两行分设以后，由于两行的基层机构工作重复、管理机构重叠等问题，1965年10月，中国人民银行、中国农业银行两总行党组向中央报送了《关于中国农业银行同中国人民银行合并的请示报告》。同年11月3日，中共中央发出《中央关于中国农业银行同中国人民银行合并问题的批示》，同意中国人民银行、中国农业银行两行合并，中国农业银行第三次被撤销。

（二）第二阶段：推进中国农村金融事业快速发展（1979年2月—1993年12月）

1979年2月23日，国务院发出《关于恢复中国农业银行的通知》，中国农业银行第四次恢复建立，到1993年12月专业银行时期，中国农业银行员工队伍发展壮大，从恢复初期的27.47万人，迅速扩大到1993年的53.62万人。遵照国家赋予的各项工作任务，在支持推行联产承包责任制、农林牧副渔全面发展、农副产品收购、贫困地区脱贫等方面都作出了重要贡献，开创了农村金融工作新局面。与此同时，中国农业银行还领导了农村信用社恢复合作金融性质的改革,推进了农村信用合作事业的发展。

这一时期,中国农业银行作为国务院的一个直属机构,主要任务:统一管理支农资金,集中办理农村信贷,领导农村信用合作社,发展农村金融事业,为更好地支援农业、发展农村商品经济、实现社会主义四个现代化服务。

1979年,恢复建立后的中国农业银行首次全国分行行长会议明确提出:重点支持农村发展商品生产,帮助农村农民富裕起来。1980年,中国农业银行在苏州召开支持商品生产经验交流会,会议确定了"因地制宜支持商品生产,讲求经济效益,活跃农村经济"的指导方针,将农村金融工作推向新阶段。

1986年,按照中央要求,坚持企业化改革,引导农村资金流向,提高资金使用效益,把各级中国农业银行逐步办成既有压力又有动力、充满活力、责权利相结合的相对独立的金融企业。

1988年2月,中国农业银行首次提出把信贷资金从粗放经营逐步转到集约化经营的设想,并专门成立了集约化经营办公室,在全行开展了全面清理信贷资产工作,在我国银行界率先建立了贷款风险分类体系和信贷资产监测考核制度。

1991年6月,为推动城乡经济一体化进程,为大农业提供全方位、多功能、综合性的金融服务,促进国民经济持续、稳定、协调发展,中国农业银行在上海召开大中城市行工作会议,明确提出加快推进城市金融业务的发展方向;1993年,总行党组确定了"巩固乡镇,拓展城市"的发展战略,以城市行为重点,大力开拓城市金融业务。从此,中国农业银行突破农村金融业务局限,城市业务进入快速发展阶段,形成了中国农业银行独特的城乡联动二元结构,充分发挥城市业务对"三农"业务的支持和促进作用。其间,涌现出苏州分行、南京城北支行、石家庄分行第二营业部、广东顺德市支行等一大批城乡业务协调发展的先进典型。

(三) 第三阶段:实现专业银行向商业银行转轨(1994—2006年)

长期以来,中国农业银行为支持农村经济发展作出了重大贡献。在农村信用社与中国农业银行脱离行政隶属关系、中国农业发展银行的业务主要实行自营以后,中国农业银行不断适应新的变化,努力办成真正的国有商业银行,进一步发挥其在农村金融中的主导作用,为农业和农村现代化建设提供了强大的信贷支持。

1993年12月,国务院作出《关于金融体制改革的决定》,"中国农业发展银行成立后,中国农业银行转变为国有商业银行",解决中国农业银行等国有专业银行身兼政策性金融和商业性金融的问题。从1994年起,中国农业银行经历了机构分设、行社脱钩和资产剥离等一系列重大金融体制改革,完成了由专业银行向商业银行的重大转变。下面对中国农业银行实施的系列改革举措进行简要介绍。

机构分设:1994年4月,中国农业银行向新组建的中国农业发展银行划转了绝大部分政策性业务、部分人员和财产。同年7月1日起,中国农业银行全面代理中国农业发展银行业务。1998年5月,按照中国人民银行等部门通知精神,中国农业银行接办了由中国农业发展银行划转的扶贫、开发性贷款1365.6亿元,实行"专门机构、专用账户、专人管理、单独核算"管理。

行社脱钩：1996年8月，根据国务院《关于农村金融体制改革的决定》精神，中国农业银行与农村信用社脱离行政隶属关系，不再领导管理农村信用社，其业务管理和金融监管由农村信用联社和中国人民银行承担。随后，各级中国农业银行开展与农村信用社在人、财、物和资金方面的界定与划转工作。

资产剥离：1999年7月，中国长城资产管理公司组建，主要负责收购、管理、处置从中国农业银行剥离的不良资产。2000年7月，中国农业银行按照有关规定，向中国长城资产管理公司剥离3458亿元不良资产，加快推进向商业银行转轨的步伐。

效益兴行：1995年初，中国农业银行全国分行行长会议提出，全行上下都要牢固树立"效益兴行"观念，以业务经营为中心，以扭亏为盈为目标，促进财务状况明显改善，形成行行抓经营、讲效益、创利润的新局面，并确定到1997年要消灭亏损省级分行。同年1月，中国农业银行印发了《中国农业银行1995—1997年改革与发展纲要》，在思想上明确了专业银行向商业银行转轨的重大意义，在体制上提出了必须建立具有中国特色的商业银行。

双优战略：1998年1月，中国农业银行提出实施"双优"发展战略，坚持以市场为导向，以效益为标准，打破行业、区域、所有制界限，把有生命力的优势产业、优良客户作为支持的重点。

信贷新规：2000年4月，中国农业银行发布《中国农业银行关于规范信贷决策行为的若干规定》，"信贷新规则"正式出台。

四项工程：2004—2006年，中国农业银行提出用三年时间实施"基础管理、贷后管理、科技创新、人才培养"四项工程，促进机制完善，加快业务发展。

（四）第四阶段：迈入股份制改革发展新时期（2007年至今）

1. 实施股份制改造

2007年1月19日，第三次全国金融工作会议确定了中国农业银行"面向'三农'、整体改制、商业运作、择机上市"的股份制改革总体原则，标志着股份制改革正式拉开帷幕。在中国农业银行改革工作小组的总体协调下，中国农业银行股份制改革方案论证、清产核资、不良处置、内部改革等各项准备工作有序推进。2008年10月21日，国务院常务会议原则批准了《中国农业银行股份制改革实施总体方案》。同年11月6日，中央汇金公司向中国农业银行注资1300亿元人民币等值美元，与财政部共同成为发起人股东。

2009年1月15日，中国农业银行完成工商变更登记手续，由国有商业银行整体改制为股份有限公司；1月16日，在人民大会堂隆重举行股份公司成立大会，宣告中国农业银行股份公司正式成立。从此，中国农业银行站在新的历史起点上，与其他国有大型股份制商业银行一起，迈上了建设现代商业银行的改革发展新征程。

2. 完成首次公开发行

2010年7月15日，中国农业银行股份有限公司A股在上海证券交易所挂牌上市；7月16日，H股在香港联合交易所上市。在金融危机之后全球资本市场持续低迷、银行股估值低谷徘徊的困难条件下，以超纪录的速度，高质量完成了全球融资规模最大的IPO

项目，一举成为当时 A 股第三大上市公司，全球第七大上市银行。全额行使超额配售选择权后，募集资金总额达到 221 亿美元，实现了多项发行制度创新，创造了"同时路演、同时簿记、差异化定价"的 IPO 新模式，成为享誉全球资本市场的经典案例。

3. 业务快速发展

中国农业银行作为上市的大型商业银行，多年来在服务"三农"、服务经济社会发展中作出了重要贡献。中国农业银行改革以建立完善现代金融企业制度为核心，以服务"三农"为方向，稳步推进各项改革，成为资本充足、治理规范、内控严密、运营安全、服务优质、效益良好、创新能力和国际竞争力强的商业银行。近年来，面对严峻复杂的内外部环境，中国农业银行坚持稳中求进，着力提升市场竞争力、价值创造力和风险控制力，实现了规模、质量、效益的稳步提升，向投资者回馈了良好的经营业绩，截至 2018 年底，其总资产规模达 22.61 万亿元。2018 年在美国《财富》杂志世界 500 强排名中位列第 40，在英国《银行家》杂志全球银行 1000 强排名中，以一级资本计，位列第 4。

二、中国农业银行与农村信用社的关系

中国农业银行与农村信用社曾有着十分紧密的关系。前三次中国农业银行和第四次中国农业银行恢复后至 1996 年，中国农业银行一直担负着领导和管理农村信用社的工作。1951 年 7 月，第一次中国农业银行即农业合作银行成立后，其"奉准规定的具体任务"之一就是"组织领导农村金融工作及领导信用合作社工作"。

1955 年 3 月，第二次中国农业银行成立后，中国人民银行制定的《中国农业银行暂行条例（草案）》中"指导和扶助农村信用合作的发展"，也是中国农业银行的工作任务之一。

1963 年 11 月，第三次中国农业银行建立。1963 年 11 月，中共中央、国务院颁发的《关于建立中国农业银行统一管理国家支援农业资金的决定》中，规定了中国农业银行的具体任务之一就是"领导农村信用合作社吸收农村闲散资金，发放贷款，帮助贫下中农解决生产和生活方面的困难，打击高利贷"。

前三次运营期间，中国农业银行都根据当时国家的方针政策，在领导和管理农村信用社方面，做了大量的工作，并取得了很大成效，有力地促进了农村信用社的健康发展。1979 年 2 月 23 日，国务院发出《关于恢复中国农业银行的通知》（以下简称《通知》）。《通知》中规定中国农业银行的主要任务是"统一管理支农资金，集中办理农村信贷，领导农村信用合作社，发展农村金融事业"。

第四次中国农业银行恢复建立后，按照中央有关信用社改革的指示精神，对信用社的改革采取了一系列的政策措施。首先是进行了恢复信用社组织上的群众性、管理上的民主性和业务经营上的灵活性的改革，把信用社真正办成群众性的合作金融组织。在此基础上，不断完善信用社内部经营机制，进一步增强农村信用社的活力，建立、健全和改革各项管理制度，对农村信用社进行了全面深入的改革。

总之，中国农业银行在领导和管理农村信用社方面，不辱使命，采取了一系列扶持

其发展的改革措施，研究制定了一整套管理制度和办法，培养了一大批农村金融干部和业务骨干，使其不断发展壮大。

在我国深化金融体制改革的过程中，中国农业银行领导和管理农村信用社与自身转变为商业银行存在着许多难以解决的问题。中国农业银行"一身二任"，既不利于中国农业银行集中精力推进自身的改革和发展，也与信用社的深化改革存在许多矛盾，不利于其按合作制的方向发展。因此，农村信用社与中国农业银行脱离行政隶属关系是农村金融体制改革的必然趋势。

1996年8月，国务院颁发了《关于农村金融体制改革的决定》（以下简称《决定》），指出："农村信用社管理体制改革，是农村金融体制改革的重点。改革的核心是把农村信用社逐步改为由农民入股、由社员民主管理、主要为入股社员服务的合作性金融组织。改革的步骤是：农村信用社与中国农业银行脱离行政隶属关系，对其业务管理和金融监管分别由农村信用社县联社和中国人民银行承担，然后按合作制原则加以规范。"根据《决定》的部署，中国农业银行精心准备、积极行动、认真工作、行社密切配合，切实做好行、社之间人、财、物和资金的界定与划转工作，到1996年底，顺利完成了农村信用社与中国农业银行脱离行政隶属关系的工作。至此，中国农业银行与农村信用社之间由领导与被领导的关系，变为同业的关系。

三、中国农业银行"三农"金融服务存在的主要问题及对策措施

（一）目前存在的主要问题

1. 网点布局城市集中度高，县域乡镇覆盖面窄

前些年，中国农业银行按照商业化经营要求，大幅撤并了农村乡镇网点。大量撤并农村网点后，中国农业银行的业务基本集中到县及县以上，农村金融服务明显弱化，导致其乡镇服务能力和辐射能力明显下降。尽管中国农业银行在一些省市对"三农"业务探索了事业部管理体制，但没有从根本上解决"三农"金融服务有效覆盖农村乡镇的问题，仍是未来中国农业银行"三农"金融服务的重要难题。

2. 业务流程集约化管理，难以适应"三农"金融服务需要

农村居民居住分散，交通不便，信息相对闭塞，这就决定了开展"三农"金融服务，需要采取点多面广、分散经营的业务模式。但目前中国农业银行在一级法人管理体制下，业务管理高度集约化、标准化，与"三农"业务管理要求存在矛盾。因此，中国农业银行如何创新业务流程，既做好城市业务，又服务好"三农"，是亟待破解的问题。

3. 金融产品城市化、标准化，难以满足"三农"金融需求

农村金融服务需求具有多层次性。中国农业银行作为商业银行，以追求利润最大化为原则，其产品主要面向收益回报高的城市客户定制，各经营行和基层行一般无权根据当地客户特点制定本地特色的"三农"金融产品。因此，客观上造成中国农业银行统一设计的城市化、标准化产品与"三农"客户需求层次多样化难以适应，不能满足"三

农"金融需求。

4. 国家对中国农业银行服务"三农"缺乏分类指导政策

目前,尽管国家已对服务"三农"的金融机构出台的一些政策给予规划引导,但缺乏对不同类型金融机构的分类指导和差异化激励政策,特别是中国农业银行缺乏针对性政策激励。一是对"三农"信贷调控政策差异化不明显,没有充分体现中国农业银行服务"三农"的特殊性,激励效果有限。二是对"三农"金融事业部改革试点的县域支行实施优惠准备金率政策的覆盖范围太小,激励效果不明显。三是农村金融环境不理想,不利于中国农业银行开展"三农"金融业务。从农村金融发展理论看,目前农村金融属于"不完全竞争市场"的阶段,需要政府一定的扶持才能健康发展。

(二) 对策措施

1. 优化县域网点布局,扩展金融服务渠道

一是进一步优化营业网点布局,适当增设农村金融网点。这一方面有利于延伸中国农业银行的基层"触角",另一方面可以真正履行作为国有大型商业银行的社会责任。二是加快电子渠道建设,解决"三农"服务能力不足的问题。加大电子渠道费用投入,在农村乡镇扩大电子服务渠道布放范围,提高电子渠道服务"三农"的能力。

2. 完善业务管理,确保"三农"金融业务可持续发展

中国农业银行应针对"三农"金融事业部改革中存在的问题进一步完善体制机制。一是扩大事业部改革试点范围,将事业部改革试点扩展到全国分行,力争在全部县域支行实行事业部管理体制。二是进一步明确界定"三农"业务与城市业务的管理边界和业务划分范围,做实事业部单独经济资本、核销和考评激励,确保"三农"金融业务单独核算。三是积极创新金融产品和服务。对于"三农"金融服务管理规范的县支行,可以允许其开发适合本地的"三农"产品。四是健全"三农"和县域业务信贷政策制度,加强"三农"业务风险管理机制建设,增强县域"三农"信贷政策的特色性和适用性,确保"三农"业务风险可控、发展可持续。

3. 开发适合"三农"的金融产品,满足"三农"金融需求

中国农业银行应配套开发适合"三农"需求的负债业务、中间业务和资产业务等产品和服务,把尽可能满足"三农"需求作为农村金融发展的出发点和最终归宿。通过配套满足农民资产、负债、中间业务需求来建立农村金融服务价值产出链条,培育新的经济增长点和利润生产点。

4. 充分发挥市场机制,提高中国农业银行"三农"金融服务水平

应进一步完善大型国有商业银行服务"三农"的制度,充分发挥大型国有商业银行在农村金融市场中的资源配置作用。一是让中国农业银行与其他农村金融机构享受相同的优惠政策,提高中国农业银行县域机构的盈利能力。二是进一步加大对中国农业银行的财税政策支持力度。监管部门应考虑中国农业银行服务"三农"的特殊性,准予其享受差异化的优惠政策。三是在对中国农业银行进行绩效评价时,充分考虑中国农业银行"三农"业务成本高、风险大、收益低的客观实际,出台专门针对中国农业银行的差异化考核指标,以调动其服务"三农"的积极性。四是加快改善农村金融环境。由政府组

建符合"三农"发展需要的国家级农业贷款担保基金，建立农业再保险体系、农村征信体系，在大数据、互联网金融和金融科技快速发展背景下，进一步加大农村金融基础设施建设。五是监管部门应明确划分涉农金融机构在服务"三农"中的差异化市场定位，规范农村金融市场竞争。

第三节　中国农业发展银行

一、政策性银行概况

在一国经济发展中，常存在一些商业银行从盈利角度考虑不愿意涉及或者其资金实力难以达到的项目，这些项目的特点是投资规模大、周期长、见效慢、资金回收时间长、经济效益低，如农业开发项目、农业基础设施建设项目等。为扶持这些项目，政府往往会实行各种鼓励政策，通常采用的办法就是设立专门的政策性银行。

所谓政策性银行，主要是指由政府创立或担保、以贯彻国家产业政策和区域发展政策为目的、具有特殊的融资原则、不以盈利为目标的金融机构。政策性银行一般被要求从事具有较高风险的融资活动，这些融资活动商业银行大多不愿涉足，有时主要是提供廉价贷款，获得的资金收益可能低于其筹资成本，如果有亏损，则由政府埋单。显然，政策性银行的产生和发展是国家干预经济、协调经济的产物。

政策性银行与商业银行和其他非银行金融机构相比，有共性的一面，如要对贷款进行严格审查，贷款要还本付息、周转使用等。但作为政策性金融机构，也有其主要特征：一是政策性银行的资本金一般由政府财政拨付；二是政策性银行经营主要考虑国家的整体利益、社会效益，不以盈利为目标，但政策性银行的资金并不是财政资金，政策性银行也必须考虑盈亏，坚持银行经营管理的基本原则，力争保本微利；三是政策性银行有其特定的资金来源，主要依靠发行金融债券或向中央银行举债，一般不面向公众吸收存款；四是政策性银行有特定的业务领域，不与商业银行进行竞争。

当今世界上许多国家都建立了政策性银行，其种类较多，从而构成较为完整的政策性银行体系，如日本著名的"二行九库"体系，包括日本输出入银行、日本开发银行、日本国民金融公库、住宅金融公库、农林渔业金融公库、中小企业金融公库、北海道东北开发公库、公营企业金融公库、环境卫生金融公库、冲绳振兴开发金融公库、中小企业信用保险公库；韩国设有韩国开发银行、韩国进出口银行、韩国中小企业银行、韩国住宅银行等政策性银行；法国设有法国农业信贷银行、法国对外贸易银行、法国土地信贷银行、法国国家信贷银行、中小企业设备信贷银行等政策性银行；美国设有美国进出口银行、联邦住房信贷银行等政策性银行。这些政策性银行在各国社会经济生活中发挥着独特而重要的作用，构成各国金融体系中的重要组成部分。

我国于1994年成立了三家政策性银行，分别是国家开发银行、中国农业发展银行和中国进出口银行。2015年3月，国务院明确国家开发银行定位为开发性金融机构，体现开发性、商业性，其他两家银行进一步明确了政策性银行的定位。它们都不对个人办理金融业务，业务上接受中国人民银行和中国银保监会的指导和监督。

二、中国农业发展银行的组织结构及其业务

1994年11月18日，根据国务院《关于组建中国农业发展银行的通知》，中国农业发展银行正式设立。中国农业发展银行直属国务院领导，为独立法人，实行独立核算，自主、保本经营，企业化管理，在业务上接受中国人民银行和中国银监会的指导和监督。其主要任务是：按照国家的法律、法规和方针、政策，以国家信用为基础，筹集农业政策性信贷资金，承担国家规定的农业政策性金融业务，代理财政性支农资金的拨付，为农业和农村经济发展服务。

（一）中国农业发展银行的组织结构

中国农业发展银行在机构设置上实行总行、分行、支行制。在管理上实行总行一级法人制，总行行长为法定代表人；系统内实行垂直领导的管理体制，各分支机构在总行授权范围内依法依规开展业务经营活动，总行设在北京，其分支机构按照开展农业政策性金融业务的需要，并经中国银监会批准设置。截至2017年底，中国农业发展银行共有各级各类机构2193个，人员52166人，其资产总额为6.22万亿元，负债总额为6.08万亿元。

（二）中国农业发展银行的主要业务

1. 中国农业发展银行的业务范围

中国农业发展银行自成立以来，国务院对其业务范围进行过多次调整，到目前，其业务范围主要有：办理粮食、棉花、油料收购、储备、调销贷款；办理肉类、食糖、烟叶、羊毛、化肥等专项储备贷款；办理粮食、棉花、油料加工企业和农、林、牧、副、渔业的产业化龙头企业贷款；办理粮食、棉花、油料种子贷款；办理粮食仓储设施及棉花企业技术设备改造贷款；办理农业小企业贷款和农业科技贷款；办理农业基础设施建设贷款。支持范围限于农村路网、电网、水网（包括饮水工程）、信息网（邮政、电信）建设，农村能源和环境设施建设；办理农业综合开发贷款。支持范围限于农田水利基本建设、农业技术服务体系和农村流通体系建设；办理农业生产资料贷款。支持范围限于农业生产资料的流通和销售环节；代理财政支农资金的拨付；办理业务范围内企事业单位的存款及协议存款、同业存款等业务；办理开户企事业单位结算；发行金融债券；资金交易业务；办理代理保险、代理资金结算、代收代付等中间业务；办理粮棉油政策性贷款企业进出口贸易项下的国际结算业务及与国际业务相配套的外汇存款、外汇汇款、同业外汇拆借、代客外汇买卖和结汇、售汇业务；办理投资业务；办理经国务院或中国银保监会批准的其他业务。

2. 中国农业发展银行的主要涉农业务

自2007年以来，中国农业发展银行在以粮棉油收购贷款业务为主体，以农业产业化经营和农业农村中长期贷款业务为两翼的业务发展的基础上，不断拓展新的业务，积极

支持新农村建设。2009年6月,根据中国银监会《关于中国农业发展银行扩大县域存款业务范围和开办县域城镇建设贷款业务的批复》,中国农业发展银行开办的县域城镇建设贷款和县域内公众存款业务,是其业务范围的又一次拓展。2012年,中国农业发展银行成立投资部,进军直接投资和资产证券化等业务领域。

表3-1　　　　　　　　2007年以来中国农业发展银行业务拓展情况

中国银监会批复时间	新增业务种类	新增业务用途
2007年1月21日	农村基础设施建设贷款业务	农村路网、电网、水网(包括饮水工程)、信息网(邮政、电信)建设,农村能源和环境设施建设
2007年1月21日	农业综合开发贷款业务	农田水利基本建设和改造、农业生产基地开发与建设、农业生态环境建设、农业技术服务体系、农村流通体系建设
2007年1月21日	农业生产资料贷款业务	农业生产资料的流通和销售环节
2007年4月6日	农业小企业贷款业务	农、林、牧、副、渔业从事种植、养殖、加工和流通的小企业
2009年6月11日	县域存款业务	县域(包括县级市、城市郊区郊县)地区开办吸收除居民储蓄存款之外的公众存款业务
2009年6月11日	县域城镇建设贷款业务	城镇基础设施、文化教育卫生和环境设施、便民商业设施和农民集中住房(包括农村集中居住区、棚户区、泥草房)
2010年6月11日	咨询顾问业务	中国农业发展银行业务范围内的存贷款客户和关联企业
2010年9月10日(中国农业发展银行开办时间)	新农村建设贷款业务	解决借款人在农村土地整治、农民集中住房建设等方面的资金需求

资料来源:中国农业发展银行。

(三)中国农业发展银行与中国农业银行的关系

中国农业发展银行与中国农业银行都是涉农金融机构和国有银行,但两家银行的经营原则、业务划分、运作机制和机构设置又各不相同,具有各自的特点。

中国农业发展银行属于政策性银行,直接归国务院领导。中国农业银行是四大国有上市股份制商业银行之一,归中国人民银行领导。

中国农业发展银行是国有政策性银行,以国家信用为基础,有稳定的资金来源,专门办理国务院确定的、合理的利益补偿的农业政策性金融业务,不以盈利为目的,不与商业性金融机构竞争;中国农业银行则是按照现代商业银行的经营机制运作,以承办农业和农村地区的商业性金融业务为主,并根据需要适当延伸业务领域,逐步转变为自主经营、自担风险、自负盈亏、自我约束的国有商业银行。

尽管中国农业发展银行与中国农业银行有上述不同之处,但两家银行的办行宗旨,都是为农业和农村经济的发展提供信贷支持,促进农村经济乃至整个国民经济的健康发展。因此,中国农业发展银行与中国农业银行是宗旨一致、分工协作、优势互补、共同发展的关系。

三、中国农业发展银行的发展历程

（一）中国农业发展银行的成立

1. 金融体制改革的决定

1993年11月，党的十四届三中全会提出："建立政策性银行，实行政策性业务与商业性业务分离。"同年12月，国务院作出了《关于金融体制改革的决定》，把建立三家政策性银行作为金融体制改革的一项重要内容，逐步实现政策性金融和商业性金融的分离，割断商业银行政策性贷款与基础货币的直接联系，确保中国人民银行在实施货币政策过程中调控基础货币的主动权，三家政策性银行均直属国务院领导，由中央财政全额拨付资本金。该决定把当时金融体制的改革目标明确指定为："建立在国务院领导下，独立执行货币政策的中央宏观调控体系；建立政策性金融与商业性金融分离，以国有商业银行为主体、多种金融机构并存的金融组织体系；建立统一开放、有序竞争、严格管理的金融市场体系。"

2. 组建中国农业发展银行

1994年4月，国务院发布《关于组建中国农业发展银行的通知》，明确指出，组建中国农业发展银行是为了完善农村金融服务体系，更好地贯彻落实国家产业政策和区域发展政策，促进农业和农村经济的健康发展。该通知有两个附件，其中《中国农业发展银行组建方案》明确指出："在中国农业银行目前承担的农村政策性金融业务基础上组建中国农业发展银行，实行政策性业务与商业性业务相分离。"同年7月，根据国务院《关于组建中国农业发展银行的通知》的规定，中国农业发展银行承接了中国农业银行和中国工商银行2592亿元政策性贷款和相应负债（包括资本金）。中国农业发展银行正式成立于1994年11月18日，注册资本200亿元，是直属于国务院的唯一一家农业政策性银行。根据《中国农业发展银行章程》规定，中国农业发展银行经营业务为发放国家粮棉油储备和农副产品合同收购、农业开发等业务中的政策性贷款并代理财政支农资金的拨付和监督使用。发展资金来源除财政核拨资金外，主要面向金融机构发行金融债券，并使用中国农业发展银行贷款企业的存款。中国农业发展银行的成立实现了农业政策性资金和商业性资金的分离、农业政策性业务和商业性金融业务的分离，并且在这个过程中逐步实现了四大国有专业银行向国有商业银行的转变。中国农业发展银行的成立还标志着我国专门的农业政策性金融机构的诞生，是我国建立社会主义市场经济体制、深化金融体制改革的重要产物。

（二）中国农业发展银行的发展历程

随着粮食流通体制改革不断深化，党和政府扶持"三农"的政策力度加大，农业农村发展改革进一步调整，中国农业发展银行的支农功能也几经调整，大体经历了三个发展阶段。

1. 第一阶段：中国农业发展银行初建阶段（1994年6月—1997年3月）

1994年6月30日，中国农业发展银行正式接受当时的国有专业银行划转农业政策性贷款 2592 亿元。1994 年 12 月至 1997 年 3 月，增设省及省以下分支机构，形成总、省、地、县四个层级、相对比较完善的机构体系，为进一步发展奠定了必要的组织基础。在此期间，中国农业发展银行在支持粮棉油购销、支持农业开发和扶贫等方面做了大量工作，为促进农业和农村经济发展发挥了积极作用。

2. 第二阶段：专司收购资金封闭管理阶段（1998 年 3 月—2004 年 7 月）

为适应粮食流通体制改革需要，1998 年 3 月，国务院对中国农业发展银行的业务范围进行调整，将农业开发等专项贷款及粮棉企业加工和附营业务贷款划转有关商业银行，使中国农业发展银行集中精力做好收购资金供应和管理工作。六年多的时间里，中国农业发展银行围绕收购资金封闭管理这一中心任务，认真贯彻落实粮棉流通体制改革的一系列方针政策措施，全面加强收购资金封闭管理，基本实现了当期收购资金封闭运行，从根本上解决了困扰各级党政多年的"打白条"问题，保护了农民利益，确保了国家宏观调控目标的实现和粮食安全，促进了粮棉流通体制改革的顺利进行。

3. 第三阶段：打造现代银行，实现多方位、宽领域支农新阶段（2004 年 7 月至今）

中国农业发展银行抓住新农村建设、精准扶贫、乡村振兴等重大战略机遇，认真执行党中央、国务院的一系列方针政策和要求，着力打造现代银行的体制机制，着力拓展业务领域，强化支农功能，逐步形成以粮棉油收购贷款业务为主体，以农业产业化经营和农业农村中长期贷款业务为两翼，以中间业务为补充的多方位、宽领域的发展格局，在农村金融中的骨干和支柱作用显著增强。2014 年 9 月，国务院通过了中国农业发展银行改革实施总体方案，提出实施"两轮驱动"业务发展战略，重点支持粮棉油收储和农业农村基础设施建设，进一步明确其政策性银行的定位。

四、中国农业发展银行存在的主要问题及对策措施

（一）存在的主要问题

1. 粮棉油收储形势复杂，信贷管理和风险控制的难度加大

支持粮食收储是国家粮食安全战略的重要环节，直接关系国家掌控粮源、稳定市场和保护农民种粮积极性，从而也就决定了中国农业发展银行在保障国家粮食安全中的重要地位和作用。促进农业稳定发展、保障国家粮食安全、确保谷物基本自给是中央经济工作的主要任务，在推进农产品价格形成机制改革中，在国家确定托市收购、实行"分贷分还"的要求下，中国农业发展银行支持粮棉油收储面临的形势更加复杂，信贷管理和风险控制的难度加大。

2. 城乡发展一体化的力度有待提高

我国明确要求发挥好现有政策性金融机构在城镇化中的重要作用，促进城镇化和新农村建设协调推进，城镇化与农业现代化、新农村建设相辅相成。支持中国农业发展银行开展农业开发和农村基础设施建设中长期贷款业务，建立差别监管体制。对照要求，中国农业发展银行的金融服务还存在较大差距，信贷产品和操作流程还不够适应现代农村经济发展的要求。如何健全支持城乡发展一体化的信贷运作模式，如何使中长期贷款在支持"三农"发展中更好地带动支持新农村建设和农业现代化等，还需要中国农业发

展银行破解难题，勇于创新。

3. 金融改革的影响重大而深远

金融改革对中国农业发展银行的影响重大而深远，突出表现在：一是加快推进政策性金融机构改革，为在新的起点上完成外部配套改革、深化内部综合改革、健全现代银行体制机制提供了难得的机遇。二是利率市场化改革给中国农业发展银行经营带来严峻挑战，目前其发债成本已明显上升，利差大幅收窄，严重影响其财务的可持续性。面对新形势、新变化、新问题，要充分认识金融改革的深刻影响，积极主动适应改革、参与改革、推进改革。

4. 银行业潜在风险加大

我国经济正处于增长速度换挡期、结构调整阵痛期和前期刺激政策消化期"三期"叠加阶段，面临经济持续下行压力及错综复杂的局面，银行业潜在金融风险加大。从中国农业发展银行情况看，一是粮棉油企业经营总体困难，粮棉库存高企、价格倒挂。2014年美国退出量化宽松政策加大了国际大宗农产品价格下行压力，相关贷款存在较大风险。二是地方债务风险传导影响，一些地方政府债务集中到期，部分中长期贷款到期收回存在一定压力。三是金融市场复杂多变，2013年下半年以来资金流动性明显趋紧，资金价格大幅攀升，波动频繁，流动性风险和利率风险交织，金融风险不断增加。面对信贷风险、经营风险加大的局面，中国农业发展银行的基础管理相对薄弱，基层行建设尚需加强。

（二）对策措施

1. 围绕保障国家粮食安全，全力支持粮棉油收储

支持粮棉油收储事关保障国家粮食安全、维护主要农产品市场稳定和保护农民利益，要坚持在不"打白条"的前提下防控风险，顺应农产品购销政策调整的新变化，采取更加有力有效的政策措施，确保支持粮棉油收储不出大问题。一是做好中央和地方储备粮的资金供应和管理工作。及时足额供应收储资金，确保中央和地方储备粮增储轮换的顺利进行。积极支持地方储备体系建设和仓储设施建设。完成好国家肉、糖、化肥等专项储备信贷任务。二是做好支持托市收购工作。适应"分贷分还"带来的新变化、新要求，加强沟通协调，研究制定切实可行的信贷政策和管理办法，认真抓好落实；执行托市收购的地区，各分支机构要对辖内代储企业分类排队，合理认定、择优选择贷款企业，并加强贷后管理，严控代储企业转嫁风险；避免出现收购空白点。三是做好支持市场化收购工作。按照"区别对待、分类指导"原则，支持多渠道主体参与市场化收购，尤其要积极支持优质客户和战略性客户掌握市场份额。

2. 围绕促进城乡发展一体化，大力支持农业开发和农村基础设施建设

一是明确支持重点。继续重点支持水利和新农村建设，优先支持纳入国家投资规划、有可靠还款来源的高标准农田建设等农业开发，择优支持农村路网；根据国家和省级政府城镇化规划，积极支持城市圈中和中西部容纳1亿"农转非"人口、符合办贷条件的县（市）开展基础设施建设。二是完善信贷政策。要根据加强地方政府债务管理和平台公司管理的要求，完善"三率一额度"准入政策，推行区域准入差别化管理；根据

土地市场分化趋势，对不同区域的土地储备机构实行差别化管理；根据客户、项目类型和风险状况，完善担保方式、资本金比例和抵押品折扣率等政策。三是探索创新项目运作模式。积极探索以城镇化项目带动新农村建设项目和农业现代化项目的支持模式，探索高标准农田建设的支持模式，探索投贷结合的支持模式。四是积极支持扶贫开发与乡村振兴。按照精准扶贫的新要求，重点支持中央和省级政府在集中连片贫困地区农业农村基础设施建设的投资项目，改善贫困地区农村生产生活条件。在风险可控的前提下，适当放宽贷款条件，进一步落实"办贷优先、规模倾斜、利率优惠、期限延长"的扶持政策。

3. 增强服务功能，促进国际业务、投资业务和中间业务较快发展

要加强本外币业务有效联动，对重点客户实行营销服务、产品设计、贷后管理等一体化综合经营，优化客户结构和产品结构，推行样板行管理，强化信息科技手段，研究探索支持农业"走出去"的方式和途径。投资业务力争有新突破，加强与主体业务紧密结合促进基金业务发展，积极开展金融机构间业务合作，做好资产证券化相关工作。继续抓好保险代理，规范咨询顾问业务。

4. 切实加强管理，努力防控信贷风险

强化粮棉油收储贷款管理。落实好收购资金封闭管理各项行之有效的制度办法，严格执行"五个关口""八个环节""十条底线"的要求和"双结零"措施，严肃责任追究。针对托市收购、"分贷分还"出现的新情况，突出抓好贷款支付和库存监管，承贷企业必须在中国农业发展银行开立收购资金存款专户，新老粮必须单独储存、单独管理、监管到仓。

强化农业农村基础设施建设贷款管理。加强融资平台管理，地方政府将平台贷款分门别类纳入全口径预算管理，落实还款责任，严格平台客户退出管理。完善省级分行审批项目报审管理，严把准入关。强化贷款使用环节监控，加强收贷收息，落实卖地还贷，探索建立还贷准备金制度。推行主要调查人资质管理，研究实行大项目经理管理制。

加强风险合规管理。提高风险监测和预警水平，发现风险隐患后，各级行领导特别是主要领导必须高度重视，分管客户和风险的领导要具体抓，有关部门及早制定预案，多举措化解风险。进一步加强贷款担保管理，对融资性担保机构和贷款担保中介评估机构要把好资格准入关，搞好押品价值评估工作，推广信贷担保标准化审查模式，不断提高担保的缓释和代偿作用。继续抓好不良贷款清收处置和呆账核销工作，进一步加强风险管理系统建设，逐步实现业务流程关键环节的系统硬约束。

五、中国农业发展银行的转型探讨

（一）中国农业发展银行应转型为面向"三农"的综合型开发银行

1. 面向"三农"的综合型开发银行的内涵

面向"三农"的综合型开发银行，指具有政府赋权法定国家信用的金融机构，以市场业绩为支柱，通过融资推动制度建设和市场建设以解决"三农"问题为目标的资金融

通方式。它实际上是一种介于商业性金融机构和政策性金融机构之间的制度安排，更多地体现市场建设和市场融资，强调国家信用和市场业绩的统一，在机构自身可持续发展的基础上，为实现国家政策和战略导向服务。

2. 面向"三农"的综合型开发银行的适用性

面向"三农"的综合型开发银行在我国的适用性主要体现在以下四个方面。第一，面向"三农"的综合型开发银行是具有政府赋权法定国家信用的金融机构，可利用准主权级的国家信用到资本市场、债券市场筹集资金，并将短期存款和社会资金转化为长期资金，对国家和地区重点发展的产业和领域，提供信贷支持，发挥资金向导作用。第二，区别于传统政策性银行的保本微利观，开发银行以市场业绩为支柱，实现开发性资金的良性运行和金融机构的可持续发展，才能更有效地支持"三农"事业。第三，开发银行采用以融资推动制度建设和市场建设的运作模式，能够充分发挥国家信用的高能量和建设市场的优势，直接参与市场培育和制度建设，弥补制度缺损和市场失灵，以实现政府特定经济和社会发展目标，提高整个国民经济的竞争力。第四，开发银行以"三农"问题的解决为自身的经营目标。这恰恰满足中国农业发展银行是为贯彻、配合政府政策意图，在农业领域内充当政府宏观经济管理的工具，引导社会资金投向政府鼓励发展的"三农"领域，用制度建设和市场开发的方法实现政府的发展目标。

3. 面向"三农"的综合型开发银行的优越性

面向"三农"的综合型开发银行的优越性体现在五个方面。第一，市场建设优势。它不仅可以较大程度地解决农村需求旺盛而投入不足的矛盾，也可以解决市场缺损和体制落后等深层次问题，使农村金融步入良性发展轨道。目前，"三农"发展对开发性金融需求强烈的领域和项目包括：公益性项目，如农村公路、农村教育、医疗、卫生及能源建设等项目；准公益性项目，如城郊村的自来水建设、大中型泵站改造、小城镇建设等项目；经营性项目，主要是县域中小企业和农业产业化项目，重点支持农业特色产品生产、加工和特种养殖等产业化龙头企业发展；技术援助项目等。第二，资金配置优势。它可以充分利用其对资金进行宏观规划与统筹安排的优势，更合理地考察资金运用的全面性、重点性和层次性，以科学规划为保障，建立农村经济金融发展的健康协调发展观。它提供的开发性贷款，更适应我国农业投资大额、长期、高风险的特点。第三，资金运用高效优势。它能够基于全局角度充分考虑地方财政的承受力，并坚持"适度负债"的原则，建立其有效率的融资体制，实现财政和金融资金使用的高效益，也可以防止资金在"三农"建设各个环节的流失，保证资金充分发挥支农作用。第四，搭建平台优势。它可以通过管理资产和示范效应引导各类资金支持"三农"建设，以市场的方式实现政策目的，改善农村金融深化程度低、正规金融供给不足和县域金融萎缩的问题。这也恰恰反映了综合型开发银行的双重优势，即一方面善于抓住政策的热点与经济发展的"瓶颈"问题，充当政府直接管理调控的工具；另一方面，商业化模式的融资机制和运作方式，能够促进"三农"领域市场主体的成熟和其现金流的持续增长，逐步达到商业性金融的投资标准。第五，综合型开发银行符合国际惯例，其内控治理机制也将逐步规范化，这对于实施有效监管和维护金融体系的健康发展大有裨益。

（二）中国农业发展银行转型路径设计

1. 加快立法工作，营造良好的金融生态环境

尽快出台《中国农业发展银行条例》或《农村金融法》，从法律上明确中国农业发展银行的定位、宗旨、性质、任务和义务，资本构成及补充机制、资金来源与资金运用，赋税减免和其他优惠，内部治理机制、主要负责人的任免、董事会的组成与权力，与政府各相关部门的关系、外部监督等，给予明确且具体的规定，以厘清"政策性"与"商业性"的界定、国家信用、能否向财政或中央银行借款、透明度等问题。同时，制定《粮食法》，修订《企业破产法》和《刑法》等相关法律条款，明确对挤占、挪用农业政策信贷资金，悬空逃废中国农业发展银行债务的法律责任，保护中国农业发展银行的合法权益，为其营造良好的金融生态环境。

2. 实行"政府推荐—农业开发性金融运作—市场化出口"模式

目前，我国最初建立的三大政策性银行中的国家开发银行已在2015年3月被国务院定位为开发性金融机构，而中国农业发展银行和中国进出口银行仍然作为政策性银行。开发性金融应该成为其重要的发展方向。中国农业发展银行在转型为面向"三农"的综合型开发银行的过程中，应充分发挥开发性金融的特点，积极与政府合作，结合自身的融资优势和政府的组织优势，以政府信用为依托共建融资平台，促进业务发展，建立"政府推荐—农业开发性金融运作—市场化出口"的融资机制，对"三农"亟须支持的领域予以资金投入和制度建设。在具体操作上，由政府按照国家农业产业政策和地区战略规划，确定支持项目，推荐申请开发性金融借款，突出支持"三农"领域中商业性金融难以介入，又具有明显经济效益和社会效应的项目。中国农业发展银行则依据地区经济发展水平、财政收入、借款主体资信情况等指标确定借款规模，然后进行开发性金融运作，在政府协调下以融资推动项目建设和市场建设，逐步完善治理结构、法人、现金流和信用四大建设，加强支农功能。另外，实现市场出口，依据国有银行建设的进展情况，针对借款性质、用途和使用情况设计不同的偿还机制，在一定程度上保证中国农业发展银行的营利性和可持续发展性。

3. 扩大业务领域，实现功能拓展

中国农业发展银行的转型，应在做好现有政策性粮棉收购业务、稳定农业流通的基础上，拓展业务范围，由单一向多元转变。其开发性信贷业务应主要集中在商业性金融缺失，但社会效益高、政府积极扶持的农业和农村经济以及社会发展的"瓶颈"领域。按不同阶段新农村建设的任务和要求，其业务重点要进行动态调整，应不断扩大支农领域和渠道，加大对农村领域的信贷投入，把质量、效益寓于业务规模增长之中，根据农业、农村发展实际，把农村基础设施、农业综合开发、农村公共事业和农业中小企业等列入重点支持领域。同时，加快发展中间业务，努力争取转贷、农产品进出口信贷等新业务，积极探索介入农业保险领域，推进业务发展多元化格局的形成，真正实现可持续发展。

4. 完善不良资产处置方式，盘活存量资产

对存量信贷资产应进行分类管理、分别考核，充分运用国家粮棉改革政策，参与、

督促地方政府和有关部门抓紧清理粮食财务挂账，分清性质，落实消化责任。对于政策性挂账，应寻求通过中央财政的补贴而逐步消化；对经营管理不善造成的贷款损失则应当由今后的经营利润转拨备的方式进行抵补；对国有粮食购销企业的赖账，督促企业制订切实可行的消化计划，通过销售利润、处置可支配资产等方式清理收回。另外，可以借鉴资产管理公司的资产管理模式和投资银行的手段，加快存量资产处理。

5. 强化内控能力，提升风险管理水平

中国农业发展银行应以转型为契机，建立严密、有效的放贷制度，强化财务规范操作与监督制约。首先，建立科学的风险评估体系和信贷资产质量评价制度，制定相关管理办法，明确责任分工，强化农业政策性信贷风险的监督、评估、预测和处理。其次，建立信贷风险预警机制，逐步建立和完善贷款风险的信息系统数据库、分析资料库，及时发现并预警信贷风险。再次，建立信贷风险责任追究制度，进一步完善贷款调查评估、审查审批和贷后管理责任制，将员工的岗位职责、工作成果与个人的经济利益挂钩。最后，建立内部制约机制，建立健全科学、严谨的审、贷、查三权分离的内控体系，强化对内部各岗位、各环节的检查监督，规范业务经营活动。

6. 创新银行经营管理模式

开发性金融在功能上具有完成政府政策目标和依赖市场开拓业务的双重特性。为避免因国家财政补贴商业成本而产生的不公平竞争，同时防止商业损失转嫁国家财政而产生的道德风险，开发性金融机构必须在实现政策性意图和市场化运作有机结合的基础上，实现政策业务和商业业务的制度性分离。要实现这一目标，有两种模式：母子公司模式和分账模式。考虑中国农业发展银行的实际情况和分账模式的低成本，显然，更适合在财务管理和考核上采取分账管理方式，即分别设立指令性账户和指导性账户。指令性账户用于记录反映完成国家的政策性任务目标的资金、财务状况；指导性账户则用来记录和反映配合国家产业政策、发展战略所从事的各项自营性、开发性项目的资金和财务信息。中国农业发展银行应强化自身的组织建设，改革多级的垂直体系，可以撤并市一级机构，减少中间环节以加强不同级别之间的纵向信息沟通，降低营运成本，提高整体运作效率及资金使用效率。

第四节 农村信用社

一、农村信用社概述

农村信用社的全称是农村信用合作社，是指经中国人民银行批准设立，由社员入股组成，实行社员民主管理，主要为社员提供金融服务的农村合作金融机构。2003年4月，中国银监会成立后，农村信用社由中国银监会批准设立与监管，同时由省（地方）政府进行统一管理，目前主要由中国银保监会与省（地方）政府实行双重管理。它是独立的企业法人，实行自主经营、自负盈亏、自我约束、自担风险的经营管理机制。其全部资产对其债务承担责任,依法享有民事权利,承担相应民事责任。其财产、合法权益和依法开展的业务活动受国家法律保护①。

(一) 农村信用社的性质和作用

农村信用社主要为广大农户、个体工商户,为农产品产前、产后经营的各个环节提供金融服务,处于农村金融的最基层,是联系农民的金融纽带,是支持农业和农村经济发展的重要力量。

作为一种合作性的金融机构,其自身的性质为:(1) 农村信用合作社是独立的企业法人,以其全部资产对农村信用社的债务承担责任,依法享有民事权利;(2) 农村信用合作社是银行类金融机构;(3) 农村信用合作社是信用合作机构。

农村信用社的重要地位决定了它在服务农民,支持农业和农村经济发展中具有十分重要的作用,主要有:(1) 聚集农村闲散资金,引导农村资金流向,农村信用社点多面广且贴近农民,吸收农村闲散资金具有独特的优势;(2) 为广大农户、企业及农村各类经济组织发展农业生产提供金融服务;(3) 促进农村产业结构与经济结构调整;(4) 调节农村货币流通;(5) 引导农村民间借贷,维护农村金融秩序。

(二) 农村信用社的业务

农村信用社可经营的人民币业务主要有:

(1) 办理存款、贷款、票据贴现、国内结算业务;(2) 办理个人储蓄业务;(3) 代理其他银行的金融业务;(4) 代理收付款项及受托代办保险业务;(5) 买卖政府债券;(6) 代理发行、代理兑付、承销政府债券;(7) 提供保险箱业务;(8) 由县联社统一办理资金融通调剂业务;(9) 办理经中国银保监会批准的其他业务。

(三) 农村信用社的发展历程

现代合作金融的实践始于19世纪中叶的德国,历经100多年,在西方国家得到广泛发展,逐步形成了商业金融、政策金融和合作金融并立的现代金融制度格局。我国合作金融的实践,最早是1923年6月由"中国华泽义赈救灾总会"在河北省香河县成立的香河农村信用合作社。中华人民共和国成立以后,农村信用合作事业有了很大发展。以对农村信用社发展具有重大影响的历史事件或改革措施为标志,可将我国农村合作金融的发展划分为以下六个阶段。

1. 第一阶段:农村信用社普遍建立和发展时期(1949—1957年)

1950年,中国人民银行和中华全国合作社联合总社提出首先在华北试办信用社(部)。1951年5月,第一届全国农村金融工作会议召开后,中国人民银行颁布了《农村信用合作社章程准则草案》等,1955年又颁布了《农村信用合作社章程》。这段时期,中央政府为了尽快把农民和农村经济引向社会主义道路,在农村推行合作化运动,

---

① 由于农村信用合作社成立的历史最早且目前也是我国农村金融的主力军,后来我国各地在农村信用社的基础上改制设立了农村合作银行、农村商业银行,如昆明市官渡农村合作银行、深圳市农村商业银行等,故在此重点介绍农村信用社,对农村合作银行和农村商业银行不再进行介绍。

生产合作社、供销合作社和信用合作社都得到了迅速发展。

2. 第二阶段：农村信用社的跌宕波折时期（1958—1978年）

1958年"大跃进"后，我国农村信用合作事业受到"左"的思想严重干扰，先后由人民公社、生产大队管理，又交由贫下中农管理，后来交由国家银行管理。农村信用社的干部队伍、资金和业务均受到了严重的破坏和损害。行政手段的过度干预、发展策略的频繁调整、管理主体的几经更迭，使刚刚步入正轨的农村信用社在历史的折腾中走上了"官"办道路。

3. 第三阶段：农村信用社的恢复和发展时期（1979—1995年）

根据国家相关政策，农村信用社不断改革、发展，但其独立发展的性质并没有得到加强，反而要从属于国家各项政策性贷款。1984年，国务院转发了《中国农业银行关于改革农村信用社管理体制的报告》，提出要把农村信用社办成真正的合作金融组织，恢复其合作性质，即恢复信用社组织上的群众性、管理上的民主性和经营上的灵活性。从这时到1995年，中国农业银行实际控制了农村信用社的所有业务。而居于垄断地位的国有银行基本上还是作为政府机构而不是市场经济主体来办，仍然相当缺乏经营自主权和承担经营风险的能力，所以一直由中国农业银行管理的农村信用社的发展也主要表现为数量型的扩张，其性质和经营仍然主要受到行政体制的影响。

4. 第四阶段：农村信用社深化改革和快速发展时期（1996—2002年）

1996年8月，国务院下发了《国务院关于农村金融体制改革的决定》，强调指出改革的重点是改革农村信用社管理体制，把农村信用社改造成真正的合作金融组织。经国务院批准，从2000年7月开始，中国人民银行和江苏省人民政府组织开展的江苏省农村信用社改革试点，在以县（市）为单位统一法人、试办农村商业银行及省级联社等方面进行了有益探索。1999—2000年，全国还试点组建了65家市（地）联社、6家省级联社和5家省级信用合作协会。

5. 第五阶段：农村信用社的深化改革试点推进时期（2003—2010年）

2003年6月，国务院印发《深化农村信用社改革试点方案》，按照"明晰产权关系、强化约束机制、增强服务功能、国家适当扶持、地方政府负责"的总体思路，在浙江、山东等八省市率先启动农村信用社改革试点；2004年8月扩大至除西藏、海南以外的29个省；2007年，海南省联社正式挂牌成立，自此我国农村信用社新的经营管理体制框架初步建立，产权组织形式呈现多元化发展态势。在财政、货币和税收政策的综合支持下，农村信用社彻底摆脱了发展缓慢、连年亏损的不利局面，迎来了历史上发展最快的时期。

6. 第六阶段：农村信用社的股份制改革时期（2011年至今）

为深入推进农村信用社产权改革和优化股权结构，2011年中国银监会明确提出通过五年左右时间的努力达到高风险机构全面处置、历史亏损挂账全面消化、股份制改革全面完成、现代农村银行制度基本建立。继续推进农村信用社产权制度和管理体制改革。全面取消资格股，鼓励符合条件的农村信用社改制组建为农村商业银行。不再组建新的农村合作银行，现有农村合作银行要全部改制为农村商业银行。这表明，农村信用社已放弃合作制,走上了完全商业化股份制的道路。2014年11月,中国银监会发布《关于鼓励和引导民间资本参与农村信用社产权改革工作的通知》,要求支持民间资本与其他资本按同等条件参与农村信用社产权改革,鼓励民间资本参与农村商业银行增资扩股,引导民间资本对农村信用社实施并购重组。在一系列政策的推动下,全国各地纷纷通过股份制将农村信用社改制为农村商业银行。部分农村商业银行也开始在证券交易所上市,截至2019年5月,我国农村商业银行已有10家上市,其中A股7家、H股3家,农村信用社已进入由农村商业银行主导的新阶段。

二、农村信用社的组织管理

(一)农村信用社的设立

农村信用社的设立应遵循适应农村经济发展的需要、符合农村合作金融发展方向以及合理布局、经济核算、保证安全、方便群众的原则。中国人民银行及其分支机构依法独立履行对农村信用社机构设立、变更和终止的审批和监管职责,对农村信用社实行许可证管理,对具有法人资格的农村信用社颁发农村合作金融机构法人许可证,对不具备法人资格的分社和储蓄所颁发农村合作金融机构营业许可证。未取得许可证的,不得开业经营。农村信用社可根据业务需要下设分社和储蓄所,由农村信用社统一核算。分社和储蓄所不具有法人资格,在授权范围内依法、合规开展业务,其民事责任由农村信用社承担。农村信用社、分社和储蓄所必须以所在地的县(市)、乡(镇)、村等地名命名,其网点不得冠以其他名称。

设立农村信用社必须具备的条件:有符合规定的章程;入股社员一般不少于500个;注册资本金一般不少于100万元人民币;法定代表人和其他主要负责人符合中国人民银行规定的任职资格条件;从业人员中必须有60%以上的人员从事过一年以上的金融工作或具有金融及相关专业大中专学历,从业人员一般不少于五人;有健全的组织机构和规章制度;有符合中国人民银行及当地公安消防部门要求的营业场所和完备的防盗、报警、通信、消防等设施;中国人民银行要求的其他条件。

农村信用社筹建完毕后向中国人民银行申请开业。其审批程序:中国人民银行县(市)支行初审,中国人民银行地(市)分行复审,中国人民银行省级分行批准。经批准设立的农村信用社,由中国人民银行颁发金融机构法人许可证,并凭该许可证向工商行政管理部门登记,领取营业执照。农村信用社的分社、储蓄所的设立、撤并,由农村信用社提出申请,报中国人民银行县(市)支行审核,由中国人民银行地(市)分行批准,并颁发或注销金融机构营业许可证。

(二)农村信用社的组织机构

农村信用社为保障社员的各项权益,在内部推行民主管理制度,其表现为"三会"制度。所谓"三会",是指社员代表大会、理事会和监事会。

1. 社员代表大会

社员代表大会由本社社员代表组成,是农村信用社的权力机构。社员代表每届任期三年，选举社员代表时每个社员一票。社员代表大会由理事会召集，每年召开一次。理事会认为必要，可随时召开；经二分之一以上的社员代表提议，或三分之二以上的监事提议，也可临时召开。农村信用社修改章程，以及分立、合并、解散和清盘等事项，必须经社员大会全体代表的三分之二以上多数通过；其他议案的修改须经社员代表大会以全体代表的二分之一以上多数通过。

2. 理事会

理事会是社员代表大会的常设执行机构，由五名以上（奇数）理事组成。理事均由社员担任，由社员代表大会选举和更换。每届任期与社员代表大会相同。理事会会议由理事长召集和主持。每半年召开一次，必要时可随时召开。理事长、副理事长的选举和更换，要经理事会全体理事的三分之二以上多数通过，其他议案必须经理事会全体理事的二分之一以上多数通过。理事会设理事长一人，主持理事会工作；副理事长一人至二人，协助理事长工作。理事长、副理事长由县联社提名，中国人民银行县（市）支行进行任职资格审查合格后，由理事会选举产生。

农村信用社实行理事会领导下的主任负责制。农村信用社设主任一名，为法定代表人，副主任一人至二人。规模较小的农村信用社主任、副主任可由理事长、副理事长兼任。主任由县联社推荐并进行考核，中国人民银行县（市）支行进行任职资格初审，中国人民银行地（市）分行批准其任职资格后，由理事会予以聘任。农村信用社的理事长、副理事长、主任、副主任及其他主要管理人员不得在党政机关任职，不得兼任其他企事业单位的高级管理人员，不得从事除本职工作以外的其他任何以盈利为目的的经营活动。

农村信用社主任全面负责农村信用社的经营管理，行使下列职权：（1）主持农村信用社的经营管理工作，组织实施社员代表大会和理事会的决议；（2）提出农村信用社内部管理制度草案；（3）提出农村信用社发展规划、经营方针和经营计划草案；（4）提出农村信用社年度财务预决算方案和利润分配方案；（5）拟定农村信用社内部机构设置；（6）决定对工作人员的奖惩；（7）征得理事会同意后，向县联社推荐副主任人选；（8）章程规定和理事会授予的其他职权。

3. 监事会

监事会是农村信用社的监督机构，由三名以上（奇数）监事组成。监事由社员代表大会选举和更换。每届任期同社员代表大会，行使职权到下届社员代表大会选出新的监事为止。监事应由社员代表、职工代表组成。理事、主任、副主任和财务负责人不得兼任监事。监事长会议由监事长召集和主持，每半年召开一次，必要时可随时召开。监事长的选举和更换经监事会全体监事的三分之二以上多数通过，其他议案须经监事会全体监事的二分之一以上多数通过。监事会设监事长一名，主持监事会工作。监事长由监事会选举和更换。

（三）农村信用社的监督管理

根据2004年中国银监会、中国人民银行《关于明确对农村信用社监督管理职责分工的指导意见》，对农村信用社实施监督管理的基本原则是：职责清晰，分工明确；加强协调，密切配合；审慎监管，稳健运行。负责监管农村信用社的主要机构为省级人民政府、省级联社、中国银监会和中国人民银行。各监管机构的主要职责如下。

1. 省级人民政府的监管职责

省级人民政府对信用社的监管责任主要包括：（1）组织协调中国银监会、中国人民银行、信用社省级管理机构等有关部门，制定当地信用社风险防范和处置的具体办法并组织实施。（2）组织协调有关部门处置信用社发生的突发性支付风险。（3）指导信用社省级管理机构做好信用社重组和市场退出的有关组织工作。

2. 省级联社的监管职责

省级联社的具体职责包括：（1）建章立制，加强监督管理。（2）指导信用社健全法人治理结构，完善内控制度，逐步形成决策、执行、监督相制衡，激励和约束相结合的经营机制。（3）对信用社业务经营、财务活动、劳动用工和社会保障及内部管理等工作进行培训、辅导和稽核检查。（4）改进和完善当地信用社的资金清算和结算的技术支持系统，提高资金清算和管理效率。（5）为当地信用社提供业务指导和信息咨询服务。（6）代表信用社协调有关方面关系，维护信用社的合法权益。（7）省级人民政府授权行使的其他管理职责。

3. 中国银监会的监管职责

中国银监会及其派出机构对信用社监管的职责包括：（1）根据有关法律、行政法规，制定监管制度和办法。（2）审批机构的设立、变更、终止及其业务范围。（3）依法组织现场检查和非现场监测，做好信息统计和风险评价，依法查处违法违规行为。（4）审查高级管理人员任职资格，并对其履行职责情况进行监管评价。（5）向省级人民政府提供有关监管信息和数据，对风险类机构提出风险预警，并协助省级人民政府处置风险。（6）对省级人民政府的专职管理人员和省级联社的高级管理人员进行培训。（7）受国务院委托，对省级人民政府管理信用社的工作情况进行总结评价，报告国务院。

中国银监会在信用社风险处置中的职责包括：

（1）按照《中华人民共和国银行业监督管理法》的有关规定，定期对信用社的风险状况进行考核和评价，按照评价结果实施分类监管，并将考核评价结果通报省级人民政府和中国人民银行。

（2）对违反审慎经营规则、资本充足率低于2%、存在风险隐患的信用社，应当责令其限期改正，逾期未改正的，可以区别情形，采取以下措施：①责令暂停部分业务、停止批准开办新业务；②限制分配红利和其他收入；③限制资产转让；④责令控股股东转让股权或者限制有关股东的权利；⑤责令调整理事或董事、高级管理人员或者限制其权利；⑥停止批准增设分支机构。

（3）按上述措施整改后仍难以化解风险的信用社，应进一步采取停业整顿、依法接管、重组等措施。具体办法由中国银监会会同有关部门制定。

（4）对违法违规经营造成严重后果、已经发生支付风险或预警将发生支付风险，通过外部救助无法恢复其正常经营的信用社，可及时予以撤销。

(5) 信用社发生突发性金融事件，中国银监会及其派出机构应及时通报省级人民政府和中国人民银行，并协助省级人民政府按照既定的应急处置方案进行处置。

4. 中国人民银行的监管职责

中国人民银行应对信用社执行有关存款准备金管理规定、中国人民银行特种贷款管理规定、人民币管理规定、银行间同业拆借市场和银行间债券市场管理规定、外汇管理规定、清算管理规定及反洗钱规定的情况等进行监督检查，督促其依法经营。

（四）农村信用社的接管和终止

1. 农村信用社的接管

农村信用社的接管是指农村信用社已经或者可能发生信用危机、经上级联合社采取自我救助措施无效，由中国人民银行按有关规定行使农村信用社的经营管理权。接管目的是对被接管的农村信用社采取必要的措施，改善资产负债状况，恢复农村信用社的正常经营能力。接管由中国人民银行按照机构管理权限决定并组织实施，并于作出接管决定的同时报上一级行备案。自接管决定实施之日起开始，由接管组织行使农村信用社的经营管理权，被接管的农村信用社的债权债务关系不因接管而变化。接管期限届满，中国人民银行可以决定延期，但接管期限最长不得超过两年。

农村信用社有下列情形之一的，接管可以终止：（1）接管决定规定的期限届满或中国人民银行决定的接管延期届满；（2）接管期限届满前，该农村信用社已恢复正常经营能力；（3）接管期限届满前，该农村信用社被合并或者被宣告破产。

2. 农村信用社的终止

农村信用社的终止包括解散、撤销和破产三种形式。

农村信用社的解散是指农村信用社因为出现分立、合并、目的事业完成或者信用社章程规定的其他解散事由而终止经营活动的行为。农村信用社解散应向中国人民银行提出申请，并附解散的理由和支付存款本金和利息等债务清偿计划，经中国人民银行按机构管理权限批准后方可解散。农村信用社解散时成立清算组进行财产清算，按照清偿计划及时偿还存款本金和利息等债务，由中国人民银行负责监督整个清算过程。

农村信用社的撤销指农村信用社因为违反中国人民银行的相关规定而被吊销许可证、取消经营活动的行为。农村信用社有下列情形之一的，中国人民银行可将其撤销并吊销许可证：（1）严重违反国家的法律、法规、政策和中国人民银行的有关规定的；（2）在申请设立过程中采取不正当手段骗取农村合作金融机构法人许可证或农村合作金融机构营业许可证的；（3）未经中国人民银行批准延期，领取农村合作金融机构法人许可证或农村合作金融机构营业许可证后 180 天内未开业的；（4）已丧失《农村信用合作社管理规定》关于设立农村信用社机构要求条件的；（5）已连续停止营业六个月或累计停止营业一年以上；（6）连续三年年检不合格，且整改无效的；（7）严重资不抵债的；（8）已发生支付危机且无法挽救的；（9）中国人民银行接管期限届满或者接管延期届满后仍然无法恢复正常经营的；（10）中国人民银行认定的其他应予撤销的情况。农村信用社的撤销必须事先报中国人民银行总行备案，由省级分行组织实施。撤销时由中国人民银行成立清算组进行清算，按照清偿计划及时偿还存款本金和利息等债务。

农村信用社的破产是指农村信用社因严重资不抵债、无力清偿到期债务，经过债权人或者债务人的申请，以农村信用社的全部资产清偿债务，在人民法院的监督和指挥下完成的债务清偿程序。农村信用社破产必须经中国人民银行总行同意，由人民法院依法宣布破产。农村信用社被宣告破产进行清算时，其清算财产按照有关法律规定的顺序进行清偿。

农村信用社因解散、被撤销和被宣告破产而终止的，终止后应及时缴回农村合作金融机构法人许可证或农村合作金融机构营业许可证。

三、我国农村信用社改革发展成果

近年来，农村信用社改制为农村商业银行步伐加快，截至 2018 年 12 月，我国农村商业银行已发展到 1427 家，包括农村商业银行在内的农村信用社已成为我国农村地区机构网点分布最广、支农服务功能发挥最为充分的银行业金融机构。

1. 资产质量明显改善，盈利能力大幅提升

农村信用社连年实现利润大幅增长，资本充足率持续改善，系统性风险大大降低。经营机制转换步伐加快，支农能力不断增强，为县域经济和"三农"发展作出了重大贡献。全国农村信用社经营规模、资本和拨备增长及资产改善的幅度都高于全国银行业整体水平。

2. 存贷款快速增长，支农信贷投放显著增加

据统计，2017 年底，我国农村信用社各项存贷款余额分别为 27.2 万亿元和 15.0 万亿元，占同期全部金融机构各项存贷款余额的比例分别为 16.1% 和 11.9%，其中涉农贷款余额和农户贷款余额分别为 9.0 万亿元和 4.4 万亿元，比上年底分别增长 9.5% 和 11.6%。按贷款五级分类口径统计，2017 年底，全国农村信用社不良贷款余额和比例分别为 6204.3 亿元和 4.2%，资本充足率为 11.7%。2017 年实现利润 2487.8 亿元，比 2016 年增加 146.7 亿元。①

3. 各项扶持政策落实到位，农村信用社长期积累的沉重历史包袱逐步得到有效化解

截至 2010 年底，中国人民银行采取专项票据和专项借款两种方式，共计对农村信用社安排资金支持 1718 亿元，财税部门减免营业税、所得税 760 亿元，拨付保值贴补利息 88 亿元。以上合计，中央安排用于农村信用社化解历史包袱的资金额度累计超过 2500 亿元，占全国农村信用社 2002 年底实际资不抵债数额的比例超过 80%。截至 2010 年底，共消化历年亏损挂账 788 亿元，降幅达到 60%，共有 1713 个县（市）已全额消化了历年亏损挂账。农村信用社长期存在的系统性、区域性支付风险问题得到有效控制。近年来，随着农村信用社改制为农村商业银行的不断加快，在体制机制和政策扶持上形成了有力的保障措施，使其能够不断稳步深入发展。

4. 产权改革稳步推进，支农服务能力明显提高

近几年，为解决"三农"贷款中普遍存在的抵押品不足问题，积极推广林权抵押贷

---

① 中国人民银行发布的《中国货币政策执行报告（2017 年第四季度）》，2018 年 4 月。

款、土地经营权抵押贷款、宅基地使用权与农户住房财产权抵押贷款、海域承包经营权抵押贷款等一系列产品业务创新。同时，为支持农业产业化龙头企业和设施农业发展，对符合农业产业规划、带动能力大、辐射范围广、市场竞争能力强的农业产业化龙头企业和设施农业加大了信贷投放力度。

四、当前我国农村信用社存在的主要问题及对策措施

（一）当前农村信用社存在的主要问题

1. 外部环境方面

一是支农力度弱。农业和农村在整个国民经济中处于相对比较弱势的地位，容易受自然环境、政治环境等各种因素的影响，农村信用社作为一直以服务"三农"为宗旨的金融机构，在新农村建设中应对农村经济发展提供有力的金融支持，尤其是在一些经济落后的地区，更需要金融的大力支持。由于农村贷款的收益率普遍低于对其他产业的贷款，致使对"三农"贷款的积极性不高，而现阶段我国一些地方农村信用社在追求利润的经营目标驱动下，变相地把"支农"变成"弃农"。农村信用社存款余额较大幅度增长，但农业贷款增长幅度较小，大部分资金被投到非农业部门，使农村信用社的存贷差连年增加，并积累了大量不良资产，由此制约了农村信用社的快速发展。

二是监管存在漏洞。首先是监管主要侧重机构准入门槛，忽视对机构的后续监管，表现为重资格审查，轻具体行为管理。对农村信用社市场准入审查把关较严，日常监管除了每年一次例行的年检工作，仅仅限于核对一下证、章、牌、照是否一致，对其设立后的跟踪管理不够，特别是对其执行货币政策的情况缺乏监督，对机构是否合法经营、合理竞争缺乏有效制约。其次是现场检查存在缺陷。更多情况下对我国农村信用社的现场检查侧重于合规性的查处，对风险监督不足。最后是监管制度基础薄弱。尽管有了相关监管法规，但还缺乏具体的实施细则，致使中国人民银行在监管中处理问题的弹性较大，有些问题可管可不管、可罚可不罚，削弱了中国人民银行监管的严肃性和权威性。

2. 内部环境方面

一是产权模糊。由此使产权主体对农村信用社的控制权名存实亡。根据合作制原则，农村信用合作社产权应归出资人即社员所有，社员通过社员代表大会，以一人一票的民主管理方式决定农村信用合作社的经营和运行。理论上，农村信用合作社的产权是明确的，是由农民入股，由社员民主管理，主要为入股社员服务的合作性金融组织，同时合作制作为一种产权制度，具备四个不同于一般金融机构的基本特征，即自愿性、互助共济性、民主管理性和非营利性。但是在实践中，产权不清，出资人缺乏控制权。究其原因：第一，产权关系不明晰，信用社事实上的产权主体变异成国家或集体，该集体并非全体社员组成的集体，而是一个以地方政府为主体的较为含混模糊的集体。这就造成了信用社的产权虚置，真正的产权主体被架空。第二，社员股金额小，且较为分散，承担的责任风险小，约束力相对较弱，从而缺乏产权主体意识。第三，法人治理结构不完善。当前农村信用社的治理结构由行业管理部门自上而下安排决定，由行业管理部门主导决定"三会"，又由"三会"主导决定社员大会，逆章程、逆程序办事，民主管理

有名无实。部分由农村信用社改制而来的农村商业银行,存在"换汤不换药"的现象,体现不出应有的优势与特点,经营压力与潜在风险加大。

二是内部控制缺失。第一,对决策风险的控制缺失。农村信用社的决策权和执行权集于理事长一身,一张嘴、一支笔的问题十分突出,其决策的科学性、准确性、前瞻性难以保证,失误概率大大增加,如其在经营管理中作出不慎抉择,将酿成巨大风险。第二,对经营风险的控制缺失。主要是不良贷款比例偏高,资金质量差,不良资产占比高,且呈上升趋势;对市场利率、汇率、通货膨胀等变化情况缺乏应有的预见和管理,导致其面临经济损失的风险;同时,信用社经营中存在多元目标冲突,这些目标在实现过程中难以保持一致,造成农村信用社经营管理思维混乱。而当地方政府干预目标与信用社内部效益、规避风险的要求发生冲突时,信用社的决策层往往盲目服从于政府目标,这种不负责任的利益抉择,往往给农村信用社造成重大隐患。第三,农村信用社还面临着一系列操作风险及道德风险等问题。

三是员工素质较低。农村信用社人员构成参差不齐,平均文化水平和专业水平较低,尽管近年来员工素质有较大提升,但是对业务知识和技能掌握还不够,服务意识还较差,金融基础设施建设落后,导致业务办理用时过长,效率较低。不少人只具备一般的业务操作技能,对中间业务的市场调查、品种开发、风险防范等一整套体系知之甚少,高技术人才、复合型人才、经营开拓型人才和法律综合型人才等专业人才更是匮乏,与大型商业银行相比,在人才与员工素质方面还有较大差距,从而制约了自身竞争力的改善与提高。

(二) 对策措施

1. 营造良好的农村金融发展环境

继续实行积极的财政货币政策与农村发展政策,加大对"三农"的扶持力度,加强对农村合作金融风险的监测,保障各金融实体的稳定,并针对当前国情鼓励向各类农业经营主体包括贫困户发放贷款,支持开展多种生产经营活动,及时有效地为他们提供必要的生产发展资金,尽可能满足其多样化金融需求;协调各级政府关系,落实各项优惠扶持政策,鼓励和引导将农村政策性业务部分交由农村信用社办理,特别是财政性、事业性单位的存款引导其存入信用社。农村信用社应在充分发挥自身网点资源、人力资源、地方信息资源等方面优势的基础上,积极主动与其他银行寻求多方面的合作,切实转变观念、拓宽业务领域,形成自身竞争力。积极寻求与保险业的合作,以保险对象的身份出现,积极参与政府与商业保险公司合作开发的农业险,不但有利于保障自身的资金安全,而且有助于降低支持新农村建设的成本。同时,以保险合作者的身份出现,以拓展中间业务的形式,为保险公司代理开办各项保险业务,不断延伸服务领域。不断拓宽金融服务范围,立足农村,服务"三农"。

2. 强化农村信用社的外部监管

一是中国人民银行加强监管。要保护农村信用社整体的稳定,防止出现地区性、系统性金融风险,在加强合规性监管的同时,加强审慎性监管,中国人民银行应通过监管,确保农村信用社坚持为"三农"发展服务的宗旨,中国人民银行对农村信用社实施监管时一定要明确,要依法进行监管,而不是对农村信用社进行领导,即要严格区分领导与监管,不能以任何借口直接干预农村信用社的正常业务经营,要充分尊重其独立自主的法人地位,同时要充分发挥农村信用社联合社的作用。

二是发挥中国银监会在农村信用社监管体制中的监管作用。有效监管对于提高农村信用社经营管理水平、改善资产质量、防控金融风险具有重要意义。当前,一定要建立起监管实施的完整法律支持框架,对以前的缺失要进一步完善,在制度安排上对机构、市场的准入、高级管理人员任职资格的审查、业务审批和金融许可证管理等事项进行合理调整。应尽快建立监管统计体系,改变原来的数据来源渠道不一、数据散乱的局面,以满足目前对农村信用社监管的需要。

3. 明晰产权关系,完善法人治理结构

一是明晰农村信用社产权关系。长期以来,我国一直将农村信用合作社的合作制与集体所有制相混淆,认为集体制就是合作制,导致了农村信用合作社产权虚置、产权主体错位。合作制是私人产权的联合,集体所有制属于公共产权,集体产权和私人产权是两种不同性质的产权,私人产权的决定性特征是排他性,私人产权的排他性决定了私人产权不可能与公有产权共存于一个组织中。因此,农村信用社要发展,就必须确立真正的合作制产权关系,明确界定信用社的产权归入股社员所有,对信用社财产拥有使用、收益、分配和处分的法定权益,政府和监管机构不得侵犯其合法权益。

二是完善农村信用社法人治理结构,建立决策、执行和监督相互制衡的机制。设立社员代表大会常务委员会,具体负责社员代表大会的事务处理。定期召开社员大会,做到还权于社员,把涉及农村信用合作社改革与发展及高管人员的选举、撤销等重大问题交由社员讨论决定,其经营情况应向社会公布,充分听取社员参与民主管理的好意见、好建议;实行理事长与主任分设,细化、固化二者的职权范围,明确二者的具体义务、职责和权力。理事长负有决策权和监督权、引导权,使其真正行使职权;信用社主任负有日常经营权,使其在日常的经营工作中,严格按信用社的规章,操作办理,并接受理事长的监督;建立名副其实的监事会制度,赋予监事会更大的权力,如对业务、财务的审计权,对管理层的监察权,对理事长、主任重大决策的否决权等,使监事会行使的职责不受制于理事长和主任。同时,监事会应广泛听取和收集社员的建议,听取各界对信用社的反映,特别是服务"三农"的效果及问题,及时向理事会和主任提出改进建议,对社员代表大会和全体社员负责。

4. 加强农村信用社内部控制管理

一是严格资产负债比例管理。把资产负债两方面加以对比,把两者对应起来进行分析,进行最大限度的优化组合,使资产总量和负债总量达到平衡,资产结构和负债结构相对称。二是建立风险预警机制。针对目前我国农村信用社的风险状况和监管体制,合理确定其风险运行状态,开发具有风险警情判断和风险原因诊断功能的农村信用社运行风险预警系统,建立起能够分析、监测和预警金融机构内部经营风险的风险评估模型和风险预警机制,切实提高整体的抗风险能力,防范和化解金融风险,实现风险管理的规范化、系统化和科学化。三是建立名副其实的监事会制度。建立监事会定期办公制度,赋予监事会更大的权力，使监事会行使的职责不受制于理事长和主任，而对社员代表大会和全体社员负责。抓紧制定监督法，把监督纳入法治轨道，进一步明确监督性质、地位、标准和程序，使监督具体化、制度化、规范化，使各个层次和各种类型的监督有所遵循，这样才能使内部控制与监督发挥更好的作用。

5. 加强农村信用社的职工队伍建设

加强各级领导班子建设，特别要加强对中高层管理人员及专业人才的培养。本着精简高效的原则设置内部职能机构，并且要树立"以人为本，人才兴社"的经营理念。有计划地招收一批专业相关性大、办事能力强的大学毕业生到农村信用社工作，改善职工队伍文化结构；鼓励并引导信用社职工自学成才，鼓励信用社员工继续深造，抓好业务知识的培训、轮训和国家颁布的一系列金融法律、法规和条例的学习，掌握信贷资产风险管理及财务管理等方面的知识，并通过规范的服务、规范的学习，提高员工的文化素质，改善员工的服务质量，保证服务到位。

第五节 中国邮政储蓄银行

一、我国邮政储蓄业务的发展与中国邮政储蓄银行的设立

我国早在1951年就开办了邮政储蓄业务，后于1953年停办，1986年又恢复了邮政储蓄业务。其主要特点是为中国人民银行代办储蓄业务，邮政储蓄存款全部缴存中国人民银行统一使用，邮政储蓄业务收入为手续费而不是利息。

1990年1月1日起，邮政储蓄开始执行邮电部、中国人民银行联合发布的《关于进一步办好邮政储蓄的通知》的规定，邮政储蓄由从前的代办改为邮电部门自办，邮政储蓄与中国人民银行之间的关系由以前的"缴存款业务关系"变为"转存款业务关系"，中国人民银行对邮政储蓄的转存款支付利息和保值储蓄贴息，储户的存款利息由邮政储蓄支付，利率按国家政策变化进行调整，邮政储蓄获得的利差即为经营收入。

2003年7月，中国人民银行对邮政储蓄转存中国人民银行存款的利率进一步进行改革，把邮政储蓄转存款划分老、新账户，分别实行不同的利率。2003年8月1日，邮政储蓄的变革跨出实质性的一步，中国人民银行下调了新增邮政储蓄转存款利率，并允许邮政储蓄新增存款由邮政储蓄机构自主运用。邮政储蓄的收入来源发生了重大变化，促使邮政储蓄的业务结构作出调整。它开始进入资产业务领域以获取收入，逐步与其他商业银行在更广的范围内开展市场竞争。

2007年3月20日，中国邮政储蓄银行正式开业。中国邮政储蓄银行由中国邮政集团全额出资组建，注册资本为200亿元，试点开展邮政储蓄定期存单小额质押贷款业务，向城乡居民特别是广大农民提供资金融通服务。小额质押贷款业务是邮政储蓄恢复开办以来首次推出的零售信贷业务，它的开展改变了多年来邮政储蓄"只存不贷"的历史，建立了邮政储蓄资金回流农村的渠道，缓解了农村资金外流的压力。

《中国金融年鉴》统计，截至 2017 年底，中国邮政储蓄银行资产总额突破 9 万亿元，负债总额为 8.58 万亿元，实现净利 477.09 亿元，较上一年增长 19.94%，资本充足率为 12.51%，不良贷款率为 0.75%，拨备覆盖率为 324.77%。

二、中国邮政储蓄银行的市场定位与主要业务

中国邮政储蓄银行的市场定位：充分依托和发挥邮政的网络优势，完善城乡金融服务功能，以零售业务和中间业务为主，为国民经济和社会发展、为广大居民群众提供金融服务；与国内其他商业银行形成良好的互补关系，有力地支持社会主义新农村建设。可见，中国邮政储蓄银行在成立之初就定位于服务"三农"、社区和小微企业。

在市场定位确定的基础上，中国邮政储蓄银行又提出了向大型零售银行转型的发展战略。截至 2017 年底，中国邮政储蓄银行各项存款余额为 8.06 万亿元，各项贷款余额为 3.63 万亿元，客户总数逾 6 亿人。庞大的客户群支撑了其"大零售"的转型方向。

中国邮政储蓄银行成立后，按照《商业银行法》的规定，可以全面办理商业银行业务，主要是利用覆盖城乡的网络资源，大力发展零售业务，稳健经营低风险资产业务。目前，其主要业务包括：以本外币储蓄存款为主体的负债业务，以债券投资、大额协议存款、银团贷款、小额信贷为主的资产业务，以及转账业务、银行卡业务、汇兑业务、代理保险及证券业务、代收代付、代理承销发行、兑付政府债券、代销开放式基金等多种形式的中间业务。

三、中国邮政储蓄银行支农现状、问题及发展思路

（一）中国邮政储蓄银行支农现状

长期以来，邮政储蓄部门为农民提供了存取款、汇款、代收农电费、代收税款、代收烟草款、代发农村粮食直补款、农村退耕还林款、计划生育奖励扶助金、农村教师工资及各种财政补贴资金等基础金融服务。2007 年 3 月，中国邮政储蓄银行正式挂牌营业后，即按照商业化运作，不断探索"三农"金融服务方式，设立了专门的农村金融服务部门，积极推广小额质押贷款、微小企业贷款等业务，探索产业基金投资模式，提高农村金融服务的覆盖面和满足度。

截至 2017 年，总行确定的 27 家分行已全部完成三农金融事业部省市县各级机构事业部的组建工作，全行从"支农支小"的小额贷款向服务农业产业化、农业基础设施项目全面发展，以实现"三农"金融服务的全覆盖。截至 2017 年底，其涉农贷款余额为 1.05 万亿元，较上一年增长 14.91%，其中农户贷款余额 8635.20 亿元，增长 14.06%。截至 2017 年底，其营业网点为 39798 个，其中自营网点 8040 个，代理网点 31758 个，绝大多数网点分布在县及县以下农村。

全国银行业最大网点数量，也为中国邮政储蓄银行发展小额贷款提供了条件，有效地改善了农村地区金融服务的状况。同时，进一步加强了与中国农业发展银行、农村信用社等农村金融机构的合作，通过实行邮政储蓄与农村信用社、农业发展银行等金融机

构开展协议存款、购买金融债券、置换中国人民银行再贷款及债券回购等方式，邮政储蓄资金通过自主运用返回农村使用的比例有了明显提高，这给中国邮政储蓄银行服务"三农"、推动新农村建设留下了更多开拓的空间。

（二）中国邮政储蓄银行存在的主要问题

1. 业务开展存在的问题

目前，中国邮政储蓄银行服务农村经济在网点布局上放贷区域覆盖小，布点集中，网点优势还没有充分发挥。涉农贷款市场份额低，信贷业务经营单一，主要开办小额贷款和质押贷款，且二者在客户准入、产品设计及产品定价等方面创新不多，单一的品种和严格的质押物限制降低了客户贷款需求满足率。许多县尤其是贫困县域的经济比较落后，小额贷款的资金需求者大多是弱势群体，不具备质押和担保贷款的条件。小额信贷投放具有"小、多、散"的特点，县级中国邮政储蓄银行顾虑经营管理成本增加，信贷营销和业务拓展的积极性不高，业务宣传工作尚未到位。所以，虽然中国邮政储蓄银行服务对象比较广泛，服务范围比较广大，服务领域比较广阔，但从实际情况来看，投放领域还比较狭窄，投放力度还不够大，信贷资金运用率低。

2. 人员管理存在的问题

中国邮政储蓄银行成立后，面临从单一储蓄业务向既做传统业务又做贷款业务的转型，在转型过程中，信贷人员大多是过去的储蓄宣传员，对贷款业务知识、专业技能掌握得较少，因此存在人员文化素质、金融专业素质、业务操作技能整体偏低的问题，同时缺乏经营管理、信贷管理、投资理财和会计结算等方面的专业人才。大部分人员没有经过系统的专业培训，缺乏银行风险意识和金融市场理念，市场竞争意识不强。从业人员交叉混岗，延伸机构人员配备严重不足，信贷人员数量少并且素质不适应新形势需要，这在很大程度上影响了业务的拓展和经营规模的扩大。

3. 网点设施存在的问题

中国邮政储蓄银行虽然在机构、结算网络上具有比较优势，但基础设施和安全设施不到位，分支机构大多存在营业场所陈旧、操作环境较差等问题，特别是在科技设备上明显不足，电脑设备比较陈旧、硬件设备落后。科技支撑是一家商业银行确保持续经营业务和强大创新能力的基础，良好的商业银行都具有科技领先优势。而中国邮政储蓄银行在不断发展金融业务种类的同时，其网点设施比较陈旧，阻碍了新设金融业务的发展，更难以满足未来其他业务发展需要。

（三）中国邮政储蓄银行的发展思路

1. 努力提高经营管理能力

为了更充分发挥在支持新农村建设中的作用，中国邮政储蓄银行应坚持以农为本，理顺机构网点管理，改善现有网点服务功能，逐步实现转型发展。应积极研发适应"三农"的信贷新产品和新业务，扩大抵质押物的范围和品种，探索有效动产抵质押（如各种有价证券、仓单、库存产品、商品等）和不动产（如土地承包权、林权、矿产开发权、房权等）抵押信贷办法，扩大支农服务范围和领域。加强与其他涉农金融机构的业务合作,如批发贷款、委托贷款,不断扩大在农村金融市场的占有份额。

2. 建设适应业务发展需要的人才队伍

要采取多种渠道和形式广纳人才,调整改变中国邮政储蓄银行人员结构,使之达到现代银行机构从业人员的标准。主要可通过三个途径完成:一是通过上级选拔下派或公开招聘方式引进从事金融管理方面的专业性人才;二是加大培训力度,通过学习、培训、实地演练、上岗考核等多种方式,提高从业人员素质;三是从大专院校招收吸纳所需各种专业人才,充实业务队伍。只有从业人员适应业务发展的需要,才能真正发挥中国邮政储蓄银行在新农村建设、支持"三农"中的重要作用。

3. 加强金融基础设施建设

中国邮政储蓄银行应加强软、硬件设施建设,大力发展金融电子化技术,通过建立强大的电子技术支持体系,保证业务的高效快捷、安全可靠。加大农村邮政储蓄、汇兑网点计算机系统联网力度,探索在农村网点和集贸市场设置 ATM 等的布放模式,做好农村地区网络和设备的维护工作,不断提高邮政储蓄计算机系统运行的稳定性,提高农村邮政金融的服务水平,赢得客户的信赖和忠诚。

第六节 新型农村金融机构

目前我国新型农村金融机构主要包括村镇银行、农村资金互助社、贷款公司和小额贷款公司,下面分别进行介绍。

一、村镇银行

(一) 村镇银行的性质和设立条件

1. 村镇银行的性质

村镇银行是指经中国银行业监督管理机构依据有关法律、法规批准,由境内外金融机构、境内非金融机构企业法人、境内自然人出资,在农村地区设立的主要为当地农民、农业和农村经济发展提供金融服务的银行业金融机构。

村镇银行是独立的企业法人,其股东依法享有资产收益、参与重大决策和选择管理者等权利,并以其出资额或认购股份为限对村镇银行的债务承担责任。

村镇银行以安全性、流动性、效益性为经营原则,自主经营、自担风险、自负盈亏、自我约束,并接受银行业监督管理机构的监督管理。

2. 村镇银行的设立条件

设立村镇银行应当具备下列条件:(1) 有符合规定的章程;(2) 发起人或出资人应符合规定的条件,且发起人或出资人中应至少有 1 家银行业金融机构;(3) 在县(市)设立的村镇银行,其注册资本不得低于 300 万元人民币,在乡(镇)设立的村镇银行,其注册资本不得低于 100 万元人民币;(4) 注册资本为实收货币资本,且由发起人或出资人一次性缴足;(5) 有符合任职资格条件的董事和高级管理人员;(6) 有具备相应专业知识和从业经验的工作人员；（7）有必需的组织机构和管理制度；（8）有符合要求的营业场所、安全防范措施和与业务有关的其他设施；（9）中国银保监会规定的其他审慎性条件。

村镇银行可根据农村金融服务和业务发展需要，在县域范围内设立分支机构。设立分支机构不受拨付营运资金额度及比例的限制。

（二）村镇银行的经营管理

村镇银行可经营下列业务：（1）吸收公众存款；（2）发放短期、中期和长期贷款；（3）办理国内结算；（4）办理票据承兑与贴现；（5）从事同业拆借；（6）从事银行卡业务；（7）代理发行、代理兑付、承销政府债券；（8）代理收付款项及代理保险业务；（9）经银行业监督管理机构批准的其他业务。

村镇银行还可以按照国家有关规定代理政策性银行、商业银行和保险公司、证券公司等金融机构的业务。国家鼓励有条件的村镇银行在农村地区设置ATM，并根据农户、农村经济组织的信用状况向其发行银行卡。对部分地域面积大、居住人口少的村、镇，鼓励村镇银行通过采取流动服务等形式提供服务。

村镇银行在商业可持续性的前提下，资金应尽可能多地用于当地。按照相关政策，村镇银行在缴足存款准备金后，其在当地吸取的可用资金应全部用于当地农村经济建设。村镇银行发放贷款应首先充分满足县域内农户、农业和农村经济发展的需要。确保满足当地农村资金需求的村镇银行，其富余资金可用来投放当地其他产业、购买涉农债券或向其他金融机构融资。村镇银行应建立适合自身业务发展的授信工作机制，合理确定不同借款人的授信额度。在授信额度以内，可以采取一次授信、分次使用、循环放贷的方式发放贷款。发放贷款时应坚持小额、分散的原则，提高贷款覆盖面，防止贷款过度集中。村镇银行对同一借款人的贷款余额不得超过资本净额的5%；对单一集团企业客户的授信余额不得超过资本净额的10%。

（三）村镇银行的发展现状、主要问题与解决思路

1. 村镇银行的发展现状

2007年3月1日，我国第一家村镇银行——四川仪陇惠民村镇银行，在四川省南充市仪陇县金城镇开业，注册资本金为200万元，南充市商业银行作为发起人进行控股，出资100万元，出资比例为50%。四川明宇集团、四川海山国际贸易有限公司、西藏珠峰伟业集团、南充康达汽配集团有限公司、南充联银实业有限责任公司5家企业，分别出资20万元，出资比例分别为10%。该银行贷款业务主要分为小额农户贷款、小微企业贷款和专业农户贷款三类，贷款对象分别为银行业务覆盖范围内的种植业者、养殖业者和个体工商户、乡镇企业及手工业者等，贷款利率在国家基准利率的标准上均作适当上浮。

截至2018年底，我国村镇银行数量已达1616家，中西部地区占比达65.6%。民间资本成为组建村镇银行的主要力量，不少民资控股的银行业金融机构成为村镇银行的主发起行。目前已开业的村镇银行整体上发展平稳健康，业务规模增长较快，已逐渐摸索

出适合当地经济发展的市场定位,在服务上正在加大力度,加大创新,不少村镇银行推出了农业无担保贷款、土地承包权质押、林权抵押等农民需要的贷款种类。村镇银行正在逐步成为支农支小的重要的新生力量。

2. 目前村镇银行存在的主要问题

(1) 服务于"三农"的政策目标有所偏离。村镇银行成立之初,能够严格执行有关政策和法规,以服务"三农"为己任开展金融服务工作。但村镇银行本质上属于"银行业金融机构",因此它与其他银行类机构从本质上是没有区别的,在利益的驱使下很难实现"从一而终"的经营理念,由此使它们逐渐偏离服务"三农"和支持新农村建设的办行宗旨,寻求新的市场定位。目前,大多数村镇银行将其总部设在各地区的行政中心所在地,从客观来看并不符合在农村金融服务较少或空白地区布局的发展思路,无论是从设立地点还是从业务开展来看,都在一定程度上偏离了设立村镇银行的政策初衷。

(2) 控股模式影响了村镇银行的设立与快速发展。《村镇银行管理暂行规定》对产权结构的安排是"村镇银行最大股东或唯一股东必须是银行业金融机构,且持股不低于20%",但大型银行在发起设立村镇银行时,一般要求持股50%以上,要处于绝对控股股东地位。大中型银行对设立村镇银行不积极,主要有两个原因:一方面,村镇银行投资回报周期长、盈利能力有限,不如扩张分支行和营业网点的效益高;另一方面,村镇银行如果经营不善,出现问题,将对母银行的声誉和品牌造成损害。此外,民营资本认为在现有的产权结构安排下,民营资本股东的话语权太小,这会影响民营资本的投资热情,影响村镇银行的快速发展。

(3) 社会认知度较低,配套措施尚未到位。村镇银行成立时间短,宣传力度不够,又缺乏网点支撑,社会认知度有限。由于服务产品单一,难以为客户提供全面、有效的金融服务,导致大多数村镇银行在短期内难以与当地同业展开竞争,尤其表现为吸收存款面临较大困难,且难以吸引到优秀的人才。另外,大多数村镇银行至今不能获得结算行号,导致其无法在中国人民银行开立清算账户,不能参加大、小额支付系统结算,无法开立汇票,不能与其他银行实现互联互通。大多数农村地区的征信系统尚未建立,即使在较发达地区,村镇银行也不能接入中国人民银行的征信系统,使村镇银行缺乏足够的依据对客户进行评级。这些都在较大程度上制约了村镇银行的业务开展。

3. 发展村镇银行的思路

第一,明确村镇银行客户群体。村镇银行属于"草根金融",成立的初衷就是为了进一步深化农村金融改革,为农民、农户、专业大户、家庭农场、农民合作社及中小企业等农业经营主体提供融资服务。因此,村镇银行一定要明确自己的目标客户群,要以服务"三农"为主要目标,兼顾获取经济利益和承担社会责任。

第二,完善村镇银行的股权结构。如果银行股权起到绝对控股作用,容易把村镇银行建成分支机构。深化村镇银行股权结构改革,促进村镇银行的股权结构多元化,是提高社会开办村镇银行积极性的有效途径,也有利于民间资本、地下金融、非正规金融走入正规与"阳光化"。

第三,立足当地,找准业务发展切入点。应发挥村镇银行机构小、管理半径小、信息反馈快的特点,通过金融创新,推出风险可控的产品和服务,与其他涉农金融机构展开错位竞争,避免走老路、同质化。要围绕当初设计的目的和初衷开展业务,只有立足当地,找准业务发展切入点,村镇银行才能够扎根、发展。

第四,监管部门要积极考虑推出有区别的监管指标和政策。不能用管理大型银行的办法去管理村镇银行,应通过一些灵活的政策措施鼓励村镇银行的发展。比如,针对农业贷款季节性比较强的特点,春放秋收,存贷比也可以灵活掌控,春天用款高峰时,存贷比可以高一点,突破的比例到秋收时再压回来,不搞"一刀切"。

第五,政府应协调财税部门,出台相应的补贴、减免税收等扶持政策,创造出良好的政策环境,促进村镇银行发展壮大,使村镇银行能够更好地服务于农村经济,回报社会。

二、农村资金互助社

目前我国农村资金互助社主要有四类,一是由中国银保监会批准成立、正式发放牌照的农村资金互助社,在工商行政管理部门注册,吸收储蓄存款;二是地方农工办或农工委在专业合作社框架里办的农村资金互助社,它们与一定的专业合作经济组织共生,由农民和农村小企业自愿入股组成,政府相关政策对此予以鼓励;三是地方政府扶贫办"贫困资金扶助项目"所设立的金融互助组织"贫困村村级发展互助资金",这是财政扶贫资金进村入户的重要途径,由专项安排投入贫困村的财政扶贫资金及贫困村内农户以入股方式投入的自有资金组成,实行"民有、民用、民管、民受益、周转使用、滚动发展"的管理模式,着力缓解贫困农户发展生产所需资金短缺的问题;四是民间自发组织的资金互助社,有的在民政部门登记注册,而有的没有任何登记注册。本章所指的是第一种类型。

2007年1月22日,中国银监会印发了《农村资金互助社管理暂行规定》《农村资金互助社组建审批工作指引》,并于2007年2月4日印发了《农村资金互助社示范章程》,为我国农村开展真正的信用合作提供了法律依据和指导,推动了农村资金互助社的正规化发展。

(一)农村资金互助社的性质和设立条件

1. 农村资金互助社的性质

农村资金互助社是指经银行业监督管理机构批准,由乡(镇)、行政村农民和农村小企业自愿入股组成,为社员提供存款、贷款、结算等业务的社区互助性银行业金融机构。农村资金互助社实行社员民主管理,以服务社员为宗旨,谋求社员共同利益。

农村资金互助社是独立的企业法人,对由社员股金、积累及合法取得的其他资产所形成的法人财产,享有占有、使用、收益和处分的权利,并以上述财产对债务承担责任。农村资金互助社社员以其社员股金和在本社的社员积累为限对该社承担责任。可见,农村资金互助社虽属信用合作组织,但它及其社员承担的是有限责任。

2. 农村资金互助社的设立条件

农村资金互助社在农村地区的乡(镇)和行政村以发起方式设立。设立农村资金互助社应符合以下条件：（1）有符合规定要求的章程；（2）有10名以上符合规定社员条件要求的发起人；（3）有符合规定要求的注册资本，在乡（镇）设立的，注册资本不低于30万元人民币，在行政村设立的，注册资本不低于10万元人民币，注册资本应为实缴资本；（4）有符合任职资格的理事、经理和具备从业条件的工作人员；（5）有符合要求的营业场所、安全防范设施和与业务有关的其他设施；（6）有符合规定的组织机构和管理制度；（7）银行业监督管理机构规定的其他条件。

根据《农村资金互助社管理暂行规定》，经批准设立的农村资金互助社，由银行业监督管理机构颁发金融许可证，并按工商行政管理部门规定办理注册登记，领取营业执照。农村资金互助社不得设立分支机构。

（二）农村资金互助社的社员和股权管理

农村资金互助社是由具有类似或关联生产的农民共同发起、拥有和管理，为了获取便利的融资服务或经济利益，按照资本入股、民主管理、互助互利的原则建立的互助金融组织，在社员范围内开展借贷业务。其社员是指符合《农村资金互助社管理暂行规定》要求的入股条件，承认并遵守章程，向农村资金互助社入股的农民及农村小企业。

单个农民或单个农村小企业向农村资金互助社入股，其持股比例不得超过互助社股金总额的10%，超过5%的应经银行业监督管理机构批准。社员入股必须以货币出资，不得以实物、贷款或其他方式入股。互助社应向入股社员颁发记名股金证，作为社员的入股凭证。

农村资金互助社以入股参加的农民为主要社员，实行一人一票，设立理事会和监事会，成员从社员中选举产生，并定期召开社员大会，研究决定重大事项。

（三）农村资金互助社的经营管理

1. 业务范围

农村资金互助社主要从事以下业务：（1）资金来源方面，农村资金互助社以吸收社员存款、接受社会捐赠资金和向其他银行业金融机构融入资金作为资金来源。互助社接受社会捐赠资金，应由属地银行业监督管理机构对捐赠人身份和资金来源合法性进行审核。（2）资金运用方面，农村资金互助社的资金主要用于发放社员贷款，如果满足社员贷款需求后还有富余，则可以存放于其他银行业金融机构，也可以购买国债和金融债券。（3）农村资金互助社可以办理结算业务，并按有关规定开办各类代理业务。（4）农村资金互助社开办其他业务应经属地银行业监督管理机构及其他有关部门批准。

农村资金互助社不得向非社员吸收存款、发放贷款及办理其他金融业务，不得以该社资产为其他单位或个人提供担保。根据其业务经营需要，应按存款和股金总额的一定比例合理核定库存现金限额。

2. 风险管理

按照相关规定，农村资金互助社应审慎经营，严格进行风险管理。（1）资本充足率不得低于8%；（2）对单一社员的贷款总额不得超过资本净额的15%；（3）对单一农村小企业社员及其关联企业社员、单一农民社员及其在同一户口簿上的其他社员贷款总额不得超过资本净额的20%；（4）对前十大户贷款总额不得超过资本净额的50%；（5）资产损失准备充足率不得低于100%；（6）银行业监督管理机构规定的其他审慎要求。

3. 会计、审计管理

农村资金互助社要执行国家有关金融企业的财务制度和会计准则，设置会计科目和法定会计账册，进行会计核算；按照财务会计制度规定提取呆账准备金，进行利润分配，在分配中应体现多积累和可持续的原则。农村资金互助社当年如有未分配利润（亏损）应全额计入社员积累，按照股金份额量化至每个社员。农村资金互助社监事会负责对本社进行内部审计，并对理事长、经理进行专项审计、离任审计，审计结果应当向社员大会（或社员代表大会）报告。

4. 信息披露

按照规定，农村资金互助社应向社员披露社员股金和积累情况、财务会计报告、贷款及经营风险情况、投融资情况、盈利及其分配情况、案件和其他重大事项；向属地银行业监督管理机构报送业务和财务报表、报告及相关资料，并对所报报表、报告和相关资料的真实性、准确性、完整性负责。

（四）农村资金互助社的发展现状、主要问题及解决思路

1. 农村资金互助社的发展现状

我国第一家经中国银监会批准的农村资金互助社——吉林梨树县闫家村百信农村资金互助社成立于2007年3月9日，由闫家村32名村民发起，注册资金10.18万元。经过多年发展，截至2013年6月底，全国范围内由中国银监会批准成立、正式发放牌照的农村资金互助社仅49家[1]，到2018年6月也只有47家，反而减少2家，发展速度极为缓慢。

2. 目前农村资金互助社存在的主要问题

（1）资金来源缺乏。根据《农村资金互助社管理暂行规定》第四十一条，农村资金互助社以吸收社员存款、接受社会捐赠资金和向其他银行业金融机构融入资金作为资金来源。但资金来源受到诸多条件制约：一是农村资金互助社只能吸收社员的存款，而社员的存款又受当地农村经济发展水平不高、农户收入低的制约，同时存款利率没有体现风险溢价，相对于传统银行机构所具有的存款保障机制而言，农村资金互助社以自己的法人财产作为存款支付保证，在执行相同利率的条件下，社员一般是不会将大额存款存入互助社的，这决定了其存款资金来源不足；二是社会捐赠资金非常有限，杯水车薪；三是缺少银行机构的外部融资支持，相关政策不配套，即使基层银行机构有合作意向，但没有上级机构或监管部门的相关融资办法的规定，也无法操作实施。上述问题制约了农村资金互助社的资金来源，也就制约了农村资金互助社的发展。

---

[1] 孙维仁，孙佐，连飞. 农村资金互助社的现实困境与路径探索[J]. 金融参考，2014（1）.

(2) 内部管理不规范。农村资金互助社在经营过程中通常是由其社员进行管理，由于农民自身文化程度的局限性，农村资金互助社从业人员的业务素质普遍较低，缺乏懂金融、会管理的专业人才。现实中，农村资金互助社的经营管理人员大多未从事过相关的金融业务，金融专业知识和实际操作经验欠缺，风险管理观念相对淡薄，从而易导致业务操作的不规范，并引发较多的问题。与此同时，在内部治理方面，有些农村资金互助社民主氛围不足，财务管理制度不够严格，信贷管理制度不健全，人情因素较大，有的甚至已开始出现一定程度的内部人控制问题。

(3) 外部政策制度环境不完善。首先，国家缺乏针对合作金融的法律，使合作金融的参与者不能从立法中明确了解各自的基本权利、义务和风险，参与者之间无法形成相互制约和促进的关系，缺乏专门的法律势必导致监管部门无法可依，无法避免政府对合作金融组织的不正当干预。在部分资金互助社，存在着来自村委会或乡镇政府的干预，使互助社的信贷决策权和自主管理权未能得到保障。其次，监管部门基于控制风险目的，采用几乎与大型正规金融机构相类似的审批程序和标准，对农村资金互助社的设立和业务经营实施严格审批与监管，如要求具有固定的营业场所及安保措施，并建立标准会计制度、存款准备金制度、呆账准备金制度等，这必然加大农村资金互助社的组建成本和运营成本，影响经营的可持续性。最后，农村资金互助社没有与中国人民银行的账户、征信等业务系统相对接，不便于中国人民银行的支持，直接影响其业务的有效拓展。

3. 发展农村资金互助社的思路

(1) 建立互助社与大型金融机构的资金联结机制。农村资金互助社具有信息和监督优势，大型金融机构则具有资金优势，二者的联合既可克服农村资金互助社的资金短缺问题，又可解决大型金融机构与农户之间交易成本过高的问题。为此，可由政府部门出台相关政策，构筑起大型金融机构面向资金互助社的资金"供血"机制，即首先由大型金融机构向资金互助社批发贷款，再由互助社向其社员提供零售贷款，使资金互助社成为联系大型金融机构与农村的纽带，解决分散农户无法与银行直接交易的难题。另外，应加大政策扶持力度，各级财政部门要拿出专项担保资金，为资金互助社向大型银行融资提供增信支持。

(2) 提高管理人员及社员的业务素质。首先，要加大培训力度。国外合作金融机构历来重视对员工的教育，国际合作社联盟也一直将合作教育列为合作社的七大原则之一。国外合作金融之所以取得成功，一个重要因素就是拥有一套完善的宣传教育机制和一支较高素质的社员队伍。培训的重点一般要包括合作意识、合作理念、合作原则、金融知识和管理知识等。其次，要确立互助社工作人员的报酬与其业绩挂钩的激励机制，以促进审慎经营，规避风险，建立自我约束和风险防范内控机制。

(3) 加大政策扶持力度，优化对互助社的政府监管。首先，要尽快出台《合作金融法》，使合作金融的参与者能从立法中明确了解各自的基本权利、义务和风险，使参与者之间形成相互制约和促进的关系，同时避免过多的政府干预。其次，要完善对农村资金互助社的监管法规。如果简单比照一般商业银行的监管方法来对作为微型金融机构的农村资金互助社进行监管，则会限制其持续稳定健康发展。为此，需要考虑到农村微型金融组织的独特性,努力提高政府监管的弹性,减轻资金互助社所面临的监管负担,以尽可能降低监管对其造成的额外成本。最后,财政部门可以按照分担农业风险原则,将农业开发资金、无偿扶持资金安排给农村资金互助社,中国人民银行也可以考虑对持有金融许可证、符合银行业审慎经营监管条件的农村资金互助社开立存款准备金账户,在其需要时给予再贷款支持,同时做好与中国人民银行的征信系统对接工作,促其业务发展。

三、贷款公司

(一) 贷款公司的性质和设立条件

1. 贷款公司的性质

贷款公司是指经中国银保监会依据有关法律、法规批准,由境内商业银行或农村合作银行在农村地区设立的专门为县域农民、农业和农村经济发展提供贷款服务的非银行业金融机构,是由境内商业银行或农村合作银行全额出资的有限责任公司。

贷款公司是其出资者的全资子公司,这与中国人民银行试点的小额贷款公司不同。贷款公司是独立的企业法人,享有由投资形成的全部法人财产权,依法享有民事权利,并以全部法人财产独立承担民事责任。贷款公司的投资人依法享有资产收益、重大决策和选择管理者等权利。贷款公司以安全性、流动性、效益性为经营原则,自主经营,自担风险,自负盈亏,自我约束。

2. 贷款公司的设立条件

贷款公司的设立应当符合下列条件:(1) 有符合规定的章程;(2) 注册资本不低于50万元人民币,为实收货币资本,由投资人一次足额缴纳;(3) 有具备任职专业知识和业务工作经验的高级管理人员;(4) 有具备相应专业知识和从业经验的工作人员;(5) 有必需的组织机构和管理制度;(6) 有符合要求的营业场所、安全防范措施和与业务有关的其他设施;(7) 中国银保监会规定的其他条件。

设立贷款公司,还对其投资人的条件作了规定:资产规模超过50亿元人民币,且资本充足率、资产损失准备充足率及不良资产率等主要审慎监管指标符合监管要求的境内商业银行、农村合作银行,可以在农村地区设立专营贷款业务的全资子公司。可见贷款公司的投资人必须是符合条件的金融机构。

贷款公司可根据业务发展需要,在县域内设立分公司。经核准开业的贷款公司及其分公司,由决定机关颁发金融许可证,并凭金融许可证向工商行政管理部门办理登记,领取营业执照。

(二) 贷款公司的经营管理

贷款公司可经营下列业务:(1) 办理各项贷款;(2) 办理票据贴现;(3) 办理资产转让;(4) 办理贷款项下的结算;(5) 经中国银保监会批准的其他资产业务。

按照相关规定,贷款公司开展业务必须坚持为"三农"服务宗旨。在贷款公司的资金来源上,贷款公司不得吸收公众存款,其营运资金仅为实收资本和向投资人的借款。在资金运用上,仅限于办理贷款业务、办理票据贴现、办理资产转让业务及因办理贷款业务而派生的结算事项。在贷款的发放原则上,要求贷款公司应当坚持小额、分散的原则,提高贷款覆盖面,防止贷款过度集中。在审慎经营的要求方面,贷款公司对同一借款人的贷款余额不得超过资本净额的10%,对单一集团企业客户的授信余额不得超过资本净额的15%。

按照相关规定,贷款公司应建立审慎、规范的资产分类制度和资本补充、约束机制,准确划分资产质量,充分计提呆账准备,真实反映经营成果。银行业监督管理机构对贷款公司资本充足率大于8%,且不良贷款率在5%以下的,会适当减少检查频率,支持其稳健发展;对资本充足率低于8%大于4%,或不良贷款率在5%以上的,会加大非现场监管和现场检查力度,并督促其限期补充资本、改善资产质量;对资本充足率降至4%以下,或不良贷款率高于15%的,会适时采取责令其调整高级管理人员、停办所有业务、限期重组等措施;对限期内不能实现有效重组、资本充足率降至2%以下的,会责令投资人适时接管或由银行业监督管理机构予以撤销。

(三)贷款公司的发展现状及影响因素分析

2007年3月1日,我国第一家贷款公司——四川仪陇惠民贷款公司开业,这是我国首家获得金融许可证的贷款有限责任公司。截至2011年9月底,我国只有9家贷款公司经批准正式成立,其中8家还是在2008年以前获批的。到2017年底,获得批准的具有金融许可证的贷款公司也只有13家。

与其他新型农村金融机构的不断发展相比,贷款公司的发展可谓止步不前。按照政策初衷,与开办分支机构相比,商业银行和农村合作银行设立专营贷款业务的全资子公司所需资金、人员比较少,而且只贷不存,可在一定程度上满足农民的贷款需求。但是,贷款公司的市场定位不明确阻碍了其快速发展。首先,《贷款公司管理暂行规定》给贷款公司的投资主体设定了较高的门槛,资产规模超过50亿元人民币的银行业金融机构,在达到中国银保监会各种审慎监管要求的前提下,全额出资才能申请开办贷款公司;其次,资质达标的银行业金融机构缺少成立贷款公司的意愿。与银行的一个分支机构相比,贷款公司不能吸收存款,业务范围受限,而且治理成本较高,资质较好的银行业金融机构从经验和利益出发,本身具有更好的业务扩展渠道,没有必要也不愿成立贷款公司,就是情理之中的了。

四、小额贷款公司

(一)小额贷款公司的性质和设立条件

1. 小额贷款公司的性质

小额贷款公司是由自然人、企业法人与其他社会组织投资设立,不吸收公众存款,经营小额贷款业务的有限责任公司或股份有限公司。小额贷款公司是企业法人,有独立的法人财产,股东依法享有资产收益、参与重大决策和选择管理者等权利,以其认缴的出资额或认购的股份为限对公司承担责任。小额贷款公司执行国家金融方针和政策,在法律、法规规定的范围内开展业务,实行自主经营、自负盈亏、自我约束、自担风险。

2. 小额贷款公司的设立条件

设立小额贷款公司应符合以下条件：（1）小额贷款公司的股东需符合法定人数规定。有限责任公司应由 50 个以下股东出资设立；股份有限公司应有 2~200 名发起人，其中须有半数以上的发起人在中国境内有住所。（2）小额贷款公司的注册资本全部为实收货币资本，由出资人或发起人一次足额缴纳。有限责任公司的注册资本不得低于 500 万元，股份有限公司的注册资本不得低于 1000 万元。单一自然人、企业法人、其他社会组织及其关联方持有的股份，不得超过小额贷款公司注册资本总额的 10%。（3）申请设立小额贷款公司，应向省级政府主管部门提出正式申请，经批准后，到当地工商行政管理部门申请办理注册登记手续并领取营业执照。此外，还应在 5 个工作日内向当地公安机关、中国银保监会派出机构和中国人民银行分支机构报送相关资料。（4）小额贷款公司应有符合规定的章程和管理制度，应有必要的营业场所、组织机构、具备相应专业知识和从业经验的工作人员。（5）出资设立小额贷款公司的自然人、企业法人和其他社会组织，拟任小额贷款公司董事、监事和高级管理人员的自然人，应无犯罪记录和不良信用记录。（6）小额贷款公司在当地税务部门办理税务登记，并依法缴纳各类税费。

（二）小额贷款公司的经营管理

按照相关规定，小额贷款公司的主要资金来源为股东缴纳的资本金、捐赠资金及来自不超过两个银行业金融机构的融入资金。小额贷款公司从银行业金融机构获得融入资金的余额，不得超过资本净额的 50%。融入资金的利率、期限由小额贷款公司与相应银行业金融机构自主协商确定，利率以同期"上海银行间同业拆放利率"为基准加点确定。

按照相关规定，小额贷款公司发放贷款要坚持"小额、分散"的原则，国家鼓励小额贷款公司面向农户和微型企业提供信贷服务，着力扩大客户数量和服务覆盖面。同一借款人的贷款余额不得超过小额贷款公司资本净额的 5%。在此标准内，参考小额贷款公司所在地经济状况和人均 GDP 水平，制定最高贷款额度限制。

小额贷款公司按照市场化原则进行经营，贷款利率上限放开，但不得超过司法部门规定的上限，下限为中国人民银行公布的贷款基准利率的 0.9 倍，具体浮动幅度按照市场原则自主确定。有关贷款期限和贷款偿还条款等合同内容，均由借贷双方在公平自愿的原则下依法协商确定。

小额贷款公司依法合规经营，没有不良信用记录的，可在股东自愿的基础上，按照《村镇银行组建审批指引》和《村镇银行管理暂行规定》规范改造为村镇银行。

（三）小额贷款公司的发展现状、主要问题及解决思路

1. 小额贷款公司的发展现状

从 2005 年 5 月开始，中国人民银行推动了在贵州、四川、山西、陕西、内蒙古五省（区）的由民营资本经营的小额贷款机构的试点。2005 年 12 月 27 日，山西平遥晋源泰小额贷款有限公司、山西平遥日升隆小额贷款有限公司正式挂牌营业。2008 年 5 月 4 日，中国银监会和中国人民银行联合下发了《关于小额贷款公司试点的指导意见》，确定了小额贷款公司新的制度安排。伴随农村金融深化步伐的不断推进，小额贷款公司作

为农村金融增量改革的重要方式,对推动农村金融市场的深化和发展具有重要意义。

自开启试点以来,我国小额贷款公司发展非常迅速,2009年突破了1000家;2011年底突破4000家;2012年9月底,全国共有小额贷款公司5629家,遍及全国各省、自治区、直辖市,贷款余额为5330亿元;2013年9月底,全国小额贷款公司发展到7398家,贷款余额为7535亿元;截至2017年12月底,全国共有小额贷款公司8551家,贷款余额为9799亿元(具体见表3-2)①。由于小额贷款公司主要面向小微企业、低收入群体和农户个人,其快速发展有利于保障低收入群体的经济利益,提高全社会就业水平,增强经济内生动力,促进国民经济的平稳健康发展。

表3-2　　　　　　　　　　我国小额贷款公司发展情况

地区名称	机构数量(家)	从业人员数(人)	实收资本(亿元)	贷款余额(亿元)
全国	8551	103988	8270.33	9799.49
北京市	99	1403	136.07	146.77
天津市	95	1299	119.54	129.60
河北省	437	5894	247.74	245.60
山西省	294	3233	186.15	172.6
内蒙古自治区	361	3259	257.71	262.06
辽宁省	547	5061	362.84	310.98
吉林省	532	4892	145.03	109.88
黑龙江省	254	1997	133.33	112.62
上海市	123	1575	200.00	219.01
江苏省	630	5795	809.26	932.72
浙江省	326	3418	574.58	668.24
安徽省	439	4867	363.87	447.01
福建省	118	1415	258.81	299.81
江西省	200	2531	222.56	223.45
山东省	334	4282	448.62	495.64
河南省	282	3752	221.07	238.48
湖北省	283	3618	305.63	310.71
湖南省	128	1903	104.20	105.40
广东省	461	9509	653.54	855.60
广西壮族自治区	304	3909	264.83	474.33
海南省	56	970	61.71	65.95
重庆市	266	6319	734.90	1467.37
四川省	322	5729	573.45	606.15

---

① 数据来源于中国人民银行网站。

续表

地区名称	机构数量（家）	从业人员数（人）	实收资本（亿元）	贷款余额（亿元）
贵州省	281	2630	88.52	80.99
云南省	272	2944	129.13	127.88
西藏自治区	18	156	14.32	13.98
陕西省	270	2868	245.81	241.77
甘肃省	331	3570	151.35	128.99
青海省	77	878	47.99	47.17
宁夏回族自治区	128	1680	62.28	56.22
新疆维吾尔自治区	283	2635	181.51	203.13

注：本表数据统计日期截至2017年12月31日。

2. 目前小额贷款公司快速发展中存在的主要问题

（1）小额贷款公司的定性问题。作为深化农村金融改革的一种尝试，小额贷款公司被政策定位于"不吸收公众存款，经营小额贷款业务的有限责任公司或股份有限公司"，小额贷款公司在注册登记管理形式上仅具有工商企业属性，不具备金融企业的正式身份。这样的定性影响到小额贷款公司的日常经营与监管。由于其身份模糊，小额贷款公司无法按"上海银行间同业拆放利率"从银行间拆借市场获得资金，无法纳入中国人民银行结算系统，无法获取中国人民银行征信系统中的信息，其在商业银行的存款只能当成一般性企业存款处理，从商业银行获得的资金利率也有待进一步明确。此外，小额贷款公司的定位模糊还导致承担的税收较重，这对其以"三农"为主发展形成了很大制约，不利于其业务的快速发展。

（2）小额贷款公司资金供给难以持续。由于不能吸收公众存款，小额贷款公司往往很快面临无钱可贷的困境。虽然相关规定指出了所有者权益、捐赠资金、不超过两个银行业金融机构的融资三条途径，但无论哪一种途径，都面临现实的筹资难题：一般贫困地区的投资人受条件限制，不可能不断筹集到大量资金；捐赠资金是我国非政府小额信贷组织的主要资金来源，并且也限制了这些组织向商业化方向的发展；由于小额贷款公司的贷款产品和服务对象与银行业具有一定的同质性，所以很少能从当地银行获得贷款。小额贷款公司资金来源渠道狭窄，主要依靠自有资本金，后续资金不足成为制约其发展的主要因素。

（3）小额贷款公司经营能力有待提高。小额贷款公司信贷产品单一，在应用小额信贷专业技术方面缺乏经验，信贷产品和市场开拓方面简单复制商业银行模式，缺乏风险评估技术，难以有效控制风险。而且，由于监管机制不顺，各级政府金融办的工作人员监管能力有限，使小额贷款公司的违规经营风险增大。

（4）小额贷款公司转型困难。按规定，小额贷款公司发展成熟后可转制为村镇银行，但《村镇银行管理暂行规定》明确指出："村镇银行最大股东或唯一股东必须是银行业金融机构。"这与小额贷款公司的主发起人身份存在矛盾，小额贷款公司发展成熟、规模扩大后,按照现有规定,如果不放弃控股权让金融机构控股,就无法转型为村镇银行,这在很大程度上影响了小额贷款公司转制为村镇银行的积极性。

3. 小额贷款公司发展的思路

(1) 明确小额贷款公司的法律地位。应修订相关法律法规,明确小额贷款公司的金融机构性质定位,因为无论从国际上小额贷款组织的兴起与发展趋势看,还是从我国小额贷款公司的实践看,小额贷款公司都是从事金融活动的企业组织。明确其性质定位,才可以使其享受金融机构的相关权利,保障其合法权益。

(2) 进一步拓展筹资渠道。一是出台相关政策鼓励商业银行择优向运作良好、管理规范的小额贷款公司授信;二是扩大金融机构对其融资比例,对运营状况良好、风险控制能力强的小额贷款公司,应将融资比例放宽,而不限于资本金的50%;三是对依法合规经营、效益较好的小额贷款公司,在运营资金不足时,允许其提前通过增资扩股增加资本金。

(3) 加大业务创新步伐,扩展小额贷款公司金融服务能力。按照小额贷款经营模式,农村个体农户是小额贷款公司主要的客户主体,这需要小额贷款公司加大联保贷款、农户信用贷款等小额信贷专业技术的运用和对农户客户群体的拓展;针对客户需要适当提供技术培训、信息咨询等配套服务;积极开展农户信用等级评估工作,以约束和激励贷款人履行还款义务,推动小额贷款公司可持续发展。

(4) 完善相关规定,鼓励符合条件的小额贷款公司转制为村镇银行。运行良好、积累了丰富经验的小额贷款公司转制为村镇银行,可以通过吸收存款解决其资金不足的困扰和做大做强问题,对于增强其发展的可持续性、更好地服务于"三农"发展具有重要意义。关于转制的政策,应考虑保留原有股东的控股地位,以激发民间资本的投资热情。

第七节 农村非正规金融体系

一、农村非正规金融的优势及作用

以上对我国农村主要正规金融机构进行了必要的介绍,但由于篇幅所限,对正规金融中后来兴起的农村商业银行、农村合作银行、农业保险公司等未能进行一一介绍。农村非正规金融作为正规金融的辅助和补充,已成为我国农村金融的重要组成部分,但由于其资料数据的难得性,从而增加了分析的难度,在此只能从结构完整性方面,对我国农村非正规金融体系作简要介绍。

非正规金融一般是指由经济发展自发形成,未经注册,未纳入国家金融管理体系,游离于现行法规之外的金融组织及其活动,主要包括民间自由借贷、民间集资、钱庄、合会等,有的具有组织化特征。

(一) 非正规金融的优势

非正规金融的比较优势主要体现在信息效应、成本效应、抵押效应和道德效应四个方面。

1. 信息效应

对于农户和农村中小企业的借贷需求，正规金融机构的工作人员一般对其信息了解程度相对较低。而农村非正规金融却有着充分的、天然的、低成本的信息优势，这种信息优势来自借贷双方的相互了解，主要是贷款人对借款人的了解。这是长期交往逐步积累形成的结果，包括了解借款人过去的信用情况、人际中的信誉、道德品行，也包括了解借款的目的和用途、投资项目的经济效益的大小、成功概率高低，甚至借款人的家庭情况等，从而使贷款人能较好地处理信息不对称产生的逆向选择和道德风险。

2. 成本效应

正规金融机构在农村地区的运营成本非常高昂，主要源于两个方面：首先，每一笔信贷额度都很小，而相对应的贷款成本是较为固定的数额，因此农户和农村中小企业的资金需求无法形成正规金融业务所要求的规模效应；其次，农村金融领域基础设施建设薄弱，若正规金融将原有的服务内容扩展到农村市场，则网点建设、信用评估、贷款管理等成本费用也会相应大幅提高。而非正规金融借贷手续简单、随借随还、方便灵活，有效地控制了信息搜集成本和交易成本，迎合了广大农户和农村中小企业的资金需求特点。

3. 抵押效应

正规金融机构一般通过有效抵押物为手段来克服信息不对称所带来的道德风险，进而成为农户和农村中小企业从正规金融机构融资的主要障碍。非正规金融却能够充分利用民间资源进行抵押，接受不符合正规金融抵押标准的贷款抵押物，如农机器具、厂房、地产、产品等都可以作为抵押，甚至不需要任何抵押。在借款人借款时，可能超出自己的财力抵押范围，不仅抵押自己的财产甚至还有亲戚朋友的财产，扩大了抵押资产数量。

4. 道德效应

道德效应是非正规金融拥有的法律以外的约束和惩罚手段，即来自社区圈子内的道德约束力。中国传统文化中有很强的家族、血缘、地缘意识，越是在熟人、朋友之间，越是在生产和生活方面有紧密联系的人群内部，这种道德约束力就越强，借款人越珍惜自己的声誉或道德。许多资料表明，以人情关系、亲朋关系为纽带的民间借贷的还款率是非常高的，发生欠债不还、随意拖延的风险是很低的。

（二）非正规金融的作用

1. 非正规金融是正规金融的有益补充

改革开放以后，农村乡镇企业、家族企业在沿海经济发达地区迅猛崛起，极大地促进了农村商品经济的发展，但是正规金融机构不愿为它们提供信贷支持，资金的缺乏成为阻碍这些企业创办与发展的"瓶颈"。它们在建立之时所需资本主要由非正规金融来解决。由于非正规金融与这些企业有着乡邻关系、亲戚关系或合伙关系等天然的联系，双方信息较为对称，因此只要有资金可贷，商定利率后即可为这些企业提供相应的资金支持，而不需像正规金融机构借款那样审批严格、程序复杂。因此，农村非正规金融在满足乡镇企业、家族企业的融资中有其优势,在促进农村商品经济发展方面有积极作用。

2. 非正规金融推动农村金融体系形成多样化竞争格局

在农村金融体系中,由于非正规金融的存在,利益分配因竞争对手的增加而发生许多变化,这有利于增强农村金融体系的竞争氛围,形成多样化的竞争格局。无论非正规金融是在何种状态下开展业务的,它都是农村正规金融机构强有力的竞争对手。非正规金融的存在和适度发展对农村正规金融形成了压力,这种压力有助于农村正规金融挖掘内部潜力、改善金融服务,不断增强自身的市场竞争力。非正规金融和正规金融之间的这种良性互动竞争关系对我国农村金融市场的培育发展是至关重要的。

二、我国农村非正规金融的主要形式

(一)民间自由借贷

民间自由借贷是指借贷双方之间自发的直接借贷,是一种最古老的农村民间金融形式,是一项或带有高利贷性质或带有互助性质的融资活动,可分为实物借贷和货币借贷,以货币借贷为主。

一般来看,民间自由借贷具有以下四个特点。

1. 借贷用途具有多样性

民间自由借贷的融资目的呈现多样化的特征,有些部分是用于生活所需,如婚丧嫁娶、修屋建房、住院医疗、子女教育等,也有些部分用于生产、投资,尤其在经济较发达地区,用于生产经营与投资的比例较高。总体来看,民间自由借贷融资目的相对比较复杂和多样化。

2. 借贷期限灵活

正规借贷通常的期限至少是半年或者一年,并且不允许有宽限期,而民间借贷期限从几天到一年不等,并且允许有宽限期。很多中小企业借入资金常常只是需要用其来完成某个生产周期,因此,经常有中小企业接了订单之后用民间借款购买原材料,在订单结算完毕之后就还钱。短暂的还款期限也降低了欠债不还的风险。

3. 借贷利率具有差异性

民间自由借贷的利率由双方协商决定。按利率的高低不同,可分为无息借贷、低息借贷和高息借贷三种形式。无息借贷和低息借贷主要发生在亲友之间,多用于生活消费等。随着经济的发展,有息、高息的借贷急剧增加,尤其在经济较发达的东部沿海地区发展很快,高利率借贷占自由借贷的比例不断增加。有息借贷和高息借贷大多发生在个体工商户、农村专业户和民营企业之间,借贷的用途主要是生产经营,利率随生产季节的资金需求而浮动,一般高于银行同期贷款利率。

4. 借贷合约具有不规范性

由于民间自由借贷多发生在亲朋好友、熟人之间,借贷双方碍于情面,借款合约一般不是正式借款合同,甚至很多是没有字据凭证的口头协议,而且大多为缺乏担保措施的信用放款。因此,一旦出现还款纠纷,放款者很难得到法律的保护。

（二）私人钱庄

私人钱庄主要指目前农村里以中介人身份搜集本区域内民间资金供需信息，并且以低进高出的资金借贷方式赚取利差的地下私人金融组织。

私人钱庄原是中华人民共和国成立前存在的一种信用机构，高息经营货币信用，在沿海省份比较发达，中华人民共和国成立后被取缔。改革开放以来，私人钱庄在一些农村地区再次出现，是没有经过审批的类似银行的金融机构，暗中经营，是农村地区高利贷的代表，在规模上、信誉上都比一般分散的民间借贷更有优势。

私人钱庄具有以下四个特点：

（1）从分布情况看，地下钱庄主要分布于东部沿海地区和南方地区，特别是广东、福建、浙江等民营经济比较发达的地方，但是部分欠发达地区也少量存在。

（2）组织形式比较规范。常见的私人钱庄多为家族经营，一般拥有固定的营业场所，而且视经营状况还会有或多或少的雇员，经营更具规范性。

（3）经营方式灵活，交易快捷，成本较低。私人钱庄在存贷方式、存贷期限、存贷金额等方面都可以根据借贷双方的需求灵活决定，不像正规金融机构那样有严格的贷款条件和烦琐的交易程序，交易活动更加方便快捷，更能满足农村乡镇企业、家庭手工业、个体私营企业及农户等经济主体多方面多层次的资金需求。

（4）隐蔽性强。由于目前私人钱庄这种民间金融组织仍为国家政策所禁止，因此其经营活动只能以"地下形式"隐蔽进行。一般不接受不熟悉客户的业务，其服务对象相对比较稳定，大多采取熟悉客户介绍新客户的方法来发展业务。由于其有相对稳定的客户群体和资金来源，形成了一定的"信誉度"而长期隐蔽经营。

（三）合会

合会，一般是指相互邀约而聚合起来的民间小规模经济互助组织，参加者按期交款，轮流使用。合会一般由若干人组成，相互约定每隔一段时间开会一次，每次聚集一定的资金，轮流交给会员中的一人使用，基本上不以盈利为目的。它是协会内部成员的一种共同储蓄并轮番提供信贷的活动，是成员之间的资金互助，曾广泛存在于世界各国的经济和社会生活中，在国内包括排会、轮会、标会、摇会等形式，如云南丽江的"话丛"。

合会在我国有着悠久的历史。在以农业为中心的社会，囿于地域的限制，人们之间往往通过地缘、亲缘关系来形成稳定的互助关系，合会就是基于亲情、乡情的带有互助、合作性质的自发性群众融资组织。

（1）从形式上看，合会可以分为排会、摇会、标会等。排会的资金使用顺序是在最开始就已经安排好的；摇会的安排顺序每次通过一定方法随机抽取，如抽签；标会的资金分配方式是每次竞标决定，谁出的利息最高就由谁获得资金使用权。

（2）从成员资格和数目上看，合会成员是在一群相互之间比较熟悉的人当中选出，如亲友、邻里和同事等。一般只有那些收入比较稳定和诚实可靠的人才会被邀请加入合会，因此成员的资格会综合考虑年龄、职业、居住地域、关系、性别、信誉等因素。

（3）从组织的运作上看，合会作为一种互助性的组织，一般有一个专门的组织者，通常称为会头或会首，负责合会成员的挑选及按时汇集资金并将之转移到特定的成员手中。会头对合会的成功运转非常重要，他也因此承担了因为某些成员不履行义务造成合会运转失败的风险，作为对会头承担风险的补偿，一般会头可以最早得到资金，使用该资金无须向其他成员支付利息。

（4）从约束机制上看，合会是基于相互信任这一非正式约束来运作的，但是和银行等金融机构一样，合会这一组织方式也面临道德风险问题，不同的合会对此通常有不同的安排。有的合会通过定期举行聚会来加强团体之间的凝聚力，通过这种情感上的沟通巩固履行义务的信念，同时及时获取彼此的信息；有的是通过一个团体习惯的行为规范来约束成员的行为，如果有成员不能履约，则有可能失去下次继续参加合会的资格，或在其他方面受到团体的制裁，承担声誉和信用的双重损失。

（四）民间集资

民间集资是指资金需求者通过一定的手段直接从民间筹集资金的金融活动。民间集资在我国20世纪80年代较为盛行，发起者有个人、企业也有政府，集资目的既有从事生产经营活动，也有办理非营利事业。

集资一般采取以下几种形式：以劳带资，即农民要进入乡镇企业工作，须缴纳一定数额的资金，原则上数年还清，有计息和不计息之分；招股集资，即企业通过发行股票、债券的形式向农村经济主体集资；联营集资，即有关单位或个人采取入股联营的方式集资；行政性集资，即由乡村行政组织向社会募集资金；风险抵押金，即企业为加强雇员责任，要求雇员交纳一定数额的抵押金，其金额少则数百元，多则数千元，这是企业较为普遍的筹资方式，这些资金多数用于企业经营活动。

民间集资对于我国农村经济发展起过重要作用，无论是在乡镇企业建立之初，还是当前的发展阶段，民间集资在资金贡献中都占有一定的比例。但大规模的集资特别是规模较大的公募资金，没有经过批准是不受法律保护的，否则就是非法集资，因而民间集资存在巨大的风险，若处理不当，容易扰乱农村金融秩序，引发社会震荡，所以往往成为政府防范监控和打击的重点。

三、我国农村非正规金融的现状、存在的问题及引导思路

（一）我国农村非正规金融的发展现状

1. 农村非正规金融在广大农村地区占有非常大的比重

改革开放之初，非正规金融在我国农村经济发展中的作用并不明显。从1986年开始，非正规金融的规模开始超过正规金融的规模，1999年农村合作基金会关闭后，农村非正规金融更加活跃。农业部农业经济研究中心农村固定观察点系统对全国31个省、自治区、直辖市进行了农户常规调查，对农户各年内累计借入款金额、银行贷款金额、私人借款金额、私人借款中无息借款金额进行统计，汇总得出2000—2009年农户年内累计借入款中银行存款、私人借款所占比重及私人借款中无息借款所占比重的变化趋势，

如图 3-2 所示①。

2000 年农户贷款来源中，有 68.4% 来自私人借贷，2002 年，这一比例上升到 72.3%，此后多年该比例始终保持在 50% 以上。图 3-2 中的变化表明，在我国广大农村地区，农户可用资金中来源于银行贷款的比重日益下降，相对应地，来源于私人借款的比重较高且相对稳定。

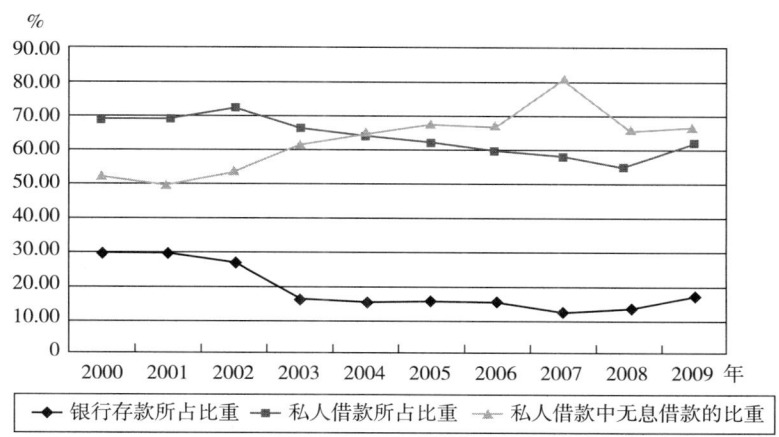

图 3-2　我国非正规金融借款比重（2000—2009 年）

另外，从地区分布来看，越是经济欠发达地区，农户从非正规金融借贷的比重越高；从融资用途来看，经济欠发达地区的非正规金融主要用于非生产方面，而东部较发达地区则主要用于生产和经营活动。

2. 非正规金融的借贷规模不断扩大

据中央财经大学课题组估算，2003 年全国民间借贷总规模可达 7405 亿～8164 亿元。2005 年中国人民银行的调查结果显示，当年全国民间融资规模达 9500 亿元。2011 年，中信证券研究报告认为，我国民间借贷市场总规模超过 4 万亿元，约为银行表内贷款规模的 10%～20%②。可见民间借贷规模很大，在不断快速扩张。我们认为，目前我国民间非正规金融借贷总规模至少在 5 万亿元以上。

3. 呈现公开化和组织化的趋势特征

在改革开放初期，由于政府对非正规金融活动的打击措施比较严厉，处于萌芽期的非正规金融活动较为隐蔽。但随着市场经济的发展，具有营利性质的非正规金融活动逐渐被人们接受，一些地方基层政府开始认识到农村民间借贷对地方经济的积极作用，并逐渐放松对民间借贷的打压措施，使农村非正规金融由隐蔽逐步转向一定程度的公开。并且，随着通信网络的快速发展，近年来网络贷款也快速发展。另外，以前农村非正规

---

① 农业部农村固定观察点办公室. 全国农村固定观察点调查数据汇编（2000—2009）[M]. 北京：中国农业出版社，2010.

② 董伟. 社科院发布 2012 社会蓝皮书指出：民间借贷潜在风险巨大 [N]. 中国青年报，2012-01-30.

金融借贷的主体绝大多数是个人，现在一些村镇集体和企业也参与到非正规金融的借贷活动中，农村非正规金融的借贷主体由传统的个人行为向组织机构发展。

4. 利率水平相对偏高

相对于分散而总量很大的民间融资需求，规模较小的民间信贷供给显然是杯水车薪，必然导致高利率的存在。同时，地理位置、交通、信息方面的现实状况也决定了资金、信息难以自由流动，从而无法通过竞争来降低利率，导致农村非正规金融的利率水平普遍偏高而且地区间差异很大。中国人民银行 2002 年发布的《中国人民银行关于取缔地下钱庄及打击高利贷行为的通知》规定，民间个人借贷利率由借贷双方协商确定，但双方协商的利率不得超过中国人民银行公布的金融机构同期、同档次贷款利率（不含浮动）的 4 倍。超过上述标准的，则界定为高利借贷行为，不受法律保护。自 2011 年以来，受银行信贷紧缩政策的影响，我国民间借贷市场供需两旺，借贷利率一路走高，平均年利率超过 20%，有的地方贷款利率月息甚至高达 4% ~ 5%[①]。另外，由于非正规金融与正规金融体系之间高额的利息差（高达几倍甚至 10 倍以上），也有一些正规金融资源通过各种途径流入非正规金融的情况。

5. 非法集资案频发

2004 年 8 月底，因支付困难，株洲非法吸储案爆发，九家担保公司及典当行吸收公众存款数亿元、受害群众达千人；江西省福泰投资顾问有限公司私自在证券公司营业部从事股票融资，五年中为股民融资约亿元，导致上百股民上访不断。

从轰动一时的孙大午融资案、福安标会事件、吴英非法吸储案、e 租宝、泛亚非法集资案，到行骗几省的众旺消费储值骗局、万里大造林骗局、梅花鹿炒种骗局等，近年来，这一系列非法吸储、非法集资案仍频频爆发，形式手法更加多样化，也更加隐蔽，更多通过网络平台打着各种"幌子"，监管难度也越来越大。尤其值得关注的是，一些初衷良好、行为规范的民间集资与融资活动发展到最后，演变为非法集资行为，因此对民间金融的监管与引导就显得极为重要。

（二）我国农村非正规金融存在的问题

1. 内部经营管理混乱

农村非正规金融的组织方式与正规金融存在明显的差异，多数没有办公场所，没有专门的机构和人员，未在工商部门注册，长期处于政府监管之外，在经营管理上没有科学的手段保证可靠的资金来源和贷出资金的安全性，以致常常出现高息揽储、盲目贷款现象。而且，又没有建立规范的内部控制制度，没有严格的财务管理及审计稽核制度，不提取存款准备金和呆账准备金以抵御风险，缺乏监管约束，因而经营风险极大。

2. 影响农村社会稳定

由于农村非正规金融是一种自发、盲目、分散的信贷活动，交易方式相对简单，借款手续不规范，基本处于随意运作状态，极易引起债权债务纠纷和集资欺诈等问题。一旦出现问题，局中人常常选择以"跑路"的方式规避法律的制裁，受害者难以得到法律

---

① 董伟. 社科院发布 2012 社会蓝皮书指出：民间借贷潜在风险巨大 [N]. 中国青年报，2012 - 01 - 30.

的保护，甚至还会引发传统信用圈的道德信用危机，严重时甚至引起暴力犯罪。在欠债不还的情况下，不少债权人通过暴力收回借款，民间也因此出现一些带有黑社会性质的追债公司，直接影响农村社会稳定。

3. 不利于国家监管和宏观调控

目前，我国非正规金融活动所涉及的资金规模巨大，但这些融资活动的合同履约机制却又极其隐蔽，游离于政府监管之外，监管当局对其风险较难掌握控制，不利于金融监管当局对其进行监管和保护，只有当资金链条突然断裂时，人们才会发现问题所在。同时，其市场所实现的资金配置有时与国家的宏观经济和金融政策目标相冲突，可能对正常的金融秩序造成冲击，影响中国人民银行货币政策的实施，不利于政府的宏观经济与金融调控。

（三）我国农村非正规金融的引导与发展思路

农村非正规金融作为一种内生的制度安排，其产生和发展具有客观必然性。一方面，它在调剂农村资金余缺、弥补农村资金供求缺口及促进农村经济发展等方面起到了积极的作用；另一方面，在一定程度上也潜存着扰乱农村金融秩序、增加社会不稳定的隐患，所以需要创造条件进行必要的引导与规范。

1. 加强制度建设，引导农村非正规金融组织逐步实现规范化

引导农村非正规金融组织从"地下"走向"地上"，向规范化、合法化、机构化转变。首先，政府要降低金融准入门槛，允许那些股东人数、资本金、经营者资格及其他条件达到法律规定标准的规模较大的农村非正规金融组织，以股份制或股份合作制的形式进行注册、登记，按正规金融的要求规范管理和监督，使其转变为规范的正规金融机构。其次，政府可引导民间资金参与农村信用社、农村商业银行等正规金融的改制，使资金通过参股等形式找到出路。最后，政府要将农村非正规金融组织纳入监控范围，健全市场契约制度，使其合法并规范运作。总之，规范发展农村非正规金融组织的核心问题是制度安排问题，它的健康发展迫切需要政府逐步放开金融市场的进入和退出壁垒，确立公正、有效的市场竞争规则，同时给市场主体充分的自由选择权，从而使其充分发挥支持农村经济发展的作用。

2. 建立农村金融中介组织

非正规金融运行机制不健全，组织机构过于分散。为了克服这一弊端，西方发达国家建立了各种各样的非正规金融服务体系，这些服务体系旨在为非正规金融的资金供给者和需求者，提供资金供需两方面的信息，为投融资双方牵线搭桥，降低双方各自的搜寻成本，从而提高非正规金融的效率。可以借鉴西方发达国家的经验，在农村金融体系中建立系统、完善的金融服务机制，组建各种金融中介组织，为企业和民间金融机构提供咨询、抵押担保和信息服务，促进资金供需双方与金融机构的互通，引导民间金融机构规范化运营。

3. 大力发展和完善现有农村正规金融机构的服务

现有农村非正规金融存在的原因之一是正规金融服务不到位，因而要大力发展和完善正规金融机构的服务，鼓励正规金融机构的金融服务创新，积极探索和开拓小额信贷

等有效满足广大农户需求的金融服务形式，在农村市场广泛开展诸如信托、保险、证券等现代金融产品，完善农村金融服务体系。这也有利于农村资金的合理配置，提高金融资源配置效率，最终形成各种金融服务彼此之间互动发展的良好局面。

4. 打造农村信用网络体系

一个完善的信用网络体系能够使诚信的人受益，也能识别、约束和惩罚那些不讲诚信的人。为了在农村经济主体之间搭建长期良好的借贷关系，要加大投资力度，鼓励各种社会资本参与农村信用和担保体系建设，建立农户、中小企业信用数据库，打造一个完善的农村信用网络体系，创造一个良好的信用环境。

关键术语

农村金融体系　正规金融　非正规金融　农业政策性金融　农村商业性金融　农村合作性金融　农村民间性金融　中国农业银行　中国农业发展银行　农村信用社　村镇银行　农村资金互助社　贷款公司　小额贷款公司　民间自由借贷　私人钱庄　合会　民间集资

复习思考题

1. 简述我国农村金融体系的演变历程。
2. 什么是农业政策性金融、农村商业性金融和农村合作性金融，各有何特征？
3. 简述中国农业银行的发展历程。
4. 谈谈你对中国农业银行如何支持"三农"的看法。
5. 中国农业银行与农村信用社的关系如何？
6. 什么是政策性银行？政策性银行有何主要特征？
7. 简述我国三家政策性银行的主要职责。
8. 简述中国农业发展银行与中国农业银行的关系。
9. 目前我国涉农金融机构主要有哪些？
10. 我国农村信用社的性质和作用是什么？
11. 简述我国新型农村金融机构的性质和特征。
12. 试述我国新型农村金融机构的发展现状、主要问题与发展思路。
13. 结合实际，谈谈我国农村信用社目前存在的主要问题及对策措施。
14. 联系实际，谈谈我国农村非正规金融的积极作用和消极作用，以及如何引导发展。

第四章

农村金融业务

农村金融机构作用的发挥是通过其资金运营来实现的,而资金运营具体又是通过其农村金融业务来完成的。所谓农村金融业务,就是农村金融机构以特定的信用方式筹集和运用资金并提供相关服务的活动,一般包括农村银行业务、农村保险业务、农村典当租赁业务、农村担保业务及其他农村金融业务等。本章对这些业务及其新发展作扼要的介绍。

第一节 农村银行业务

农村银行业务是农村金融机构最主要和最常见的业务,一般由农村信用合作社、商业银行和政策性银行等农村银行类金融机构组织开展,具体包括中国农业银行、农村信用社、农村商业银行、农村合作银行、中国邮政储蓄银行、中国农业发展银行、村镇银行等银行类金融机构所从事的业务。按其发展特征,可以分为传统业务和创新业务,下面对其主要业务进行简要综合性介绍。

一、农村存款业务

农村存款业务包括农村个人储蓄和农村企事业单位存款两部分,二者都是农民个人或企事业单位与银行等金融单位发生的信用交易活动。

（一）农村个人储蓄业务

储蓄,是把个人收入中节余的或暂时不用的钱存入特定机构,以备后用并获取利息的一种经济行为。农村个人储蓄业务主要有以下种类。

1. 活期储蓄

活期储蓄是指专门针对家庭或个人开办的、不确定存期、储户随时可以存取款、存取金额不限的一种存款方式。中国农业银行和农村信用社开办的活期储蓄根据存取方式不同分为三种形式。

（1）活期存折储蓄。活期存折储蓄开户时1元起存,多存不限,存取自由,灵活方便,每年结息一次,中途销户,无论存期长短,一律计付利息。其特点是适应性强,适合于个人生活待用款和暂时不用、闲置时间不长的款项的存储。

（2）活期存单储蓄。活期存单储蓄指一次性存入、一次性支取的活期储蓄存款。该种储蓄一次存入，一次支取，金额、存期都不受限制，储蓄机构发给存单作为存款凭证，凭存单随时支取，按实存天数计息，利随本清。

（3）活期支票储蓄。活期支票储蓄是一种以个人信用和存款作保证，以支票作为支付结算凭证，由存款人签发给收款人到办理支票业务的银行办理支现或转账结算的活期储蓄存款。支票规定一定的有效期和签发的最低金额，适用于存取金额较大、存取频繁、信誉较好的储户。

活期储蓄存款随时存取，灵活方便，适用于个人日常生活中暂时不用和其他短期待用资金的存储。

2. 定期储蓄

定期储蓄是储户在存款时约定存期，一次或按期分次存入本金，整笔或分期、分次支取本金或利息的一种储蓄方式。定期储蓄可分为以下几种类型：整存整取、零存整取、整存零取、存本取息、个人通知储蓄存款和教育储蓄存款。

（1）整存整取定期储蓄。整存整取定期储蓄是指约定存期、整笔存入、到期一次支取本息的一种储蓄。其特点是存期长、稳定性强、利率较高。它适合于较长时间不用的生活节余款及个人积蓄的存储。该种储蓄50元起存，多存不限，存期分为3个月、半年、1年、2年、3年、5年，不同档次执行不同利率，存期越长，利率越高。

整存整取定期储蓄存款适宜于个人较长时间闲置结余资金的存储，如攒钱建房、买农机具、供子女上学、子女结婚、防病养老等，均可采用此种方式存钱。

（2）零存整取定期储蓄。零存整取定期储蓄是指由储户约定存期，每月固定存额，积零成整，到期支取本息的一种定期储蓄。该种储蓄一般5元起存，存期分为1年、3年、5年，存款金额由储户自定，每月存入一次，中途如有漏存，可在次月补齐，到期支取时按实存金额和实际存期计算利息。这是为了适应人们把零星节余积攒成整数的需要而设置的。

零存整取定期储蓄存款适合农村中在外打工的中青年人及每月有较为固定的收入来源者采用。零存整取定期储蓄存款可以积少成多，积零成整，帮助打工的中青年人积累财富，以在春节或其他时候回家时带更多的钱，办更多的事。现在有很多外出务工人员通过积累财富成为企业家或私营企业的老板，其中零存整取定期储蓄存款积累的资金帮助他们走上了成功之路。

（3）整存零取定期储蓄。整存零取定期储蓄是指由储户约定存期，一次存入一笔较大的整数，分期陆续平均支取本金，到期支取利息的一种储蓄。该种储蓄1000元起存，存期分1年、3年、5年。支取期由储户与储蓄机构协商确定。

整存零取定期储蓄存款，适合拥有一笔可观的收入节余而要养活家人，供子女上学、结婚、赡养老人的个人或家庭采用。

（4）存本取息定期储蓄。存本取息定期储蓄是指由储户约定存期，一次存入本金，分次支取利息，到期支取本金的一种储蓄。该种储蓄5000元起存，存期分1年、3年、

5年，可以1个月或几个月取息一次，由储户与储蓄机构协商确定。存本取息定期储蓄存款，特别适合于退休回农村有养老金和抚恤金的老人。他们可以定期得到一笔较为固定的利息收入，有助于安排好家庭生活。

（5）个人通知储蓄存款。个人通知储蓄存款是指存款人在存入款项时不约定存期，支取时需提前通知金融机构，约定支取日期和金额方能支取存款的一种储蓄方式。根据储户提前通知时间的长短，分为1天通知存款与7天通知存款两个档次。个人通知存款的最低起存金额为5万元，最低支取金额为5万元，存款人需一次性存入，可以一次或分次支取。

个人通知储蓄存款除具有定活两便储蓄的优点外，其利率比定活两便储蓄要高。因此，这种储蓄存款更适合那些一次收入较多，且这些资金短期内如何使用一时心中没底，又不好确定存期的一种个人选择存款方式。

（6）教育储蓄存款。起存和到期支取时，须有学校提供的证明；起存金额的下限不低于50元；最高限额为2万元，即起存金额乘以存期月份不超过2万元；可多笔预存，不得隔双月以上补存；按实际存期积数计息，不缴纳利息税；不办理部分提前支取；提前支取以实际存期和规定档次利率计息。

3. 定活两便储蓄

定活两便储蓄，是指存款时不确定存期，可随时到银行提取，利率随存期长短而变化，兼有定期和活期两种性质的储蓄种类。该储蓄一般50元起存，存单分记名、不记名两种，记名式可挂失，不记名不挂失。利息按存期长短分档打折计息。如存期不足3个月，按活期储蓄存款计付利息；如存期在3个月以上（含3个月），不满半年的，整个存期按支取日挂牌公告的3个月期整存整取定期储蓄存款利率打六折计息；如存期半年以上（含半年），不满一年的，整个存期按支取日挂牌公告的半年期整存整取定期储蓄存款利率打六折计息；如存期在一年以上（含一年），无论存期多长，整个存期一律按支取日挂牌公告的一年期整存整取定期储蓄存款利率打六折计息；打折后利率低于活期储蓄存款利率时，按活期储蓄存款利率计付利息。

定活两便储蓄存款，既有活期储蓄随时存取的灵活性，又有达到一定存期享受比活期储蓄高的利息。农民收入季节性较强，用钱季节性也较强，还有一些日常收入一时难以把握准确用途，这样就可选择定活两便储蓄，既可在用钱时随时支取，又可在不用钱时获取较多的利息。

人民币定活两便储蓄存款是一种存款时不确定存款期限，可以随时支取，利率随存期长短而变动的介于活期和定期之间的储蓄存款。50元起存，存单为记名式。采用逐笔计息法对年对月对日计算利息。

4. 外币储蓄

（1）外币存款种类。目前我国吸收的外币存款主要有美元、日元、英镑、欧元及港元等，其余外币不能直接存款。

（2）外币存款期限。外币存款期限与人民币存款不完全一样，外币存款除活期外，只有1个月、3个月、6个月、1年和2年五个档次。

（3）外币存款利率的变动情况。外币的存款利率依据国际金融市场利率的波动而变化，与人民币存款利率相比，外币存款利率变动较频繁。当外币存款利率水平处于高点时应选择长期储蓄，相反则应选择短期或活期储蓄；利率相对稳定时，宜选择 6 个月、1 年的中期储蓄，利率异常波动或变化趋势不明朗时，宜选择 3 个月或活期等短期储蓄进行观望。

（4）不同币种同一存期利率不一样。初次存款外币时，要尽量兑换币值稳定、存款利率较高的外币。

（5）不同货币相互兑换时的银行费用。如果想将利率较低的外币兑换成存款利率较高的外币，就必须知道汇兑的费用。有时候汇兑的损失甚至会超过利息的差额收入，因此在选择何种外币进行存款时，一定要综合考虑利率与汇率的变动，以选择合适的外币进行存款。

（6）现汇账户与现钞账户的区别。外币储蓄按存款账户的性质分为现汇账户和现钞账户。居民得到从境外汇入的外汇即可存入现汇账户，若兑成现钞后就只能开立现钞账户存入银行。而现钞账户汇出境外或兑换人民币时都比办理现汇账户增加一定的损失，所以外币现钞应该用多少取多少，不要轻易将"汇户"里的钱转入"钞户"。

（二）农村企事业单位存款业务

农村企事业单位存款业务是农村金融机构针对农村企事业单位而开办的存款业务。常见的有单位人民币活期存款、单位人民币定期存款、单位人民币通知存款和单位人民币协定存款等种类。

1. 单位人民币活期存款

单位人民币活期存款是指不规定存款期限，可以随时存取，并依照活期存款利率按季计取利息的存款，遇利率调整不分段计息。其存取主要通过现金或转账办理。一般分为以下四种。

（1）基本存款账户。根据中国人民银行对基本账户的管理规定，一个存款单位只能选择一家银行的营业机构开立一个基本存款账户，办理日常转账结算和现金收付。开户所需资料包括营业执照（企业）或经有权部门批准成立的批文，机构代码证书，法定代表人身份证及复印件，单位公章、财务章和法人名章，中国人民银行规定的其他资料。

（2）一般存款账户。一般存款账户是存款单位因特殊需要在基本存款账户开户银行以外的银行营业机构开立的银行账户。存款单位可以通过本账户办理转账结算和现金缴存，但不能办理现金支取。开立一般存款账户应当满足基本存款账户开立的条件。

（3）临时存款账户。临时存款账户是存款单位因临时经营活动需要并在规定期限内使用而开立的银行账户，存款单位可以通过该账户办理转账结算和根据国家现金管理的规定办理现金收付。开立临时存款账户，须向银行提交基本存款账户开立的相关资料和中国人民银行规定的其他资料。

（4）专用存款账户。专用存款账户指按国家法律、法规和行政规章，对特定用途资金进行专项管理和使用而开立的银行账户。开立专用存款账户应向银行出具开立基本存款账户规定的证明文件、基本账户管理卡和专项资金性质的证明。

2. 单位人民币定期存款

单位人民币定期存款是指单位与银行约定存款期限和利率，到期支付本息的存款品种。其具体办理程序和要求同活期存款，办妥手续后，银行为存款人开具定期存款开户证实书，证实书仅对存款人开户证实，不能作为质押的权利凭证。

单位人民币定期存款起存金额1万元，多存不限，分为3个月、6个月、1年、2年、3年、5年六个利率档次。在存期内按照存入日挂牌公告的定期存款利率计付利息，遇利率调整，不分段计息。

3. 单位人民币通知存款

单位人民币通知存款是指存款单位在存入款项时不约定存期，支取时需提前通知银行，约定支取日期和金额方能支取款项的存款品种。其具体办理程序和要求同活期存款，办妥手续后，银行为客户开出记名式单位通知存款证实书，证实书仅对存款人开户证实，不能作为质押的权利凭证。

单位人民币通知存款起存金额为50万元，最低支取金额为10万元，须一次性存入。通知存款不约定实际存期，按存款人提前通知的期限长短划分为1天通知存款和7天通知存款两个品种。由银行按支取日挂牌公告的1天通知存款利率或7天通知存款利率和实际存期计付利息，利随本清。

4. 单位人民币协定存款

单位人民币协定存款是指存款单位通过与银行签订合同的形式约定合同期限、确定结算账户需要保留的基本存款额度，按照中国人民银行规定的相应利率计付利息的存款类型。

在协定存款项下，单位在银行开立的活期存款账户兼有结算账户和协定存款账户两种功能。作为结算户，存款余额不低于50万元，超过1万元部分及其整数倍数作为协定存款。办理协定存款，单位应与银行签订《协定存款合同》，加盖单位行政公章和法人代表或单位负责人签章。

单位人民币协定存款具有灵活性、方便性与效益性的特点。该存款在提供基本存款账户结算功能的同时，又提供类似定期存款的服务，兼顾了办理业务的方便性与资金效益性的需要。如果除用于日常结算外，还有暂时闲置的资金，可通过开立协定存款账户将两部分资金在同一个账户中核算，每日营业终了时，由银行主动将当日结算资金中超过双方确定的基本存款额度的部分转入由暂时闲置资金所形成的协定存款内，或将结算资金低于基本存款额度的不足部分从协定存款中转入结算资金内。

单位人民币协定存款主要适用于在银行开立基本存款账户或一般存款账户，且开户已满一定期限的企业、事业、机关、部队和社会团体等单位。

（三）农村存款业务的创新

为适应和满足农村社会经济运行和发展的需要，近年来，不同地区的农村银行业金融机构在经营和发展传统或常规存款业务的基础上，不同程度地进行了农村存款业务的创新。其中，较为突出的有以下五种。

1. 农信银个人通存通兑

农信银个人通存通兑业务是指农信银清算系统参与者受在异地（省外）参与者开立个人账户客户的委托，为其办理异地个人账户的存款、取款、查询等业务的行为。客户可到农村信用社各网点柜面办理跨省农信银个人通存通兑业务。

农信银个人通存通兑业务遵循"逐笔发起、实时清算"的原则。代理行和开户行实时完成本行客户的账务处理；农信银系统实时完成代理行和开户行之间的资金清算。

2. 行际柜面通业务

行际柜面通业务，是农村信用社与中国工商银行等机构合作，互相开放网点柜面资源，互为代理，可为对方个人客户办理通存通兑业务。农村信用社及中国工商银行等机构的客户可在辖区农村信用社或中国工商银行的营业网点柜面享受余额查询、人民币卡（折）存取款、转账等业务。

3. 一本通存款

一本通存款是由中国邮政储蓄银行推出的将多个储种、多个账户的存款集中于一本存折上，用一个存款凭证记载、管理多个存款账户资金活动情况的业务品种。邮政储蓄一本通包括整存整取和不固定面额的定活两便两个储种，一本通内子账户可以移出到存单，已开立的存单也可移入一本通。一本通内各账户单笔存款金额最高200万元（含）。超过200万元的，需分笔开户。中国邮政储蓄银行各机构网点柜台均开办此业务。其主要功能及特色如下：

（1）易于管理。一本存折可以替代48张存单，便于携带和保管。

（2）及时掌握收益。开立一本通存折后，可将不同额度的结余资金分别存入一本存折，帮助储户及时掌握自己的收益情况。

（3）提供密码保护。一本通下所有账户使用同一密码。

4. 约期存款

约期存款是指农村信用合作社为了提高资金收益水平，在中国农业银行开立约期存款账户，约定存款利率和存期，将其资金存入约期存款账户而形成的存款。

5. 单位协议存款

单位协议存款是在协定存款基础上的进一步创新，从学理上来讲，它实际上是银行为特定单位客户开办的一种有关存款利率水平、存款期限、结算和付息方式及违约处罚标准等事项均由双方协商确定的定期存款。而在金融实务中，具体是指在银行开立基本存款账户、专用存款账户或一般存款账户的存款单位，与银行签订《协议存款合同》，对起点金额以上的资金逐笔计算相应存期利息，并对账户进行管理的一种存款业务。

单位协议存款具有灵活性、方便性与效益性的业务特点。如果除用于日常结算外，还有暂时闲置的资金，则可通过开立协议存款账户将三部分资金在同一个账户中核算，每日营业终了时，由银行主动将当日结算资金中超过双方确定的基本存款额度的部分转入由暂时闲置资金所形成的协定户约定存款内，将超过协定户约定存款金额转入协议存款户，或将结算资金低于基本存款额度的不足部分从协定存款、协议存款户中转入结算资金内。

目前，单位协议存款主要是商业银行法人对中国邮政储蓄银行、保险公司法人和全国社会保障基金理事会等金融同业机构开办。

二、农村贷款业务

农民和农村企业、事业单位在生活、生产经营中遇到资金不足或周转困难时，往往需要从中国农业银行或农村信用社借钱，这种在需要资金时借款，到约定期限归还本金并加上利息的经济行为，就叫作贷款。根据不同的分类标准，农村金融机构经营的贷款业务可以分为不同的种类。

（一）按贷款期限分类

按贷款期限分类，有短期贷款、中期贷款和长期贷款三种。

1. 短期贷款

短期贷款是贷款期限在1年以内（含1年）的贷款，一般适用于农村企业和农民个人在生产、经营中流动资金的需要。

2. 中期贷款

中期贷款是贷款期限在1年以上5年以下（含5年）的贷款。

3. 长期贷款

长期贷款是贷款期限在5年以上的贷款。

中期、长期贷款一般适用于农村企业在生产经营中固定资产项目投资的需要。

（二）按贷款用途分类

按贷款用途分类，有经营性贷款和专项贷款两种。

1. 经营性贷款

经营性贷款指没有财政部门贴息的贷款。主要包括以下贷款类型。

（1）农业贷款，包括种植业与养殖业贷款，含种植业贷款、林业贷款、畜牧业贷款、渔业贷款；农田水利及农机贷款，含农田水利建设贷款、节水灌溉贷款、农业机械贷款；农业科技贷款，农村社会化服务体系贷款；农村水电贷款等。农业贷款适合于从事上述生产或经营的企业或农民个人承贷，既可用于解决生产费用不足，也可用于购买生产设备。

（2）乡镇企业贷款，包括本币贷款和外币贷款两种，适合于乡办、村办企业，联产、联办企业，私营、个体企业承贷。

（3）农村商业贷款，适合于农村中个体、私营商业企业承贷。

（4）个体工商业贷款，适合于乡村中个体工商户承贷。

2. 专项贷款

专项贷款一般指有专门用途和范围，由财政部门贴息的贷款，属于政策性贷款的范畴。专项贷款主要由中国农业发展银行办理。中国农业发展银行开办的由财政贴息的专项贷款主要有：

（1）扶贫贷款，适合于列入国家级贫困县中列入扶贫开发计划的贫困户、贫困乡村中的合作经营组织、承担扶贫开发任务的各类经济实体和服务组织承贷。

（2）康复扶贫贷款，适合于非国家级贫困县中由县级残疾人联合会确定的承担扶贫开发任务的残疾人服务机构或扶贫经济实体承贷承还。

（3）农业综合开发贷款，适合于国家确定的农业综合开发区和为农业综合开发区服务的非开发区中从事各种经营项目的企业、个体工商户和农民承贷。

（4）林业、治沙贷款，林业贷款适合于集体、个体造林经营者承贷；治沙贷款适合于全国治沙工程规划区域内集体、个体治沙造林经营者承贷。

（5）粮棉油收购贷款。

（三）按贷款方式分类

银行和农村信用社向借款人发放贷款的方式有信用贷款、担保贷款和票据贴现三种形式。

1. 信用贷款

信用贷款是银行和农村信用社根据借款企业或农民个人的信誉不需要担保而发放的贷款。这种贷款银行和农村信用社一般只向资信一贯优良，能按期偿还贷款本息的借款企业和农民个人发放，并且该项贷款是只限于流动资金需要的短期贷款。

2. 担保贷款

担保贷款包括保证贷款、抵押贷款和质押贷款三种。

（1）保证贷款。保证贷款是依据《中华人民共和国担保法》规定的保证方式，由其他企业或个人作为贷款保证人，承诺在借款人不能偿还贷款时，按约定承担保证责任连带责任的一种贷款方式。保证贷款无法收回时，担保人有责任清偿本息。如果担保人也无法承担清偿责任，导致银行或农村信用社贷款无法清偿时，银行或农村信用社有权提起诉讼，担保的企业或个人就会成为共同被告人。

近年来，信用社等部分农村银行业金融机构创新开发了小企业联保贷款、农户联保贷款等新的保证贷款方式。

小企业联保贷款是农村信用社向资产总额在 1000 万元（含）以下，或年销售额 3000 万元（含）以下的企业、其他经济组织、个体经营户组成的联保小组成员发放的贷款。贷款额度不超过 500 万元，期限不超过 3 年。贷款的基本流程为：成立小企业联保小组→核定授信额度→签订联保协议→签订借款合同→发放贷款→到期收回贷款本息。

农户联保贷款是指不少于 3 户的农户组成联保小组，信用社对联保小组成员发放用于农业生产经营和消费等，并由联保小组成员相互承担连带保证责任的贷款，具有"个人申请、多户联保、周转使用、责任连带、分期还款"等特点。贷款对象为在农村信用社服务辖区内，有完全民事行为能力且具有农业户口、主要从事农村土地耕作或与农村经济发展有关生产经营活动的社区居民组成的联保小组成员。农户联保贷款最高单户限额一般为 20 万元。贷款期限一般为 1 年，最长不超过联保协议期限。农户联保贷款实行优惠利率，优惠幅度由县级联社根据利率政策和当地实际情况合理确定。贷款的基本流程为：成立农户联保小组→核定授信额度→签订联保协议→签订借款合同→发放贷款→到期收回贷款本息。

（2）抵押贷款。抵押贷款是依据《中华人民共和国担保法》规定的担保抵押方式，用借款企业、个人或第三人的财产如房屋、机器、设备等作为抵押物，押给银行或农村信用社的一种贷款方式。抵押贷款是目前银行或农村信用社发放贷款比较通行的做法，也是农村企业和农民个人取得贷款的主要形式之一。抵押贷款并不能取得抵押物变现值的100%，一般只能贷到抵押物变现值的70%。

近年来，针对农民融资难、资源难变资本等困境所进行的创新贷款品种主要有农户林权抵押贷款、农村宅基地或农房抵押贷款和土地承包经营权抵押贷款等"三权抵押贷款"①。

农户林权抵押贷款是指农户以其本人或第三人依法有权处分的森林、林木、林地的所有权或者使用权及与森林资源相关的其他资产作抵押物向农村信用社借款的行为。贷款对象为在农村信用社服务辖区内，有完全民事行为能力，从事林业生产经营活动或从事与林业经济发展相关生产经营活动或从事其他生产经营活动的农户。贷款额度一般控制在30万元以内，贷款期限最长为10年。贷款实行优惠利率，优惠幅度由县级联社根据利率政策和当地实际情况合理确定。抵押物必须取得县级以上人民政府颁发的全国统一式样的林权证。贷款在30万元（含）以内的，可由信用社与其邀请的林业资源资产评估专家共同参与对抵押林权的评估，确定抵押物价值。林权抵押的登记部门为县级以上地方人民政府林业主管部门。贷款的基本流程为：贷款申请→贷款调查、审批→确定贷款额度→签订信贷合同→办理抵押登记手续→贷款发放→贷后管理及检查→到期收回贷款本息。

截至目前，农户林权抵押贷款已经开展得较为广泛，而农村宅基地或农房抵押贷款和土地承包经营权抵押贷款由于确权和处置等"瓶颈"制约尚在试点探索之中。

（3）质押贷款。质押贷款是指贷款人按《中华人民共和国担保法》规定的质押方式以借款人或第三人的动产或权利为质押物发放的贷款。可作为质押的质押物包括国库券（国家有特殊规定的除外）、国家重点建设债券、金融债券、AAA级企业债券、储蓄存单和保单等有价证券。出质人应将权利凭证交予贷款人。质押合同自权利凭证交付之日起生效。以个人储蓄存单出质的，应提供开户行的鉴定证明及停止支付证明。

3. 票据贴现

票据贴现是农村企业持有未到期的商业汇票卖给银行或农村信用社等其他金融机构，用于取得资金，将票据权利转让给金融机构的票据行为。票据贴现银行或农村信用社及其他金融机构要从票据价值中扣除一定的费用。

---

① "三权抵押贷款"的探索最先始于全国首个农村金改试点地浙江省丽水市。2006年，丽水在全国率先进行林权抵押贷款试点；2007年4月，丽水发放全国第一笔林权抵押贷款；2013年11月，丽水推出了土地承包经营权抵押贷款；农房抵押贷款前期多地已有探索，但自2014年初始，丽水进行全面推开。"三权抵押贷款"使农户拥有的最大和最值钱的资源具有了变现的机会和途径。可以预计，随着此类业务的开展，将会极大地缓解农民融资难的困境。仅就林权抵押贷款的作用而言，真正实现了"活树变活钱、叶子变票子、青山变银行"，云南省在林权抵押贷款上发展较快，多年来位居全国最前列。

(四) 其他创新性贷款

1. 农户小额信用贷款

近年来，各地农村信用社结合农村信用体系建设工作，广泛开办了农户不同信用额度的小额信用贷款业务。① 农户小额信用贷款是指农村信用社基于农户的信誉、资产和还款能力等情况，在核定的额度、期限内向农户发放用于农业生产经营和消费等方面的不需要抵押、担保的贷款，具有"一次核定、随用随贷、余额控制、周转使用"等特点。贷款对象为在农村信用社服务辖区内，有完全民事行为能力且具有农业户口、主要从事农村土地耕作或与农村经济发展有关的生产经营活动的社区居民和个体经营户。最高贷款额度一般为10万元，贷款期限最长为3年。农户小额信用贷款实行优惠利率，优惠幅度由县级联社根据利率政策和当地实际情况合理确定。贷款的基本流程：申请办理农贷证→建立农户经济档案→资信等级评定→核定信用额度→核发农贷证→签订农户小额信用借款合同→贷款发放→按期收回贷款本息。

2. 鼓励创业"贷免扶补"创业小额贷款

鼓励创业"贷免扶补"创业小额贷款是农村信用社基于创业人员的申请和承办单位（就业经办机构、工会、共青团、妇联、工商联、个私协会、教育部门）的推荐意见，经当地社保、财政部门确认后自主审批，向创业人员发放用于开展创业的贷款，具有"组织推荐、统一担保、农信审批、财政贴息、多方共管"和对借款人实行免担保、免利息等特点。贷款对象为从事除国家禁止及限制行业以外的微利项目经营的大学毕业生、农民工、复转军人、留学回国人员等自主创业人员。对符合贷款条件的每一名创业者提供不超过5万元的贷款。贷款期限最长为2年，可展期1次，展期期限不超过1年。创业小额贷款由省政府建立的省级担保基金统一担保，正常期限内的贷款利息由中央财政全额贴息，对创业人员免除担保、免付利息。展期和贷款逾期的由创业人员自行承担。还款方式为自贷款发放后第7个月起按3个月一期的还款周期等额还款，贷款期内还清全部贷款。贷款的基本流程：创业申请→承办部门推荐→财政、就业部门确认→农村信用社审贷→签订信贷合同→贷款发放→承办部门跟踪帮扶、农信贷后管理及检查→到期收回贷款本息。

3. 农村党员创业贷款

农村党员创业贷款是指贷款人对农村党员或农村党员联保小组成员发放的从事农业种植、养殖、加工、经营等方面的涉农生产经营贷款，具有"组织（党）推荐、一次核定、随用随贷、余额控制、循环使用"的特点。贷款对象为具有农业户口且经中共县（市、区）、乡镇党委或行政村党组织认定并推荐的信誉良好的共产党党员。最高贷款额

---

① 自2006年以来，中国人民银行根据"管理征信业，推进建立社会信用体系"的职责，以小微企业、农户等经济主体为对象，开展了小微企业和农村信用体系建设工作。探索建立了小微企业和农户等的信用信息征集体系，开展了小微企业信用评价（分）和"信用户""信用村""信用乡（镇）"建设，不断健全小微企业和农户等的信息通报与应用机制，推动地方政府、金融机构等制定激励措施，并在地方政府的支持下，开展了试验区建设。小微企业和农村信用体系建设，有效地缓解了信息不对称，提高了小微企业、农户等融资的可获得性，增强了小微企业和农户的信用意识，改善了地区信用环境。

度为信用贷款 10 万元、联保贷款 20 万元。单笔贷款最长期限为 3 年。贷款的基本流程：贷款申请→党组织推荐→农村信用社审贷→签订信贷合同→贷款发放→贷后管理及检查→到期收回贷款本息。

4. 巾帼创业信用贷款

巾帼创业信用贷款是指农村信用社对县（市、区）妇联推荐的巾帼创业人员发放的信用贷款。具有"自愿申请、妇联推荐、一次核定、随用随贷、余额控制、周转使用、按期结息、到期还本"等特点。贷款对象为具有农业户口且由县（市、区）妇女联合会（以下简称妇联）认定并推荐的信誉良好、有创业能力的妇女。贷款额度最高不超过 20 万元。每笔贷款的使用期一般为 1 年，最长为 3 年。贷款的基本流程：贷款申请→妇联推荐→农村信用社审贷→资信等级评定、核定额度→核发巾帼创业信用贷款证→签订信贷合同→贷款发放→贷后管理及检查→到期收回贷款本息。

5. 失地农民创业贷款

失地农民创业贷款是指农村信用社向失地农民发放的用于二次创业的贷款。贷款对象为在新城镇及其他项目开发建设过程中失去原有生产、生活用地，需要进行二次创业以维持生计或谋求发展的农户。信用方式贷款额度最高不超过 10 万元，担保贷款额度根据借款人提供的抵（质）押物价值或保证额度合理确定。贷款期限最长为 5 年。贷款的基本流程：提出借款申请→受理→贷款审查、审批→签订贷款合同→贷款发放→到期收回贷款本息。

6. 小企业"四方一体"信贷产品

小企业"四方一体"信贷产品是指银行、小企业、专业市场管理方和担保公司共同合作，由担保公司提供担保，市场管理方进行有效监管，银行为小企业客户提供短期流动资金贷款、贸易融资、票据承兑、贴现、保函、信用证等服务的金融产品。

相比其他贷款产品，该产品具有以下特点：（1）批量为园区、专业市场等商圈内的小企业客户提供多种金融服务；（2）由担保公司为商圈内的小企业客户批量提供担保，小企业客户享受担保费率优惠；（3）增加商圈招商引资吸引力，并发挥商圈管理方实时监管作用；（4）四方共同努力，致力解决小企业融资、结算等金融需求，共建诚信小企业融资环境。

7. "金果贷"

"金果贷"是富滇银行 2013 年 8 月在国内率先推出的一项支农贷款创新业务：水果权证抵押贷款。该业务先在云南省大理州宾川县试点，以水果权证作抵押，果农只要持有宾川县政府核发的水果权证，就可以到富滇银行大理宾川支行申请贷款。"金果贷"贷款模式为果农向村委会或合作社提出贷款申请，村委会推荐，果农到农业部门办理抵押登记，随后富滇银行根据"区域内该水果亩产值的 60% × 种植面积 × 调整系数"的公式对申请果农水果产值评估发放贷款。贷款额度最低 3 万元，最高可达 300 万元，授信期限最长 3 年，还款方式可以灵活多样。富滇银行"金果贷"的推出，打破了水果产业发展的资金"瓶颈"，形成"果园变资源、资源变资金、资金变资本"的良性循环，真正为果农贷款开辟了"绿色通道"。

三、农村结算业务

结算是指一切用钱结清债权、债务关系的行为,通常称作货币结算。

货币结算分为两类:用现金来进行债权、债务结算,称为现金结算;用票据来进行债权、债务结算,称为转账结算。

由于转账结算是借助银行特有的转账功能,通过各账户之间资金的划转完成经济往来中的货币收付及债权、债务的清算,因此,转账结算也常称作银行结算。当代社会,由于转账结算具有现金结算无法比拟的优点,经济生活中的绝大多数货币收付及债权、债务的清算,都是通过银行的转账功能进行的。因此,转账结算已成为结算的主要方式和银行的一项主要业务。

现行的结算方式主要包括银行汇票、商业汇票、银行本票、支票、汇兑结算、委托收款、托收承付和信用卡结算等。这些结算方式有些适用于同城结算(同城范围内的转账结算),有些适用于异地结算(跨地区的转账结算)。农村企事业单位和农民个人可根据结算需要加以选用。

(一) 银行汇票

银行汇票是由企事业单位或个人将款项缴存开户银行或农村信用社,由银行或农村信用社签发给其持往异地采购商品时办理结算或支取现金的票据。银行汇票是一种传统的使用最广泛的票据结算工具。

(二) 商业汇票

商业汇票是由出票人签发,委托付款人在指定日期无条件向收款人或持票人支付款项的票据。商业汇票在同城和异地均可使用。它适用于企业单位先发货后收款或双方约定延期付款的商品交易。购货单位在资金暂时不足的情况下,可以凭承兑的汇票购买商品。销货单位急需资金,可持承兑的汇票及增值税发票和发运单据复印件向银行申请贴现,也可以在汇票背后签字后转让给第三者,以及时补充所需资金。这种汇票经过购货单位或银行承诺付款,承兑人负有到期无条件支付票款的责任,故有较强的信用。

按照付款人身份的不同可分为商业承兑汇票和银行承兑汇票。承兑汇票由收款人签发,经付款人承兑,或由付款人签发并承兑。商业承兑汇票一律记名。按双方约定签发的商业承兑汇票,可以在出票时向付款人提出承兑后使用,也可以在出票后先使用再向付款人提出承兑。

商业汇票承兑期限由交易双方商定,最长不超过6个月,如属分期付款,可一次签发若干张不同期限的汇票。

银行承兑汇票由付款企业作为承兑申请人向其开户银行申请,经银行或农村信用社审查同意后,承诺到期无条件支付票面金额。银行承兑汇票是以银行或农村信用社信用为基础的结算票据,它一经银行或农村信用社承兑,银行或农村信用社就负有到期无条件付款的责任,因此这种票据有很高的信誉度,一般的银行或农村信用社和客户都愿意使用。

第四章 农村金融业务

（三）银行本票

银行本票是申请人将款项缴存银行或农村信用社，由银行或农村信用社签发给其凭以办理转账或支取现金的票据。银行本票分为不定额本票和定额本票两种。不定额本票的金额起点为100元，提示付款期限最长不超过2个月（无论月大、月小，均按次月对日计算，到期日遇节假日顺延），逾期银行或农村信用社不予受理。定额本票的面额有1000元、5000元、10000元和50000元四种。银行本票见票即付款，单位和个人在同一城市内的商品交易、劳务供应及其他各种款项的结算，均可使用。银行本票一律记名，不予挂失。银行本票具有信誉高的特点。用银行本票购买商品，销货方可以见票发货，购货方可以凭票提货，债权、债务关系也可以凭票清偿，收款人将本票交存银行或农村信用社，银行或农村信用社即可为其入账。需支取现金，可凭具有"现金"字样的本票随时到银行或农村信用社兑付现金。

（四）支票

支票是由出票人签发，委托其开户银行或农村信用社在见票时无条件支付确定金额给收款人或持票人的票据。支票分为现金支票和转账支票。支票上印有"现金"字样的为现金支票。支票上印有"转账"字样的为转账支票，转账支票只能用于转账，不得支取现金。单位和个人在同一城市范围内的商品交易、劳务供应、清偿债务等款项结算，均可以使用支票。使用支票手续简便、灵活。支票一律记名。支票的起点金额为100元。支票的付款期为10天（从签发次日算起，到期日遇节假日顺延）。使用支票结算，单位和个人要遵守信用，必须在银行或农村信用社存款余额内签发支票，严禁签发空头支票及签章与预留银行签章不符的支票，否则，银行或农村信用社予以退票，并按规定给予处罚。签发现金支票和用于支取现金的支票，必须符合国家现金管理的规定。

（五）汇兑结算

汇兑结算是汇款人委托银行或农村信用社将款项汇给外地收款人的一种结算方式。它适用于异地各单位、个体经济户之间的商品交易、劳务供应、资金调拨、清理欠款、往来款项结算及个人之间的各种汇款的结算。汇兑分信汇和电汇两种。信汇是银行或农村信用社通过邮寄凭证划转款项，电汇是使用电报划转款项，汇款人可根据支付款项的缓急程度选择使用。汇兑结算具有以下特点：不受金额起点限制；适用范围广泛，单位、个体经济户和个人都可使用；手续简便；汇划款项迅速、方便、灵活。汇兑结算是付款单位主动付款的一种结算方式，一般可用于先款后货的交易。如销货方对购货方信用状况不了解，可要求其先汇款，后发货。

为了加速资金周转，更好地为生产和流通服务，各商业银行或部分发达地区的农村信用社已在全国建成电子汇兑网络系统，推出异地电子汇兑业务。该系统以银行计算机网络系统为依托，以各商业银行总行为中心，一级分行和直属分行为分中心，地、市支行为支中心，联结商业银行各基层网点，现已覆盖全国包括西藏在内的几十万个营业机构。该系统以批量传输的方式传递电子汇兑信息，在办理异地信汇、电汇时，其资金收付可在24小时内到账，大大缩短了资金在途时间，而且资金收付万无一失。商业银行的电子汇兑系统除法定节假日外,在各工作日均开通运行,而且收费低廉。开户单位的异地结算可享受到电子汇兑服务。

(六)委托收款

委托收款是收款人委托银行或农村信用社向付款人收取款项的结算方式。委托收款根据资金划回方式的不同,分为邮划、电划两种,由收款人自行选用。对于委托收款,银行或农村信用社只办理代收,不对付款方的拒付或退回收款凭证进行监督,也不为收款单位代扣款项。收款人办理委托收款,应向开户银行或农村信用社填写委托收款凭证,提供有关的债务证明。银行或农村信用社将收款凭证寄往付款人开户银行或农村信用社,经付款人开户银行或农村信用社审查无误后办理付款。以银行或农村信用社为付款人的,银行或农村信用社应在当日将款项主动支付给收款人。以单位为付款人的,银行或农村信用社应及时通知付款人,付款人在接到通知的当日书面通知银行或农村信用社付款,付款人在接到通知的次日起三日内未通知银行或农村信用社付款的,视同付款人同意付款,银行或农村信用社应于付款人接到通知日的次日起第4日上午开始营业时将款项划给收款人。

(七)托收承付

托收承付是根据购销合同,由销货单位发货后委托其开户银行或农村信用社向异地购货单位收取款项,由付款单位验单或验货后向银行或农村信用社承认付款的一种结算方式。它主要适用于购销双方签订了合同的商品交易及与之有关的劳务供应而引起的货币收付结算。其结算过程分为托收和承付两个环节。销货单位发出商品之后,委托开户银行或农村信用社收取货款,托收时必须提交商品交易单证及运单(货物由购货单位自提的,则应附自提证明)。购货单位收到托收结算凭证与所附单证后,经审查核对无误,在规定的承付期内向开户银行或农村信用社表示同意付款。使用异地托收承付结算方式的单位必须是国有企业、供销合作社及经营管理好并经开户银行或农村信用社审查同意的城乡集体所有制工业企业。代销、寄销、赊销商品的款项,不得办理托收承付结算。办理托收承付结算的双方必须重合同、守信用、自觉遵守结算纪律,不准无理拒付,任意占用对方资金。异地托收承付结算每笔起点金额为10000元。

(八)信用卡结算

信用卡是银行或信用社向有一定资信程度的个人和单位发行的一种多功能信用支付工具,除可用于购物刷卡消费、存取现金之外,还可以在同城或异地发生商业交易时,使用信用卡办理转账结算手续。在异地办理转账结算时,须按结算金额的5‰支付手续费。凭信用卡可在全国各地的各银行信用卡受理点办理转账结算。信用卡按使用对象分为单位卡和个人卡,按信誉等级分为金卡和普通卡。目前市场流通的主要包括牡丹卡、长城卡、金穗卡、龙卡、招商银行一卡通等。各省、自治区、直辖市农村信用社也发行了自己的信用卡。除一般功能的信用卡之外,中国农业银行和农村信用社还发行了具有特定功能和用途的信用卡,如惠农信用卡和金穗惠农卡等。

惠农信用卡是中国农业银行专为具有良好信用观念的县域及农村高端客户量身定做的

借贷合一型特色产品,是中国农业银行金穗卡系列产品之一。惠农信用卡不但可以作为客户支付结算、储蓄理财的工具,更可以通过中国农业银行授信,满足客户短期、频繁的资金周转需求,并提供多项个性化辅助功能,全面服务于客户的生产生活。其主要功能为:

(1) 借贷合一,即时用信。惠农信用卡具有强大的借贷合一功能,客户可以开立活期和多个定期子账户,并将自有资金存入获得存款利息,而且,领卡后无须办理其他手续,就可以在中国农业银行核定的授信额度内直接透支,即时用信,灵活安排自己的生产经营资金,管理家庭财产。

(2) 循环透支,快速周转。在中国农业银行核定的授信额度内,客户可以根据自己的资金情况随时借款及还款,利息按照实际使用天数计算,还款后授信额度就将立即恢复并可再次使用,实现资金的快速周转,最大限度地为客户节约资金使用成本,实现资产增值。

(3) 全额取现,使用方便。客户不但可以消费透支,还可以取现透支和转账透支。其中,取现透支和转账透支的比例最高可达授信额度的100%,最大限度地满足客户不同用途的资金需求。

(4) 高额授信,担保灵活。客户可以通过信用担保、保证担保、质押担保和抵押担保等多种担保方式获得惠农信用卡的授信。结合客户的资信状况和担保方式,授信额度最高可达30万元。

(5) 定活合一,管理轻松。在惠农信用卡下可同时开立人民币活期账户和多个人民币定期子账户,不需其他卡片或存单,一卡在手就可轻松管理客户自己的活期存款和定期存款。

(6) 代理缴费,省心省力。中国农业银行可以通过惠农信用卡代客户缴纳水费、电费、通信费、有线电视费等多种费用,免去客户的奔波劳累。当客户账户自有资金不足时,还可以在授信额度内,以不超过1000元的透支款项缴纳上述费用。

(7) 主卡附卡,额度共享。客户可以根据自己的情况,为家人或朋友开立多张附属卡,让他(她)们共同使用其卡内的自有资金,或根据客户的要求,共同使用中国农业银行为客户核定的授信额度。

(8) 支付控制,全面掌控。可以根据客户的要求,对附属卡的支付次数、金额及是否具备透支权限等进行控制,也可以随时注销附属卡,使客户灵活掌控附属卡的使用。

金穗惠农卡是中国农业银行面向农户发行的银联标准借记卡产品,它除具有金穗借记卡存取现金、转账结算、消费、理财等各项金融功能外,还向持卡人提供农户小额贷款载体、财政补贴代理、农村社保医保身份识别及费用代缴代付、农村公用事业代收付等多种特色服务,并提供一定的金融服务收费减免优惠。惠农卡卡号标识为"622841",设主卡和附属卡,主附卡采用不同卡面。

(九) 农村支付清算系统

上述八种结算业务的开展,最终需要通过特定的方式和路径来完成不同地区、不同银行和不同客户之间的资金收付和清算。这种特定方式和路径的有机组成就是支付清算系统。目前,我国农村金融业务中使用的支付清算系统有中国人民银行支付系统和农信银支付系统两种。

1. 中国人民银行支付系统

（1）大额实时支付系统。可处理同城和异地、商业银行跨行之间和行内的各种大额贷记及紧急的小额贷记支付业务，处理中国人民银行系统的各种贷记支付业务，处理债券交易的即时转账业务。实现了与各银行业金融机构行内支付系统、中央债券综合业务系统、银行卡支付系统、人民币同业拆借和外汇交易系统等多个系统及香港、澳门人民币清算行连接。采取逐笔实时方式处理支付业务，全额清算资金，其实时清算的特点实现了跨行资金清算的零在途。该系统是目前国内最快捷的结算手段之一，通过信用社办理异地跨行汇兑业务可实现1分钟内实时到账，且费用更省。

（2）小额批量支付系统。用来处理小额（低于50000元人民币）的电子支付，主要处理跨行同城、异地纸质凭证截流的借记支付业务及金额在规定起点以下的小额贷记支付业务。该系统实行7×24小时连续运行，完成的支付是批量进行的，当天到账。能支撑多种支付工具的使用，可满足社会多样化的支付清算需求，是农村信用社跨行支付清算和业务创新的安全高效的平台。

2. 农信银资金清算中心和农信银支付系统

农信银资金清算中心是经中国人民银行批准，由全国30家省级农村信用联社、农村合作银行、农村商业银行及深圳农村商业银行（以下简称农信银机构）共同发起成立的全国性股份制支付清算服务企业。农信银资金清算中心是在党中央、国务院提出建设社会主义新农村，构建农村新型支付结算体系、完善农村金融服务功能的新形势下创立的支付清算组织。

农信银资金清算中心自2006年5月29日成立以来，根据全国农信银机构支付结算业务特点，借鉴现代化支付系统和全国性商业银行资金清算及支付结算业务系统先进经验，应用现代计算机网络和信息技术，相继开发建设了农信银支付清算系统、农信银电子商业汇票业务处理系统、农信银网上银行系统、农信银自助结算系统、农信银远程学习系统，为全国农信银机构搭建起一个以资金清算和信息服务为主体的综合性服务平台；相继开通了支付信息查询查复、实时电子汇兑、银行汇票、个人账户通存通兑、专项汇款、电子商业汇票、自助结算终端等各类支付服务和资金清算业务，并迅速推广应用到全国农村合作金融机构8万余家营业网点，填补了全国农村合作金融机构办理银行汇票和个人账户通存通兑等项业务空白，使全国农村合作金融机构在办理跨省、自治区、直辖市异地支付结算业务方面，具有了与其他全国性商业银行相同的手段和条件，进一步增强了全国农村合作金融机构整体竞争能力。目前，农信银支付清算系统已成为全国农村合作金融机构间支付清算骨干渠道，成为我国农村地区支付体系不可或缺的重要组成部分，有效畅通了农村地区支付结算渠道，为支持社会主义新农村建设和服务"三农"发挥了积极的作用。

农信银支付系统可以为广大城乡客户，特别是农村地区企业和个人办理实时电子汇兑、农信银银行汇票和个人账户通存通兑等业务。

（1）电子汇兑业务。电子汇兑业务是农村信用社根据汇款人的委托，依托农信银支付清算系统将其款项实时支付给异地收款人的结算方式。客户可以在全国任意一家开通此项业务的农村信用社营业网点办理实时现金汇款、转账、委托收款和托收承付业务，包括汇兑（普通贷记）、托收承付（划回）、委托收款（划回）等。

（2）银行汇票业务。银行汇票业务是指由农村信用社通过农信银支付清算系统签发，在全国流通使用，并可通过农信银支付清算系统实现农村信用社间互为代理兑付的票据结算业务，包括汇票签发、解付、信息查询查复、挂失及解挂、退票等。银行汇票业务分为现金汇票和转账汇票两种，在全国各地都可以使用。其他银行业金融机构可通过同城票据交换，将其提交给同城的农信银支付清算系统通汇行（社）审核支付后抵用，适用于申请办理现金汇票及转账汇票的个人和企事业客户。银行汇票具有票随人到、方便灵活、流通性强的特点，适用范围广泛，是客户异地采购等常用的支付结算工具。

（3）个人账户通存通兑业务。个人账户通存通兑业务是客户通过农村信用社网点办理跨省、自治区、直辖市资金转账、现金存取和账户余额查询等业务，是农村信用社客户现有银行卡、活期储蓄存折账户、其他个人结算账户业务受理范围的扩大和延伸。客户持有在农村信用社开户的银行卡或活期储蓄存折，可通过农信银支付清算系统方便、快捷地在全国已开通此项业务的任一农村信用社网点的柜台或自助设备上办理存取款、转账、余额查询等业务。该业务具有覆盖面广、即时到账、手续简便等特点。农村信用社网点众多，全国约有8万家营业网点，且大多分布在广大农村地区和偏远山区，只要开通个人账户通存通兑业务的营业网点均可办理。存款、取款业务可及时入账，高效快捷。同时，只需凭银行卡或存折和密码即可办理，存款业务提供卡号或账号即可办理。

四、近年来关于农村银行业务创新的新政策和要求

尽管农村各类银行业金融机构积极工作，在存款、贷款和支付结算等业务领域不断提供种类多样的金融产品，较好地满足了"三农"运营和发展的金融需求，有力地支持了农村社会经济的发展，但是，农村金融领域依然存在诸多问题，农村金融特别是农村银行业金融机构的有效供给"瓶颈"尚未有根本性的改观。为此，近年来党中央、国务院和以中国人民银行、中国银保监会为主体的金融管理部门针对农村银行业金融机构相继出台了一系列推动业务创新的政策措施。

2012年的中央一号文件在农村金融服务方面，突出强调要"提升农村金融服务水平"。中国银监会为推动银行业落实一号文件精神，提出了一系列新的要求，其主要内容是：坚持金融服务实体经济的本质要求，确保涉农贷款增量不低于上年、增速不低于各项贷款平均增速，将信贷资金更多投向薄弱领域，加大农村金融产品服务创新；推动大中型银行积极为农服务，深化农村信用社改革，积极发展村镇银行等新型机构。

为推动农村金融产品服务创新，2012年6月13日，中国银监会在福建泉州召开全国农村中小金融机构支持"三农"科学发展现场会，决定全面启动实施"金融服务进村入社区""阳光信贷"和"富民惠农金融创新"三大工程，要求农村中小金融机构主动适应农村经济社会发展变化的新形势，通过实施"三大工程"，在更高层次、更大范围

提升农村中小金融机构支持"三农"科学发展的金融服务水平。

自实施"三大工程"以来，各农村中小金融机构推进力度大，社会反响好，工作取得了阶段性成果。为推动此项工作的进一步开展，2013年4月，中国银监会印发了《关于持续深入推进支农服务"三大工程"的通知》，要求农村中小金融机构积极主动适应"三农"金融服务的新形势，更好地发挥农村金融服务主力军作用，持续深入推进"金融服务进村入社区""阳光信贷"和"富民惠农金融创新"三大工程。该通知对下一阶段的工作提出了以下具体要求。

1. 以扩大服务覆盖面为目标，分类推进"金融服务进村入社区"工程，全面加强服务网络建设，着力提升服务便利度

在网点覆盖上，稳步增加乡村和社区网点，持续推动机构网点向下延伸；在功能覆盖上，以打造精品网点、社区银行为突破口，重点提升乡镇和城市社区网点综合服务能力；在客户覆盖上，采取入户调查、逐村（社区）建档、集中评议、批量授信等方式，推动建档"增户"和授信"扩面"；在机具覆盖上，加快电子化建设步伐，稳步实现金融机具服务"村村通"。同时，广泛开展"送资金、送信息、送金融知识"服务和客户走访活动，构建紧密互动、互惠共荣的新型客户关系。

2. 要以持续强化信贷过程公开化、透明化管理为目标，深入推进"阳光信贷"工程，将贷款业务全过程置于阳光下运行，不断增强服务可得性

贷款种类、条件、价格、调查和授信流程、优惠政策要向社会全面公开，让客户对是否能贷、能贷多少、利率多高、如何办理心中有数。要扩大公开范围，做到"在网点上墙、在村庄上榜、在网站上网"。要创造条件建立阳光信贷办贷大厅、服务窗口，将"三农"信贷产品标准化、流程化、电子化。要规范授信评议小组组成和评议规则，推广实施社会公开授信评议。要向社会公布监督电话、邮箱，设置行风评议箱，选聘阳光信贷监督员，对不合规放贷、不作为行为进行问责处罚。

3. 以满足农村多元化、多层次金融服务需求为目标，大力推进"富民惠农金融创新"工程

要顺应多种形式新型农民合作组织、家庭农场、龙头企业等市场主体不断发展的新趋势，开发多样化、有特色、成系列的业务产品；大力推广"一站式"服务、信贷工厂、金融管家等方式，开发产业链金融模式；在具备一定基础条件的地区，探索开展土地承包经营权、宅基地使用权和农房抵押贷款三权抵押贷款支农新业务；积极参与城镇化建设及其配套项目，支持发展城镇优势产业和支柱产业，帮助城乡居民安居乐业。

2014年4月22日，国务院专门就农村金融召开会议，并在会后发布了《关于金融服务"三农"发展的若干意见》（以下简称《意见》）。《意见》要求：对符合"三农"金融服务要求的县域农村商业银行和农村合作银行，适当降低存款准备金率；支持符合监管要求的县域银行业金融机构扩大信贷投放，持续提高存贷比；支持银行业金融机构发行专项用于"三农"的金融债；开展涉农资产证券化试点等。总体来看，《意见》从拓展"三农"资金来源、强化政策引导等方面完善了我国农村金融政策扶持体系，为农

村金融机构开展"三农"业务提供了稳定的政策预期和强有力的政策支持，为农村金融业务发展创新指明了方向。

近年来，随着每年中央一号文件的发布和中国人民银行、中国银保监会、中国证监会对"三农"金融工作的高度重视，银行业务不断创新，尤其是重点围绕农村第一、第二、第三产业融合发展，农村新型经营主体培育，乡村振兴，精准扶贫等重大战略领域，推出了一系列新产品新业务新模式，有力地支持了"三农"的快速发展。

第二节 农村保险业务

保险是为了应付特定的灾害事故和意外事件，通过订立保险合同，在遇到灾害事故或意外事件时，以得到经济补偿或给付保险金的一种经济行为。《中华人民共和国保险法》对保险的解释是："本法所称保险，是指投保人根据合同约定，向保险人支付保险费，保险人对于合同规定的可能发生的事故因其发生所造成的财产损失承担赔偿保险责任，或者当被保险人死亡、伤残、疾病或者达到合同约定的年龄、期限时承担给付保险金责任的商业保险行为。"

农村保险业务主要由保险公司开办和经营，按不同方式划分可以分为很多种类。按照保险对象划分，主要有财产保险、人身保险和责任保险三种。

一、财产保险

财产保险是投保人为了消除自然灾害和意外事故对财产造成的不良后果，并求得对财产损失进行补偿的一种保险。财产保险是一种"损害保险"，也是一种补偿性保险。保险公司开办的财产保险种类很多，与农业关系密切且办理较多的有企业财产保险、家庭财产保险、农业保险、运输工具及其责任保险等。

（一）企业财产保险

农村企业和农民办的集体、个体企业所拥有的机器、设备、原材料、产成品、商品、厂房、仓库等可保财产均可投保企业财产保险；寄存或寄售的货物、有价证券、金银、首饰、水闸、堤堰、桥梁、码头及矿井和矿坑的设备物资等也可以通过特约保险方式进行保险。

（二）家庭财产保险

家庭财产保险是个人和家庭投保的重要险种。凡存放、坐落在保险单列明的地址，属于被保险人自有的家庭财产，包括自有居住房屋、室内装修、装饰及附属设施和室内家庭财产等都可以向保险公司投保家庭财产保险。

根据被保险人的不同需要，家庭财产保险可以分为：普通家庭财产保险，保险期限通常为1年期；到期还本型家庭财产保险，保险期限分别为1年期、3年期和5年期。

家庭财产保险主要包括：

1. 普通家庭财产保险

普通家庭财产保险采取缴纳保险费的方式,保险期限为一年,从保险人签发保险单之日零时起保,到保险期限届满之日 24 时止。没有特殊原因,中途不得退保。保险期满后,所缴纳的保险费不予退还,续保需要重新办理保险手续。

2. 到期还本型家庭财产保险

到期还本型家庭财产保险承保范围和保险责任与普通家庭财产保险相同。到期还本型家庭财产保险具有灾害补偿和储蓄的双重性质。投保时,投保人交纳固定的保险储金,储金的利息转作保险费,保险期限届满时,无论在保险期限内是否发生赔付,保险储金均返还投保人。

(三) 农业保险

农业保险的险种很多,目前主要有农作物保险、林木保险、畜禽保险和水产养殖保险等。

1. 农作物保险

农作物保险含生长期农作物保险和收获期农作物保险。

(1) 生长期农作物保险。生长期农作物保险是一种以粮食作物、经济作物、园艺作物为保险对象的损失保险。主要承保农作物收获前的种植风险损失:一是对收获价值的损失保险;二是对生产成本损失保险,即对水灾、霜冻、雹灾、风灾等灾害造成的减产或绝收,保险公司负责赔偿,具体有小麦、水稻、棉花、蔬菜种植险等。

(2) 收获期农作物保险。这是以粮食、经济、园艺作物收获期间的初级产品价值为承保对象的一种损失保险。初级产品就是农作物成熟后,进入场院、库房等地,处于晾晒、脱粒、烘烤等加工阶段的产品。由于自然原因或意外可能会发生灾害损失,如麦场失火、梅雨天气造成的损失,类似的还有水灾、风灾、雹灾、暴雨等给初级农产品造成的损失,保险公司负责赔偿。

农作物的保险责任,在我国主要承保的有冰雹、台风、暴雨、洪水、霜冻、寒流等自然灾害造成的损失。农作物保险的除外责任有:社会政治风险如战争、社会动乱及农产品价格下跌,农药污染、有毒化学物质泄漏造成污染的损失;生产管理不善造成的损失;通过正常渠道可以获得经济补偿的损失,如政府征用土地、占用农田等;通过努力可以避免的自然灾害;受灾后通过补救措施可以挽回的损失;农民可以承受的小额损失。

2. 林木保险

林木保险包括森林保险和果树保险。

森林保险是以人工和天然林为保险对象的一种损失保险,含林木生长期间自然灾害和意外事故造成的林木价值损失及经营林木生产费用损失保险。森林面临的灾害与农作物基本相同,其保险期一般较长。

林木保险的保险责任主要有火灾、风灾、洪水、雪、冻、干旱、松毛虫、柑橘黄龙病等造成的损失。林木保险的除外责任与农作物保险基本相同。

3. 畜禽保险

畜禽保险包括大牲畜、中小家畜、牧畜和家禽保险。

大牲畜保险是以役用、种用、乳用、肉用大牲畜为承保对象的保险。它是畜禽保险的主要险种，保险对象有耕牛、奶牛、肉牛、马、驴、骡、骆驼及种牛、种马等。保险责任是大牲畜在饲养使役过程中，因疾病、自然灾害、意外事故造成的伤残或死亡，以及发生恶性传染病而强制宰杀、掩埋引起的经济损失。

中小家畜保险的对象是猪、羊、兔等小家畜。牧畜保险的对象是群养、群牧的牛、马、驴、骆驼等大牲畜及绵羊、山羊等小牲畜。保险责任与大牲畜保险相同。

家禽保险是以商品性养殖的禽类动物的生命为对象的一种损失保险。家禽保险主要有养鸡、养鸭、养鹅、养鸽等养殖险。保险责任基本与大牲畜相同，只是零星、正常的死亡不在保险责任之内。

畜禽保险的保险责任有：自然灾害损失责任；意外伤害损失责任，如碰撞、摔跤、触电、建筑物倒塌、其他物体坠落、淹溺、互斗、野兽伤害、中毒引起的死亡损失；疾病损失责任，包括流行性疾病、瘟疫、禽霍乱，以及为防疾病传染而宰杀掩埋的死亡损失。除外责任为承保人及家庭或饲养人员的故意行为；走失、被盗、战争、军事行动及政府征用导致的死亡；不按防疫要求或拒绝防疫和治疗导致的畜禽死亡。

4. 水产养殖保险

水产养殖保险含淡水养殖保险和海水养殖保险。淡水养殖保险是以利用淡水水域进行人工养殖的水产品为承保对象的保险，如鱼、珍珠、河蚌、甲鱼、鳗鱼等的养殖保险。海水养殖保险是以海水水域进行人工养殖的水产品为承保对象的保险，如对虾、扇贝、蛤蜊、海带等的养殖保险。

水产养殖的保险责任有：死亡责任，如缺氧死亡、疾病因治疗无效死亡；其他不属于自然灾害和意外事故造成的死亡，如第三者蓄意损害、投毒、爆炸及排污引起的水源污染造成的死亡；流失责任，如台风、龙卷风、飓风、海啸、洪水、暴雨造成堤坝决堤或海潮漫堤引起的鱼、虾流失损失。除外责任包括自然死亡、承保方人员的故意行为等。

（四）运输工具及其责任保险

运输工具及其责任保险是指承保汽车、拖拉机、摩托车、船舶等运输工具损失险及其第三者责任险。险种包括汽车、拖拉机、摩托车、内河运输船舶保险等。

二、人身保险

人身保险是以人的寿命和身体为保险标的的保险。人身保险的投保人按照保单约定向保险人缴纳保险费，当被保险人在合同期限内发生死亡、伤残、疾病等保险事故或达到人身保险合同约定的年龄、期限时，由保险人依照合同约定承担给付保险金的责任。人身保险分为人寿保险、健康保险和人身意外伤害保险。

（一）人寿保险

人寿保险是一种以人的生死为保险事故的保险。当发生保险事故时，保险公司对被保险人履行给付保险金的责任。人寿保险对于家庭来说之所以必要，在于家庭中受赡养的成员要依靠有收入的被保险人生活，一旦被保险人因意外而过早死亡或退休，保险公司就会给付遗属或受益人一笔保险金，从而使被保险的家庭获得一定的经济保障。人寿保险的险种有以下四种。

1. 定期保险

参加定期保险的被保险人在合同约定的时期死亡，由保险公司给付其受益人合同约定的保险金，如果期满被保险人仍生存，保险公司不承担给付责任。定期保险费率低于任何一种人寿保险，适于低收入或暂时需要保险的个人。

2. 终身保险

终身保险是一种提供终身的死亡保险，一般以100岁为限。如果保险人在100岁内死亡，保险公司给付保险金，如果被保险人在100岁时仍生存，保险公司仍给付保险金。

3. 养老保险

养老保险又叫作储蓄保险。如果被保险人在保险期内死亡，保险公司给付受益人保险金，如果被保险人在保险期满后仍然生存，保险公司给付被保险人保险金。养老保险是死亡保险与生存保险的综合，且具有投资的性质，可作为个人储蓄与退休金来计划安排。

4. 年金保险

年金保险是一种在被保险人或受益人的生存期或约定的时期内，按约定金额作定期给付的保险。年金保险的类别有以下四种：（1）纯粹终身年金。年金受领者只有在生存期可领取年金。死亡后停止给付，尚未使用的年金不退。（2）返还式年金。年金受领者死后，剩余年金继续给付受益人。个人养老保险就属这种年金，保险公司保证给付为期10年的年金，10年内被保险人死亡，保险金给付受益人。（3）即期给付年金。这是一种投保人一次性交费购买的年金，在隔一个给付间隔期（如月、季度、半年或1年）后，开始第一次给付的年金。（4）延期给付年金。投保人购买年金后，保险公司隔一段时间或在保险人达到某一年龄时开始给付的年金，各种退休保险一般属于这种。

（二）健康保险

健康保险是被保险人在保险合同有效期内因疾病、分娩及其所致残废或死亡时，保险公司依照保险合同给付保险金。主要包括以下险种。

1. 住院费用保险

住院费用保险可给付被保险人在住院期间的病房和伙食费用，以及医药费和杂费。这种保险一般规定住院保险期限和医药费最高限额。

2. 外科费用保险

外科费用保险是以外科手术费用给付的一种健康医疗保险。

3. 普通医疗费用保险

普通医疗费用保险只给付除外科的门诊医疗费用，一般有门诊次数和最高医疗金额限制。

4. 残疾金保险

残疾金保险是一种当被保险人因疾病或意外伤害不能从事正常工作时，由保险公司按照一定的等级标准给付残疾金的保险。

（三）人身意外伤害保险

人身意外伤害保险是一种被保险人在保险有效期间，因遭受外来、意外的事故，致其身体蒙受伤害而残废或死亡时，保险公司依照合同给付保险金。它主要包括以下险种。

1. 普通意外伤害保险

普通意外伤害保险是专门为被保险人因意外事故所致身体蒙受伤害提供的保险，期限一般为一年。

2. 特种伤害保险

特种伤害保险包括旅游伤害保险和交通事故伤害保险。

旅游伤害保险，是对被保险人在旅行期间，在指定的旅途中发生的伤害事故提供的保险。

交通事故伤害保险，这是一种对被保险人因交通事故所受伤害提供经济补偿的保险，它是旅客伤害保险的又一种形式。

人身保险除以上险种外，还有学生团体平安保险、子女教育、婚嫁金保险等多种，这里不再一一介绍。

三、责任保险

责任保险是保险公司对投保人在生产、业务经营活动中或日常生活中由于疏忽、过失等行为，造成他人财产损失或人身伤亡，根据法律或合同规定应由投保人对受害人承担的经济责任进行承保，也就是由保险公司承担投保人应向受害人赔偿经济利益损失的一种保险。

责任保险的险种主要有第三者责任保险、公众责任保险、产品责任保险、雇主责任保险等。

四、近年来农村保险业务的创新

1. 国寿小额贷款借款人意外伤害保险

在贷款客户自愿的前提下，借款人可购买中国人寿保险公司的小额贷款借款人意外保险。当借款人发生风险时，由保险公司代为归还贷款。借款人到开办此类业务的保险机构和代理的农村信用社辖内所有营业网点均可购买该款产品。

2. "安贷宝"

"安贷宝"是一款专门为申请小额农贷的农户提供的短期人身意外伤害保险产品。其以借款者本人作为被保险人，发放小额贷款的农村信用社为第一受益人，受益金额以出险时被保险人在保险金额内未偿还的贷款本息为限，保险金额超出未偿还的贷款本息部分，向法定受益人进行给付。借款人在农村信用社营业网点办理完贷款后，按自愿原则办理该业务。

3. 农村小额人身保险

农村小额人身保险是一类面向农村低收入人群提供的人身保险产品的总称，具有保费低廉、保障适度、保单通俗、核保理赔简单等特点，是小额金融的重要组成部分，也是一种有效的金融扶贫手段。其产品种类涵盖定期寿险、储蓄保险、信贷寿险、意外险和健康险等领域。保险金额从1万元至10万元。其中，定期寿险及健康险（除与新型农村合作医疗结合的补充医疗险）的保险金额不得高于5万元，保费仅为10元、20元。

一般保险产品由于保费较高，在农村地区销售有一定难度，而小额人身保险产品以风险保障型为主，保费较低且手续简便，比传统保险产品更适合中低收入阶层，在农村具有极大的发展潜力。小额保险能在农民遭受自然灾害和意外风险冲击而丧失还款能力的情况下，保证贷款的安全，既可以增加信贷机构向农户提供贷款的积极性，缓解农户面临的信贷困境，又可以使小额信贷机构能够持续经营。因此，发展农村小额人身保险，是丰富农村金融产品供给、促进农村小额金融持续发展、完善农村金融体系的重要环节。

农村小额人身保险自2008年在9个省、自治区、直辖市农村开始试点，深受农民欢迎。2012年7月，中国保监会决定在全国推广这款保险，让更多的低收入群体享受保险带来的保障。

4. 农村住房保险

农村住房保险，是由政府组织推动，农户自愿参保，财政资金补助，保险公司经营，以农民居住用房为保险对象，按照保险合同约定对倒塌房屋损失予以赔偿的保险制度。

近年来，为应对频繁发生的自然灾害，部分省市探索开展了农村住房保险，有效加强了农村减灾救灾能力建设。在探索实践工作的基础上，2012年12月25日，中国保监会联合民政部、财政部发出通知，要求各地进一步探索推进农村住房保险工作，在农户自主自愿的前提下，逐步扩大农村住房保险的覆盖面，不断提高农村住房风险保障水平。

通知要求，此次推进农村住房保险工作要基本涵盖造成当地农村住房倒塌或损坏的主要风险及因灾搬迁或拆除等损失。保险责任应主要包括洪涝、台风、风雹、雪、山体滑坡、泥石流等自然灾害及火灾、爆炸等意外事故。保险公司可在条件允许和风险可控的基础上提供地震风险保障。鼓励农户自愿缴费增加保障金额，或者增加投保室内财产及农业生产工具和农业生产资料相关险种。

此前部分地区试点的农村住房保险，大多采取低保费和财政补贴方式，本质上属于政策性保险。如某地试点的情况为：保费12元，其中省级财政和县级财政各补贴4元钱，农户只需自掏4元钱便可获得高达1万元的保障。

目前，中国银保监会已陆续出台"加大农业保险支持力度"政策的一系列举措，新型保险产品与业务得到快速发展，各类保险公司在地方政府的大力支持下，进行了天气指数保险、价格指数保险、产量保险、收入保险、农产品质量保险、农村小额信贷保证保险、农作物保险、农村房屋保险等新型产品的"三农"保险创新探索。

第三节 农村典当租赁业务

在现代农村金融体系中,典当和租赁业务并不是主要业务。但其自身独特的功能,使它们在一些特定的领域或场所发挥着其他农村金融业务所不可替代的作用。仅就典当业务而言,在我国农村金融供给不足的格局中,典当是农村中小企业及私营经济最有效的辅助性融资渠道,是广大城乡居民方便快捷的融资平台。租赁业务的融资与融物相结合的特点,也使其在促进农村使用先进的机具设备提高农村生产率和确保信贷资产的安全等方面发挥着独特的作用,并且这些作用的时代意义日趋重要。

一、农村典当业务

(一) 典当的概念

典当是指当户将其动产、财产权利作为当物质押,或者将其房产作为当物抵押给典当行,交付一定比例费用,取得当金,并在约定期限内支付当金利息、偿还当金、赎回当物的行为。其本质是以当物为抵押的短期融资。

(二) 典当的特点

现代典当具有以下四个鲜明的特点。

1. 小额性

典当行做典当业务是以自己的注册资本金,加上不超过注册资本金的银行贷款这两块资金为其全部的运作资金。国家不允许典当行通过其他渠道筹集资金,否则就属于违法。《典当管理办法》还规定,对同一当户典当行发放的当金不能超过其注册资金的25%。因此,与银行相比,典当行的资金是一定的,这就确定了其小额性的特点。

2. 短期性

典当行在社会经济生活中的最大贡献就在于它能救急。当企业或个人出现了短期的资金困难,而银行等借款对象又一时叫不应的情况下,找典当行就能迅速解决资金问题。典当行一般不做当期超过三个月的典当业务。

3. 便捷性

典当行发放当金的时间虽因各行的审批程序不同而有所差别,但比银行发放贷款要便利快捷得多。民品典当(如手表、珠宝、钻石、数码产品等)一般当场拿到当金。汽车、房屋典当一般在典当行的审批只要两个工作日就能完成(除到有关部门登记的时间)。财产、权利典当一般在5个工作日内就能得到答复。

4. 安全性

安全性是典当区别于其他金融借贷行为的特点。它表现为典当机构向当户发放当金的风险往往较低,通常大大低于银行等金融机构的贷款风险。因为典当机构在向当户发放当金时,通常都要遵循不等价性原则,即要按照一定的折当比率确定当价,使当金的实际数额大大低于当物的实际价值,所以,即使发生了死当,典当机构也能通过处置当物安全收回当金本息。

（三）典当业务的类型

依据当户的不同层面,即典当行服务对象及贷款用途的角度划分,典当的基本类型大致包括以下三种。

1. 应急型典当

当户融资是为了应付突发事件,如天灾人祸、生老病死等。这类当户以广大普通社会公众居多。为解燃眉之急,他们往往把自己的金银首饰、家用电器等典当,向典当行押款,因为"急事告贷,典当最快",所以应急型典当很受老百姓欢迎,属于大众融资渠道之一。

2. 投资型典当

当户融资是为了从事生产或经营,如做生意用钱、上项目调头寸等。这类当户通常是个体老板、一些中小企业。他们往往利用手中闲置的物资、设备等,从典当行押取一定量的资金,然后投入生产或经营中,将死物变成活钱,利用投融资的时间差,获得明显的经济效益。

3. 消费型典当

当户融资既不为应急也不为赚钱,而纯粹是为了满足某种生活消费,如出差典当些路费、旅游典当些零花钱。这类当户通常是少数富裕阶层,他们并不缺钱,但却十分看好典当行对当物的保管功能,故常在外出之前将贵重物品送至典当行,索要资金不多,只图典当行贮物安全。

在典当实践中,由于地区经济发展水平不同、当户结构及需求状况不同所决定,应急型典当更多一些,而消费型典当较少一些,居于二者之间的是投资型典当。

二、农村租赁业务

（一）租赁和金融租赁的概念

租赁是出租人以收取租金为条件在一定期限内将某项财产交付承租人使用的行为。租赁以不同的标准划分,有很多种类。虽然国内外,包括世界组织对租赁分类的标准不尽相同,但基本将租赁行业分为租赁服务（Rental and Leasing Service）和融资租赁（Financial Leasing）两大门类。租赁服务属于商业范畴,这里只介绍具有金融性质的融资租赁。

融资租赁也称为金融租赁,是由出租人根据承租人的请求,按双方的事先合同约定,向承租人指定的出卖人购买承租人指定的固定资产,在出租人拥有该固定资产所有权的前提下,以承租人支付所有租金为条件,将一个时期的该固定资产的占有、使用和收益权让渡给承租人。

金融租赁是企业筹措资金的一种重要方法。采用这种租赁形式,企业可以获得租赁公司的设备使用权，实际上相当于获得了企业购置设备所需的资金，所以，这是一种将资金筹措和设备租赁结合在一起的筹资方法，具有融物和融资的双重功能。

（二）金融租赁业务种类

金融租赁业务的具体种类较多，但目前较为常见的是以下四种。

1. 直接购买租赁

直接购买租赁由租赁公司通过向国外贷款或合股等办法，在国内外资本市场上筹集资金，然后向国内外厂商直接购买承租人所需的设备，租赁给承租人使用。

2. 转租赁

转租赁形式的特点是，承租人所租设备是租赁公司从国内外的其他租赁公司或设备制造厂家租来的。

3. 回租赁

回租赁，即承租企业可将原来已买进的设备出售给租赁公司，再从租赁公司租回使用。

4. 杠杆租赁

杠杆租赁是由一家或几家租赁公司联合，以少量的资金融通大量资金（一般是以设备和租金作抵押向银行贷款60%~80%），以购买大型的、价格高昂的设备给承租企业的一种融资性复杂、手续烦琐的租赁形式。

（三）金融租赁业务特点

第一，由出租人（租赁公司）通过融资提供资金，购进承租人所需的生产设备并租赁给承租人使用。该生产设备往往是由承租人直接从设备制造商或销售商那里选定的。

第二，合同期限较长，一般设备3~5年，大型设备10年以上。租赁合同期包括不可解约的固定期限及合同中规定的续租或展期等。

第三，承租人按合同规定，分期向出租人缴纳租金，并承担合同期内设备的维修、保养和保险义务。

第四，租赁期满时，根据租赁合同条款的规定处理设备。一般有三种处理方法：一是到期后将设备退还给租赁公司；二是另订立合同，继续租赁；三是承租人留购，即以很少的"名义货价"（租赁期满后租赁设备残值的市场售价）或"商定价格"把设备买下来。

第四节　农村担保业务

担保是指为确保特定的债权人实现债权，以债务人或第三人的信用或者特定财产来督促债务人履行债务的制度安排。从担保业务提供的主体来讲，农村担保主要有银行担保和担保公司担保两种基本业务类型。

(一) 银行担保业务

银行担保业务是指银行或信用社为客户债务清偿能力提供担保、承担客户违约风险的业务，主要包括银行承兑汇票、备用信用证、各类保函等。

1. 银行承兑汇票

银行承兑汇票是由收款人或付款人（或承兑申请人）签发，并由承兑申请人向开户银行申请，经银行审查同意承兑的商业汇票。

2. 备用信用证

备用信用证是开证行应借款人要求，以放款人作为信用证的收益人而开具的一种特殊信用证，以保证在借款人破产或不能及时履行义务的情况下，由开证行向收益人及时支付本利。

备用信用证既具有信用证的一般特点，又具有担保的性质。

3. 各类保函业务

保函业务是指银行或信用社应申请人书面申请，向受益人出具的书面保证，为申请人投标、履行合同、预付款或其他约定义务提供担保，保证在其未能履约时，由银行代为赔付。

保函业务根据担保银行承担风险的不同和管理要求，可以进一步分为融资类保函和非融资类保函两大类。

（1）融资类保函。主要有借款保函、授信额度保函、有价证券保付保函、融资租赁保函和延付款保函等种类。

借款保函：担保借款人（申请人）向贷款人（受益人）按贷款合同的规定偿还贷款本息。一般是母公司为子公司或关联公司申请。

授信额度保函：担保申请授信额度和在授信额度项下的偿还义务的履行。

有价证券保付保函：为企业债券本息的偿还或可转债提供担保。

融资租赁保函：为融资租赁合同项下租金支付提供担保。

延期付款保函：为延期支付的货款及其利息提供担保。

（2）非融资类保函。主要有投标保函、履约保函、预付款保函、关税保函、即期付款保函和经营租赁保函等业务品种。

投标保函：应投标人申请，银行向招标人出具保函，保证在投标人在投标有效期内撤销投标等事件发生时进行赔付。

履约保函：应承包人/分包人/卖方书面申请，银行向业主/总包人/买方出具保函，保证在申请人不能履行合同时代为赔付。

预付款保函：应申请人书面申请，银行向受益人出具保函，保证在申请人收到预付款而未履约时代为赔付。

关税保函：为进出口物品缴纳关税提供担保。

即期付款保函：保证申请人因购买商品、技术、专利或劳动合同项下的付款责任而出具的类同信用证性质的保函。

经营租赁保函：对经营租赁合同项下的租金支付提供担保。

（二）担保公司担保业务

近年来，为解决我国"三农"发展中所面临的资金"瓶颈"问题，引导更多的外部资金进入农村经济领域，先后在不同层面、以不同的资本组织形式建立了主要为农业和县域经济融资提供担保的担保公司和中小企业信用担保机构。它们主要从事贷款担保和投资担保等业务。

1. 贷款担保

贷款担保通常意义上是指企业、个人在向银行贷款的时候，银行为了降低风险，不直接放款给借款人，而是需要借款人找到第三方，为借款人作信用担保。也就是需要借款人找到担保公司为其作担保。担保公司会根据银行的要求，让借款人出具相关的资质证明进行审核，最后将审核好的资料交到银行，银行复核后放款，担保公司收取相应的服务费用。

现实中，担保公司和银行合作需要按照银行的要求存入一定的资金作为保证金，银行在保证金的基础上放大5~10倍作为担保公司可以担保的限额。担保公司向借款人收取一定的担保费用。

2. 投资担保

投资担保是指企业、个人将资金借贷给经过担保公司严格考察、审核过的以房产、汽车或其他资产作为抵（质）押物的具备较强还款能力的借款人，投资担保公司作为中介，对借款人资金使用及回收情况进行全程监控并提供担保，使投资人获得安全、稳定、较高收益，同时民间担保公司收取一定的担保服务费。

投资担保为中小企业贷款融资开辟了一条新的通道，同时又为出资人提供了一种新的投资渠道。

除以上两种业务之外，担保公司担保业务还有很多，诸如票据承兑担保、贸易融资担保、项目融资担保、信用证担保、诉讼保全担保、投标担保、预付款担保和工程履约担保及与担保业务有关的融资咨询、财务顾问等中介服务等。由于大多与银行担保业务类同，不再赘述。

第五节 其他农村金融业务

为满足农村经济社会发展需要，除不断丰富银行、保险、结算和担保业务的产品外，部分农村金融机构还部分或全部拓展了以下一些新的业务种类。

一、代理业务

代理业务是指农村银行业金融机构接受客户的委托，代为办理客户指定的经济事务、提供金融服务并收取一定费用的业务，包括代收代付业务、代理银行业务、代理证券业务、代理保险业务和其他代理业务。

1. 代收代付业务

代收代付业务是农村银行业金融机构利用自身的结算便利，接受客户委托办理指定款项收付事宜的业务。

代收代付业务的种类繁多，涉及范围广泛。归纳起来可以分为两大类。

一是代缴费业务，就是代理收费单位向其用户收取费用的一种转账结算业务，如代收电话费、保险费、交通违章罚款、养路费和代扣住房按揭消费贷款还款业务等。

二是代发业务，就是接受国家机关、行政事业单位及企业的委托，通过其在银行或信用社开立的活期储蓄账户，直接向特定对象发放特定款项的业务。此业务除常见的代发工资和退休金之外，还有代为发放与农民种养业、新农合和新农保等相关的国家财政补贴、地方补贴、社会资助和其他渠道的专项资金。

2. 代理银行业务

（1）代理政策性银行业务。这是指农村银行业金融机构接受政策性银行的委托，代为办理政策性银行因服务功能和网点设置等方面的限制而无法办理的业务。目前主要代理国家开发银行、农业发展银行和进出口银行的业务，包括代理资金结算、代理专项资金管理和代理贷款项目管理等。

（2）代理中央银行业务。这是指根据政策法规应由中央银行承担，但是由于机构设置、专业优势等方面的原因，由中央银行指定或委托农村银行业金融机构承担的业务，主要包括财政性存款代理业务、国库代理业务、发行库代理业务等。

（3）代理商业银行业务。这是指商业银行之间相互代理业务，主要是指代理资金清算业务，如代理银行汇票业务。

3. 代理证券业务

代理证券业务是指农村银行业金融机构利用其汇划系统、营业机构和人力资源，接受证券公司总部及其下属营业部的委托办理的代理发行、兑付、买卖各类有价证券的业务，同时还包括代办债券还本付息、代发红利、代理证券资金清算等业务。

银证通业务、代理发行、代理兑付、承销政府债券业务等是银行开办的主要代理债券类业务。

4. 代理保险业务

代理保险业务就是农村银行业金融机构接受保险公司的委托代其办理保险业务，属于兼业代理。代理保险业务是目前我国银行保险发展最为广泛的种类，主要包括代理人寿保险业务、代理财产保险业务、代理收取保费及支付保险金业务和代理保险公司资金结算业务。

银行代理保险业务要符合中国保监会2000年《保险兼业代理管理暂行办法》针对兼业代理人的条件才可以进行兼业代理活动。

二、电子银行业务

电子银行业务是指商业银行等银行业金融机构利用面向社会公众开放的通信通道或开放型公众网络，以及银行为特定自助服务设施或客户建立的专用网络，向客户提供的离柜式银行服务。

电子银行业务包括利用计算机和互联网开展的网上银行业务，利用电话等声讯设备和电信网络开展的电话银行业务，利用移动电话和无线网络开展的手机银行业务，以及其他利用电子服务设备和网络，由客户通过自助服务方式完成金融交易的自助终端银行业务等。

三、理财业务

理财业务是农村金融机构将客户关系管理、资金管理和投资组合管理等业务融合在一起，为客户提供财务分析、财务规划、投资顾问、资产管理等专业化服务和专业化产品的活动。

按照管理运作方式不同，理财业务分为理财顾问服务和综合理财服务两大类。

第一类是理财顾问服务，指向客户提供的财务分析与规划、投资建议、投资产品推介等专业化服务。在理财顾问服务活动中，银行等金融机构可按约定向客户收取一定理财顾问费用，客户根据提供的理财顾问服务管理和运用资金，并承担由此产生的收益和风险。

第二类是综合理财服务，指在向客户提供理财顾问服务的基础上，接受客户的委托和授权，按照与客户事先约定的投融资计划和方式进行投融资和资产管理的业务活动。在综合理财服务活动中，客户授权银行等金融机构代表客户按照合同约定的投资方向和方式，进行投资和资产管理，投资收益与风险由客户或客户与银行按照约定方式承担。

按照委托主体，理财业务又有对公理财业务和个人理财业务两种类型。

四、托管业务

托管业务是指具备一定资格的商业银行等金融机构作为托管人，依据有关法律法规，与委托人签订委托托管合同，安全保管受托标的，履行托管人相关职责的业务。主要包括资产托管业务和代保管业务。

1. 资产托管业务

资产托管业务即银行等金融机构受托管理资产，承担受托资产的安全保管、资金清算、会计核算、资产估值、投资监督和信息披露等职责。

目前，银行业等金融机构的资产托管业务主要包括证券投资基金托管、保险资产托管、社保基金托管、企业年金基金托管、信托资产托管、农村社会保障基金托管、基本养老保险个人账户基金托管、补充医疗保险基金托管、收支账户托管、QFII资产托管、QDII资产托管、券商资产管理计划资产托管和银行理财产品资产托管等。

2. 代保管业务

代保管业务是银行等金融机构利用自身安全设施齐全等条件设置保险箱库，代客户保管各种贵重物品和单证并收取手续费的业务。具体业务主要有以下三种：

（1）出租保险箱。这是指客户向受托机构申请租用保管箱，将自己的贵重物品直接放入受托机构保险库内的保险箱中，是以受托机构自身信誉和设施为保障开办的一项代保管业务。

（2）露封保管业务。保管品不予加封，以显露的包装形式寄存，受理保管的金融机构可以了解其内容，并对保管品的质量负一定责任。

（3）密封保管业务。该业务也称原封保管，由客户自行将保管品外加包装物，并予以封闭，以包裹或箱柜式入库寄存保管，届期凭封包原样发还。

关键术语

活期储蓄　活期存折储蓄　活期支票储蓄　定期储蓄　个人通知储蓄存款　教育储蓄　定活两便储蓄存款　经营性贷款　专项贷款　信用贷款　担保贷款　保证贷款　抵押贷款　质押贷款　联保贷款　农户小额信用贷款　巾帼创业信用贷款　大额实时支付系统　小额批量支付系统　农信银资金清算中心　农村保险　林木保险　水产养殖保险　应急型典当　投资型典当　消费性典当　金融租赁

复习思考题

1. 简述农村银行业务的主要种类。
2. 你认为农村银行业金融机构还应从哪些方面进行业务拓展和创新？
3. 简述农村保险业务的主要类型。
4. 你认为农村保险业金融机构还应从哪些方面进行业务拓展和创新？
5. 农村银行业金融机构与保险机构如何进行有效的合作？
6. 结合典当、租赁业务的特点，谈谈在支持"三农"发展中如何更好地发挥典当、租赁业务的优势和作用。
7. 结合农村金融供给与需求的失衡，谈谈农业政策性金融机构的业务应该如何定位和发展。
8. 简述农村理财业务的主要类型和未来发展方向。

第五章

农村小额信贷

在第四章中我们对农村金融业务进行了全面介绍。近年来，我国农村小额信贷发展速度很快，已成为农村金融业务中最主要的业务，另外小额信贷业务和商业银行传统信贷业务比较也有其自身的特点和经营模式，在加强"三农"金融、"草根"金融、微型金融、民生金融、普惠金融、绿色金融服务的今天，重点研究小额信贷问题十分必要，故专门列出一章进行深入分析。本章主要介绍农村小额信贷的定义与特点、国内外小额信贷的产生与发展、我国农村小额信贷的现状及存在的主要问题、农村小额信贷的运作机制及国内外小额信贷的运作模式等内容。

第一节 农村小额信贷的定义与特点

一、农村小额信贷的定义

(一)小额信贷的定义

关于小额信贷的定义，不同的学者和机构存在不同的见解，尽管目前有着各种各样对于小额信贷的定义，但是其基本特征得到了广泛的认同。比如，小额信贷的服务对象是商业银行不愿服务的低收入群体、小额信贷的贷款额度较小等。从国际流行观点定义，小额信贷是指向低收入群体和微型企业提供的额度较小的持续信贷服务。世界银行扶贫协商小组(CGAP)认为，小额信贷是指为低收入家庭提供的金融服务，包括贷款、储蓄和汇款等多方面的金融服务(2001)。世界银行的定义比较宽泛，实际上是一种微型金融的概念，包含的金融服务范围比较广泛。穆罕默德·尤努斯(Muhammad Yunus, 1998)认为，小额信贷是帮助穷人特别是贫困妇女的一种工具，广泛适用于世界上的其他国家地区。它具有很好的成本效益，具有可持续性，并且采用商业化运作方式。它给了穷人一个机会，用自己的双手掌握命运，通过自己的努力摆脱贫困。西尔维亚·韦斯尼夫斯基(2004)认为，小额信贷是金融行业的一部分，能够满足那些从未或很少得到正规金融服务的家庭和企业的金融需求。中国社会科学院农村发展研究所杜晓山在《中国小额信贷的实践和政策思考》一文中认为，小额信贷是指专向低收入阶层提供小额度的持续的信贷服务活动,包括个人信贷、小组信贷、微型企业信贷等多种不同模式。刘文璞(2011)认为,小额信贷的含义不仅包括金融服务,还应该包括社会服务的功能。总之,他们都强调了小额信贷是为低收入群体服务的金融创新。此外,近年来小额信贷更强调,它不仅仅只是小额贷款的发放,更应该将广泛的金融服务功能纳入其中,包括存款服务、结算支付及保险等。

综合以上定义,可以认为,小额信贷是指金融机构向传统上难以获得基本金融服务的贫困人口、低收入和弱势群体提供的持续的信贷服务。

(二)农村小额信贷的定义及其划分

小额信贷按照不同的标准可以划分为不同的种类。按照服务地区,可以分为农村小额信贷和城市小额信贷等,所谓农村小额信贷是指向农村的农民个人、农户、工商个体户、小作坊、小业主、中小企业等贫困人口、低收入和弱势群体提供的持续的信贷服务;按照小额信贷运营机构是否正规,可分为正规金融机构小额信贷和非正规金融机构小额信贷;按照贷款期限可分为短期小额信贷和中长期小额信贷;按照有无担保可分为信用贷款、担保贷款,其中担保贷款又分为抵押贷款、质押贷款和保证贷款三种。

二、农村小额信贷的特点

农村小额信贷和商业银行传统信贷比较,具有以下九个特点。

1. 贷款对象特殊

服务于传统银行不愿或难以服务的弱势群体、信贷市场的低端客户。世界银行扶贫协商小组(CGAP)认为,小额信贷的客户群体应是除去最贫困的赤贫户外的各类贫困户和刚刚跨过贫困线的低收入及中等收入群体。我国农村小额贷款的对象在不断拓展,在支持家庭传统耕作农户和养殖户的基础上,将服务对象扩大到农村多种经营户、个体工商户及农村各类微小企业,具体包括种养大户、订单农业户、进城务工经商户、小型加工户、运输户、农产品流通户和其他与"三农"有关的城乡个体经营户。而商业银行在贷款对象的选择上则遵循"择优"原则,以有良好业绩和偿债能力的大、中、小企业和个人为首选目标,其中对大中型企业的贷款占主要份额。

2. 贷款用途特殊

根据当地农村经济发展情况,我国农村小额贷款应发挥以下用途:既要支持传统农业,也要支持现代农业;既要支持单一农业,也要支持有利于提高农民收入的各产业;既要满足农业生产费用融资需求,也要满足农产品生产、加工、运输、流通等各个环节融资需求;既要满足农民简单日常消费需求,也要满足农民购置高档耐用消费品、建房或购房、治病、子女上学等各种合理消费需求;既要满足农民在本土的生产贷款需求,也要满足农民外出务工、自主创业、职业技术培训等创业贷款需求。

3. 贷款担保方式特殊

农村小额信贷通常采取小组连带方式或强制性储蓄来代替担保抵押。而商业银行的一般贷款需要一定的抵押物或质押物,或要求有第三者作为贷款的保证人。

4. 贷款操作流程简便

在确保法律要素齐全的前提下，坚持便民利民原则，尽量简化贷款手续，缩短贷款审查时间。贷款程序流畅、透明、简单，接近和方便客户的操作。全面推广使用贷款证（卡），对已获得贷款证（卡）的农户和农村小企业，凭贷款证（卡）和有效身份证件即可办理贷款手续。增加贷款申请受理的渠道，在营业网点设立农村小额贷款办理专柜或兼柜，开辟农村小额贷款绿色通道，方便农户和农村小企业申请贷款。而商业银行的一般贷款，贷款程序较为复杂。

5. 贷款额度较小

国际上的一种流行看法是，小额信贷的贷款额度应大体等于或小于本国或地区的人均GDP，有时甚至是一国人均国民生产总值的10%左右。小额信贷一般采取持续性滚动式放贷以鼓励还款，贷款轮数越多，贷款额较小。我国农村小额信贷根据当地农村经济发展水平及借款人生产经营状况、偿债能力、收入水平和信用状况，因地制宜地确定农村小额贷款额度。原则上，对农村小额信用贷款额度，发达地区可为10万~30万元，欠发达地区可为1万~5万元，其他地区在此范围内视情况而定；联保贷款额度视借款人实际风险状况，可在信用贷款额度基础上适度提高。对个别生产规模大、经营效益佳、信用记录好、资金需求量大的农户和农村小企业，在报经上级管理部门备案后可再适当调高贷款额度。我国农户小额信贷的贷款额度一般采用一次核定、随用随贷、余额控制、周转使用的管理办法。

6. 贷款偿还方式灵活

一般是整借零还，分期偿还。按照当地实际情况分为一周、半个月或1个月偿还一次，一方面分散了风险，提高了贷款回收率；另一方面也减轻了借款者一次性偿还债务负担过重的顾虑。

7. 贷款期限较短、利率较高

小额贷款的贷款期限一般在1年以内，最长2~3年。主要根据当地农业生产的季节特点、贷款项目生产周期和综合还款能力等，灵活确定小额贷款期限。允许传统农业生产的小额贷款跨年度使用，要充分考虑借款人的实际需要和灾害等带来的客观影响，个别贷款期限可视情况延长。对用于温室种养、林果种植、茶园改造、特种水产（畜）养殖等生产经营周期较长或灾害修复期较长的贷款，期限可延长至3年。消费贷款的期限可根据消费种类、借款人综合还款能力、贷款风险等因素由借贷双方协商确定。对确因自然灾害和疫病等不可抗力导致贷款到期无法偿还的，在风险可控的前提下可予以合理展期。另外，小额信贷利率较高，小额贷款公司的贷款利率最高可在基准利率的基础上浮动4倍左右，在多年的利率管理规定中农村信用社贷款利率最高可上浮2.3倍。我国商业银行的贷款利率虽然已经放开，实行市场化利率，但贷款利率整体而言没有农村小额贷款利率高。

8. 贷款风险防范手段特殊

农村小额信贷主要采取三种风险防范措施：一是为贷款户提供配套服务如培训、技术、信息等，以提高农户投资项目的成功率；二是采取分期还款的方式；三是采取连带担保制度，促使农户积极还款。商业银行面临的信贷风险比小额信贷要复杂得多，因此，风险的管理手段也要先进、复杂得多。在长期的实践过程中，现代商业银行逐渐形成了比较成熟的信用评分模型、信用风险模型和信用风险管理理论和手段，对信用风险的管理，也有一套严格的程序。

9. 业绩评价的特殊性

农村小额信贷包括两个基本要义：一是针对贫困，为传统金融不能覆盖的广大有生产和偿还能力的贫困农户提供资金；二是保证小额信贷机构自身的生存与发展，使小额信贷机构在财务上达到可持续。这是小额信贷项目追求的两个基本战略目标。因此，对经营农村小额信贷机构的业绩评价也是将以上两个因素综合起来考察。而商业银行信贷的最终目标是股东利益最大化，对商业银行信贷的绩效评价主要是围绕其安全性、流通性、盈利性来展开，将银行盈利能力和风险状况结合起来对银行业绩进行评价。

第二节 农村小额信贷的产生与发展

在小额信贷产生及发展的同时农村小额信贷也相伴相随地产生及发展了，从小额信贷服务的低收入弱势群体来看，其更多的是服务农村的客户群体。本节主要通过小额信贷的产生和发展来了解农村小额信贷的产生及发展状况。

一、国外小额信贷的产生

国外小额信贷产生于 20 世纪 70 年代，当时探索多种扶贫方式成为世界潮流，于是小额信贷应运而生。由于小额信贷采取了一套完全不同于政府扶贫的方式给农户以信贷支持，因而取得了显著效果。目前，世界上比较有名的小额信贷有孟加拉乡村银行、印度尼西亚人民银行小额信贷部和印度尼西亚巴厘商业银行等。

小额信贷最早起源于孟加拉国。1979 年，穆罕默德·尤努斯在孟加拉国创办了孟加拉中国农业银行格莱珉试验分行，格莱珉小额信贷模式开始逐步形成。尤努斯认为，任何人都有作为企业家的潜质，即使是一个非常穷的人，也同样拥有作为企业家的基本潜质，所以作为企业家或者资本家，他们无权比穷人更优惠，例如税收政策、土地政策等，否则对社会上的每个人来说都是不公平的，由于马太定律的存在，会导致穷人更穷、富人更富，两极差距逐渐拉大，从而造成社会的不稳定。同时他认为，社会价值最大化应该取代现有的利润最大化，应该建立社会价值的取向，使企业不仅仅局限于贪婪地为股东获利。在这种理论基础上，尤努斯成立了格莱珉银行，提倡贷款应成为一种人权，要建立一个普惠式的金融服务体系。由于资源天然地倾向资本，富人可以利滚利，而穷人没有第一笔钱，就很难摆脱贫穷。格莱珉提供这第一笔钱，并且相信个人的创造力和潜力，而不需要穷人提供任何抵押担保，从而对传统的以利润最大化为目标的商业银行盈利模式发起挑战。他构建体系和制度，让穷人结成五人小组进行贷款，利用一层层的信任，即邻里亲朋的信任、格莱珉对穷人的信任来提高还贷率。1979 年 6 月，在孟加拉中央银行的指导下,每一家国有银行都应提供三家分行启动格莱珉银行项目进行试验。到 1983 年,格莱珉银行的 86 个支行使 5.9 万名客户摆脱了贫困,不断的试验都取得了成功。1983 年,孟加拉国议会通过了《1983 年特别格莱珉银行法令》,正式成立了格莱珉银行。目前,格莱珉银行已成为孟加拉国最大的农村银行,有 2 万多名员工,有着 650 万名的借款者,为 7 万多个村庄提供信贷服务。格莱珉银行的偿债率高达 98%。它是一家真正为穷人服务的银行,是穷人自己的银行,所以创始人尤努斯又被称为"穷人的银行家"。在他的银行里,你看不到电话、打字机或者地毯,尤努斯的员工们主动下到村里地头去拜访借款者,他们之间也不签署借款合同,绝大多数借款人(96%以上)是乡村妇女,目不识丁。格莱珉银行向客户们收取固定的单利利息,通常是每年20%,相对孟加拉商业贷款 15% 的复利。尤努斯发现,把钱借给那些在孟加拉社会里没什么赚钱机会的妇女,通常会给家庭带来更大的收益,这些妇女对她们的贷款会更为小心谨慎。贷款申请人还需清楚地了解格莱珉银行的运作方式,这样他们才有资格借款。归还贷款通常从借款的第二周开始,尽管看上去会有些压迫性,但这也缓减了让借款人承担在年终偿付一大笔钱的压力。借款者一般由 5~8 人组成"团结小组",相互监督贷款的偿还情况,如果小组中有人逾期未能还款,则整个小组都要受到处罚。

由于穆罕默德·尤努斯对穷人的关注、帮助与取得的卓越成就,2006 年 10 月,他被授予 2006 年度诺贝尔和平奖,以表彰其对人类和平事业的贡献。目前,格莱珉模式已在包括我国在内的 50 多个国家得到了成功复制,如菲律宾的 ASHI、印度的 SHARE 和 ASA 项目、尼泊尔的 SBP 项目等,这些项目实施后借款者的生活和收入都得到了明显的改善。随后在乡村银行模式的基础上,小额信贷又有了极大的创新与发展。

如果以孟加拉乡村银行为小额信贷的开端,那么小额信贷已经历了 40 余年的探索发展,从小额信贷先行项目走过的路程来看,小额信贷的发展历程大致可分为三个发展阶段(见表 5-1)。

表 5-1　　　　　　　　　小额信贷三个发展阶段的特点比较

	发展目标	客户群体	运作方式	资金来源	利率	金融管制
第一阶段	高覆盖率与高还贷率	穷人	以非政府组织的项目方式运作为主	捐赠资金	覆盖资金成本的利率	不管制
第二阶段	项目收入覆盖借贷成本	穷人及部分中低收入群体	以非政府机构方式运作为主	以捐赠资金为主	覆盖借贷成本的利率	不管制
第三阶段	寻找商业渠道资金,实现金融持续性	一切中低收入群体(包括穷人)	由非政府组织转变的金融机构、现有正规金融机构	以商业渠道资金为主	商业化利率	管制

1. 强调以为穷人提供贷款资金和穷人偿还能力为中心目标的阶段

在这一阶段,小额信贷作为一种实验性的项目首先在孟加拉的乡村银行(GB)和拉丁美洲的行动国际（ACCION）中开始了先驱性的工作，这是对传统银行信贷模式的一种扬弃。因为低收入群体与穷人的信贷需求特点不同于一般银行客户，因此决定了传统的借贷技术在选择借贷人和按时还款方面几乎是无效的，因此在 GB 和 ACCION 项目中采取了一些创新性的借贷技术，比如，从小额度贷款开始，承诺重复贷款、小组联保等，更加依赖借款人表明的还款意愿，而不是他们可以提供的担保资产来进行风险评估。该阶段通过发掘各种方法以不断扩大对更多客户提供信贷服务，同时确保和实现比较高的还款率。这一阶段小额信贷的还贷率一般持续稳定在 95% 以上，这是任何其他金融机构在经营小额贷款方面不可能实现的成绩。

2. 在实现第一阶段目标的同时，收取必要的利息以弥补借款成本的阶段

在经历了第一阶段的发展之后，收取高利息以弥补借款成本成为小额信贷发展的目标。因为如果小额信贷的经营不能覆盖其资金成本，那么小额信贷就难以持续下去，向更多的农村人口提供金融服务也不可能实现。这一点得到了许多成功的小额信贷项目的证实。到 20 世纪 90 年代中期，普遍认同的观点是，小额信贷的经营至少应该收取覆盖其资金成本的利率，而如果小额信贷机构希望将其服务扩展到更多的潜在客户，那么实行没有补贴的利率就是必要的。孟加拉国的 GB、印度尼西亚的中国人民银行农村信贷部都收取了必要的利率，以维持机构的自我生存。

3. 小额信贷机构吸引商业渠道资金，实现金融持续性，进而逐渐正规化的阶段

这里的正规化有两个含义：一是原来从事小额信贷的非政府组织转变为正规的银行等金融机构；二是现有银行等正规金融组织开始开展小额信贷业务。小额信贷在为越来越多的低收入者和穷人提供服务，同时必要的利率也保证了机构的成长，这些成功吸引了越来越多的捐助资金进入。但是这些由捐助机构提供的廉价资源具有不可持续性和不稳定性，同时，小额信贷不断地扩大其客户群体的成功也使单纯地依赖捐助资金难以满足越来越多客户的资金需求。因此，小额信贷的发展进入了第三个阶段，即开始从当地储蓄中寻找资金。鉴于小额信贷机构本身不具有金融机构的身份，各国的金融法规都对非金融机构吸收公众存款有所限制，因此，许多从事小额信贷的非政府组织转变为正规金融机构，纳入正规金融体系中。

二、我国农村小额信贷的产生与发展

在我国，一般认为经典的或具有现代意义的小额信贷产生于 20 世纪 90 年代初期，以 1993 年中国社会科学院农村发展研究所引入孟加拉乡村银行小额信贷模式为我国小额信贷的开端。①

（一）小额信贷在我国的试点及初步发展阶段（1981—1998 年）

1. 小额信贷在我国"早期的项目试验"（1981—1992 年）

这一时期主要是在一些援华的国际项目中，与其他项目目标相配合，同时利用小额贷款的方式开展一些针对特定人群的信贷计划。比较有代表性的包括：

---

① 何广文，李树生. 农村金融学 [M]. 北京：中国金融出版社，2008.

(1) 联合国机构之一的妇女发展基金,于1981年和1982年分别通过山东省妇联和北京市妇联,针对为妇女提供就业机会的小企业贷款。

(2) 20世纪80年代末启动的国际农业发展基金项目,其投资集中用于排灌系统、林业和基础设施,用以改善农村低收入农户的粮食供给和提高营养水平。

(3) 1989年人口基金会开始在甘肃、青海和宁夏某些县实施的"妇女、人口与发展"项目,开发投资绝大部分作为滚动资金。

(4) 始于1984年被称为"礼品传递"的国际小母牛项目,主要在我国西部贫困地区,资助人均收入低于当地平均收入的农户。

(5) 始于1992年香港乐施会的农村综合发展项目,其中的一项内容是为农户提供小额信贷,用于购买畜种、改良饲养技术、提供防疫兽医服务,主要集中在贵州、广西、云南的若干贫困县。

在这些国际援华项目中,小额信贷都仅仅是其项目多重目标中的一个内容而已,而且不同的项目在运作时,无论是针对的目标群体还是具体采取的运作方法也都是不尽相同的,但是,在这些项目的运作与实践中,可以看到人们对小额信贷的不断探索,具体见表5-2。

表5-2　　　　　　　有代表性的国际项目小额信贷的运作一览

项目名称	运作情况
妇女发展基金	两种方式:(1) 分别在北京支持3个企业(能够为妇女提供就业机会),在山东支持1个企业(同上)。按规定,企业取得贷款3年后开始还贷,5年分期还清(每年一次)。 (2) 直接贷给妇女个人用于养兔,贷款期2年,分2次还清,年利率5%。
国际农业发展基金项目	通过中国农业银行和财政机构,向拥有土地少于0.5公顷和人均收入低于全省平均水平的贫困农户提供短期、中期、长期贷款。
人口基金会	贷款在使用中分两个阶段:(1) 贷给农村企业(能够为贫困妇女提供就业,或以其产品为原料,或能向其提供其他利益承诺),从第二年偿还,按照3:3:4的比例在3年内还清。贷款无息,提取4%的社会发展费用于雇员医疗服务和其他公益事业。 (2) 用企业还款再贷款给组成小组的妇女,由25人或30人自愿组成,进行必要培训和在借款前6个月进行月均2~10元不等的强制储蓄后,可以申请贷款,承诺小组联保并由乡长担保,然后贷放给妇女个人。贷款无息,贷款额5%扣为社会发展基金。
小母牛项目	符合条件的农户被赠送一头怀孕6个月的小母牛,作为贷款条件,受援家庭在受援母牛产下第一头小母牛时必须将这头小母牛无偿捐赠给符合条件又急需母牛的另一贫困农户。
乐施会农村综合发展项目	扶持对象为人均年收入在250元人民币以下、人均年占有粮食在250千克以下、每年缺粮在2个月以上的农户。根据农户选定项目不同,开始从50~600元不等发放贷款,平均在300元左右。贷款支持项目包括粮食、养殖业和经济作物。利率参照扶贫贴息贷款利率,贷款周期为1~3年,按不同项目确定或整贷整还,或分期还款。

资料来源:根据杜晓山、刘文璞等的文章(2001)整理。

2. 我国小额信贷发展开端：社科院"扶贫社"小额信贷项目（1993—1994 年）

1993 年，中国社会科学院农村发展研究所在福特基金会及孟加拉乡村银行的资金和技术支持下，将孟加拉乡村银行的小额信贷模式引入我国，并在 1994 年开始实施一项名为"行动—研究计划"的小额信贷项目，1993—1994 年为项目筹备阶段，1994 年 5 月正式发放贷款。该项目于 1994 年初至 1995 年 11 月，分别在河北省易县和河南省虞城县、南召县建立起三个县级扶贫社，使项目快速且有效率地运作起来，并使贷款有效且稳妥地到达真正贫困户手中，同时保证高还贷率。这一项目的启动被认为是真正意义的小额信贷活动在我国的开端，其后开始了小额信贷在我国的发展历程。

扶贫社一开始就比较强调严格按照乡村银行的方法操作，在实行过程中虽然根据我国的实际情况对某些原则作了适当改变，但乡村银行多年行之有效的制度基本上被保留下来。其制度和技术可以概括如下：

（1）小额度贷款起步，重复贷款。第一轮贷款额度，上限为 1000 元，重复贷款额度可以逐步提高，但一般不超过 3000 元。

（2）小组联保和分期还款。5 人左右组成联保小组，每周还款和每周强制存款。这是以还款意愿显示替代财富显示机制，是对传统抵押担保的一种灵活变通，也是放松抵押担保的还款制度安排。分期还款也使贷款风险得以分散，能够及时发现潜在的违约可能，并使惩罚措施便于操作。

（3）中心会和中心主任。扶贫社项目没有采取乡村银行每周小组会的方式，代之的是以村庄为一个村中心，在该村中寻找一位熟悉本村情况并有威望的村民担任中心主任，协助信贷人员负责该村与贷款管理相关的全部工作。

（4）全部交易在村庄内进行。信贷人员每天在不同村庄中办理业务，这样可以降低客户交易成本。

（5）市场利率。年统一贷款利率为 8%。

3. 小额信贷在我国的探索性发展（1995—1998 年）

伴随着社科院"扶贫社"项目所表现出的成功，小额信贷在社会上引起了较大反响，推动了一些国内和国际机构在我国支持和推行小额信贷工作。小额信贷各种发展模式在我国不断涌现，进入了探索性的发展阶段。

一方面，来自国际机构的小额信贷项目积极在我国开展试验。其中，联合国开发计划署对小额信贷最先采取积极的政策。1995 年开始在四川仪陇县试验小额信贷扶贫项目。与 20 世纪 90 年代之前的"早期项目试验"不同，此时的小额信贷扶贫项目的中心是把小额信贷作为一种完整的扶贫制度，从最初仅限于四川、云南等省的少数几个县，规模不断扩大，最后几乎遍及西部各省区的几十个县，成为在我国由国际机构资助的规模最大的小额信贷项目之一。与此同时，国际粮食计划署、联合国儿童基金会、加拿大国际开发署等国际机构也纷纷参与其中，在我国的贫困地区开展小额信贷项目。

另一方面，国内的扶贫机构与金融机构也逐渐认识到小额信贷对于扶贫资金落实到户的重要意义。在国务院扶贫办的极力推动下，各省区也开始了对小额信贷试点的积极探索。国家的扶贫机构和正规金融机构（如中国农业银行、农村信用社）也纷纷参与到小额信贷扶贫的活动中来，比如，中德合作江西山区可持续发展小额信贷项目，在进入项目运行的第二阶段时，就充分利用了农村信用社在农村中的地位和作用，使项目走上了可持续发展道路。而国内政府与金融机构的参与，也使小额信贷在我国的发展出现了一个重要的转折，即小额信贷扶贫从由非政府组织、社会团体主要利用国外资金进行小范围试验，转向了以政府和指定的国家银行操作，以使用国内扶贫资金为主，在较大范围内推广，其中发展较快的省区有陕西、四川、云南、河北、广西、贵州等。

（二）正规金融机构经营小额信贷的探索与发展阶段（1999—2004年）

1999年7月，中国人民银行下发《农村信用社农户小额信用贷款管理暂行办法》，开始在部分省市的农村信用社试点推行农户小额信用贷款和农户联保贷款业务。2001年底，中国人民银行再次颁布了《农村信用社农户小额信用贷款管理指导意见》，明确要求各地农村信用社适时开办农户小额信用贷款，简化贷款手续，方便农民借贷。自2002年开始，中国人民银行在全国范围内开始普遍推行农户小额信用贷款。至此，小额信贷在我国的发展从仅仅着眼于扶贫，开始转向更大范围的农村金融领域，农村信用社作为国家正规金融机构之一，成为小额信贷在我国的最大实践者。

农户小额信贷充分借鉴了来自孟加拉乡村银行小额信贷模式的精华，同时结合我国农村经济和社会的现实情况，进行了大胆的创新和尝试，在向农户提供不需抵押担保的信用放款和联保放款的同时，也使农村信用社得到了一定程度的发展，探索了一条小额信贷在我国发展的新路子。

（三）小额信贷的多元化推进阶段（2005年至今）

从2005年开始，小额信贷出现了多元化快速发展。自2005年中国人民银行开始在四川、贵州、陕西、山西、内蒙古五省区进行"只贷不存"小额信贷机构即小额贷款公司的试点以来，小额贷款公司等新型小贷机构不断出现并得到快速发展。目前发放小额贷款的机构出现了多元化不断发展的状况。广大农村从事小额信贷的机构主要有：一是从1999年便开始的在农村信用社领域内开展的农户小额信用贷款业务。二是商业银行的小额信贷。如中国农业银行、农村商业银行针对农户生产生活、针对农村中小企业和个体工商户等开展的小额信用贷款等。中国邮政储蓄银行的小额信贷，最初基于借款人的存单质押，因此风险相对较小。后来，逐渐探索并发展了小额信用贷款、联保贷款等。三是国家开发银行、中国农业发展银行等政策性银行进行的批发性小额信贷。这些政策性金融机构把信贷资金批发给农村信用社、中国邮政储蓄银行及其他小额信贷机构。四是新型农村金融机构的小额贷款，如村镇银行、小额贷款公司和农村资金互助社的小额信贷。

归纳起来，我国小额信贷的产生和发展大致经历了这样一个过程：当初以扶贫为目的引入我国的小额信贷实践，从依靠国际捐助和自筹资金由非政府组织进行的自发的、零散的小额信贷试点，到政府扶贫的大背景下政府投入资金、人力等推动建立扶贫社，并开始在较大范围内推广，再到农村信用社在中国人民银行支持下开始全面对贫困农户发放小额信贷。目前，国家大力鼓励民营资本进入小额信贷市场，创办小额贷款公司，可以看出，政府对小额信贷的态度越来越开放、越来越积极。同时，小额信贷机构自身也从福利主义走向制度主义道路和商业化道路。

（四）我国小额信贷各发展阶段的特点

针对我国小额信贷发展的三个阶段，小额信贷在不同阶段的目标群体、运作机构、信贷方式等方面都存在着区别，具体见表5-3。

表5-3　　　　　　　　　我国小额信贷各发展阶段的特点

	第一阶段	第二阶段	第三阶段
起始时间	1981—1998年	1999—2004年	从2005年开始
目标群体	贫困户	中低收入农户	微型金融需求者
服务领域	扶贫	农村金融	农村金融
典型运作机构	非政府组织、国际机构、社会团体、政府扶贫机构等	农村信用社	为农村服务的多元化金融机构
机构属性	非政府组织为主	金融机构	金融机构
资金来源	捐款、扶贫资金	存款	自有资金、存款等
信贷方式	小组贷款为主，较严格地遵守GB模式	个人信用贷款、联保贷款	个人信用贷款或联保等多种方式
利率水平	以社科院为代表，利率为8%	银行贷款利率	银行贷款利率
还款方式	分期还款为主	灵活确定	灵活确定
储蓄	强制储蓄	自愿储蓄	小额贷款公司不允许吸储
监管	不纳入金融监管	金融监管	金融监管

资料来源：何广文，李树生．农村金融学 [M]．北京：中国金融出版社，2008．

第三节　农村小额信贷的发展现状与问题

一、我国农村小额信贷的发展现状

1. 金融机构涉农小额贷款明显增加

近年来，在多个部门、多项政策的共同支持下，金融支持"三农"发展的力度不断加大。据中国银保监会发布的《中国普惠金融发展情况报告》，截至2017年底，银行业小微企业贷款余额达30.74万亿元，较2013年底增长73.1%；银行业涉农贷款余额达30.95万亿元，较2013年底增长48.2%，其中农户贷款余额为8.11万亿元，较2013年底增长80%；银行业扶贫小额信贷余额为2496.96亿元，支持建档立卡贫困户607.44万户，占全国建档立卡贫困户的25.81%。

2. 小额贷款金融机构多元化

通过多年的不断努力，我国正在形成银行业金融机构、非银行业金融机构和其他组织共同组成的多层次、广覆盖，功能互补、相互协作、适度竞争的农村金融服务体系，目前几乎所有的涉农金融机构在不同程度上都开展了小额信贷业务，农村金融服务可获得性在进一步提升。

3. 小额贷款的对象、用途、目的发生转变

小额贷款的对象从传统农户扩大至农村多种经营户、个体工商户、农村各类小微企业及各种新型农业经营主体；小额贷款的用途由传统农业扩展到有助于农民收入提高的各个产业；小额贷款的目的也由最初的扶助贫困拓展至帮助农民致富奔小康。

4. 小额贷款的额度也随着经济发展而增加

我国农村经济发展水平差异较大，确定小额贷款的具体额度需要结合当地实际，因地制宜，因人而异。农村金融机构应根据自身风险管控能力、当地农村经济发展情况及借款人生产经营状况、偿债能力、收入水平和信用状况，自主确定农村小额贷款额度。小额贷款额度在发达地区可提高到10万~30万元，欠发达地区提高到3万~5万元，其他地区在此范围内视情况而定。

5. 小额贷款期限可根据当地农业生产季节性特点、贷款项目生产周期和综合还款能力等决定，可适当延长贷款期限

随着反季节经济作物的推广、生产周期较长的种养殖业的发展，以及农民就业范围的扩大，各农村中小金融机构也相应对小额贷款期限进行了调整，做到与当地农业生产的季节特点相配套，与生产项目的不同周期相一致，与贷款用途、综合还款能力等相结合。

6. 小额贷款程序不断简化和服务方式不断创新

各涉农金融机构在方便"三农"贷款的同时提高自身的工作效率，对小额贷款的手续和服务方式进行了一系列创新。对重点客户和优质客户，实行"一站式"服务，简化贷款审批手续，确定灵活的贷款偿还方式，实行优惠利率。对个别地域面积大、偏僻的乡镇，通过流动服务方式，开展上门服务，提高服务水平。部分农村信用社开发推广农户小额贷款"一卡通"制度，将农户贷款与银行卡功能有机结合起来，在授信额度内采取"一次授信、分次使用、循环放贷"的管理办法，随用随贷，有效提高了贷款便利程度。

7. 农村金融产品和业务创新不断推进

中国人民银行于2011年7月分别印发《关于建立农村金融产品和服务方式创新专项监测报告制度的通知》和《关于开展涉农信贷政策导向效果评估的通知》，建立了按季度监测制度，动态、全面掌握各地推进创新工作进展，加强对县域金融机构涉农信贷政策导向效果评估，全面提高信贷政策对"三农"的导向力。

中国银监会2012年发布了《关于实施金融服务进村入社区工程的指导意见》《关于实施阳光信贷工程的指导意见》和《关于实施富民惠农金融创新工程的指导意见》，引导农村中小金融机构启动"三大工程"，针对农村地区金融需求差异大、抵押担保物缺乏等特点，研发新产品，探索新服务。各地金融机构结合农村金融服务需求特点，积极创新"量体裁衣"式的金融产品，运用微贷管理等技术，积极扩大小额信用贷款和联保

贷款的覆盖面；围绕地方支柱行业、特色产业开发产业链信贷产品；创新适合农村客户需要的结算工具等。在担保方式创新上，在法律允许、财产权益归属清晰的前提下，积极探索，有效扩大抵押担保范围；加强与保险机构合作，鼓励以政府资金为主体设立的各类担保机构为涉农业务提供融资担保。在涉农企业直接融资方面，先后推出支持农业产业化发展的结构化中期票据和短期融资券等创新产品；针对涉农中小企业盈利能力不强、资信评级较低的特点，利用集合授信、打包发行等方式，推进涉农中小企业发行集合票据；探索研究涉农资产支持票据等适合涉农企业的新型债务融资工具，等等。

目前，在全国范围内较有影响的金融创新产品和服务主要有：宅基地使用权抵押贷款、土地承包经营权抵押贷款、林权抵押贷款、大型农机具抵押贷款、"信贷+保险"产品、"惠农卡"、中小企业集合票据和涉农企业直接债务融资工具等。这些新型金融产品与业务极大地拓宽了农村小额信贷的范围与规模，极大地满足了"三农"的金融需求，因而有力地支持了"三农"的快速发展。

8. 中国人民银行对开展农户小额贷款业务给予资金和财务支持

近年来，中国人民银行对农村信用社通过采取支农再贷款和执行相对较低的存款准备金率，安排改革试点支持资金，以及适当放宽贷款利率浮动幅度支持扩大农户小额贷款业务。在各有关部门的政策支持和引导下，农户小额信用贷款和农户联保贷款在全国农村信用社得到了普遍推广，农户贷款面、贷款量都有了较大幅度的提高。

二、当前我国农村小额信贷存在的主要问题

1. 缺乏多样化竞争主体和有效竞争机制

经过多年的改革与发展，我国已初步形成多层次、广覆盖、可持续的农村金融体系，尤其是近年来，我国高度重视农村金融发展，出台了一系列改革举措，改善农村地区的金融服务，如2006年底开始准许低门槛准入的村镇银行、贷款公司、农村资金互助组织等，2007年中国邮政储蓄银行的设立等，这些都大大增强了农村金融服务能力。但农村各金融机构主体还不丰富健全，相互之间也还没有形成有效的竞争机制，小额贷款仍主要由农村信用社（或改制而来的农村商业银行、农村合作银行）提供，而且一些偏远贫困农村地区甚至还存在着金融服务的空白。

2. 资金来源短缺不足

目前农村小额信贷的用途领域不断拓宽，除种植业、养殖业、加工、手工、运输、经商等生产资金贷款外，还有围绕农业生产的产前、产中、产后服务的生产和流通贷款，农户建房、治病、助学等消费性贷款等。然而，由于我国农村金融市场还不发达，小额信贷市场资金供给不足，相对不断增加的贷款需求，贷款的资金来源显得极为短缺，致使农村小额信贷市场供需紧张。

另外，农户信贷需求的层次性也难以得到满足。一是生活性金融需求。尤其在一些欠发达农村地区，金融需求往往表现为生活性金融需求，这种生活性资金需求表现为不具备产生收益的特点。二是混合性金融需求。表现为农业生产与非农业生产的需求并存。不仅仅包括农户的农业生产性贷款需求，同时也包括家庭的教育支出与医疗支出需

求等。三是投资性金融需求。随着农村经济的不断发展,联户经营、家庭农场、专业合作社等新型农业经营主体的壮大,他们对资金需求的规模越来越大,且资金需求的期限较长,小额信贷越来越难以满足其金融服务需求。表5-4是我国农户信贷需求主体的层次性及主要信贷需求特征情况。

表5-4　　　　我国农户信贷需求主体的层次性、主要信贷需求特征[①]

借贷需求主体层次	主要信贷需求特征
贫困农户	主要集中在日常生活开支,部分规模较小的种养业贷款
一般种植业农户	在贫困农户贷款需求上外加部分扩大再生产贷款
市场型农户	主要表现在专业化、规模化生产贷款需要

3. 利率制定陷入两难困境且缺乏贷款科学定价的基础

目前中国人民银行仍对农村信用社的贷款利率实行上下限管理,在中国人民银行统一公布的各期限档次的基准利率的基础上,可上浮2.3倍,下浮0.9倍。小额贷款公司的贷款利率一般不超过基准利率的4倍。小额信贷业务是人力密集型行业,需要投入大量的人力、物力,业务成本较高,较高的利率水平能覆盖资金成本及风险成本,但也使许多渴望获得小额信贷的农民望而却步,小额信贷帮助贫困人群摆脱贫困的初衷无法兑现,同时也可能增大借款人逆向选择和银行本身道德风险发生的可能性。而过低的利率定价除无法覆盖资金成本及风险成本外,还无法实现盈利性原则,难以持续经营下去,且过低的利率容易导致"寻租"现象的产生。另外,农村信用社对贷款定价的随意性较大,收集贷款定价相关的定性、定量资料较难,很难使用科学的定价模型,定价人才缺乏。

4. 信贷管理手段等较为落后

一是管理手段落后,小额信贷从建立客户档案到信用户评定及每笔贷款的发放和收回大多采用手工操作,工作效率明显偏低;二是信贷员工专业素质整体偏低,没有系统的学过相关专业知识;三是放贷机构缺乏风险内控机制,贷前、贷中、贷后的相应工作没有完全分离,缺乏必要的监督和管理机制;四是农户资信度评定缺乏统一标准,农户贷款的授信额度也存在较大随意性,没有科学合理的评判标准。

5. 信贷风险防控能力较弱

近年来,我国大多数商业银行不良贷款比率及余额出现"双下降",农村商业银行不良贷款比率及余额也出现明显的下降,但相对我国的其他大中商业银行,我国农村金融机构的不良贷款比率及余额仍相对较高。农村小额信贷同其他信贷业务一样,除要面对信用风险、操作风险、市场风险外,最明显的特点是还要面对自然灾害意外事故风险,贷款对象主要是贫困、低收入农户和一些中小企业,贷款方式是无须抵押担保的信用形式,这些特征都加大了农村小额信贷风险管理的艰巨性。

---

① 何广文,冯兴元. 农村金融体制缺陷及其弥补的路径选择 [C]. 中国青年农业经济学者年会论文集,2004.

第四节 农村小额信贷的运作

一、国外小额信贷的运作

要了解小额信贷在全球的快速发展及为我国农村小额信贷的发展提供的成功经验,就有必要了解小额信贷与普通商业贷款不同的运行创新机制。

(一)国外小额信贷的运作机制

在经典的孟加拉乡村银行小额信贷模式中,其运作机制主要有两个:一个是小组联保方式;另一个是"检验性贷款"后续贷款承诺。

1. 小组联保

小组联保又称小组贷款。它是由农村借款者自愿组成一个小组,银行向小组发放贷款的一种联保方式。在这一方式中,小组的成员要对其他成员的违约承担一定的责任,因此,这事实上是一种对抵押的替代形式。同时,小组联保也是小额信贷中客户组织的一种基本模式。在小组联保中,建立小组并承担本小组成员还款责任是给成员贷款的条件,小组成员互相担保各自的贷款,这种方法的实现能使成员间起互相监督和连带责任作用。如果有人违约,那么小组中的所有人都不能获得贷款,这种利用小组压力、连带责任,通过外部管理而建立起来的组织形式,通常具有严格的信贷纪律和处罚措施。小组按照自愿组合的原则形成,其目的是便于贷款的操作和管理,便于客户间的交流和监督。其具体运作具备如下两个特点:

(1)在孟加拉乡村银行模式中,借款者通常结合成 5 人小组,贷款者首先发放给其中 2 人,然后再发放给另外 2 人,最后是第 5 人。

(2)小组联保主要适用于人口密度大、居民居住比较集中的地区,特别是贫困人口集中、贫困面大和贫困程度深的地区。

2. 检验性贷款

在小额贷款的运行过程中,除小组联保方式以外,检验性贷款也发挥着十分重要的作用。

所谓检验性贷款是指在放款的过程中,银行先发放较小额度的贷款,在客户及时归还较小额度贷款之后,才考虑向客户发放数额较大的贷款。如果发放给客户较小数额的贷款之后,客户不能按时归还,此时,银行不再对该客户进一步发放贷款。这种小额贷款可以被看作测试借款者内在诚信的一种方式,如果测试不合格,则终止进一步贷款,如果测试合格,可以进一步发放贷款。因而,这种测试性贷款的存在也可以作为借款者还款的激励,当借款者预料到在未来可以获得贷款,甚至可以获得较大规模的贷款时,则会激励借款者主动归还之前的小额贷款。这也是小额贷款相较于传统贷款方式的一大优势——还贷率较高,其原因是上述的检验性贷款发挥了重要作用。

（二）国外小额信贷的运作流程

小额信贷因其服务对象为中低收入者和小微企业，这种服务对象与一般的银行客户相比具有特殊性，因而，小额信贷的运作程序也不同于一般的银行信贷。

1. 确定目标客户

小额信贷的目标客户为农村中低收入者，他们有生产经营能力，但得不到所需要的一般金融服务。

（1）以低收入者为目标群体。以核心低收入阶层为目标群体的小额信贷的基本假设，是要帮助低收入群体且一定要让低收入群体获益，信贷机构都有自己对贫困可操作的定义及衡量标准。这一类的代表是孟加拉乡村银行及所有效仿乡村银行模式的项目。

（2）以中低收入阶层为目标群体。这一类型对所服务的目标群体的贫困程度和收入水平没有严格的要求，可以将贷款贷给以小组为基础的每个成员，也可以贷给从事农村和农业开发项目的小微企业。代表机构是印度尼西亚中国人民银行的地方农村信贷部、墨西哥和厄瓜多尔的国家开发银行、玻利维亚的阳光银行等。

（3）按性别特征进行分类。乡村银行和效仿乡村银行的信贷机构强调低收入妇女是其主要目标群体，因而，以群体中是否包含妇女分为不以妇女为目标群体、以妇女为主要目标群体和不以性别特征界定目标群体三类。在以妇女为主要目标群体的信贷机构中，妇女成员比例一般达到100%，如印度的自我就业妇女协会银行、多米尼加共和国的ADOPEM组织等。尽管有些信贷项目不强调妇女成员比例，但实际运行的结果仍然是服务于大量妇女成员，如玻利维亚的"阳光银行"并不强调以妇女为主要客户，但妇女成员仍然高达74%。

2. 抵押担保方式

（1）小组联保。建立小组联保并承担本小组还款责任是贷款的条件，小组成员互相担保各自的贷款。这种担保使没有实物抵押的个人自愿结成小组，互相监督并负有连带还款责任。在这一运作过程中，一般针对核心贫困阶层和针对贫困妇女的小额信贷项目多采用强制性储蓄手段和连带小组之间的压力等间接的担保形式，如以孟加拉乡村银行为代表的乡村银行项目就是采用这种方法。

（2）直接担保或小组联保和直接担保相结合。直接担保以印度尼西亚中国人民银行地方性金融最为突出，它们需要100%的担保，担保物一般为土地，也可以存款的80%或租赁合同作为担保；而玻利维亚的"阳光银行"是在小组联保的基础上向个人发放贷款；国际社区资助基金会的存款银行，部分采取在小组联保基础上发放个人贷款，部分项目采取在小组担保基础上发放个人贷款，部分项目的金融活动也采取以个人为基础，而不是以小组为基础进行。

（3）其他形式的担保贷款。除上述方式外，还有其他形式的担保贷款，如多米尼加共和国对小组借贷运用小组联保制度，对个人要求的固定资产贷款，则由个人担保代替抵押。借款对象往往是个人贷款，约占80%，使用的都是个人担保的方法，借贷者也可以用设施或包括房产在内的其他资产作为抵押。

（4）逐步增加贷款方式。如果贷款人能及时还款就会在下一阶段获取更多的贷款，这一机制已经为几乎所有的小额信贷机构所采纳。如上述提到的印度尼西亚中国人民银行地方的贷款一般需要抵押，但现在也开始发放 100 美元的小额贷款，并且只要及时归还，就逐步增加贷款额度。而国际社区资助基金会的村银行为确保借款者还款也开始先贷 50 美元不等的小额贷款，借款者按期还款后，就可获得 250~300 美元的更多的贷款。

3. 贷款申请

小额信贷的申请与多数正式金融机构要求复杂而精细的申请不一样，申请程序力求简化，无须提交各种书面材料，但同时要了解文化程度低的服务对象的实际情况。具体而言又有以下三种情况。

（1）非政府组织与专门的小额信贷实施机构所要求的申请程序都很简单，并有义务帮助申请者评估业务经营与扩展的可行性，且各种表格清晰、简洁，便于工作人员向申请人员解释，有利于申请者填写。

（2）自我就业妇女协会合作银行的申请表格只有一张纸，贷款批准程序只需一周，如果申请者有抵押品，当时就可获得贷款，整个过程只需提交两张照片和按个手印，无须在相关资料上签字。

（3）多米尼加共和国的 ADOPEM 小额信贷需 9 天完成放款程序，印度尼西亚人民银行的小额信贷申请审批最长两周，对再次贷款者只需两三天。

4. 确定还款方式

还款方式分为定期和灵活还款两类，贷款周期也分为固定周期和灵活周期两类。乡村银行及所有效仿乡村银行模式的项目，一般贷款周期均为一年且不允许提前还款，必须每周偿还固定额度的贷款，这种贷款和还款模式与严格的信贷纪律相联系，同时也与监督和奖惩机制相联系。除此之外，贷款周期其实也有比较灵活的方式，贷款的期限根据客观生产经营活动的周期可以为 1~3 年，也可以为 1~3 个月，按相应的贷款期，可以一次性偿还，也可以分期偿还。如玻利维亚的"阳光银行"以个人、小组和他们的信贷行为的表现而有所不同，由两个月到两年不等，平均为 7~8 个月。还款多采用分期偿还，包括 1 周偿还、2 周偿还和 1 个月偿还等。

5. 确定利率水平

小额信贷的利率分为固定利率和对贷款余额收取利息两类，利率水平差异也很大，一般在 15%~50% 范围内。利率水平的制定根据一个国家的宏观经济背景和小额信贷的自负盈亏状况来确定。

6. 存款服务

为增加项目的资本金和保证借款人能够及时还款，一般都要求借款人存款，或采取存贷相连或先存后贷等形式，具体分为强制性储蓄和自愿储蓄。强制性储蓄除可以增加资本金外，还具有抵押担保性质，而且操作简便，这种方法一般用于小额信贷的初期。因为，此时无论从实现项目整体目标，还是实现项目的金融操作能力和机构信用等级，都不具备动员自愿储蓄的条件。以核心贫困阶层为客户的小额信贷项目多采用强制性储蓄方式，如孟加拉乡村银行及所有效仿乡村银行模式的项目，一般都采取每周固定额度储蓄形式，如要求贷款的申请人在贷款前 3 个月需要存入初始贷款余额 10% 的资金。

7. 中心会议

中心会议被认为是孟加拉乡村银行小额信贷模式的核心内容,由所有小额信贷的借款者参加。中心会议有如下三个好处:

(1) 中心会议使借款人参与到小额信贷扶贫问题的研究过程中,通过自我管理实现自身能力的提高,在一定程度上降低了信贷机构的信贷操作成本。

(2) 一切借款活动在公开场合下进行,提高了透明度,可以有效地避免小额信贷偏离既定方针和发生违反信贷纪律的情况。

(3) 借款人通过中心会议可以了解其他成员资金的使用情况,互相监督,加强了借款者对信贷过程的了解。

(三) 国外小额信贷成功的基本要素

小额信贷在国际上之所以取得成功,其成功要素大致可以归纳为微观、中观和宏观三个层次。

1. 微观层次

微观层次必须构建能够在竞争的基础上为低收入者和小微企业提供微型服务的小额信贷组织机构体系。主要包括三类:一是非政府小额信贷组织、中国邮政储蓄银行、信用合作社、贷款公司和以成员为基础的社区金融组织;二是区域性、地方性、小型化的私营和国有商业银行;三是金融公司、保险公司、财务公司、租赁公司等非银行金融机构,甚至包括非金融机构都可以提供微型金融服务。

2. 中观层次

中观层次主要是构建能够保障小额信贷机构竞争性运转的制度基础,具体包括以下四个方面:

(1) 为小额信贷服务的客户诚信体系。

(2) 完善的小额信贷机构评级体系、审计监督机制、支付体系、流动性保障机制、小额信贷组织运作信息披露机制。

(3) 创造有利于小额信贷机构进入国内外货币和资本市场的机制。

(4) 健全的存款保险制度,为机构多元化发展的小额信贷体系提供运转的制度保障。

3. 宏观层次

宏观层次必须要有健全的小额信贷法律框架、规章制度等,主要包括宽松的市场准入制度和审慎监督的制度框架。

(1) 对于小额信贷要设置相对宽松的市场准入制度安排,使大多数低收入者和小微企业能成为小额信贷的客户。

(2) 由于小额信贷原则上没有抵押,即使有抵押,抵押形式也灵活多变,因此,政府对小额信贷应实施审慎监管的制度框架。

(四) 国外小额信贷运作机制的主要创新

小额信贷在其运作机制上具有不少创新,这些创新主要表现在以下四个方面。

1. 简化贷款申请程序和形式

小额信贷的申请者无须提供各种书面材料,但银行应了解文化程度低的服务对象的实际情况,这是小额信贷的运作与传统的贷款要求复杂精确的申请和业务计划不一样的地方。小额信贷机构所要求的申请程序都很简单,信贷机构还帮助这些文化层次较低的借款者评估它们开展的业务经营和扩展的可行性。信贷机构工作人员甚至帮这些文化层次较低的借款者填写申请和各种表格,减少借款者由于错填、误填而导致的时间上的浪费和来回奔波造成的体力消耗。

2. 担保方式灵活

小额信贷原则上不需要抵押,如果实在需要抵押,抵押方式相较于传统的贷款而言也灵活多变。如组成联保小组就是一种抵押或抵押的替代,与此同时还有诸如土地抵押、珠宝抵押及个人担保等多种抵押方式。

3. 贷款和还款方式灵活

小额信贷的周期可分为固定周期和灵活周期两种,与此相对应,小额信贷的还款也可分为固定还款和灵活还款两种。其中,小额联保多采用固定周期和固定还款方式,而采取其他灵活抵押担保的小额信贷则可以根据客户具体业务的不同来灵活确定贷款周期和还款频率。

4. 储蓄服务

小额信贷的储蓄分为强制性储蓄和自愿储蓄两种。强制性储蓄在小组联保中最为常见,其具体要求是借款者必须将借款的一定比例存在小组基金中,同时每个还款周期也要求存入一定数额的资金,采取这种做法的主要目的是信贷机构将其作为对贷款的一种担保。自愿储蓄,其目的是信贷机构基于向更多的客户发放小额贷款,因而需要更多的资金,这就需要动员自愿储蓄,获取更多的资金来源。由于在现实社会中,只有银行才有吸收存款的功能,因此,作为这类信贷机构,吸收储蓄存款需要获得金融相关监管部门的许可,否则,就会触犯国家法律。

二、我国小额信贷的运作流程

(一) 客户申请贷款与受理

客户提出信贷申请时,受理人员要认真了解客户的实际信贷需求,并依据银行制定的相关信贷政策、规章制度,准确地推荐业务产品,在规定的业务范围内向客户介绍贷款条件、所需申请资料、利率、期限、用途、银行可接受的担保方式、可供选择的还款方法、办理程序、所需承担的各项费用、违约处理的有关规定等。

(二) 对借款客户进行资格审查

在我国,小额信贷主要面向中小企业、广大工商个体户及"三农"等对象服务,同时,其申请的门槛也相对较低,一般来说需要满足以下条件:

(1) 申请贷款的农户具有完全民事行为能力。

(2) 具有稳定的收入来源和还本付息的经济能力。

（3）具有稳定的地址住所和工作经营场所。

（4）从事符合国家产业政策的生产经营活动。

（5）遵纪守法，无不良信用记录。

（6）借款行规定的其他贷款条件，如身体健康，年龄在18~65周岁，能提供本人有效身份证件等。

若借款客户有下列情况之一的，银行原则上不接受其贷款申请：

（1）有不良信用记录或对银行有恶意拖欠贷款行为的，被列入"黑名单"的。

（2）故意骗取、套取贷款行为的。

（3）有严重违法或危害银行信贷资金安全行为的。

（三）要求客户提交相关材料并审查

借款客户申请办理贷款业务一般需提供以下资料：

（1）个人身份有效证明，包括有效身份证件、户口簿、居住证明等。有配偶的，应同时要求申请人提交婚姻状况证明、配偶的身份证明材料。

（2）个人及家庭收入和财产证明。

（3）根据信贷业务品种和信用方式要求提供的其他材料。

经办人员收到客户申请材料后，应对材料的完整性、规范性和真实性进行初步审查，具体审查要求是：

（1）提交的材料是否齐全、真实、有效，要素是否符合银行的要求。

（2）客户及保证人、出质人、抵押人的身份证件是否真实、有效。

（3）担保材料是否符合银行相关规定。

对于提交的材料不完整或不符合规定的客户，应要求其及时补齐材料或重新提供材料。经初审符合要求后，经办人员应将借款申请书、申请材料、材料清单等交贷前调查人员进行贷前调查。

（四）贷前信用分析及调查

1. 贷前信用分析的主要目的

通过贷前信用分析至少要达到以下目的：一是借款人资信是否良好；二是确定贷与不贷、贷多贷少、期限长短、利率高低；三是确定贷款方式，是信用贷款还是担保贷款；四是在贷款发生违约后怎样才能以最低的成本、最低的风险、最快的速度收回贷款。

2. 应围绕哪些内容进行信用分析

贷前应围绕哪些内容来进行信用分析，20世纪60年代以前西方商业银行比较流行的分析方法是"5W"，即商业银行在每笔贷款发放前都必须从以下五个方面进行严格审查：（1）"Who"，即借款人是谁。着重要求了解借款人本身情况如何，包括了解借款人的信用状况、还款能力、企业经营状况。（2）"Why"，即借款人为何要借款。要求弄清借款人借款的用途和目的。（3）"What"，即借款人以何物作抵押。（4）"When"，即借款人何时能归还所借款项。（5）"Where"，即借款人如何归还借款。

20世纪60年代以后,商业银行在进行信用分析中常用"6C"分析方法:(1)品德(Character),主要分析借款人的信誉品质;(2)资本(Capital),主要分析偿债的财务实力;(3)能力(Capacity),主要分析经营管理能力;(4)担保品(Collateral);(5)经营状况条件(Condition of Business),分析外部及内部经营环境;(6)事业发展连续(Continuity),分析发展潜力与空间。

我国商业银行主要采用定量、定性两种方法对借款人的信用进行全方位的分析。定量分析方法(财务分析),主要对借款客户的资产负债表、现金流量表、利润表等表中各个项目及相关财务指标进行分析。财务状况固然决定了其还款能力,非财务因素也同样会对贷款安全归还产生各种各样的影响。在财务分析的同时进行非财务因素分析,能更加全面、动态地分析影响贷款的风险程度。定性分析方法(非财务分析)的主要内容有:贷款目的用途分析、还款来源分析、对借款人所在行业分析、对借款人经营活动及管理状况分析、对担保物分析等。

3. 利用"软信息"对农村小额贷款客户进行信用分析

农村小额贷款业务中,由于借款客户财务信息的缺失及主要发放信用贷款等原因,因此对借款客户的信用分析主要是对"软信息"的分析。金融机构发放的贷款按贷款决策的信息来源不同可分为:财务报表型贷款、资产支持型贷款、信用评级贷款和关系型贷款四类。财务报表型贷款是指银行主要依据企业所提供的财务报表进行贷款决策,适合于那些财务报表经过严格审计、信息透明度较高的大企业,当然对于那些有较长历史、信息比较透明的小企业也适用。资产支持型贷款也就是抵押、质押贷款,贷款决策取决于借款人的抵押品及质押品的价值。这类贷款有第二还款来源,可以降低信贷风险,应用范围最为广泛。信用评级贷款,是对借款客户进行信用评级,凭借风险分析模型进行贷款决策而发放的贷款,这类贷款需要有完善的信息系统和大量的数据积累,因此,应用受到一定限制。以上三类是银行依据获取的"硬信息"来对贷款进行决策。"硬信息"是定量的数字,收集过程是客观独立的,不存在主观的判断。比如,财务报表、抵押品的质量和数量、信用得分等,这些信息具有一些共同特征:易于编码、量化和信息传递,获取信息成本低,信息具有持久性、可比性和可证性。

关系型贷款是依据难以量化和传递的"软信息"发放的贷款。"软信息"也称为意会信息,它是通过长期、多种渠道的广泛和客户接触所积累的关于借款企业及其业主的相关信息,比如财务和经营状况、企业行为、信誉和业主个人品行等信息。"软信息"是相对于"硬信息"而言的,是指不能或难以编码、难以用数值量化、难以用书面报表的形式进行统计归纳和传递的信息。具体而言,"软信息"具有如下特点:

(1)"软信息"具有较强的主观性。与"硬信息"主要以数字编码形式表现不同,"软信息"主要以文本形式来表达,具体主要表现为观点、想法、传言、经济预测、市场评价、项目管理陈述等。观点、想法、传言、预测、评价、陈述等形式的信息不仅内容带有浓厚的个人主观色彩,而且很难准确表达所描述的信息主体的全貌,因此"软信息"具有较强的主观性。

(2)"软信息"收集成本更高。与"硬信息"可通过计算机、电话、网络等方式收集不同,"软信息"一般须通过信息收集者亲自、亲身与信息主体进行接触、交流的方式来收集,这就导致了"软信息"收集的高成本。

(3)"软信息"不便于比较。"软信息"由于不是厒数字形式表达,因而很难在不同的信息间进行比较,这给决策者使用"软信息"进行决策带来了很大的不便,因为不能比较,信息主体的优劣就难以把握。

(4)"软信息"易于丢失。"软信息"由于是用文本的方式来表达信息主体,而描述性的文本很难准确表达出信息主体的全貌,因而部分"软信息"实际上是以一种"印象"的形式停留在信息收集者的头脑中。在信息收集后的初期,信息主体可能给信息收集者以深刻的印象。但是随着时间的推移,这种在初始阶段的深刻印象有的会慢慢变淡,因为"软信息"在慢慢丢失。

(5)"软信息"不便于交流使用。"软信息"作为一种对信息主体的总体印象,在不同的使用者间交流时极易导致失真,因而"软信息"不便于交流使用。

由于"软信息"的以上特点,依据"软信息"发放的贷款也就具有如下特点:一是"软信息"贷款具有较强的主观性;二是"软信息"贷款成本较高;三是"软信息"贷款风险较大。但国内外的实践证明,银行与客户保持长期关系所产生的各种"软信息"在很大程度上可以替代财务数据等"硬信息",解决信息不对称所带来的道德风险和逆向选择,使金融机构更好地进行贷款决策,实施贷款监督,降低贷款风险,因其可以弥补借款者具有还款能力但无力提供合格财务信息和抵押品所产生的缺憾。银行在发放农村小额贷款时:一是要注重与客户的直接接触;二是注重保持与客户的长期合作与关系;三是注重多渠道收集信息;四是注重运用"软信息"创新贷款担保方式,如小组联合担保等。

(五)对借款客户进行信用等级的评定

放贷机构一般根据信用贷款和联保贷款的特点,按照"先评级—后授信—再用信"的程序,建立农村小额贷款授信管理制度及操作流程。综合考察影响农户和农村小企业还款能力、还款意愿、信用记录等各种因素,及时评定申请人的信用等级,核发贷款证(卡),实行公开授信。对小额贷款客户资信状况实行按年考核、动态管理,适时调整客户的信用等级。

(六)选择适合的贷款担保方式

农村小额贷款最头疼的是担保问题。目前在农村小额贷款的担保方式上有个性化的差异,但主要有以下五种可操作模式:

1. 农户之间互相担保、责任连带

一般3人及以上农户组成一个小组,一户借款,其他成员联合保证,在贷款违约时对债务承担连带责任。

2. "公司+农户"担保

由公司法人为紧密合作的农户贷款提供保证,如公司定向收购农户农产品、农户向公司购货并销售的情况。

3. "担保公司+农户"

由担保公司为农户提供保证担保，主要适用于农业龙头公司、专业合作社等，在借款人承诺还贷的基础上，经担保公司认可，为此类农户群体提供担保。

4. 利用林权抵押担保

为改善农村金融服务，支持林业发展，规范林权抵押贷款业务，完善林权登记管理和服务，有效防范信贷风险，中国银监会和国家林业局在2013年联合特制《关于林权抵押贷款的实施意见》，规定银行业金融机构可以接受借款人以其本人或第三人合法拥有的林权作抵押担保发放贷款。可抵押林权具体包括用材林、经济林、薪炭林的林木所有权和使用权及相应林地使用权，用材林、经济林、薪炭林的采伐迹地、火烧迹地的林地使用权，国家规定可以抵押的其他森林、林木所有权、使用权和林地使用权。银行业金融机构不应接受无法处置变现的林权作为抵押财产，包括水源涵养林、水土保持林、防风固沙林、农田和牧场防护林、护岸林、护路林等防护林所有权、使用权及相应的林地使用权，以及国防林、实验林、母树林、环境保护林、风景林，名胜古迹和革命纪念地的林木，自然保护区的森林等特种用途林所有权、使用权及相应的林地使用权。

5. 利用房地产抵押担保、土地承包经营权抵押担保及保证担保

利用房地产抵押涉及对房地产产权或所有权的确定，对房地产的估价，确定抵押率，办理房地产抵押登记手续等相关工作。2016年3月，中国人民银行、中国银监会、农业部等印发《农村承包土地的经营权抵押贷款试点暂行办法》，允许农村土地承包经营权可以实行抵押担保进行融资贷款。而保证担保又涉及对保证人的资格审查，对保证方式的确定，对保证人保证意愿的审查，保证人承担的保证责任的确定，保证人保证期间的确定等相关工作。

（七）贷款审批

由有权审批人根据贷前信用分析的各种情况和结果，如偿债能力、盈利能力、经营管理状况、信用情况和担保的情况，最终审批确定客户的最高授信额度、贷款期限、贷款利率及贷款还款方式等。

（八）签订贷款合同

通过签订贷款合同来约束借贷双方的权利义务，在贷款合同中除约定一些常规性内容外，贷款人应在借款合同中约定由借款人承诺以下事项：

（1）向贷款人提供真实、完整、有效的材料。

（2）配合贷款人进行贷款支付管理、贷后管理及相关检查。

（3）贷款人有权根据借款人资金回笼情况提前收回贷款。

（4）发生影响偿债能力的重大不利事项时及时通知贷款人。

（5）贷款人应与借款人在借款合同中约定，出现以下情形之一时，借款人应承担的违约责任和贷款人可采取的措施：未按约定用途使用贷款的；未遵守承诺事项的；发生重大交叉违约事件的；违反借款合同约定的其他情形的。

在签订贷款合同时贷款人应注意合同的风险防范：

（1）在制定合同文本时，要充分考虑其风险控制，严格按照合法合规、公平公正，要素齐全、权责明确、通俗易懂、确保安全，方便适用、符合实际的原则，在律师或其他法律专业人员的协助下拟定、修改和完善。

（2）要根据具体信贷业务的特点选择合同文本，如自然人客户类合同文本，法人客户类合同文本。

（3）合同文本的填写应当符合以下要求：其一，统一设计编号规则，避免编号重复或混乱，确保借款合同和担保凭证、展期协议和借款合同之间的对应。其二，合同各方当事人必须使用法定称谓，不得使用简称、绰号和化名等。其三，合同内容填写必须严谨、周密，当事人协商后作出选择和填充，凡是未选择和填充的空白栏都应以斜线代替，不得留有空白，避免产生歧义。其四，合同内容应当使用钢笔、签字笔填写或使用打印机打印，不得使用铅笔填写。

（4）合同签订需要补充条款的，应当严格按规定程序和要求办理。

（5）合同签订必须在规定的银行营业场所，由银行工作人员和借款人、保证人、抵押人、共有人、质押人的法定代表人或授权委托人在合同上签字、盖章，核对预留印鉴，确保签订的合同真实、有效。

（九）贷款发放与支付

贷款人在发放贷款前应确认借款人满足合同约定的提款条件，并按照合同约定对贷款资金的支付进行管理与控制，监督贷款资金按约定用途使用。在落实放款条件之后，客户根据用款需求可随时向贷款行申请支用额度。

（十）贷后管理

贷后管理是指从贷款发放或其他信贷业务发生后直到本息收回或信用结束的全过程的信贷管理行为的总和。贷后管理是信贷管理的最终环节，它会影响到贷款的安全、流动及盈利，是商业银行实现可持续发展的保障。贷后管理包括以下内容：贷后检查、贷款本息收回、贷款展期、借新还旧、资金账户监管、风险预警与处理、档案管理、不良贷款管理、信贷业务档案管理等内容。

三、我国小额信贷运作应注意的问题

我国小额信贷要快速发展并取得更大成效，必须进一步在体制和组织基础之上，植入具有我国国情的不同于纯粹的商业信贷市场的业务运作机制，主要包括以下八个方面。

（1）建立一种客户主动还款的激励机制，这是小额信贷成功运作最基本的机制。具体包括如下三个方面：其一，要使中低收入者和小微企业能够以较低的交易成本，很方便地享受到服务；其二，必须给守信者以正向激励，即守信者可以获得重复贷款的机会，且随着信用的升级而获得更大额度的贷款机会；其三，在利率上必须对老客户和守信客户给予一定的优惠。

（2）设计一种有利于减轻客户还款压力的机制，比较常见的是分期还款制度。

(3) 小额、短期、分期多次偿还的高时间成本，自动淘汰了非中低收入者和大中型企业客户，从而保证小额信贷的客户群体主要是中低收入者和小微企业。

(4) 创造有利于客户和有利于信息对称的业务拓展机制，因而要建立一种业务决策社区化的机制。其一，将分支机构直接建到社区，如现在我国的村镇银行和社区银行；其二，实施所谓的社区主导型小额贷款模式，小额贷款的操作完全由社区居民自我实现；其三，建立小额信贷决策的社区参与机制，如设立小额信贷村级项目执行小组，由村支两委参与农户信用评级等；其四，实施信贷人员的片区管理制度。

(5) 小额信贷机构与客户之间不应是纯粹的市场信贷交易关系，而应让客户主动参与。将小额信贷的发放过程变成教育和培训客户的过程，使客户了解小额信贷运作机制的激励所在，帮助客户分析面临的困境，帮助客户寻找和开发生产项目、提供技术信息等。在这方面，我国农村信用合作社做得较好。

(6) 采用市场经济的一般运作原则，实行商业化利率，使为中低收入群体和小微企业服务的金融组织在财务上可持续。即在贷款过程中既不要人为压低利率，也不要过度调高利率，如果人为地压低贷款利率，则可能导致金融机构在财务上不可持续，如果人为调高利率，则会失去客户群体。既然是商业化操作，在操作过程中也不应该给予补贴，因为补贴往往是低效率，甚至是无效率的。而且，补贴往往被强势群体所获得，不利于市场化操作。

(7) 通过建立小组联保、借贷信息公开、利用社会舆论压力等在一定程度上可以替代抵押担保。这些方式会起到一个自动筛选的作用，那些信用状况不佳者，自动就会被排斥出去，从而降低了信贷机构的风险。

(8) 促进小额信贷信用文化建设。在此过程中，需要政府培育良好的金融生态环境，这是小额信贷机构维持良性循环的环境基础。在信用文化建设中，最重要的是要教育客户诚实守信，按期还本付息，树立信用意识，这样金融机构才敢放款，否则，如果借款者不诚信，不按期还款，信用意识缺失，则信贷机构的风险就会加大，信贷机构就会惜贷。

附件

中国农村信用社联保贷款合同（范本）

联保小组成员（借款人、保证人）：

贷款人：

根据有关法律、法规、规章和《农村信用合作社农户联保贷款指引》的规定，经联保小组成员（即借款人、保证人）、贷款人协商一致，签订本合同。

第一条 从_____年____月____日起至_____年____月____日止，由贷款人根据任一联保小组成员的申请和贷款人的可能，对任一联保小组成员在最高贷款余额人民币（大写）_____内分次发放贷款。在此期间和最高贷款余额内，由联保小组的所有其他成员提供连带责任保证，不再逐笔办理保证担保手续，每笔贷款的最后到期日不得超过_____年___月___日，每笔借款的种类、金额、期限、用途、利率和还款方式以借款借据为准。本合同项下借款按季结息，结息日为每季末月的第 20 日。提前还款时利率不变，贷款人有权按本合同约定的借款期限计收利息。借款借据作为本合同的组成部分，与本合同具有同等法律效力。

第二条 作为借款人的联保小组成员的权利和义务

（一）有权按照本合同约定取得贷款，在约定的额度和期限内可周转使用贷款；

（二）按期偿还贷款本息；

（三）按约定使用贷款，不擅自改变借款用途，不得将贷款交其他联保小组成员使用；

（四）应贷款人的要求及时提供真实的相关报表及所有开户社（行）、账号及其他资料；

（五）接受贷款人对其信贷资金使用情况和有关经营活动的检查监督；

（六）为他人债务提供担保，应事先通知贷款人，并不得影响贷款人到期收回贷款；

（七）借款人保证不抽逃资金、转移资产或擅自转让股份，以逃避对贷款人的债务；

（八）借款人同意，借款人所应支付的一切款项（含本金、利息及其他费用）可由贷款人（或商请其他行、社）在借款人的任何账户内扣收；

（九）联保小组成员不得以任何方式将贷款转让、转借给他人或集中使用贷款人贷给联保小组其他成员的贷款。

第三条 贷款人的权利和义务

（一）在借款人履行本合同约定义务的前提下，按第一条的规定向借款人提供贷款；

（二）贷款人有权了解借款人的生产经营、财务活动、物资库存和贷款的使用等情况，要求借款人按期提供报表等文件、资料和信息；

（三）按照本合同约定收回或提前收回贷款的本金、利息、罚息、逾期利息、复息和其他借款人应付费用时，贷款人均可直接从借款人和保证人任何账户中划收，并有权商请其他开户银行（社）代为扣款清偿，或通过法律程序要求借款人或保证人提前归还贷款。

第四条 作为保证人的联保小组成员的权利义务（保证条款）

（一）保证方式为最高额连带责任保证，任一联保小组成员向贷款人借款均由联保小组的所有其他成员提供连带责任保证，即联保小组成员相互承担连带保证责任，互相联保；

（二）保证期间为每一笔自借款之日起至借款到期后二年；

（三）保证范围包括借款的本金、利息、罚息、逾期利息、复息、违约金、损害赔偿金和因借款人违约致使贷款人采取诉讼方式所支付的律师费、差旅费及贷款人实现债权的其他费用；

（四）不管借款用于任何用途，都不影响保证人承担连带责任；

（五）因借款人违反本合同或借据约定，贷款人有权提前收回尚未到期的贷款，保证人承担连带保证责任；

（六）即使主合同被确认无效，该保证条款仍然有效，保证人仍对债务人应履行义务承担连带责任；

（七）督促借款人履行合同，当借款人发生贷款挪用或其他影响贷款偿还的情况时，及时报告贷款人；

（八）保证人同意，保证人承担保证责任所应支付的一切款项（含本金、利息及其他费用），可由贷款人（或商请其他行、社）在保证人的任何账户内扣收。

第五条 借款人因特殊情况需要提前归还贷款的，须征得贷款人的同意。

第六条 违约责任

（一）借款人违约

1. 不按期归还借款本金，从逾期之日起按逾期贷款罚息利率计收利息（逾期贷款罚息利率按合同利率加收____%计算），或按____（日利率或月利率或年利率）计收利息（遇利率政策调整，按中国人民银行规定执行）。若贷款展期后逾期的，从逾期之日起按展期后的利率加收____%的利率计收利息。

2. 不按合同规定用途使用借款，从未按合同规定用途使用借款之日起按未按合同规定用途使用借款罚息利率计收利息（未按合同规定用途使用借款罚息利率按合同利率加收____%计算），或按____（日利率或月利率或年利率）计收利息（遇利率政策调整，按中国人民银行规定执行）。若贷款展期后未按合同规定用途使用借款的，从未按合同规定用途使用借款之日起按展期后的利率加收____%的利率计收利息。

3. 不按期偿付贷款利息，其欠息部分按逾期贷款罚息利率计收利息。

4. 借款人违反本合同任一条款时，贷款人有权停止本合同尚未发放的贷款和提前收回尚未到期的贷款，保证人承担连带保证责任。

（二）贷款人违约

在借款人履行本合同约定义务且按照贷款人要求办妥贷款保证担保的前提下，贷款人不能按本合同第一条向借款人提供贷款时，按违约数额和延期天数处以日利率万分之____的违约金。

（三）保证人违约

保证人不履行约定义务，应承担相应的违约责任，并赔偿由此给贷款人造成的损失。

第七条 因借款人违约致使贷款人采取诉讼方式实现债权的，借款人应当承担贷款人为此支付的律师费、差旅费及其他实现债权的费用。

第八条 本合同发生纠纷，由贷款人住所地人民法院管辖。

第九条 其他约定事项_____。

第十条 本合同一式____份，联保小组成员各持一份，贷款人持____份。本合同自各方签章之日起生效。

第十一条 提示贷款人已提请联保小组成员（借款人、保证人）注意对本合同各印就条款作全面、准确的理解，并应联保小组成员（借款人、保证人）的要求做了相应的条款说明。签约各方对本合同的含义认识一致，并表示任何时候都不得提出异议。

序号	联保小组成员（借款人、保证人）	身份证号码	签章	备注
1				
2				
3				
4				
5				
…				

贷款人（公章）：
法定代表人（签章）：
签约日期：
签约地点：

第五节 农村小额信贷的模式及其选择

一、世界各国农村小额信贷的模式

在孟加拉格莱珉银行产生后，世界各国都在着力于格莱珉银行小额信贷模式的研究和探索。在世界各国小额信贷业务发展过程中，各国借鉴了格莱珉银行的模式，并根据自己的具体情况，主要采取了以下五种方式：

（1）非政府组织方式，是非营利性的自愿公民组织，这一类非常接近格莱珉银行模式。

（2）正规金融机构方式，主要包括商业银行和金融公司。

（3）社区合作银行方式，是完全由社员管理、自助式，不以盈利为目的的组织。

（4）乡村银行方式，是乌干达的国际社区资助基金会开创的一种提供小额信贷的组织形式，信贷运行依靠资助小组的民主自治，具体体现：由10~50人组成的自助小组为成员，组织小组储蓄和相互担保。

（5）批发基金方式，是孟加拉的农村就业支持基金会，它是一种非营利性机构，基金由国内外赠款和国际基金组织贷款组成，仅对小额信贷机构提供资金融通，支持小额信贷的发展。

但是由于世界各国地处不同的环境，所经历的历史过程和所处市场发展条件不尽相同，因此，世界各国的小额信贷有着不同的运作特点。下面，按照地域范围，将其主要分为亚洲模式、非洲模式和拉丁美洲模式。

（一）亚洲模式

亚洲各国具有相似的东方文化意识形态，在发展以反贫困、促发展的小额信贷中，大多都采用了孟加拉格莱珉银行模式，但小额信贷在各国的实际运行中也有各国不同的特色。以下就亚洲小额信贷的主要模式以国别分类作简单介绍。

1. 孟加拉模式

孟加拉是近代小额信贷的发源地，其小额信贷机构的成功典范是格莱珉银行。它属于非政府组织，其贷款对象是最为贫困农户，尤其是贫困妇女，格莱珉银行规定，只有无地或无财产的人才有资格成为格莱珉银行的成员。其基本运行框架是采用无抵押、无担保、小组联保、分批贷款、分期偿还的方式。

2. 印度模式

印度的小额信贷基本上也采用了格莱珉模式，其授信方式主要有自助连锁方式和连带责任方式。

（1）自助连锁方式是通过建立自助小组来实现的，自助小组一般由15～20人组成，组员无力偿还银行贷款时，依靠内部融资方式来解决。自助小组内部融资的资金来源，是依靠内部强制性储蓄形成，小组的成员依据小组的规模大小来决定每个月储蓄额为多少，一般每人每月2～100卢比，银行根据小组的储蓄情况对其进行信用评级而给予授信。

（2）连带责任方式是通过建立联合负债小组来实现的，联合负债小组一般由4～5人组成，每个人都对组员的银行债务承担连带保证责任。

（3）办理小额信贷的机构和筹资方式。在印度，能够办理小额信贷的机构有很多，包括银行、政府机关、非政府组织、专业的小额信贷机构等都可以办理小额信贷。与此同时，小额信贷机构的筹资方式也多种多样，最为主要的包括银行拆借、资产证券化、吸收股本金和接受社会捐赠等。

3. 马来西亚模式

在马来西亚，政府向小额信贷项目提供了大量的无息贷款，因而，其小额信贷的特点是依靠财政支持。马来西亚小额信贷的对象是最为贫困的人群，它的贷款对象参照格莱珉银行，但是与格莱珉银行有所区别。其贷款对象仅限于国家贫困线标准80%以下的最贫困人口。

4. 印度尼西亚模式

印度尼西亚采用正规金融机构作为小额信贷的运作主体，印度尼西亚中国人民银行（BRI）是印度尼西亚五大国有商业银行之一，其主要职责是提供农村金融服务，贷款利率相对较高。该银行在国内有320个分支机构，3600个被称为农村信贷部的零售机构。自1969年开始向农民大范围提供贷款以来，截至1996年，BRI农村信贷部拥有1600万个储蓄账户，储蓄余额达到27亿美元，借款账户达到250万个，贷款余额达到17亿美元，贷款违约率不到4%，长期损失率为2.1%，创造利润近2亿美元。BRI在印度尼西亚取得了巨大成功，其成功说明：

（1）国有商业银行在农村金融市场上具有较高的信誉，其信誉是小额信贷取得成功的保障。

（2）在远离城市的乡村，对小额贷款实施高于城市的利率是可操作的。

(3) 将低收入农户的财产作为贷款抵押，对提高贷款履约率能有效地发挥保障作用。

5. 泰国模式

泰国的小额信贷与印度尼西亚相似，也是采用正规的金融机构作为小额信贷的经营机构，在小额信贷方面取得巨大成功的是泰国农业合作银行。

(二) 非洲模式

相对于亚洲，非洲小额信贷发展较为落后，运作成本较高，其原因是，在大多数非洲国家只有少数人拥有银行账户，即使在经济最发达的南非，也只有一半的成年人拥有银行账户。另外，非洲国家小额信贷难以开展的一个重要原因是，多数非洲国家存在一定程度的利率管制，使小额信贷机构不可能覆盖其高运作成本，因而减少了信贷的供给。

(1) 北非地区，70%的小额信贷机构是非政府组织，它们依靠捐助者的捐赠获得小额贷款的资金来源，因而这种小额信贷也被认为是慈善性质的。

(2) 西非地区小额信贷的发展明显受到利率管制的约束，西非货币联盟很早就有了利率管制的法规，但在实际操作中，长期没有适用于小额信贷机构。

(三) 拉丁美洲模式

拉丁美洲经济的特点是微型企业就业的人口占全社会就业人口的比重较大，这种经济特点为小额信贷的发展提供了具有明显特色的社会基础。

从20世纪70年代开始，拉丁美洲国家借鉴传统民间信贷的特点和现代管理经验，结合所在国的经济和社会条件及穷人的经济和文化特征，创造出多种适合穷人特点的信贷方式，表现为信贷机构众多和信贷机构类型多样化。

1. 信贷机构众多

拉丁美洲的信贷机构众多，比较著名的有玻利维亚阳光银行（Bancosol）、哥伦比亚社会信贷所（Caja Social）、秘鲁自助银行（ACP/MiBanco）、安迪斯信贷所（Caja Los Andes）、多米尼加共和国的AREMI、墨西哥的Compartamos等。

2. 信贷机构类型多样化

拉丁美洲办理小额信贷的机构众多，主要可以分为以下五种类型。

(1) 传统商业银行和金融公司。这些机构在普通的银行法规下运行，商业银行进入小额信贷市场是拉丁美洲小额信贷的一大特色，主要是由小额信贷的高利率和低违约率所促成。据统计，1998—2000年，拉丁美洲的小额信贷机构整体回报率为4%~6%，而商业银行的整体回报率却只有2%。

(2) 已转型的小额信贷非政府组织，它们已经具有传统银行和金融公司同等的地位，在普通的银行法规下运行，如玻利维亚阳光银行的组建。

(3) 经特别批准的小额信贷机构、信贷联盟及市政所属的本地非银行金融中介，它们不在普通的银行法律规范下运行，而是在小额信贷专设的法律下运行。

(4) 不受金融监管的小额信贷机构，作为普通公司存在，不得吸收存款。

(5) 不受金融监管的非政府组织，办理小额信贷，不得吸收存款。

（四）欧美发达国家模式

亚非拉国家小额信贷模式的变化，是从依靠国际援助、政府补贴逐步转向可持续发展的商业化模式。而欧美国家小额信贷的发展，与亚非拉国家的情况截然不同，在发达国家要困难得多，其原因多种多样。下面以美国为例说明发达国家开展小额信贷比较困难的原因。

（1）美国小企业职员多为兼职，与第三世界国家的小企业相比，美国的小企业更小，因此，美国的小额信贷成本更高。

（2）美国有完善的社会保障体系，小额信贷需求不如第三世界国家那么紧迫。

（3）美国小企业在产品及服务的质量、成本和价格等方面都无法与大企业或连锁商竞争，美国小企业生存空间不如第三世界国家。

（4）美国小企业可获得融资的渠道较多。从资金供给方面来看，美国小额信贷机构面对的竞争对手强大，而第三世界国家小额信贷机构的竞争对手是高利贷者，比较容易进行利率竞争。因此，美国小额信贷面临更为激励的同业竞争。

（5）美国连带责任组织难以建立。与第三世界国家的农村社会相比，美国小生产者更为独立。第三世界国家的小生产者的社会群体性质更强，可以相互依靠，共担风险，因此，美国建立连带责任组织的成本高于第三世界国家。

（6）美国住房的小额信贷难以开展，第三世界国家的穷人多要自己修建住房，而美国穷人很少建造自己的房子。

（7）美国利率上限管理严格。第三世界国家小额信贷的利率很高，美国小额信贷机构在利率限制的条件下，难以灵活地开展高风险、高成本的小额信贷服务。

二、我国农村小额信贷模式选择

（一）我国农村小额信贷的实践模式

1992 年，小额信贷的孟加拉格莱珉银行模式作为一种扶贫支农工具被引入我国农村，起初只是国际援助机构和国内非政府组织进行的一种尝试，1996 年后作为扶贫政策的有效工具被政府大力提倡发展。1999 年 7 月，中国人民银行下发《农村信用社农户小额信用贷款管理暂行办法》，开始在部分省市的农村信用社试点推行农户小额信用贷款和农户联保贷款业务。自 2000 年以来，我国农村信用社也开始试行并推广小额信贷。2001 年底，中国人民银行再次颁布了《农村信用社农户小额信用贷款管理指导意见》，明确要求各地农村信用社适时开办农户小额信用贷款，简化贷款手续，方便农民借贷。自 2002 年开始，中国人民银行在全国范围内开始普遍推行农户小额信用贷款。至此，小额信贷在我国的发展从仅仅着眼于扶贫，开始转向更大范围的农村金融领域，农村信用社作为国家正规金融机构之一，成为小额信贷在我国的最大实践者。十几年来，小额信贷发展迅速，取得了骄人业绩，影响也越来越大。

根据资金来源和组织机构的不同，我国小额信贷可分为以下五种模式：

1. 以民间或半官半民组织形式为运作机构的小额信贷项目模式

以孟加拉 GB 为样板，以国际机构捐助或软贷款为资金来源，包括外国援助机构有期限的小额信贷项目、专业性 NGO 的小额信贷项目、慈善性或非营利性的小额信贷项目等。

2. 政府扶贫小额信贷模式

政府扶贫小额信贷模式主要是借助小额信贷服务这一金融工具，以实现扶贫任务为宗旨，以国家财政资金和扶贫贴息贷款为资金来源，政府和金融机构（主要是中国农业银行）运作的政策性扶贫小额信贷。

3. 农村信用社的农户小额信贷模式

农村信用社的农户小额信贷模式是农村信用社根据中国人民银行信贷扶持"三农"要求，以吸收的存款和中国人民银行再贷款为资金来源，在地方政府的配合下，开展的农户小额信用贷款和联保贷款。

4. 小额贷款公司模式

进入 21 世纪，我国开始允许设立小额贷款公司，但近年来小额贷款公司发展速度很快，其基本业务就是小额贷款。

5. 农村创业基金模式

农村创业基金模式主要是农村信用社和小额贷款公司贷给农村的非贫困户，贷款目的是鼓励农村有为青年自主创业，建立小微企业。如农村青年创业小额贷款是指与各级团组织合作的农村信用社向农村青年（年龄在 40 周岁以下）发放的用于生产、经营等创业活动所需的小额贷款。其申请程序和普通小额贷款差不多，但在以下四个方面存在差别：一是年龄限制，必须在 40 周岁以下；二是额度较高，一般可在 3 万~5 万元；三是期限一般较长，一般在 3 年内，最长不超过 5 年；四是贷款利率在中国人民银行公布的同期贷款利率基础上可给予适当优惠。

（二）影响我国农村小额信贷模式构建因素

我国农村小额信贷在扶贫和促进农村经济发展方面发挥了重大作用，然而在模式和体系构建中面临着一系列制约因素。

1. 贷款目标客户的确定

孟加拉 GB 的小额信贷主要面向贫困地区的极贫户，部分国家也以农村贫穷妇女为对象。我国小额信贷的目标群体总体上是贫困地区的农户——整体弱势群体：政府扶贫项目主要是向有生产能力的最贫困户，以政府组织登记的贫困户为基准；大多数外援项目和中国社会科学院"扶贫社"项目则强调以贫困妇女为主要贷款对象；农村信用社的信贷对象是农村有贷款需求并具备信用标准的农户。由于标准不一，因此，我国未来小额贷款走上何种道路，在于小额信贷如何平衡"信用户"与贫困户，在贷款给"信用户"时如何关注特困户的问题。

2. 贷款利率的合理性

关于小额贷款利率的问题，在我国，一种观点主张低利率，因为小额信贷的目的就是帮助农村弱势群体，农村弱势群体的弱质性使他们难以承担高利率；另一种观点则认为利率应该市场化，小额信贷由于成本高，只有较高的存贷利差才能弥补操作成本，也只有让参与小额信贷的金融机构盈利，才能实现可持续。这是一个问题的两个方面，如何既照顾到贫困人群中的弱势群体，又能实现小额信贷机构的可持续发展，何况现在我国的利率市场化改革如存款利率市场化还未完结，这些都构成了利率合理性进程中的一系列问题。

为了做好这一个问题的两个方面，浙江丽水主要采取了先入为主的政策，即先由一两家金融机构在某个村建立分支型机构，此时原则上则不再批准其他金融机构入驻，目的就在于避免恶性竞争，同时也是为了降低金融机构的成本。金融机构成本降低了，可能就会做好上述一个问题的两个方面，对不同的群体贷款利率实行区别对待。

3. 代理机构的合法性

1998年6月，国家扶贫贴息贷款由中国农业发展银行全部划转中国农业银行管理，政府扶贫办开始由中国农业银行代理扶贫贴息贷款。1998年底，中国人民银行和中国农业银行联合对政府小额信贷项目进行调研，提出了非金融机构不能代理小额信贷业务的质疑。从1999年开始，扶贫贴息贷款全部改由中国农业银行直接发放到农户，按此质疑，以民间或半官半民组织形式运作的小额信贷项目也难以具备合法性。因此，未来我国的小额信贷只由金融机构来做，还是要实现小额信贷机构的多元化，这涉及代理机构的合法性问题。如果要实现小额信贷机构的多元化，那么非金融机构由谁来监管？不过，伴随着我国金融业的逐渐放开，不但成立了小额贷款公司，而且民营资本也可以进入银行，如民营银行的设立，因此，关于代理机构的合法性问题应该不会成为问题。

4. 培训问题

对农民进行培训是小额信贷成功的关键因素之一。农民尤其是欠发达地区的农民金融意识不强，对新的农业技术不愿去学习掌握，对迅速变化的市场反应不灵敏，缺乏根据市场需求调整自己的种植、养殖等项目的能力，因而需要对农民进行系列培训。培训涉及相关的培训费用，政府、非政府组织的扶贫小额贷款有这方面的经费，但是，农村信用社等小额信贷机构无此类经费。这就涉及一个问题——对于农民的培训由谁来做、由谁来协调。

5. 政府参与度问题

政府在为小额信贷活动创造信贷生态环境、中国人民银行再贷款、实施税收优惠政策、提供扶贫与贴息贷款、承担部分培训费用等方面都起到了十分重要的作用，由此可见，小额信贷离不开国家的扶助。但在实际运行中，又要保持小额信贷机构的独立性，这也构成了我国小额信贷政府参与度的一个两难问题。

6. 信用体系的建设问题

农户和农民信用意识比较淡薄，因此，征信体系建设在我国广大农村就显得尤为重要。没有信用体系，金融机构在面对农户时，在没有小组联保和抵押物的情况下，就不能确定该笔贷款是否该贷。在这方面，浙江丽水的征信体系建设值得学习，他们认为要破解这一难题，关键是要让农户觉得征信体系建设对他们有用，而且要让其得到征信体系建设的好处，如对于守信者给予更多的信用贷款、给予更多的优惠利率等。

（三）有效的小额信贷组织必须化解的两对矛盾

1. 利率市场化与农民承受力的矛盾

小额信贷的可持续发展是一个世界性难题，可持续的关键在于小额贷款机构盈利问题，盈利性问题的关键在于贷款定价和成本管理。由于我国的利率市场化改革还未成功，当前实行的利率控制政策使小额信贷机构利差难以补偿成本。据测算，要使软贷款或赠款项目达到持续性目标，实际利率应在6%~10%，一般项目应达到存贷差8%~15%，而我国最好的小额信贷项目资产回报率只有7%~9%。因此，我国小额信贷要走向成功，其利率的市场化必是大势所趋，否则，小额信贷机构就不具备可持续性。

但是，利率市场化并不表示放任小额信贷机构任意提高利率，对农村信贷市场实行利率歧视定价。要实现小额信贷机构和农户的"双赢"，合理的利率定价应该是既能让参与小额信贷的金融机构适度盈利又在贫困户贷款的可承受范围内。据专家测算，在目前法律准许的基准利率4倍内可覆盖小额贷款85%的业务，这从另一方面说明，贷款利率也不应过高，市场化的利率也应控制适度，维持在可持续发展的临界水平，即盈亏平衡点加正常利润。这就要求小额信贷机构严格控制成本，尤其控制筹资成本和运作成本。

2. 贫困户与信用户对象选择的矛盾

小额信贷关注穷人，尤其是极贫户，专为他们提供存贷款、保险等综合服务。如孟加拉GB、马来西亚AIM扶贫项目等，孟加拉和印度尤其关注于农村贫困妇女，而印度尼西亚则选择在农村收入较低的20%人群中选择有还贷能力者。即使"极贫"，也仍然以还贷为前提。

我国小额信贷扶贫项目的目标群体是有生产能力的特困户，而农村信用社的小额信贷目标则是农村中有生产能力的一般农户，是通过信用工程建设筛选出的信用户。农村信用社的选择更具有可行性，因为与特困户相比，选择信用户提高了还贷率预期，能有效降低不良贷款率，增强了可持续发展的能力。然而，小额信贷作为一种特殊的制度设计，必须关注最贫穷阶层，这是普惠金融的要求，也是当前我国构建和谐社会的要求。因此，小额信贷机构的选择必须能够对接信用户和贫困户。

（四）我国农村小额信贷模式的或优选择

小额信贷作为一种金融行为，尽管多元参与，但是其主体必定以金融机构为主，实际是具有竞争力的农村金融体系的再造。目前我国小额信贷组织形式可资参考的主要有以下四种：

（1）建立专营的小额信贷银行。
（2）建立社区农民资金互助合作社。
（3）在一定政策扶持下商业银行专设小额信贷部门。
（4）现有小额信贷机构的提升与改造。

结合我国当前的政策要求，农村小额信贷必须兼顾多重目标：支农、扶贫、农村信用社改革、民间金融的出路等。也就是说，假定的农村小额信贷主体的参与者，除已有的民间或半官半民组织、参与政策性扶贫项目的政府机构和农村信用社外，中国农业银行与中国邮政储蓄银行、小额贷款公司和民间的一些类似于金融机构的机构成为必然的参与主体。

小额信贷机构应当具备的基本条件：具有贴近服务农民的机构网络、资金来源保障、实施小额信贷的人才条件；要在利率的合理化区间内实现可持续发展，必须具有最大化降低成本的优势；要对接信用户和贫困户，必须有利于促进农民的组织化。

1. 农村信用社

农村信用社发展的历史与现实，决定了服务"三农"是其基本市场定位。它具备人才、机构网络、资金来源等条件，并且在利率最高限定的情况下能够实现信用社与"三农"经营主体的"双赢"，且得益于较好的制度设计。

（1）信用工程建设，使其将分散的信息筛选规模化。多年来，我国农村信用社一直与当地村镇组织合作，进行农户"信用户"评定，大大降低了信息搜寻和鉴别成本。

（2）农村代办员制度，使规模化的信用社机构实现了服务零售，构筑起了信用社与部分农户的利益共同体，且代办员对原始信息的批量过滤处理，降低了交易费用。

（3）通过促使农民的组织化实现了信用户和贫困户的对接。即由一个专业户（在某一领域有专长的农户，一般为信用户）带动几个农户（一般为贫困户）组成经济小组，通过农业合作实现贷款的发放，从而较好地实现了信用社与农户的"双赢"。

2. 中国农业银行

改革开放以来，中国农业银行在一定程度上承担了对农业和农村的贷款，虽然目前已经变成了股份制商业银行，对农业方面的小额贷款依然存在，而且由于其业务的连续性，不少农村客户仍然喜欢中国农业银行。不过，未来的中国农业银行面向农村的小额贷款将走向普惠制、广覆盖、商业化和网络化。

3. 中国邮政储蓄银行

中国邮政储蓄银行具有机构网络优势，是我国营业网点最多的金融机构，几乎覆盖全国所有乡镇，从这方面来看，中国邮政储蓄银行具有从事农村小额贷款的优势。但缺点是中国邮政储蓄银行在2007年之前是只存不贷，其真正作为能存能贷的银行所开展的信贷业务时间较短，专业人才储备不足，经营管理经验也没有其他金融机构丰富。

4. 小额贷款公司

在中国人民银行的支持下，2005年12月27日，山西平遥建立了两家最早的小额贷款公司，分别命名为"日升隆"和"晋源泰"。自此以后，小额贷款公司如雨后春笋般涌现出来，截至2017年12月底，全国共有小额贷款公司8551家，贷款余额9799亿元。小额贷款公司的优势在于可以按照基准利率的4倍进行浮动，同时规定小额贷款公司主要服务于"三农"，"三农"贷款不得低于总贷款的70%，这就使小额贷款公司具有较大的业务发展空间。

5. 民间金融

未来，民间金融必将成为小额信贷的主要力量，主要基于以下理由：

（1）民间借贷常年地下运行，储备了人才资源和适合农村特点的贷款方式。

（2）具有资金来源的可持续性。据中国人民银行统计资料，我国民间融资规模占GDP的7%左右，随着我国经济金融的不断发展，民间融资的比例会越来越大，在"三农"金融服务中发挥着越来越重要的作用。

（3）"零信息费用"可使在低利率运行下实现可持续。信用的互助合作是贫困与低收入农户的自主联合，必将发育成真正的农村合作金融，而农村代办站制度也为合作金融组织——"农村小额信贷组织"的快速发展播下了火种，有利于多元化、竞争性农村金融市场的最终形成。

关键术语

小额信贷　农村小额信贷　软信息贷款　孟加拉格莱珉银行　小组联保　连带责任担保　信用户　检验性贷款

复习思考题

1. 什么是农村小额信贷？有何特点？
2. 农村小额信贷与商业银行信贷有何差异？
3. 简述国外小额信贷的产生及其发展历程。
4. 简述我国小额信贷的产生发展历程及特点。
5. 试述我国发放小额贷款的业务流程。
6. 什么是"软信息"和"硬信息"？二者各有何特点？
7. 简述我国小额贷款发展现状及存在的主要问题。
8. 试述我国小额信贷发展应注意的问题。
9. 有效的小额信贷必须处理好哪些矛盾？
10. 结合实际，谈谈我国小额信贷应该选择哪种模式？

第六章

农村金融供给与需求

农村经济发展离不开农村金融的支持,而金融支持主要来源于金融资源的供给。近年来,为改善农村金融供给,我国农村金融管理部门和涉农金融机构在农村金融制度创新、组织创新、市场创新、产品和服务创新等方面进行了一系列卓有成效的探索,目的是最终建立起多层次、广覆盖、竞争性、可持续的农村金融服务体系,从而满足多元化、多样化、多层次的农村金融需求。本章主要阐述我国农村金融供给与需求的现状、特点及存在的主要问题,分析农村金融供求失衡的表现及其主要原因。

第一节 农村金融供给

一、我国农村金融供给现状

下面从农村金融组织机构和农村金融产品服务两个方面进行分析。

(一)我国农村金融组织供给体系的现状

前已述及,经过多年的农村金融体制改革与不断深化,目前我国已经建立起了集政策性金融、商业性金融、合作性金融和民间性金融为一体的较为完善的农村金融组织体系。但是我国农村金融组织体系在功能上、资源上仍处于弱势不足状态,还远不能适应和满足"三农"发展的强大需求。

中国银保监会统计,截至2018年12月底,中国银行业金融机构为4588家,其中6家国有大型商业银行(中国工商银行、中国农业银行、中国银行、中国建设银行、交通银行和中国邮政储蓄银行)、政策性银行2家(中国进出口银行、中国农业发展银行)、开发性金融机构1家(国家开发银行)、全国性股份制商业银行12家、城市商业银行134家、农村商业银行1427家、村镇银行1616家、民营银行17家、农村信用社812家、农村资金互助社45家、金融资产管理公司4家(华融、长城、东方、信达)、外资法人银行41家、信托公司68家、消费金融公司23家、金融租赁公司69家、财务公司253家等,银行业金融机构数量比2017年的4549家增加了39家。

我国农村金融组织体系主要由政策性金融机构、商业性金融机构、合作性金融机构和民间性金融机构等共同组成。农业政策性金融机构主要包括中国农业发展银行、政策性农业保险公司；农村商业性金融机构主要包括中国农业银行、农村商业银行、中国邮政储蓄银行、村镇银行，以及商业性保险公司、证券公司、期货公司、融资担保公司、租赁公司、典当公司等；农村合作性金融机构主要包括农村信用合作社、农村合作银行、农村资金互助组织等；民间金融机构主要包括私人钱庄、合会、典当等各种形式。

（二）农村金融产品服务供给体系的现状

长期以来，我国农村金融机构在金融产品和服务方面存在产品单一、服务不足的普遍现象，缺乏"三农"发展真正需要的金融产品与业务。如我国农村金融机构业务长期以存款、贷款、汇兑结算为主，保险、证券、信托、理财等金融产品非常匮乏。随着国家对"三农"问题的高度重视和新农村建设的不断推进，近年来，我国在农村金融产品服务创新方面进行了一些有益的探索，取得了较为明显的成效。归纳起来，主要有以下四个方面。

一是积极推进农户小额贷款业务。从1999年起，我国在农村信用社开始推广农户小额信用贷款、联保贷款，以缓解农民贷款难问题。据统计，截至2016年底，我国金融机构本外币农户贷款[①]余额为7.08万亿元，而2010年底则为2.6万亿元，2012年底为3.62万亿元，增长幅度较快。由于农户贷款大多为小额贷款，所以又称为农户小额贷款。目前，除农村信用社外，在农村地区经营的金融机构也都开办了各种形式的小额贷款业务。

二是创新多种农村信贷产品。针对不同的农村金融需求，以农村信用社、中国农业银行为主体的涉农金融机构大力开展信贷产品创新，以适应不同的农村信贷需求，同时提高贷款覆盖面。近年来，中国农业银行推出了较多的农户小额贷款业务及其特色产品，如"公司+农户"保证担保贷款、农业龙头企业季节性融资贷款、小企业简式快速贷款、小企业自助可循环贷款等；农村信用社和农村商业银行等也推出了一系列的农户小额信贷业务及其特色产品，如"合作组织+农户"的统一贷款方式，以农村信用社、农户、龙头企业、保险公司和政府"五位一体"的综合服务方式，以"商业性信贷+政策性信贷+商业性保险"相结合的信贷模式，提供林权抵押贷款、订单农业质押贷款、"贷免扶补"小额创业贷款[②]、应收账款质押贷款[③]、林权抵押贷款[④]、联保贷款[⑤]、农民工返乡创业贷款、巾帼妇女贷款[⑥]，等等。

---

① 农户贷款是指发放给农户的用于满足农户生产经营、消费等需要的贷款，按用途可分为农户生产经营贷款和农户消费贷款，按信用形式可分为信用贷款、保证贷款、抵押贷款和质押贷款。

② 主要为返乡农民工、下岗失业人员、大学生及其他人群创业、就业提供信贷扶持。

③ 申请贷款的中小企业可用销售商品所应收而未收的款项作质押申请贷款，主要适用于在日常经营活动中应收账款发生次数频繁且数额较大的中小企业，贷款期限一般不超过所质押的应收账款的到期日。

④ 是向借款申请人发放的以合法有效的林地使用权和林木所有权作抵押的贷款。

⑤ 由农户自愿组成"联保小组"，三户或五户不等，全体成员提供连带责任保证担保，也可以采取抵押担保或信用方式。在有效期间和贷款额度内，贷款可以循环多次使用。

⑥ 主要为农村女性创业者提供服务，重点支持种养业、个体经营及创办农产品深加工企业等，并在利率上实行优惠政策。

三是创新银行卡特色服务。如中国农业银行推出的金穗惠农卡,它是中国农业银行面向农户发行的银联标准借记卡,除具有金穗借记卡存取现金、转账结算、消费、理财等各项金融功能外,还向持卡人提供农户小额贷款载体、财政补贴代理等特色服务功能,并提供一定的金融服务收费减免优惠。以惠农卡为载体,农户在符合审批条件的情况下能够获得一定额度的农户小额贷款,持卡人在核定的额度和期限内,可以通过中国农业银行网点、ATM、电话或网上银行等途径,自助办理农户小额贷款的放款、还款手续。如农村信用社推出的农民工银行卡特色服务,是农民工在打工地办理银联卡并存入现金,返乡后在家乡就近的农村信用社等营业网点提取现金或查询余额的一项专门为农民工设计的银行卡服务,从2005年开始试点以来,有效地解决了农民工打工返乡携带大量现金的资金安全问题,也使农民工在打工地获得的收入能够大量快捷地流回农村。

四是积极推进农业保险试点。2004年,我国先后在上海、黑龙江、吉林等9个省(自治区、直辖市)启动了农业保险试点工作,出台了推动农业保险发展的相关政策。2007年,国家财政首次对农业保险给予补贴,对吉林、内蒙古等6省(自治区)的5种主要农产品开展了试点,试点区域和险种范围不断扩大。自2004年启动农业保险试点以来,中国保监会先后在上海、吉林、黑龙江及安徽批设了上海安信农业保险公司、吉林安华农业保险公司、黑龙江阳光农业保险公司和安徽国元农业保险股份有限公司四家专业性农业保险公司。由于各地区种植业种植品种的差异,农业保险公司开办的农业保险的种类有所不同。总的来看,农业保险主要险种有:农产品保险,生猪保险,牲畜保险,奶牛保险,耕牛保险,山羊保险,养鱼保险,养鹿、养鸭、养鸡等保险,对虾、蚌珍珠等保险,家禽综合保险,水稻、蔬菜保险,稻麦场、森林火灾保险,烤烟种植、西瓜雹灾、香梨收获、小麦冻害、棉花种植、棉田地膜覆盖雹灾等保险,苹果、鸭梨、烤烟保险,等等。在此基础上,近年来国务院已经明确提出要拓展农业保险的广度和深度,鼓励农业保险产品创新,建立财政支持的农业保险大灾风险分散机制等。

二、我国农村正规金融供给存在的主要问题

我国农村金融从监管角度可分为正规金融与非正规金融。我国农村正规金融一直以来都处于主导和决定性地位,而非正规金融因受到一定程度的抑制,其作用远未发挥出来,但是却孕育着巨大的发展潜力。在此,我们先分析我国农村正规金融供给目前存在的主要问题。

近年来,尽管我国农村金融组织体系不断完善,金融产品与服务种类不断增多,金融供给总量也在逐渐增加且增幅较大,但总体来看,我国农村金融供给不足、结构不合理等问题依然是最主要的问题,制约了农村金融与农村经济的发展。

首先是我国农村正规金融供给总量不足问题,具体表现在以下三个方面。

一是农村金融资源总量不足,信贷缺口大,远不能满足需求。以涉农贷款为例,当年新增农业贷款余额占比由20世纪90年代末期的15%~20%快速下降至2000年以后的不足10%;2007年新增农业贷款2220亿元,仅占同期新增贷款总量的6%,远远低于同期农业增加值在GDP中11.3%的比重;农业保险长期以来处于停滞状态,2007年

农业保险保费收入仅占农业增加值的0.18%,承保金额占同期的农业增加值不足4%。

二是抽血效应显著,农村资金外流严重①。通过向中国人民银行提交准备金、购买债券和资金拆借汇划等形式,每年都有大量农村储蓄资金流出农村地区,进一步削弱了农村金融供给能力。根据《中国金融年鉴》的数据计算,1994—2003年,仅从农村信用社和邮政储蓄机构流出的资金就超过8000亿元。2007年,中国农业银行、中国农业发展银行、农村信用社、邮政储蓄机构在县域吸收的储蓄存款总额在12万亿元以上,当年全部涉农贷款大约在5万亿元,农村资金外流约在7万亿元。若按主管部门当时公布的县域金融机构的存贷比②56%计算,这一水平比全国的平均水平低13个百分点,比国家规定的75%低近20个百分点。照此计算并考虑到一半以上的邮政储蓄来自农村,农村资金外流的规模至少在5万亿元以上。③ 近年来,随着精准扶贫和乡村振兴战略的进一步实施,农村资金外流趋势得以遏制,一部分外部资本、工商资本开始回流农村,城乡资金双向流动明显,但各种研究仍表明为净流出。

三是农村金融机构的密度下降。这种下降从1997年开始,2001年前后达到高峰。④ 虽然自2007年以来,中国银监会放宽了农村金融准入门槛,允许设立三类新型农村金融机构,即村镇银行、贷款公司和农村资金互助社,同时国家政策也鼓励中国农业银行等回归农村,但至今也没有使农村金融机构的密度回升到当年水平,机构密度下降也直接导致农村金融供给水平与服务覆盖不足。

其次是我国农村正规金融供给结构不合理问题,具体表现在以下四个方面。

一是弱势群体的金融资源获取不足,特别是对农村小微企业和农户的金融供给不足。以农户贷款为例,2017年底,我国农户贷款余额为81055.66亿元,当年金融机构本外币涉农贷款为309546.99亿元,农户贷款仅占涉农贷款总量的26.18%,而贫困农户获得贷款更是十分困难。

二是农村金融资源的分布存在显著的地域和主体不平衡现象。农村金融资源从东部、中部向西部梯级下降,且不断地向大城市、大项目和大型国有企业集中。

三是金融服务供给种类失衡,突出表现在:提供存款、汇兑的金融服务较多,提供信贷等资金供给的金融服务较少;提供人身险保障的保险服务较多,提供生产型保险保障的服务相对较少。

四是农村金融资源配置效率较低。这是由我国农村金融体制、制度、机制、主体和客体以及历史、地域等多方面因素共同决定的结果。

---

① 农村资金(资本)外流是指农村地区的资金(资本)通过各种渠道和方式流向城市,导致农村资金(资本)的非农化。

② 存贷比是某一时点上金融机构的贷款余额与存款余额的比率,有的也称为贷存比,含义相同。存贷比=金融机构各项贷款余额/金融机构各项存款余额×100%。

③ 严浩坤. 东西部资本流动与地区经济增长[M]. 北京:科学出版社,2011.

④ 从1997年开始,我国国有银行加速商业化改革,中国工商银行、中国农业银行、中国银行、中国建设银行四大国有银行相继从农村地区撤出,共撤掉县域内的金融网点3.1万多个。具体参见:成思危. 中国经济改革与发展研究[M]. 北京:中国人民大学出版社,2008.

三、我国农村非正规金融供给中的民间借贷问题

以上是从农村正规金融供给来进行分析的。而非正规金融、民间金融则是农村正规金融的重要补充和有机组成部分，它长期存在于我国农村，且一直比较活跃，其规模数额庞大难以准确统计。

农村民间借贷是农村中广泛存在的一种民间金融形式，长期以来一直是农村资金需求的一个重要来源，在农村经济社会发展和人际交往中发挥着极为重要的作用，具有其他融资不可比拟的优势。

一般来讲，农村民间借贷是指在农村公民之间、公民与法人之间、公民与其他组织之间发生的、没有官方监控的、自由的民间融资活动。按借贷的对象范围，农村民间借贷有广义和狭义之分，狭义的民间借贷仅指民间个人之间的借贷活动，广义的民间借贷是指各种民间个人与个人、个人与组织等发生的借贷活动。按是否收取货币利息，农村民间借贷可分为互助性民间借贷和商业性的"高利贷"。互助性民间借贷的借贷主体主要为个人，或自然人或农户，借贷双方关系较为密切，一般是亲朋好友之间相互借用，主要应付短期生活急需，这种借贷多为口头协议，一般不计利息或利息低微，没有明确的还款期限。而"高利贷"性质的民间借贷主要是用于个体、民营等企业的生产周转资金需要，利率一般参考同期金融机构贷款利率水平及地区、季节、资金供求状况而定，据测算，近年来一些农村地区民间借贷年利率高达30%~50%，高利率特征明显。

我们认为，我国农村民间借贷之所以存在且长盛不衰，主要原因有以下四个方面：一是传统习惯。中国传统社会是典型的"乡土社会"，中国的传统文化中具有很强的家族血缘意识，民间借贷这种融资方式大多是基于血缘或朋友关系实现的，因而具有先天内生的优势，尤其对放贷方而言，主要体现在信息优势，他们非常了解借款人的家庭个人信息以及还款能力，而借款人则以个人声誉及家庭财物作保；二是民间借贷手续方便、无须抵押、借贷金额不大、随借随用等，这些为民间借贷的产生和发展提供了十分广阔的空间；三是借贷需求传统上大多是临时的、应急的、短期的；四是利率方面，由于人情生活借款较多，数额较小，几乎没有利率，但近年来随着生产性投资需求的增大，不仅需要偿还利息，且利率也在不断提高，甚至出现高利率；五是正规农村金融远远满足不了正常借贷需要。但农村民间借贷存在的问题与缺陷也是非常明显的，归纳起来主要有：一是会影响到正常的金融秩序。由于民间借贷活动相对自由随意，金融主管部门难以有效地对其行使监管职能，在一定程度上会使正常的金融秩序遭到破坏；二是会影响到经济社会的稳定运行。一旦出现风险问题，借款人与投资者往往难以运用法律手段维护自身合法权益，从而造成较大的经济损失，如果被不法分子利用，则更是成为洗钱、诈骗、非法集资或暴力讨债的幌子，严重影响社会稳定与安全；三是会影响到国家的金融宏观调控。民间借贷游离于国家正规金融之外，其利率高低、资金流向等都会对国家的货币政策实施甚至宏观金融调控产生一定抑制与阻碍作用。

当前来看，我国农村民间借贷具有以下基本特征。

1. 范围广而普遍

农户间资金借贷行为较为普遍，无论是发达农村地区还是在落后农村地区。农村地区民间借贷活跃从另外一个方面反映了农村正规的投融资环境都还比较差。由于民间借贷的种种便利和在社会经济生活中所普遍发挥的现实作用，民间借贷这一行为已在社会公众的思想观念上获得了广泛的认同，已由半公开逐渐向公开化和专业化过渡。

2. 以关系型信用为基础

在金融活动中，较之于农户与正规金融机构之间以正规合约为基础的契约型信用，关系型信用是指农户之间依靠血缘和友情等亲密关系而形成的信用。在农村，农户之间不仅存在着由空间和地理位置联结的地缘关系，还存在着或近或远的血缘关系。其借贷活动通常以亲朋、邻居等血缘、地缘社会关系为依托而展开。一方面，农户生活在共同的社区中，要顾及个人、家庭甚至宗族的"面子"，不讲信用的人会承受各种人际关系压力与道义谴责；另一方面，一而再地发生违约，再向其他农户借款也会变得更加困难，其人际交往关系也会相应受到影响。考虑到这些潜在的违约成本，作为经济理性人的借款农户是不会恶意拖欠借款的，有了这一内在的、"天然"的借贷约束机制，非正规金融相对安全了许多。

3. 借贷主体和用途呈多元化

农村民间借贷主体除农户外，还包括个体工商户、私营业主、家庭农庄和中小企业等。中国农业银行、农村信用社等正规金融机构的贷款审批较严、手续繁多，致使上述借贷主体不得不转向民间借贷。其借贷资金用途主要集中在生产和生活两方面：生产上主要是用于种植业、养殖业、运输业、购买农机具、农产品加工、经商贸易等；生活上主要用于看病就医、婚丧嫁娶、子女教育、建造新房等。

4. 借贷手续简便、期限短

通常借款人向放款人写了借据或签字甚至口头借款后，即可获得所需资金，较之正规金融机构目前信贷管理体制下的贷款操作程序，其时效性比较强，手续也比较简便。农村民间借贷期限一般较短，最短的只有几天，大多数集中在几个月内，最多也是一年。

5. 人情债比较多

以互助性质存在的民间借贷大多不存在利息，是一种无偿借贷，但实质上这种借贷也是有利息的，只是利息的支付形式不一定是现金或货币，无偿借了别人的钱，要背上因借钱而带来的"人情债"，这是农户间自由借贷的隐性利息。

6. 借贷风险较大

近年来，民间借贷由原来传统的口头协议向书面协议、中间人担保、抵押等方式转变，通过抵押或担保形式进行的民间借贷的比例明显上升，但口头约定或无任何合约的情况也普遍存在。当前我国农村经济社会正处于转型期，传统与现代的碰撞、道德失序与信用缺失、拜金主义与信仰缺失等在一定程度上存在，使农户面临一系列的借贷风险，从而有可能产生下列不良后果：一是易产生债务纠纷；二是高利率借贷，增大了违约风险;三是经营管理不善而导致的经营风险;四是法律风险,即得不到相关法律保障而引致的风险;五是监管风险,游离于正规金融之外的民间借贷会加大金融监管的难度,从而影响国家货币政策的制定与实施效果。

四、农村金融供给抑制

(一)农村金融供给抑制的主要表现

如前所述,长期以来包括我国在内的广大发展中国家农村金融普遍存在严重的供给抑制,主要表现为:一是处于绝对主导地位的正规金融部门长期的低利率政策及利率缺乏弹性,不能正确反映农村货币资金的供求状况;二是政府对农村金融的管制较严,使资金供给者缺乏应有的积极主动性;三是政府以城市工业优先发展为理由低成本地获取农村剩余资金;四是城市及经济发达地区的高利率、高收益造成农村资金大量外流;五是非官方的、民间的金融机构被排挤或处于附属地位,得不到应有的重视。以上方面共同形成了农村金融供给不足的最终局面。

当前我国农村正规金融供给抑制主要表现为"双重供给不足",即正规金融供给和民间金融供给严重不足。正规金融供给不足从量上看主要是众多商业性金融机构撤离农村市场,造成金融服务"缺位",从质上看,已有的金融机构服务不到位。民间金融供给不足主要是农村民间金融市场合法性没有得到承认,发展受阻。

(二)农村金融供给抑制的原因深入分析

1. 农村金融的"二元"性

"二元"金融结构的代表理论是由罗纳德·麦金农和爱德华·肖(1973)提出来的,认为发展中国家和地区普遍存在由于政府管制和金融市场落后导致的金融结构的二元性。农村金融市场正规金融机构与民间借贷并存,在我国是一个比较普遍的现象。

2. 农村金融机构服务缺位乏力,信贷投入不足

目前我国农村金融体系事实上形成了农村信用社、中国农业银行和中国农业发展银行"三驾马车"的基本格局,但这三家金融机构由于服务对象、经营目标及规模实力等原因,难以从根本上满足农村金融服务需求。深入分析,我们认为,金融机构动力不足是根本因素。金融机构动力不足的原因主要有以下三个。

(1)资本的逐利性与农业经济的弱质性相矛盾。由于农业经济的弱质性、高风险性和低收益性,金融机构在自身利益最大化目标的驱使下不得不偏离服务"三农"的使命。

(2)信息不对称与交易成本高。我国农村地区大多交通条件较差、信息传递不便,交易双方信息不对称程度高,资金的供给和需求市场严重分割,加上农户居住分散、收入水平低、生产季节性强、单笔存贷款规模小、缺乏必要的担保抵押品等特点,决定了农村信贷服务的成本高、风险大。金融机构面对着数量庞大、高度分散、经营规模小、贷款额度需求不大且缺乏担保抵押品的农户,以及大多数中小企业、小微企业的财务制度不健全、不规范等,决定了金融机构给农户与企业融资的交易费

用、征信成本与运行成本相对很高。而当贷款的潜在交易成本超过其潜在收益时，金融机构最终将选择信贷配给与放弃，即减少贷款数量并对贷款进行分配，甚至放弃部分农村地区与市场，使农村金融服务成为一小部分群体享用的"奢侈品"，从而导致了供给抑制。

（3）政府对于农村金融机构的有关补偿优惠政策和激励机制不到位，导致金融机构放贷积极性受到较大抑制。

3. 市场机制不健全，金融生态环境较差

我国市场经济机制建立是以城市为中心进行的，农村地区还未真正形成市场经济发展所必需的体制机制，如要素市场的建立及基本生产要素的确权与自由流动。我国农村市场机制不健全主要表现在三个方面：一是土地产权残缺；二是劳动力市场残缺；三是社会保障制度缺位。农村市场机制的残缺使农村金融发展缺乏必要的生态环境[①]。尽管目前我国农村金融生态环境有所改善，但由于基础差、起点低、不平衡，尚不能满足金融发展的要求。目前，我国农村信贷市场还缺乏完善的法律法规保障，一些地区农户信用意识不强，农户信用档案也没有建立，农村中小企业也是如此，即使建立也不健全规范，再加上农业保险和存款保险制度欠缺，难以真正分散风险，致使农村金融运行风险大，生态环境较差。

4. 现行信贷管理体制过于僵化，"贷款难""难贷款"问题难以化解

一方面，既有的农村金融资源十分有限，且还在源源不断地外流；另一方面，对资金的需求随着农村经济发展越来越强烈，由此必然体现为农村资金供求的严重失衡。更重要的是，现行信贷管理体制对借款人的抵押担保规定，上收信贷权限、贷款责任制等，导致借款人"贷款难"（借不到贷款）和金融机构"难贷款"（资金贷不出去）同时存在。从担保要求上看，由于农户普遍缺乏可变现的符合要求的担保抵押物，同时也缺乏专门的融资担保机构为其提供担保，导致一方面农户实际的借贷需求无法得到满足；另一方面金融机构长期存在大量的存差，资金运用不出去。

5. 农村金融工具单一，结算渠道不畅，影响了农村资金使用效益

由于农村金融机构数量少，竞争不足，导致金融服务落后，金融工具较为单一，结算渠道不畅，资金流通速度缓慢，从而降低了农村资金的使用效益。

第二节　农村金融需求

一、农村金融需求主体分析

从农村金融需求主体角度，可以将农村金融需求分为三个部分，即农户金融需求

[①] 农村金融生态环境是涉农金融机构所处的外部环境，主要包括相关的法律、信用、担保体系和金融机构之间的竞争协调机制，以及农村产业经济发展状况等，是金融业生存的基础。

(农户)、农村企业金融需求(企业)和农村基础设施建设金融需求(政府)。

(一) 农户的金融需求

1. 存款需求

存款需求是农户或农民最基本的金融需求。随着农村经济的不断发展,政府的支农、惠农、强农政策不断落实,农民外出务工和买卖经营等,农户的现金货币性收入不断增加,使农户产生并拥有越来越强的存款动机与需求。

2. 资金需求

(1) 经济发达地区农户资金需求与欠发达地区农户资金需求。经济发达地区农户资金需求与欠发达地区农户资金需求有所不同,发达地区农户一般多为过渡型农户和商业型农户,农业生产并不局限于传统农业,而是发展高效农业生产,许多农户从事工业生产、商业活动和农产品加工等,相对来说,发达地区农户生产性资金需求较大。欠发达地区农户大多是传统型农户和过渡型农户,主要从事农业生产经营,或出外打工,或经商,土地依然是最基本的依靠。

(2) 生产性资金需求与非生产性资金需求。一般而言,农户家庭借贷资金主要用于化肥种子、简单及扩大再生产等农业生产性用途。非生产性资金需求主要是用于子女教育、医疗卫生及日常生活等。

(3) 贫困农户资金需求、维持型农户资金需求和富裕农户资金需求。这是按农户生活宽裕程度进行的划分。贫困农户通常从事传统的种植业和养殖业,是传统的中国小农,其生活支出主要用于婚嫁、丧葬、疾病、子女教育和建房等。贫困农户的生产资金非常短缺,常被生活性支出挤占,其资金需求具有非生产性质,偿还能力也比较弱。维持型农户通常种植附加值高的农作物,或者养殖,还有的经营家庭手工业和家庭工厂,或是出外打工,其收入包括农业收入和非农业收入两类,农业生产与非农业生产同时兼顾。富裕型农户通常经营小型或具有一定规模的企业,或者是外出打工的成功者,富裕型农户主要是农村借贷资金的供给者。

(4) 传统型农户资金需求、过渡型农户资金需求和市场型农户资金需求。这是按所从事生产的种类不同而进行的划分。传统型农户的主要活动是从事农业生产,收入主要来源于农业生产,生产性资金需求较小。过渡型农户从事活动兼有农业生产和非农业生产两种特点,既没有完全放弃土地和农业生产,又从事非农业生产活动,如打工、从事商业活动等,生活资金基本可以自足,有一定的生产性资金需求。市场型农户主要包括家庭手工业、家庭工厂和小型企业,其主要活动是以市场为导向的专业化技能型生产,兼有企业和家庭双重特征,其资金需求很大程度是生产性质的。

(5) 在地农户资金需求、双栖型农户资金需求和离地农户资金需求。这是按农户与土地的关系所进行的划分。在地农户需要土地提供基本生活资料,通常从事传统粮食种植,对土地极为依赖。离地农户通常是经营一定规模企业的企业主、外出打工的成功者,他们已经基本脱离了农业生产,市场化的生产决定其资金收支状况。处于两者之间的是双栖型农户,他们通常拥有非农业收入,或是从事经济种植业,或是外出打工,再就是从事商业、运输或在乡村兴办企业上班等,但非农业收入又不足以让他们脱离农业生产。

（6）"城镇化农户"资金需求、"绝对贫困农户"资金需求及"拐杖农户"资金需求。以农户生存状态和经济行为为标准，把农户大致分为三类：第一类为"城镇化农户"，他们属于按理性投资者原则行事的农户，会合理使用和有效配置其掌握的资源，这类农户可以用公司或企业来刻画。比如，东南沿海经济较发达地区已经实现了城镇化和工业化的村镇农户，经济较为发达，城乡差距很小，已经与传统农民有了很大区别，基本或完全不依靠土地所得。第二类为"绝对贫困农户"，他们追求生存和安全，具有强烈生存取向，宁愿选择回报较低但较为稳妥的策略，也不愿为较高回报去冒风险。比如，西部大部分地区和部分中部地区，农民生活仍处于极度的贫困之中，信息不通畅，交通不便利，教育设施落后，人口流动性极差。第三类为"拐杖农户"，他们依靠土地收入和非农业收入，即"拐杖逻辑"（农业收入加非农业收入，后者是前者的拐杖）支撑下的农户群体。中部地区的大部分地区和西部的部分地区的农户属于此类，绝对比例的青壮劳力通过非农业收入（主要是佣工收入）为家庭制造"拐杖"。显然，三类农户的资金需求各有不同。

（7）农户资金需求的外源性和内源性。农户对资金需求有内源性也有外源性。内源性是由本体内部因素产生或引起的，外源性是指一切非本体的因素，即源自外部而对本体发生作用的因素。农户资金需求内源性是指农户出于自身正常需要而产生的资金需求，农户金融服务需求外源性是指农户受外部因素影响而产生的资金需求。

3. 其他金融服务需求

农户不仅有存贷款需求，也有结算、汇兑、投资、保险、信托、租赁、信用卡、保管箱、有价证券买卖等金融服务的需求。存款、贷款与汇兑是传统的金融需求，一些富起来的农民需要理财，也需要金融机构能提供相应的服务。农户还需要农村金融机构成为投资顾问，加大对农民投资理财的咨询指导，通过储蓄、国债、保险、证券、基金等投资品种，增强投资收益和规避风险，使手中的钱能"生"钱，实现保值增值。

（二）农村企业的金融需求

农村企业主体是民营中小企业，主要分为三类：微型企业、中小企业和龙头企业。农村企业基本上属于中小微企业，尤其是微型企业占绝大多数。从农村企业的行业来看，它们大多从事农产品的生产、加工和流通，以及与农民生活密切相关的建材行业等。

农村企业的资金需求从总体来看，资金需求缺口较大，资金需求满足程度较低。一般来看，规模较大的龙头企业资金相对较为充足，资金需求基本上能够得到满足。而大部分中小企业具有严重的"资金饥渴症"，其资金需求规模大多集中在10万元~100万元，期限也大多在1年以内，借款主要用于满足流动性资金需求，但企业更需要长期生产性发展资金。由于农业的特性，农村企业的资金需求呈现出明显的季节性特征。

对于龙头企业来讲，其金融需求主要集中在资金结算方面，对农业保险也有一定需求，其资金需求特点是金额大、周期长，对利率水平较为重视。

对于农村中小企业来讲，其金融需求主要表现为资金融入、结算和资金融出，以资金融人的需求为主。农村中小企业由于企业规模、贷款条件、提供合格的抵押担保品很难等因素的制约,对其贷款需求的满足程度往往较低。由于企业规模小,其融资需求也相对较小。这种小规模且分散化的金融需求客观上导致农村金融机构经营的高风险。同时,农村中小企业的融资等金融需求往往频率高、随意性大、时间紧,不像龙头企业那样具有较强的计划性,这也增加了农村金融需求的复杂性,加大了农村金融机构对其发放贷款的风险与成本。另外,随着农村经济的不断壮大发展,农村中小企业的保险需求也必然增强。图6-1为农村中小企业可以利用的主要融资方式。

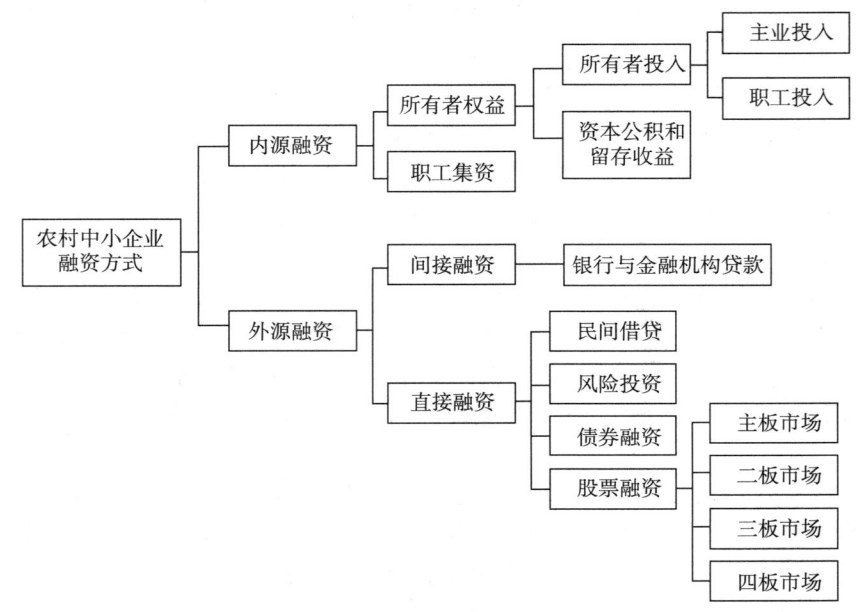

图6-1 农村中小企业融资方式

（三）农村基础设施建设的金融需求

"要想富,先修路",我国农村经济发展落后的一个重要原因就是交通、水电等农村基础设施建设落后。除一般性的为改善农民生产生活条件的基础设施建设外,农业在向现代农业、观光农业、休闲农业等现代都市型农业转型过程中,对于农业产业化、农业综合开发等基础设施的资金需求大量增加,这就需要大规模的资金扶持。这些资金投入一般具有投资期限长、回收慢、收益低、不确定性大等特点,故而大部分只能依靠政策性贷款来解决。由于农村基础设施具有公共产品的特性,只有财政资金与银行政策性资金才会进入,而通过完全的市场化资金运作模式一般都很困难。

农村基础设施建设主要包括为农村提供生产及生活必需的公共设施产品,如水利、交通、教育、医疗卫生等。农村基础设施建设（除水电外）的社会效益大而收益小,资金需求规模大,生产周期长,缺乏抵押担保,是典型的公共产品。农村基础设施建设是制约农村经济发展的主要"瓶颈"（如道路交通等）,但中央和地方政府在财政上往往支持力度不够,因而存在很大的金融需求缺口。

按现在城乡居民实际消费水平计算,我国居民生活消费支出将近3.5万亿元,占目前居民消费总量的26.3%。同时,满足人们进城需要的城市基础设施、公共服务设施和住宅建设等,更具有广阔的增长空间,将为扩大内需提供最强大、最持久的内生动力。

到2030年,我国城镇化率将达到65%左右。① 这意味着在3亿农村人口进入城镇工作生活的同时,城镇化将产生巨大的资金需求,预计社会保障和市政公共设施支出共计将超过30万亿元。当前,我国59%的城镇化率只是达到了世界平均水平,与发达国家城镇化率达到80%的水平相比,我国城镇化水平还相差较大。目前,我国依靠低成本公共服务推动城镇化快速发展的模式越来越难以持续,城镇化发展应该从速度扩张向质量提升转型。

二、农村金融需求的特点分析

(一)农村金融需求主体内部差异较大

我国农村地域广大,东部与中西部、城市与农村、沿海内地与边疆存在较大差距,即使同一地区,主体内部也都存在较大差异。

首先,从农户方面分析,我们可以将农户分为三种:第一种是那些自然经济条件下的农户,这类农户主要分布在西部地区,以贫困地区农户为代表,他们收入有限,对农村金融需求主要集中在小额民间借贷、金融机构小额贷款、政府转移支付资金及各种扶贫资金上。第二种是那些从自然经济向市场经济过渡的农户,主要分布在中部地区。这类农户总体上属于实现温饱的农户,在日常生活和生产活动中,对民间借贷、合作金融机构的小额贷款及其商业贷款有着一定的需求。第三种是现代市场经济条件下的农户,这类农户主要分布在东部沿海经济发达地区,他们除传统的农业生产活动以外,通常还会从事一些低层次的工业生产和服务业活动,对商业性信贷及民间金融有着较为强烈的资金需求。这三类农户由于生产经营环境不同及其观念上的差异,对金融需求必然具有较大差异。

其次,从农村中小企业来看,其内部也存在较大差异。根据规模大小,可以将其划分为不同的类型。随着农村经济快速发展,那些规模较大、在市场上具有较强影响力的中小企业或农业龙头企业,在资金需求方面与一般的工业企业已经没有什么差别。一些农村资源型企业,在市场启动、扩大市场规模方面也需要较多的资金投入,它们对于民间金融、风险投资、商业性信贷及政策性贷款有着较强的金融需求。

最后,对政府而言,其主要承担着农村基础设施建设(其特点是资金投入规模大、周期长、回报低),由于一系列的自然、经济、社会、政策制度等限制,难以获取需要的外部资源供给,从而使其投资不足,市场性投资也因为诸多限制和不利因素的影响而受到抑制,因而对财政性资金和政策性金融有着非常强烈的金融需求。

(二)农村金融需求范围和程度不断增大

一是需求范围不断扩大。首先,从服务对象来看,对于农户而言,不仅生活、盖房

---

① 潘家华,魏后凯. 城市蓝皮书:中国城市发展报告 NO.5 [M].北京:社会科学文献出版社,2012.

建筑、婚丧嫁娶、教育支出、医疗支出等消费活动需要花钱，而且进行农业生产购买生产工具和种子化肥等也要支出。尤其是在近些年，教育成本和医疗成本不断攀升，使上学难、看病难成为整个农村社会的发展之痛。在这种情况下，农民对小额信贷及民间借贷的需求就会越来越大，也显得较为急迫。而农村中小企业，由于农村经济的快速发展而大量涌现，从事农林牧副渔、农工商贸服，不一而足。但由于其经营管理水平、营销能力、产品质量和担保能力等较弱，财务不规范，规模小等，面临着很大的生存发展困难，对于金融支持的需求显得极为迫切。其次，从业务品种来看，农村企业除对传统的存款、贷款、汇兑等基本金融需求外，更出现了农业保险、信托理财、农业投资及金融咨询服务等新的金融需求形式。

二是需求程度深且日益迫切。农村贷款对于缓解农户和企业的资金压力、扩大投资和再生产、改善农村地区基础设施状况等至为重要，货币、资金在当今时代已经深入农村的每个角落，人们生产与生活都离不开它。我国中小企业、小微企业长期以来存在着融资难的问题且一直难以解决，就是其资金需求愿望强烈的重要反映，这一问题仍将在相当长时期存在。

（三）农村金融需求的分散化

以农户为例，长期以来小农经济是我国农村的主要经济特征，因此当前农户的借贷行为仍表现为小农经济下的行为特征。具体说来，主要表现在：一是借款周期短，单笔额度小，借贷期限通常在一年以内。二是借贷用途以消费型借贷和生产型借贷并驾齐驱，前者主要用于生活，婚丧嫁娶等消费借贷，后者主要是农业生产活动和人力资本的投资需要。三是借贷资金主要来源于民间借贷，具有很强的随意性，缺乏规范性和正式性。四是缺乏有效的抵押品，抵押担保不足。目前农户所拥有的房屋及宅基地、土地承包经营权、林权、农机具资产等在许多地区还不能进行抵押融资。五是信贷高度分散化，以户或个人的这种单户经营模式使信贷需求高度分散化，难以有效管理。

三、农村金融有效需求与无效需求

上已述及，我国农村金融主体无论是金融需求范围还是需求程度都是相当大的、相当深的，但这种需求是否是真正的、有效的需求呢？根据近年来我们的调研发现，当前，我国农村金融普遍存在着有需求但有效需求不足的尴尬局面。所谓有效需求不足，是指借款人虽有借款需求，但由于缺乏相应的抵押担保物而不能得到贷款的支持。抵押贷款是目前我国农村贷款最主要的方式，我国商业银行及农村信用社等正规金融机构明确规定，贷款要有相应的抵押物，满足要求者才能得到贷款，不能提供抵押物的则很难得到贷款。因此，当前我国的农村经济主体尽管有着强大的贷款需求，但往往由于达不到相关金融机构规定的贷款条件而得不到满足。

按照正规金融机构规定的判断标准，那些无抵押无担保农户的信贷需求自然被视为"无效的"金融需求。从这种角度来看，大量的农村金融需求之所以被视为"无效需求",实际上并非是没有真实的需求,而是相对供给方的金融机构判断标准而言的。[①] 实际上,在无抵押无担保的农户中,也存在很多拥有很强还贷能力的农户。

判断农户的信贷需求是否是有效需求,金融机构需要走出传统信贷标准的条条框框,要针对中低端农村信贷市场和农村金融政策的现实需要进行更深入的探索创新,从而使那些潜在而巨大的有效需求得到激发和更多的满足。

在现阶段我国农村金融中,抑制农户信贷需求的往往是初始资源状态,左右农户融资来源选择的是成本权衡,阻碍农户扩大再生产的是投资机会和投资能力。处于不同发展阶段的农户,可能面临不同性质的资本约束:陷入"贫困陷阱"的农户,自有资本无法满足基本的生产和生活需要,外部资本的获取能力很差,资本缺口更多的是维持"生活性"的需求(因而弹性很小);对于已经逐渐摆脱"贫困陷阱"进入"自生区域"的农户,虽然通过自身积累增强了资本获取能力,但是在外部商业性正规金融资源依然不可获得的情况下,资本获取能力和速度依然可能远远低于其生产发展的实际所需,资本缺口更多地体现着"生产性"的需求(具有一定弹性);只有当农户成为"高级生产者"(如职业农民、家庭农场主、专业大户等)以后,才会获得正规金融的青睐,从而降低对非正规金融的过度依赖(此时资本需求将具有很大弹性)。

因此,针对现有农村金融机构的"抵押担保"条规,我们认为:第一,将无抵押、无担保等显性资本作为判断还款能力和有效金融需求的标准没有科学性;第二,建立在抵押、担保和现金流等分析基础上的信贷条件不具有普适性,并不适用于中低端农户市场,中低端农贷市场的信贷供给和金融服务必须开发专门的具有一定特色的信贷技术、信贷产品及服务方式;第三,当前农村金融市场竞争不充分,正规金融供给方缺乏专门服务于中低端农村金融市场的动力和积极性,而民营银行、民营企业等则处于跃跃欲试、蠢蠢欲动之中。

四、农村金融需求抑制

从我国农村金融需求的主体、特点及有效与无效需求的分析,以及农村金融供给抑制的主要表现及其原因的进一步分析中,我们可以得出以下结论:我国农村金融抑制不仅存在着供给抑制,也存在着需求抑制。在农村金融需求抑制中,信贷有效需求不足是主要表现形式。下面重点考察当前我国农户这一重要借贷主体的需求抑制问题。

(一)农村金融需求抑制的表现形式

长期以来,我国农村金融一直存在着供给和需求"双重抑制"现象,但近年来,这一状况正在不断改善好转,形式也在发生一些变化。以农户为例,当前我国农村金融需求抑制的表现形式,我们认为主要反映在两个方面:一是随着我国农村经济的不断发展,部分农户有着巨大的和潜在的借贷需求,但对正规金融机构来说大多属于无效的金融需求;二是部分农户借贷需求较少甚至没有借贷需求。只有有效金融需求才能真正反映并满足金融有效供给,反过来也是如此。有效金融需求不足,会极大地抑制并降低农

---

① 陈雨露,马勇. 中国农村金融:现实困局与发展路径 [J]. 货币金融评论, 2009 (12).

村金融供给，导致农村金融的供需在低位徘徊。下面我们同样从农户角度来分析我国农村金融需求抑制的主要原因。

(二) 农村金融需求抑制的原因

1. 农户借贷意愿不强

农户借贷需求主要取决于投资的预期收益率，只有投资收益较高才能激发农户增加融资的力度。投资收益率又取决于农户所借资金的用途，一般来看，从事传统种、养业的农户对资金需求不大，而其他形式的农户如从事经商贸易、农产品加工销售和小作坊工厂生产等，其生产发展意识较强，借贷数额相对较大，借贷意愿相对较强。但总体而言，相对于当前我国农村经济社会发展和农村资金供给，农户借贷意愿并非想象中那样强烈，尤其是在那些偏远落后欠发达的农村地区。抽样调查发现，近年来我国农村约有三分之一的农户向正规金融机构提出过借贷申请，而能够得到满足的不到一半。

我们知道，农业生产是自然生产和经济生产过程的统一。受气候、土壤、水分等自然因素的影响，农业生产一般收益率较低，加之农业生产周期长、风险大，很难对市场信息作出及时的调整，这些因素都意味着农户利用借款进行生产投资面临着极高的自然风险和市场风险，由此也严重影响了农户简单再生产和扩大再生产的投资需求。而非生产性投资（如子女上学、建房、医疗等）基本上是应对农户面临的生活风险的，预期收益率较低甚至为零，以致无法承担贷款利息，出于被迫没有办法不得不借。在这种情况下，农户借贷意愿不强也就可以理解了。

2. 有效抵押担保缺乏，借贷受限

农户虽然在预期收益率较低的情况下对生产性投资不足，从而降低了农户的借贷需求，但在遭遇风险的情况下仍然需要借入资金以渡过难关。不难发现，从正规金融机构和从民间金融市场借入资金有着明显的替代性。

目前，从正规金融机构借款大多需要抵押或担保，但是农户往往缺乏符合金融机构要求的抵押品。由于相关法律及金融机构的贷款要求，承包土地的所有权不属于农民（只有经营权），不能用于抵押，住房及宅基地作为农民最基本的生活保障又很难被剥夺，因而农户可用于抵押担保的有较高价值的资产很少。农户的现实借贷需求或潜在借贷需求难以转化为对正规金融机构的有效需求。

3. 农村经济发展落后

尽管近年来我国农村经济发展较快，但与城市相比，与全国总体经济发展相比，我国农村尤其是西部农村经济发展显得较为滞后，从而拖住了改革发展的大腿，影响了国家的现代化进程。当前我国农村多数农户收入仍然较低，货币性收入少，缺乏财产性收入，消费能力较弱，因而经济容量十分有限。农户是理性人，在认识到农村地区经济容量有限时，不会盲目扩大对农业生产和非农业生产的投入。可见，由于农村经济发展落后，导致农民收入增速缓慢等，不仅抑制了农户生活消费的资金需求，也抑制了农户对生产性资金的需求。

4. 土地制度和社会保障制度制约

我国是一个地少人多的国家，现行农村的土地制度是按照人口来分配的，土地被分割成小块,农户进行农业生产没有规模效应。而且,农村地区社会保障体系不完善,土地是农户唯一的保障,农户不会轻易转让土地,当通过土地获得的收入不足以满足生活需求时,农户更倾向于通过其他途径获得收入,如外出打工等,而不是增加对农业生产的投入。另外,随着农村劳动力向城镇转移,农村人口加速老龄化,在满足温饱需求后,中老年农村居民大多没有进一步改善自己生活状况的需求,从而没有投资和消费的动力。

五、现阶段农村金融需求的可喜新变化

(一) 消费信贷需求愿望增强

近年来,国家相继出台了家电(如彩电、冰箱、洗衣机等)下乡、汽车下乡和小型农机具下乡等活动,农民为扩大粮食种植面积、降低劳动强度、提高生产效率、改善生活和生产条件,购买小型农机具及汽车、摩托车的愿望强烈,由于这些农机具(包括汽车等下乡产品)价格较高,依靠农民自身积累难以购置。因此,国家出台了相应的补贴和消费信贷等措施。在脱贫攻坚和精准扶贫中,贫困户要实现"两不愁三保障"(吃、穿不愁,义务教育、基本医疗和住房安全有保障),其中最大的消费需求是危房改造和异地搬迁住房贷款需求,这些为农民进一步增加信贷需求提供了重要机会与保障。

(二) 农户生产扩大,贷款需求增加

随着我国农村经济的快速发展,农村规模化、集约化、专业化生产经营已经成为当前农村经济发展的新模式。农村种养专业户、专业大户、家庭农场、联户经营的不断增加带来生产经营信贷需求的大幅上升。

(三) 专业合作社信贷需求突出

近年来,农民专业合作社发展迅速。农业农村部统计,截至2018年2月底,我国依法登记的农民专业合作社达204.4万家,是2012年的3倍;实有入社农户11759万户,约占全国农户总数的48.1%;每个村平均有3个农民专业合作社。农民专业合作社或农民合作社已成为我国农村重要的经营主体之一。近年来的实践证明,农民专业合作社是解决农村金融需求不足的有效途径,也是我国大力发展现代农业、振兴农业的组织基础和重要保证。

(四) 农民工创业贷款需求增加

如何引导农民工重新上岗和返乡创业,维持社会稳定,是各级政府必须关注和解决的重要问题,目前国家已对符合农业产业化和农村经济发展、回乡创业的农民和妇女创业,优先给予贷款,享受贴息条件,这将增加农民的贷款需求。

(五) 农村基础设施建设贷款需求强烈

众所周知,我国农村尤其是中西部农村地区,基础设施建设严重滞后,基础设施规模小、水平低、配套陈旧问题明显。为改善农村面貌、农业生产条件和农户生活环境,搞好新农村建设,必须进一步加大基础设施投入力度。但由于农村基础设施投资存在规

模大、时间长、收益低和回报慢等特点，除政府作为重要投资主体外，还需要企业和农户等各方共同努力，从而增大了对银行贷款的需求。

（六）农村保险需求不断增强

随着我国农村经济的迅速发展，农业现代化的不断推进，农民收入及其保险意识的不断提高，对保险的需求会越来越强烈，投保参保的积极性也会越来越高。

以上是我国农村已经和正在出现的金融需求新变化，这些新的积极的变化必将对我国农村金融有效需求的持续快速增长产生强大的拉动作用，从而逐渐改善农村金融需求抑制状况。

六、我国农村金融需求的发展趋势

四十多年的农村经济改革，使我国农村经济社会发生了深刻变化。传统的小农经济状况正在发生改变，农业企业尤其是农业龙头企业、农民专业合作组织、专业大户、家庭农场等新型农业经营主体已经和正在形成并得到较快发展，农地集约化经营等规模经营模式逐渐成为趋势。总的来看，随着农村的城镇化，农业的产业化和现代化，以及农民的市民化[①]，"三化"（城镇化、工业化、市民化）必然形成强大的农村金融需求，进而成为解决"三农"问题的最重要推动力量。

（一）农户贷款需求由传统农业向第二、第三产业融合发展

目前，一些农户对种植业，养殖业，农产品初加工、深加工等方面的资金需求较为强烈，借款额度也从原来的几千元、上万元发展到10万元甚至更多，使传统农业向农业产业化、规模化、现代化和特色化发展，向第二、第三产业延伸融合发展。

（二）农户贷款需求由传统农业向生产经营型发展

在农业产业经济结构调整较好的地区，农户已开始向个体工商经营、运输、仓储、加工等领域深化，特别是随着土地流转速度加快，土地这一被认为是农民"命根子"的最重要的资源要素正在逐渐向种田能手、大户与公司集中。随着国家惠农、富农、强农政策的不断实施，农民文化科学知识的普遍提高，农业技术的发展与提高，农村富余劳动力的大量转移，农民增收方式由单一型转向多样化，这些使农户对生产经营发展的资金需求越来越大。

（三）农户贷款需求由短期向中长期贷款转变

随着农户借贷需求由传统生产型向生产经营型转变，其贷款期限的短期性已经不能满足实际需要，尤其是各种农业基地的建设，期限较长，这就需要与之适应的中长期贷款的支持。随着农业经济结构的调整和新技术的应用，农业生产也不再局限于春种秋收，尤其是温室大棚里经济作物的生产。生产组织形式也由一般农户向专业户、

---

① 农民市民化，指的是在我国城乡统筹、新农村建设中，借助于工业化和城镇化的推动，让世世代代生活在农村的广大农民逐渐离开土地和农业生产活动而进入城市从事非农产业，其身份、地位、价值观念及工作方式和生活方式等向城市市民转化的经济社会过程。

专业大户、家庭农场、专业合作社、农业企业和公司等发展，而且不同阶段对资金的需求是完全不同的，再加上农业产业化所带来的产业链条的延长，使资金需求从生产环节一直延伸到产、供、销的各个环节，如果某个环节缺乏相关配套的资金支持，其生产经营循环就会受到影响，由于延长了对资金的需求周期，也就需要更多的中长期贷款。

（四）农户需求结构由生产性需求向消费性需求转变

据抽样调查，某地传统农户、种植户和养殖户（农村个体工商户除外），其2011年的支出情况是：农户全年总支出中生产性支出占其全部支出的28.7%，而用于消费等非生产性的支出则达到71.3%，其中仅子女上学就占全部支出的24.2%。可见，一些农村对消费性资金的需求远大于对生产性资金的需求。

（五）农村资金需求量在不断增大

随着农村产业不断升级、结构不断调整及农村生产经营方式的转变，农业生产从原有的简单再生产转向扩大再生产，并由发展劳动密集型产业向发展资金技术密集型产业转变，生产经营方式也由粗放型转向专业化、规模化、集约化经营，农业生产的组织化程度提高，以及美丽乡村建设等，这些都对资金产生越来越强大的需求。

（六）借贷渠道由单一渠道向多种渠道发展

农村信用社一直是农村各类经济主体资金借贷的主渠道，但近年来中国农业银行、农村商业银行、中国邮政储蓄银行和中国农业发展银行的涉农贷款也在逐渐增加，加上村镇银行、小额贷款公司、农村资金互助社三类新型农村金融机构的不断发展，以及农村民间借贷的愈趋活跃。可以预见，各种正规与非正规金融、官方与民间金融、直接与间接金融的紧密结合、联合互动，将大大丰富我国农村金融的融资渠道，并使其焕发异彩。

（七）农村金融需求在产品服务上日益要求多功能

农村经济的快速发展，使一些中小企业除常规的存款、贷款、结算等一般性金融服务外，还需要保值增值、方便快捷、规避汇率风险、市场风险的多种金融产品与服务。同时，广大农民除传统的信贷需求外，尤其需要各种贴身打造的既符合本地实际又能满足农户需求的信贷、保险、汇兑与结算产品与服务，尽可能实现一条龙、全方位、多样化、便捷化的金融服务。

第三节　农村金融供求失衡及其原因

一、我国农村金融供求的总体特征

1. 农村金融"二元结构"现象突出

"二元结构"问题是由著名发展经济学家海拉·明特（Hyla Myint）于1964年提出

来的，是指在一些地区正规金融与非正规金融并存。当前我国农村正规金融与非正规金融并存，而且非正规金融已成为农村金融的重要渠道，在满足农村日益增长的金融需求、弥补资金缺口方面发挥着十分重要的作用。我国农村"二元结构"问题主要来源于政府管制、农村金融市场发育不全、农村经济发展的区域性失衡和农村金融机构布局上的区域性失衡等方面。

2. 农村金融供给与需求"双不足"

当前我国农村金融供给与需求存在"双不足"。"双不足"简单地说是指，有需求但有效需求能力不足，有供给但供给动力不足。所谓有效需求能力不足或有效需求不足，是指借款人因无有效担保抵押物而致需求不足。所谓供给动力不足或有效供给不足，是指涉农金融机构有资金供应能力但因风险高、收益低甚至亏损以及体制、机制等方面的原因而不愿意多发放贷款。"双不足"使我国农村金融供需水平下降，对农村经济的支持力度减弱。

3. 资金供需缺口大、结构不平衡

从信贷上看，现有信贷供给远难以满足农户、企业和农村基本设施建设的需求。从机构上看，农村金融机构发展不足。一方面，农村金融机构数量少，一些偏远贫困地区甚至还存在金融机构网点空白；另一方面，农村金融机构中信贷机构较多，而农村保险、担保、信用评估及其他农村金融机构数量少甚至没有。从产品上看，信贷产品供给较多，而保险、理财、证券投资等产品则比较少。

二、我国农村金融供求失衡及其表现

农村金融供求一般有三种形态，即供给小于需求而形成供给不足、需求过剩，供给大于需求而形成需求不足、供给过剩，供给与需求基本一致而形成供求均衡。一般情况下，农村金融供求大多处于失衡状态，且往往是供给不足。所谓农村金融供求失衡，即是指农村金融供给与农村金融需求的不平衡。

我国农村金融供求失衡主要表现为总量失衡和结构失衡。

（一）总量失衡

我国农村金融供求总量失衡主要反映在农村金融巨大的供求缺口和农村金融机构巨大的存贷差额两个方面。

1. 农村金融供求缺口巨大

有专家运用戈德史密斯理论描述和测算了1991—2004年我国农村金融的理论融量和实际融量，得出的结论是，我国农村存在巨大的金融缺口并有逐年扩大的趋势。2005年全国农村资金需求总量近4万亿元，同期资金供给总量为2.7万亿元，供求缺口大约为1.3万亿元。近年来，有专家估计我国农村金融的资金供求缺口达到数十万亿元之巨。虽然没有明确的官方统计数字，但众多学者和机构研究都表明，当前我国农村金融的资金供给量远小于农村金融的资金需求量，供求缺口巨大是基本事实。

2. 农村金融机构存贷差额巨大

在 1994 年以前，我国金融机构的贷款余额一直是大于存款余额的，存贷差①多年为负值。1994 年以后，我国金融机构存款余额迅速攀升，存贷差开始转为正值。尤其是 1997 年以后，一方面国内出现内需不足、投资乏力现象，储蓄积累总量急剧上扬，到 2003 年底，我国金融机构存贷差达到 4.9 万亿元，2004 年达到 6.3 万亿元，到 2017 达到 43.67 万亿元。另一方面，在农村吸收的存款，越来越多的没有用于农村贷款，而是通过各种渠道转移出了农村。

（二）结构失衡

农村金融供求结构的失衡主要表现在信贷资金使用用途结构失衡、信贷额度结构失衡、信贷期限结构失衡和金融产品供求结构的失衡。

下面以农户为例进行简要分析。作为我国农村金融最基本的需求主体，农户既是独立的生产实体，又是最基本的消费单位；既是农村资金的供给者，又是农村金融的需求者。由于农户在收入水平、文化程度、年龄结构、收入水平、土地的经营规模及所从事的具体生产经营活动等方面存在差异，因而其金融需求呈现出多样化和个性化的特点。不仅有贫困农户对维持生活开支、小规模生产经营的资金需求，还有一般收入水平农户的经营性资金需求，不仅有专业户对规模化种养、专业化生产的中小额贷款、结算、金融咨询、租赁、保险等需求，还有因教育、医疗、住房等事件而产生的助学贷款需求、医疗贷款需求、住房贷款需求等。种种金融需求，使金融机构难以满足。正规金融机构对借款人使用贷款的用途有明确规定，且期限接近生产周期长度，这就使农村金融机构的供给与农户的金融需求容易出现用途、期限和产品交易对象上的错位：一方面是广大农户多样化的金融需求和期限较长的借贷需求；另一方面农村金融机构却难以随着农户和市场需求的变化去提供相应的供给从而满足其需求。

三、农村金融供求失衡的宏微观原因

（一）政府对农村金融的认识不到位

多年来，在我国农村经济与金融发展的关系中，我们已经形成了这样的认识误区，认为金融只是金融部门的事情，因而农村经济发展中资金短缺问题是金融机构支持不力造成的。从我国涉农金融机构多年来的支农情况看，其支持力度与业务范围也是尽可能地在满足"三农"的有效资金需求。值得注意的问题是，为什么金融机构大多不愿意支农，特别是不愿意在农村贫困地区设立金融网点，显然是因为经营上不能盈利甚至亏本。事实上，农村金融进而农村经济发展不只是涉农金融机构的分内之事，更需要政府观念的转变，更需要政府的大力支持。尽管近年来各级政府也意识到这一问题并加大了财政投入，但相对于城乡"二元结构"的固化顽疾，相对于"三农"的资金渴求，相对

---

① 存贷差，即某一时点上金融机构存款余额与贷款余额之间的差额，如果存款大于贷款为存差，贷款大于存款为贷差。

于现代化新农村建设的要求，相对于城乡统筹一体化目标的实现，还有相当大的差距。因此，作为政府来讲，一是在观念上对农村金融要有高度认识且高度重视，农村金融不光是涉农金融机构的事，更需要政府的鼎力支持。二是在行动上要出台一系列的支持、鼓励政策措施，加大财税支持力度，积极引导鼓励民间资本进入并为其提供一切可能的条件，这是解决"三农"融资难、融资贵、服务差等问题的关键。

（二）农村金融体制不顺与机制不活

从农村资金供给远不能满足需求的现实，可以看出我国农村金融存在着体制机制等制度上的深层次问题，即体制不顺、机制不活。

1. 体制不顺的主要表现

一是所有制歧视，对国有的（农村信用社是准国有的）、正规的、正式的金融机构高度重视，而对民间金融的发展不够重视；二是多元竞争主体难以形成导致农村金融市场的高度垄断，金融服务质量与效率较低；三是混乱不清的管理体制使省、市、县直到基层各分支机构越到下面，权责关系越不对等，定位分工不甚明确，外在附加职能较多，在一定程度上干扰了金融机构正常业务的开展。

2. 机制不活的主要表现

一是金融机构不能根据自己的实际情况制定自己的利率优惠范围与弹性空间；二是竞争机制、激励机制尚未真正建立起来，农村金融服务缺乏必要的适度的竞争，服务自然就会打折扣，发展就会受到影响；三是金融机构的内部机制及金融机构之间的合作协调机制没有建立起来，也制约了金融机构作用的发挥。现行农村金融体制、机制所存在的诸多问题，极大地制约了农村金融发展，要进一步深化改革，就必须创新农村金融体制机制，在金融制度上进行突破和创新。

（三）农村金融服务模式与方式创新不够

近年来，我国农村金融服务已探索出一些新模式和新方法，如"公司＋农户＋资金＋技术"模式、"农户＋扶贫互助资金＋技术"模式、"专业合作社＋联保贷款＋贷款保证保险"模式、"专业合作社＋农户＋资金"模式等。这些新模式、新方法在一定程度上对解决"三农"贷款资金需求起到了很好的作用，但是与农村金融服务的需求相比还远远不够。另外，农业保险、农村医疗和社会保障的覆盖面及其效率，在一定程度上也抑制了农村金融的需求，再加上农村资本市场的严重落后，也极大地制约了农村经济的发展。

（四）缺乏有效的担保抵押物

正规金融机构贷款要求有担保抵押，然而在农村地区无论是农户、中小企业还是农业其他项目贷款，受到最大的约束就是缺乏有效的担保抵押物。农户贷款难，究竟难在哪里？我们认为，难就难在农户缺少可供抵押的资产。根据我国《担保法》规定，耕地、宅基地、自留地、自留山等集体所有的土地使用权不得抵押，上述法律的种种规定限制了土地经营权等作为抵押的可能。而农村中小企业资金一般主要用于维持正常运转，生产设备及技术改造投入相对不足，厂房用地多是集体用地或宅基地，属于"边界纠纷"的土地产权，加之土地、厂房所有权证不全，不符合抵押贷款条件，不能作为抵押资产，再加上中小企业大多资产少、实力弱，资信度低，财务制度不规范、不健全，故很难获得有担保资格的单位、合作组织或个人出面为其担保或相互联保，致使其很难获得正规金融机构的贷款。

（五）信息不对称

目前，我国农村中小企业信贷市场存在着严重的信息不对称。具体表现在两个方面：一是贷前信息不对称，即农村中小企业申请贷款时，其对投资项目的潜在风险、预期回报及自身的经营管理能力要比发放贷款的金融机构清楚得多。二是贷后信息不对称，即农村中小企业在贷款后的选择行为信息非对称。农村中小企业受利益驱使，获得贷款后，可能改变贷款资金用途而去从事更高风险的其他生产经营活动。信息不对称，易造成道德风险，从而加大信贷违约风险。

（六）民间资本借贷渠道受限多隐患大

我国民间资本规模巨大，但还远没有被时代与政策真正唤醒而积极参与到农村金融市场中，这也是现有农村金融资源不足的一个重要原因。

1. 民间借贷利率偏高，借贷风险较大

由于民间资本借贷的利率偏高，使农村中小企业与农户融资成本增大，如果不能按时还本付息，容易引发债务风险。由于民间资本借贷控制风险的能力主要以地缘、亲缘约束为主，绝大多数民间资本借贷在放款前利用地缘、血缘等亲近关系对贷款人及其资金用途比较了解，而对贷中和贷后缺乏持续动态跟踪，更难有效监督，随着借款对象借款规模的扩大及借款对象流动性增加，更容易导致民间资本借贷风险难以控制。

2. 民间资本借贷容易发生市场风险和法律风险

目前，我国民间资本借贷的相关法律法规仍未出台，对民间资本借贷缺乏规范、有序的管理，致使民间资本借贷机构的融资行为与非法吸收存款、非法集资等行为的性质难以明确区别，导致一些不法中介机构将民间资本借贷资金投入违法活动或从事违规投资活动有可乘之机，致使民间资本的借贷资金存在市场风险和法律风险。

3. 资金借贷运作不规范

目前，我国出台了一系列关于村镇银行、小额贷款公司等金融机构的相关法规，但对于民间资本借贷相关的法制建设依旧落后，民间资本借贷大都徘徊在"合法"与"非法"之间，由此导致运作不规范，容易发生纠纷，影响社会稳定，甚至导致部分民间资本借贷机构受利益驱动，从商业银行、农村信用社等正规金融机构低息获得贷款，转手高息放贷，谋取利率差价。

（七）农村企业自身障碍

1. 资本积累相对偏少，抵御风险能力较弱

我国农村小微企业、中小企业绝大多数是家族企业，且在创业时期的资金来源主要靠自有资本积累，即以家庭储蓄资金积累为主，一旦经营风险来临，其抵御风险的能力显得特别弱小。

2. 企业资金需求渠道单一，对外部的资金需求动力不够

我国农村小微企业主要是以家庭自身的资金积累进行投入，只有当企业在生产经营规模不断扩大出现资金短缺时，才借助亲朋好友等的资金支持来解决资金缺口，企业一般不会积极主动地寻求其他融资方式，如向农村信用社、中国农业银行、村镇银行、小额贷款公司等借款，以解决资金不足，但是在中东部地区和农村经济较为发达的地区，这种情况可能会好一些。因此，农村小微企业尤其在创业阶段时，资金需求渠道单一，对外部资金的需求动力不够，只有当企业不断发展及资金缺口较大时，才会寻求上述不同的融资渠道获取所需资金。

3. 企业承担的融资成本有限

由于农村小微企业规模小，生产经营能力非常有限，生产经营风险较大，企业获利能力偏低，企业所能承担的外部融资成本非常有限。企业的融资成本包括显性成本和隐性成本。显性成本主要是企业获取贷款资金的利率水平，而隐性成本是企业获取贷款时所发生的相关成本，如贷款审批的时间长短、贷款所需资产的抵押担保要求、取得贷款的资金用途监管力度、人情关系等。如果企业从外部获取资金所需的利率水平与企业获利水平接近时，企业将会减少贷款的数额，甚至放弃外部融资。

4. 企业资信水平偏低，财务制度不健全，信用意识淡薄

由于多种原因而存在的农村中小企业、微型企业的财产不能作为有效抵押，财务制度不规范、不健全，以及信用意识较为淡薄，也是导致其贷款难、融资难的重要原因。

（八）农村金融生态环境不理想

尽管多年来各部门一直在努力，但我国至今尚未建立起统一的、完善的、权威的社会征信体系，信用缺失问题仍是一个社会难题。另外，贷款对象金融意识较弱、信用意识淡薄、信用观念落后，同时政府在政务环境、市场环境、信用环境、法制环境、经济环境等提供与创造方面，也还存在诸多问题，由此使我国农村金融生态环境处于低层次、超稳态、不理想状况。

关键术语

农村金融供给　农村金融需求　农村金融供求失衡　正规金融　非正规金融　农村金融有效需求　农村金融无效需求　存贷差　存贷比　存差　贷差　农村民间借贷　农村金融抑制　农村金融供给抑制　农村金融需求抑制

复习思考题

1. 我国正规农村金融供给主体主要有哪些？
2. 我国农村金融供给现状与问题主要有哪些？
3. 简述我国农村民间借贷的主要特点。
4. 我国农村金融需求主要包括哪些？
5. 简述农村金融供给抑制的主要表现及其原因。

6. 简述农村金融需求抑制的原因主要是什么?
7. 试述当前我国农村金融需求的特点及发展趋势。
8. 试述我国农村金融供求的总体特征。
9. 试述我国农村金融供求失衡的表现形式。
10. 结合实际谈谈我国农村金融供求失衡的原因主要有哪些。
11. 你认为应如何有效解决我国农村金融供求失衡问题?

第七章

农村金融风险与监管

农村金融活动在促进农村金融资源配置，进而促进农村经济发展的同时，也存在着各种风险。因此，农村金融风险的管理，对于农村金融市场与农村金融机构的健康发展意义重大。本章主要对农村金融风险的定义、分类、成因及其监管进行阐述。需要说明的是，本章关于农村金融机构的风险管理理论基本上围绕着商业银行来展开，关于风险管理基本理论、金融机构风险管理的组织结构、风险度量、风险管理与监管等问题的讨论均以商业银行业务为核心，其原因主要是基于两个方面：第一，我国农村开展金融业务提供金融服务的金融机构以商业银行为主；第二，金融风险管理理论源自商业银行，然后逐步为证券、保险等其他金融机构所借鉴和应用。

第一节 金融风险管理与监管理论框架

一、风险的定义

风险是我们生活中常说的一个词语，关于风险，人们有很多说法，如"高风险高收益""分散投资可以降低风险"等。尽管风险这个词语经常被提到，但是究竟什么是风险呢？日常生活中这一概念的含义是模糊的，即便在学术界，关于风险的定义也没有统一而又准确的界定。目前认可度比较高的定义是："风险是指未来结果的不确定性。"

对于该定义，我们可以从下面三个方面去理解。

其一，风险指的是未来结果的不确定性。它强调的是处于不确定未来的这样一个状态，对未来结果无法确知。如果未来将要发生的事情是我们确知的，那么这当中就不存在风险。如果未来将要发生的事情可能这样，也可能那样，而究竟会是怎么样，现在无法确切知道的这样一种现状，我们将其称为风险。

其二，这种不确定的结果既有可能带来损失，也有可能带来收益。有些文献中关于风险的描述只强调未来结果中带来损失的部分，带来收益的部分不认为是风险。多数文献认为，无论将来是损失的可能还是收益的可能，都归于风险范畴，比如股票，无论将来价格是上涨还是下跌的可能性，都归入风险范畴。这种把双向变动都归入风险范畴的做法是较为科学的。

其三，风险与信息有着密切的关系。对于某件事物，人们掌握的信息越多，该事件未来的不确定性通常越低，掌握信息越少，不确定性越大，从而风险越大。在玉石交易中有一种活动叫作"赌石"，即玉石的买卖者就一块毛坯石材进行交易，石材在没有切开前里面有没有玉双方事先都不知道。在未切开的情况下进行交易，双方的风险都很大。但如果切开后再交易，那就不是"赌石"了。那么在"赌石"活动中，由于对石材内部的信息掌握较少，买卖双方只能凭借自己的经验进行判断，因而风险很大。这就给我们一个启示，掌握更多的信息是减少风险的一种方法。在信贷活动中，金融机构的信贷员作尽职调查，就是为了更多地掌握借款人的信息，从而减少贷款风险。

二、金融风险的特征及分类

与一般的风险相比，金融风险具有其自身特有的一些性质，这些性质对于我们认识金融风险和管理金融风险有着重要的意义。

（一）金融风险的特征

1. 客观性

金融风险是客观存在的，只要存在着金融活动，有金融业务的地方，就存在金融风险。无论金融活动的参与者是否认识到、是否承认，金融风险都是存在的。金融风险的客观性也提醒我们，我们应该像自然科学领域认识自然认识世界那样去认识客观存在的风险。

2. 隐蔽性

金融风险是客观存在的，但是常常很难被人察觉，在金融风险爆发出来并造成较大损失之前，往往不是逐渐暴露出来，而是隐蔽着不为人知。风险本身就是未来结果的不确定性，对未来结果无法确知的状态在某种程度上造就了风险的隐蔽性，在造成损害前，人们并不知道它会带来这样的结果。金融活动中存在着信息不对称，这也使金融风险出现之前人们很难认识到。金融活动中的创新层出不穷，各类新型金融业务，新型金融产品不断推出，而对新业务新产品所带来的金融风险的认识则落后于其发展，这也使与新业务新产品相关的风险隐蔽不为人知。人们的认识能力有限，目前对于金融的研究远远达不到成熟完善，对风险的认识、风险管理技术的开发，还有很长的路要走，这也是金融风险隐蔽性的原因之一。

3. 扩散性

金融活动连接着经济的方方面面，因此当金融活动出现问题时，其影响面是非常广的。这一点是金融风险与一般性风险的巨大差异。经济活动中一般的企业、一般的经营活动出现问题，往往影响范围有限，其结果也就是个别的企业倒闭。而金融体系中，若是个别或部分金融机构或者金融业务出了问题，有可能影响到其他金融机构和其他企业，并迅速扩展到宏观经济社会的各个方面，甚至可能引发局部或全面的经济和社会危机，其扩散之快、范围之广、影响之大难以预料。

4. 可控性

金融风险虽然会带来损失，但是面对金融风险，我们并非束手无策。金融风险是可以认识、可以采取一系列措施加以防范控制的。金融风险如同自然界的其他事物一样，其性质特点、发生发展的规律是可以被我们逐步认识的，在金融风险发生之前，我们可以采取措施降低其发生的概率，在金融风险事件发生之后，我们可以采取措施减少其带来的损失。

（二）金融风险的分类

金融风险可以按照不同的标准从不同的角度进行分类，准确的分类有助于我们认识风险、分析风险和管理风险。金融风险的分类主要有三种：按照风险是否可以通过分散化加以消除，分为系统风险和非系统风险；按照风险形态，可以分为信用风险、市场风险、操作风险、流动性风险、法律风险、国家风险、声誉风险、战略风险；按照金融风险承担的主体可以分为金融机构风险、企业金融风险、居民金融风险、国家金融风险。

三、金融风险管理的基本步骤

金融风险管理的工作应该遵循一定的工作流程，先做什么，后做什么，都有一定的规律或者逻辑关系。较为成熟的金融风险管理工作流程可以概括为四个主要步骤：风险识别、风险度量、风险监测和风险控制。

1. 风险识别

金融风险管理的第一步是风险识别。可以设想一下，如果一家大型金融机构的风险管理工作交给你管理，最先应该开展的工作是什么呢？首先，你必须先了解这个金融机构哪些地方存在风险，存在着什么样的风险，只有清楚地了解风险所在，才有可能进行后续的风险管理，这是所有风险管理的基础性工作。我们将这种找出风险因素、对现存风险进行分类并初步预估风险大小的工作称为"风险识别"。

风险识别工作的开展有着科学的方法，根据金融风险的分类，可以采用财务分析法、失误树分析法、分解分析法等分析方法对考察对象进行风险识别工作，制作出风险清单。

2. 风险度量

风险度量又称为风险计量、风险评估等，是指在风险识别的基础上，对考察对象所面临的风险大小进行量化评估。风险识别出来后，要开展后续的管理工作，必须知道风险的大小，是否在我们可以承担的范围内，如果超出了经营目标所能接受的范围，那么就要采取相应的风险控制措施。因此风险度量是对风险现状的直观描述，也是下一步风险管理措施的依据。

根据金融业务性质的不同、规模和复杂程度的不同、风险类型的不同，应采取不同的计量方法来对风险进行度量。由于我们将风险定义为未来结果的不确定性，而概率论则是分析不确定的数学工具，因此在风险度量领域，概率论的相关理论和方法大量被采用。

3. 风险监测

在风险识别和风险度量的基础上,需要对风险的变化进行日常实时的监控,监测已经量化的风险指标以及未经量化的风险因素的变化,据此提出风险预警,这一过程我们称为风险监测。

从定义上看,风险监测是一个动态、连续的过程,其内容至少应该包括以下四个方面:

(1) 对于已经识别出来的、可量化的风险点,需要连续跟踪其发展变化情况。对于可量化的风险点,可以像天气预报中监测气象指标那样,对风险的量化指标进行日常的监测。

(2) 对于不可量化的风险点,也要采取措施跟踪其性质的变化发展情况。

(3) 除了对已经识别出的风险点进行监测,还要随时跟踪监测新增风险因素的变化,对新增风险进行及时的识别分析。

(4) 对于可量化的风险指标,可以将监测结果与事先设定指标区间进行比较,确定风险变化已经到了某种严重程度。对于不可量化的风险指标,也可以通过对其性质变化的分析将其归属于事先设定的某种程度的风险状况。对于这些定量或定性的监测分析结果,应该形成规范的风险报告,为进一步的金融控制措施提供依据。

4. 风险控制

风险控制是指在风险监测的基础上,对于金融风险通过采取风险分散、风险对冲、风险转移、风险规避和风险补偿等方法或者通过某种专门针对风险管理的金融工具,进行风险管理的过程。

风险控制是一个主动的过程,这一过程应包含两个阶段:在风险事件没有发生之前,风险控制的着眼点在于如何降低风险事件发生的可能性,降低未来结果的不确定性;当风险事件发生后,风险控制的着眼点则在于如何降低事件带来的实际损失,并防范此类事件再次发生。

风险控制的具体措施可以是风险分散、风险对冲等类似的方法和策略,也可以是通过在金融市场上交易某种专门用于风险管理的金融工具。随着金融市场的发展,将来会出现大量可以用于管理信用风险、市场风险的金融工具。这些工具用好了,可以成为风险管理的利器,用不好,也可能成为金融风险的源头。

四、金融风险管理的主要策略

金融风险管理的策略是指我们面对金融风险,在事前采取什么样的方法将风险控制在可以接受的范围内,在风险与收益之间求得平衡。金融活动的参与者究竟应该采取什么样的策略来管理风险,如何在风险和收益之间找到平衡,取决于参与者的风险偏好和风险管理的目标。撇开金融活动、金融参与者的具体特性不谈,就一般性而言,金融风险管理主要有风险分散、风险对冲、风险转移、风险规避和风险补偿五种策略。

1. 风险分散

风险分散指的是通过分散化的投资组合、分散化的业务组合来达到分散风险的策略。在人们对投资活动的认识中,有"分散投资可以降低风险""不要把所有鸡蛋放在一个篮子里"等说法,这些说法构成了风险分散这一策略的理论基础。马柯维茨的资产组合选择理论将上述说法进行了理论提炼,该理论认为当人们将资金分散投资于不完全正相关的多种资产时,可以降低资产组合的非系统性风险并直至消除。

在金融机构的具体业务活动中,交易对手的多样化选择、业务活动的多样化选择、资金投向的多样化选择都是风险分散的具体运用。比如,商业银行将贷款分散于多个行业、多个地区、多个贷款对象,这就是风险分散策略的具体体现。

2. 风险对冲

风险对冲策略指的是通过增加新的业务活动、购买新的金融资产,与原有的业务、原有的资产形成此消彼长的关系,从而达到冲销原有风险、抵补原有潜在损失的效果的做法。在金融活动中,有些业务的盈亏方向是相反的,有些资产的盈亏方向也是相反的,在业务组合中,只要适当地配置这些业务和资产,就能达到彼此对冲风险的效果。比如,某商业银行有一笔净美元负债暴露在人民币兑美元的风险中,美元升值,其债务折算成人民币价值上升,从而增加其债务。如果该银行增加同样数量的美元资产,那么就可以对冲美元兑人民币的汇率风险。将来若美元升值,其资产和负债的人民币价值同步上升,若美元贬值,其资产和负债的人民币价值同步下降,汇率的变化不再对其资产负债的总体价值造成影响,这种增加美元资产的做法就形成了对美元负债的风险对冲。

风险对冲有被动对冲(自我对冲)和主动对冲(市场对冲)两种。被动对冲指的是金融机构的业务活动中,资产负债中本身就存在着收益负相关的项目,自动形成了风险的对冲。主动对冲则是指通过在金融市场上利用金融产品对现有资产负债进行风险对冲,所以又被称为市场对冲。随着金融风险管理活动的需求不断增长,市场上出现了大量可用于对冲风险的各类金融产品和金融衍生产品,风险对冲策略也被大量频繁地运用于信用风险、市场风险等风险的管理活动中。

3. 风险转移

风险转移策略是指当金融参与者无法承担相应的金融风险时,通过某种金融业务或金融产品将风险转移出去,由其他经济主体来承担的做法。

保险业务本身就是一种风险的转移方式。普通居民向保险公司购买健康保险,就是将健康恶化带来经济损失的风险转移给了保险公司。金融机构如果向保险公司购买保险,对自己的金融业务将来可能发生的损失进行投保,这样就将风险转移给保险公司来承担了。

除保险方式转移风险之外,金融机构还可以通过非保险的方式来转移风险。金融机构通过资产证券化,或者购买某种金融衍生产品,都可以达到将风险转移出去的目的。

4. 风险规避

当金融机构觉得某笔业务的风险超出了其承受范围,拒绝参与该笔业务的交易,这就是风险规避的做法。风险规避是风险管理中的一种消极管理方式,与其他风险管理策略相比较而言,是最为保守和谨慎的。某个客户向商业银行提出贷款申请,该客户的信用等级比较低,资金贷给他后收不回的概率很高,那么商业银行会拒绝提供贷款,这就是风险规避的做法。在投资活动中，股票的价格波动比较大，债券的价格波动比较小，那么不参与股票交易，只买卖债券，这也是风险规避。

5. 风险补偿

对于无法规避又无法对冲和转移的风险，金融机构采取提高价格的做法就是风险补偿。比如，对于那些信用等级较低的客户，必须提供贷款给他时，商业银行提高贷款利率，贷款利率高出其他高信用等级客户的部分，就形成了风险补偿。风险补偿的做法，不是在某一单笔业务上能体现出来的，而是从概率的角度来看的一种补偿。比如，对低信用等级的客户要求更高的贷款利率，不是对某一客户多收的利息能补偿可能的损失，而是对这一类客户都收取较高利息的话，如果将来这一类客户中，某个客户发生违约了，给银行带来了损失，那么在其他同类客户中多收的利息就可以形成补偿。

五、金融风险监管

(一) 金融风险监管的含义

金融风险管理是指微观金融机构在其金融业务中对风险进行管理，而金融风险监管则是指监管当局在宏观层面对整个金融业实施的监督管理。金融风险监管的目的：一是确保金融市场稳定运行，防范金融危机；二是保护金融消费者的利益；三是规范金融机构的行为，促进公平竞争；四是促进金融市场的效率。

金融风险监管的主体是一个国家的金融监管当局。在我国，中国人民银行负责对全部金融机构、金融市场进行全面监管，负责具体实施专业监管的则是各专门委员会——中国银保监会和中国证监会，此外还有自律性的监管组织如银行业协会、保险业协会和证券业协会等。

金融风险的监管对象则是各类金融机构及金融市场上的各类金融业务活动。

(二) 金融风险监管的国际准则——巴塞尔协议

巴塞尔协议是由国际清算银行集团下属的巴塞尔委员会提出的针对商业银行监管的国际规则，尽管巴塞尔协议是针对银行业提出的监管准则，但是由于银行业在金融领域的地位，银行业的风险管理理论基本上也就成了金融风险管理的理论，银行业的监管基本上也就成了金融监管。因此，巴塞尔协议在某种程度上也就成了金融风险监管的规范性文本。各国金融监管当局均按照巴塞尔委员会的理念、巴塞尔协议的思想来构建本国金融监管体系。

巴塞尔委员会的成立源自1974年德国赫斯塔特银行的倒闭事件，该年底由美国、英国、法国、德国、意大利、日本、荷兰、加拿大、比利时、瑞典十大工业国的中央银行行长倡议建立，其成员包括十国集团中央银行和银行监管部门的代表。总部设在瑞士巴塞尔，作为国际清算银行集团的一个正式机构。

自成立以来，巴塞尔委员会定期集会并制定了一系列重要的银行监管规定，如《统一资本度量与资本标准的协议》《有效银行监管的核心原则》等。这一系列的文本被人们统称为巴塞尔协议。

巴塞尔委员会本身没有跨国进行金融监管的权力，巴塞尔协议的规则也不具备法律上的效力。但是由于巴塞尔委员的成员国在全球经济活动中的重要地位，以及巴塞尔协议内容的科学合理性，巴塞尔协议得到了众多国家监管部门自愿遵守。随着经济全球化的发展，某国的金融机构若要参与国际经济，不遵守巴塞尔协议则很难在国际开展业务。

1997年巴塞尔委员会提出了《有效银行监管的核心原则》。该原则成为国际社会普遍认可的银行监管国际标准，也为各国当局借鉴，成为金融监管的标准文本。巴塞尔委员会事实上已成为银行监管国际标准乃至金融监管标准的制定者，巴塞尔协议也成为事实上的银行监管国际标准和金融监管的标准文本。

第二节　农村金融风险概述

一、农村金融风险的含义

农村金融风险是指农村金融活动中未来结果的不确定性。具体而言，是指农村金融活动中，由于农村金融机构或农村金融活动主体经营失败或违法经营等原因而导致其资金、财产、信誉等方面损失所引起的支付危机和信用危机，进而影响当地农村其他金融机构的支付安全，以致发生农村金融挤兑事件，造成农村金融支付秩序混乱的可能性。

二、农村金融风险的分类

从金融微观主体角度，按照风险形态，一般将金融风险分为信用风险、市场风险、操作风险、流动性风险、法律风险、国家风险、声誉风险和战略风险。以上是巴塞尔协议对银行业所面临的风险进行的分类，我们可以加以借鉴，用于农村金融机构的风险分类当中。

1. 信用风险

信用风险是金融风险管理领域较早被认知、被研究的风险类型。早期在人们的认识中，信用风险特指金融机构的款项贷出后无法收回的风险。而金融业发展至今日，信用风险的概念已经超出了借贷范畴。今天，信用风险是指在合同或契约关系中，由于合同的一方未能履行合约所规定的义务而给另一方带来损失的可能性。具体到金融领域，信用风险是指债务人或者交易对手未能履行债务或合同所规定的义务，或者债务人信用质量发生不利变化，给债权人或合同另一方带来损失的可能性。因此，信用风险又被称为违约风险。

2. 市场风险

市场风险是指金融资产的市场价格发生不利变动，从而给金融机构的资产头寸带来损失的可能性。市场风险源自市场上各类价格的波动。市场价格主要有利率、汇率、证券价格、商品价格等，因此市场风险可以进一步细分为利率风险、汇率风险、证券价格风险和商品价格风险。

与信用风险相比，市场风险具有较为明显的系统风险特征，而信用风险有较强的非系统风险特征；市场风险比较容易计量，有较为充分的历史数据来支撑其量化管理，比信用风险更容易采用量化技术加以管理。

3. 操作风险

操作风险的含义与其字面上的操作二字并没有很紧密的联系，操作风险更像是一个垃圾箱，其他风险类别装不下的，我们通常都归入操作风险，因此，对操作风险进行定义的时候，往往采用罗列风险因素的方式来进行。

根据巴塞尔协议的定义，操作风险是指由于不完善的内部程序、人员、软硬件系统和外部事件所造成的损失的风险。这一定义直接罗列了导致操作风险的四大主要原因：人员、内部程序、系统和外部事件。

操作风险广泛存在于金融机构经营管理的各个领域，几乎金融机构的各个部门、各项业务、各类人员等都存在着操作风险。操作风险属于纯风险，在操作风险的管理过程中，不会因为降低操作风险而减少收益，也不会因为主动承担较多的操作风险而提高期望收益。

4. 流动性风险

流动性风险是指因流动性不足而给金融机构带来损失的可能性。流动性不足体现在两个方面：一方面是指资产不能快速变现，在金融机构需要资金的时候，其资产不能快速变成现金，要么是变现时间很长不能满足短期资金需求，要么是在大幅度低于其价值的情况下变现；另一方面是指无法在金融市场融入资金，要么是无法在短期内按照市场上合理的价格融入所需资金，要么是高成本才能快速融入资金。流动性风险往往是伴随着其他类别风险的出现而出现，常常是其他类别风险的终极表现形式。

5. 法律风险

法律风险是指金融机构在业务活动中未能满足相关法律法规的要求，导致其与交易对手发生争议、诉讼或者受到法律部门惩罚从而导致损失的可能性。法律风险包含多个层面的内容：第一，金融机构在签署各类合同契约时，其合同文本缺乏法律效力，从而给其带来损失；第二，金融机构的业务活动涉及违法或违规；第三，金融机构的经营活动不符合监管部门的相关监管要求。

6. 国家风险

国家风险是指金融机构在与非本国居民发生金融业务活动时，由于他国的政治、经济和社会等各方面的变化而遭受损失的可能性。国家风险的存在，在地理位置上不一定跨出国境，只要金融业务涉及非本国居民，均有可能存在国家风险。国家风险强调的是他国的政治、经济和社会等条件的变化，给金融机构带来损失的可能。

7. 声誉风险

声誉是一种无形资产，是企业在长期的经营活动中通过持久努力而建立起来的，良好的声誉是企业一笔巨大的财富。声誉风险则是指金融机构经营管理失误或者是其他外部事件导致公众对其产生负面评价，从而给金融机构带来现实或潜在损失的风险。

8. 战略风险

战略风险是指金融机构在制定长期发展战略时失误,或者是经济环境的变化导致金融机构的发展战略不能适应从而给其造成损失的可能性。战略风险可能是由于经营决策者的决策失误,或是由于发展战略在经营过程中执行不力,也可能是整体经济金融的环境发生变化,原来制定的战略与现实的条件不相适应,从而给金融机构带来短期的经营困难或者长期的不利影响。

上述八大类风险在农村金融风险管理的实践中,常常是相互交织着出现的。

三、农村金融风险的成因

导致农村金融风险的成因归纳起来主要有以下四个方面。

1. 农村金融机构经营过程中存在内生性缺陷

一般来说,农村金融机构正常运作需要具备两个条件:一是资金提供者不挤兑,二是农村金融机构对资金的使用是有效的。但在我国农村,这两个条件极易遭到破坏。因为农村金融机构的脆弱性源于其特有的业务活动,作为金融中介机构,农村金融机构的重要功能是吸收存款、发放贷款。一般来说,只要存款基础稳定,农村金融机构便可在保持足够的流动性以应付日常提款的前提下,将其一定比例的资金投资于流动性不高但收益率较高的资产上。一旦发生重大意外事件,使储户对农村金融机构失去信心时,就会出现挤兑现象,这时,农村金融机构便表现出相当的脆弱性。挤兑规模越大,所积聚的金融风险越大,金融脆弱性就越明显。

2. 农村金融机构制度安排不合理

我国农村金融机构主要包括农村信用社、中国农业银行、中国农业发展银行、中国邮政储蓄银行及其他民间金融机构。目前政府主导的农村金融一直处于绝对地位,但却没有很好发挥作用。民间金融处于被管制的从属地位,运作极不规范,问题较多。中国农业银行从1996年开始走商业化道路后,不愿在经济条件薄弱的农村开展业务,不断收缩基层营业网点,逐渐退出农村金融市场。目前,农业贷款仅占中国农业银行贷款余额的10%。同时,中国农业银行在农村的贷款权也在上收,大量农村储蓄流出农村。中国农业发展银行的主要任务是承担国家规定的政策性金融业务并代理财政性支农资金的拨付,随着农村改革的不断深入,中国农业发展银行的支农作用正在虚置。据统计,目前农业新增贷款85%以上都来自农村信用社。但由于各种原因,势单力薄的农村信用社难以单独支撑整个农村金融市场,正所谓"一农难支三农",无法满足"三农"对金融服务各个层次的需求。目前,民间金融仍处于初级发展阶段,无法进一步扩展规模和经营网络。

3. 农村金融机构信用环境不完善,缺乏有效的失信惩罚机制

我国农村征信系统建设严重滞后,社会信用观念和信用意识淡漠,信用文化薄弱,社会信用服务的市场化程度较低,中介服务极不规范,提供虚假资信证明甚至协同贷款欺诈、恶意逃废债务的现象时有发生。更有甚者,与保证人串通骗取金融机构贷款,严重破坏了农村金融的信用环境。同时,缺乏有效的失信惩罚机制,"有法不依、执法不

严"的现象相当普遍，对逃废债务人没有强有力的威慑手段，导致金融债权得不到有效保护，损害了债权人的合法权益，加大了农村金融机构的风险。

4. 农村金融机构没有完善的风险预警体系和风险防范机制

一方面，没有建立与农村金融自身特点相适应的科学的风险监测、预警指标体系，难以及时发现、预警农村金融机构面临的金融风险。另一方面，缺乏存款的风险分散和转移机制，我国还没有建立存款保险保障制度，一旦农村金融机构经营恶化，出现严重的信用危机和支付危机，由于缺乏风险转移机制，将会加大金融风险，加剧农村金融的脆弱性。

四、农村金融风险管理与监管的意义

农村金融风险管理是指农村金融活动的参与者，包括农户和农村各类金融机构在其金融活动中，通过对各种金融风险的识别与计量，采用相应的风险控制措施来减少未来结果的不确定性，避免发生可能的损失。农村金融风险监管则是指中央银行或其他金融监管当局依据国家法律法规对农村金融机构和金融业务实施的全面性、经常性的检查和监督，以此促进农村金融机构依法稳健地经营、农村金融市场健康地发展。

农村金融风险管理与金融监管对于农村金融市场发展有着重要的意义，主要体现在以下三个方面。

1. 农村金融风险管理是农村金融机构持续发展、适应市场竞争的需要

随着我国农村金融体系的日趋完善，尤其是中国银保监会放宽了农村地区金融机构市场准入的门槛，农村金融市场将进入激烈竞争的时代。农村金融机构面对市场竞争，只有不断引入现代金融管理理念，建立现代全面风险管理制度，才能适应市场多元化的竞争需要，才能在激烈的市场竞争中保持持续稳定的发展。

2. 农村金融风险管理与监管是农村金融市场健康发展的基础条件

农村金融市场健康发展的前提是，市场的参与者——金融机构和农户不出现金融风险事件，不因金融风险事件出现亏损、倒闭甚至发生连锁反应，只有加强金融风险管理与监管才能使金融市场稳定健康地发展。

3. 农村金融风险管理与监管是农户、农村发展经济的需要

农村金融发展的最终目的是发展农村经济，建立健全完善的农村金融体系将有力地促进农村经济的发展，金融体系、金融市场的缺陷对农村经济发展形成巨大的制约，因此从农村金融发展的最终目的来看，农村金融风险管理与监管是农村经济发展的内在与必然要求。

第三节 农村金融风险管理

一、风险管理文化建设

风险管理文化是农村金融机构企业文化的重要组成部分，是农村金融机构开展风

管理的基础。良好的风险管理文化有助于完善金融机构的公司治理，自上而下树立正确的风险管理意识，为金融机构的风险管理营造出一个良好的环境，有利于风险管理战略的制定，也有利于各项风险控制措施的执行。农村金融机构的风险管理工作应该以建立先进的风险管理文化为先导，结合农村金融经济发展的实际，培育并逐渐形成适合金融机构自身发展的风险管理文化。

（一）风险管理文化的内涵

金融机构的风险管理文化是指包括全体员工在内的所有人员和部门共同追求的风险管理目标、统一的风险价值观、正确的风险管理理念和完善的风险管理制度体系的有机结合。风险管理文化是一个庞大而又复杂的系统，风险管理文化的建设是一个持久的过程。

我们认为，农村金融机构良好的风险管理文化应该至少包括以下三个方面的内容。

1. 统一的风险价值观

农村金融机构的风险管理活动甚至其全部经营活动都是建立在一定的风险价值观基础之上的。风险具有双重性，它既包含形成损失的可能性，也包含形成收益的来源，从本质上来讲，金融机构都是经营风险的企业，通过管理风险而获取风险收益，通过承担风险而获得额外报酬。高效的风险管理与递增的规模效益是利润的主要来源，它应该被看作是为产生利润而承担的业务活动风险中不可分割的一部分。因此，必须强化对风险认识的文化导向，赋予风险管理以明确价值取向。从高管层到一线员工，应该对风险有统一的认识，对防范风险的重要性有统一的观念。只有形成了统一的风险价值观，企业经营的目标和风险管理的目标才有可能得到大家的认同并体现在各个部门的日常经营活动中。

2. 完善的风险管理制度

风险管理制度是风险管理文化最具体的体现。良好的风险管理文化需要完善的制度来体现。通过建立完善的风险管理制度，将风险价值观等理念性的东西落实为具体的行为规范和操作指引，才有执行的基础。

3. 完备的物质基础

农村金融机构有了统一的风险价值观和完善的风控制度，还需要将这些东西落到实处，在日常的经营管理活动中切实加以实行，这就需要物质层面的保障。落实风险管理理念的物质基础应该包括金融机构风险管理的组织结构、风险管理的技术方法及其相应的设施保障等。

（二）风险管理文化建设的具体措施

1. 建设风险管理精神文化

风险管理精神文化是农村金融机构在风险管理过程中所形成的风险管理理念、风险偏好、风险管理方法和风险管理技术的综合，是金融机构风险管理文化的核心，引领着其他风险管理文化要素。农村金融机构的风险管理精神文化建设应重点做好这几个方面的工作：树立股东价值最大化的经营目标；强化合规管理创造价值的理念；强化资本约束的风险意识；设立正确的业绩评价标准。

2. 建设风险管理制度文化

风险管理制度文化是以精神文化为基础的对农村金融机构全体员工形成约束和行为规范的风险管理流程、风险管理组织结构、风险报告制度等的总和。制度文化的建设应包括这几方面的具体措施：建立科学的制度制定程序；建立严格有效的制度执行体系；形成规范的风险报告机制；建立强有力的权力监督约束机制；建立高效的激励机制；形成完善制度修正机制。

3. 建设风险管理物质文化

风险管理物质文化包括实物层面和知识层面两个方面的内容，当前我国农村金融机构与国外和国内发达地区金融机构相比，在物质层面有着很大的差距。从实物层面来看，农村金融机构的经营基础设施还比较落后；从知识层面来看，风险管理的技术方法还不够先进。农村金融机构的风险管理物质文化建设可以具体在以下两方面展开：一方面，建立风险管理的知识体系，储备专门人才，加强对国内外先进风险管理技术的研究和学习，研究系统、科学的资产风险量化和评级技术；另一方面，在实物层面，加强经营基础设施建设和风险信息管理系统建设，建立电子化、远程化、实时化的风险管理模块和数据库，搭建符合风险管理要求的信息科技平台。

二、风险管理的组织结构

（一）农村金融机构风险管理组织结构的基本框架

农村金融机构风险管理组织机构主要是指金融机构设立什么样的部门来完成金融风险管理的工作，行使金融风险管理的职能。以下提供的组织架构图适用于商业银行和农村信用社，同样也适用于证券、保险等其他类型的金融机构，在具体工作中，金融机构可以根据业务性质以及监管部门的要求来合理设置其金融风险管理的组织架构。

风险管理组织结构的基本框架应该是首先在董事会层面建立最高的风险管理委员会，该委员会负责金融机构整个风险管理战略的制定，审核整个金融机构的风险管理报告；其次，在最高风险管理委员会领导之下，与各业务部门平行设立专门的风险管理部门，负责将最高风险管理委员会的风险管理战略细化成为具体的风险管理业务规则和措施，具体负责金融机构的风险管理工作和适应外部监管的要求。风险管理的工作并不是全部交由最高风险管理委员会和风险管理部门来进行的，各业务部门在具体的业务活动中始终也执行风险管理的各项具体工作。农村金融机构风险管理的组织结构基本框架如图 7-1 所示。

（二）农村金融机构各组织部门的风险管理职能

有效的风险管理组织结构是农村中小金融机构安全稳健运行的基本保证。董事会、最高风险管理委员会、风险管理部门以及各业务部门在风险管理中有明确的组织分工，有助于风险控制工作的高效率运行。

1. 董事会、监事会及最高风险管理委员会

根据目前金融机构监管的要求，农村金融机构董事会应该设立各类专门委员会，

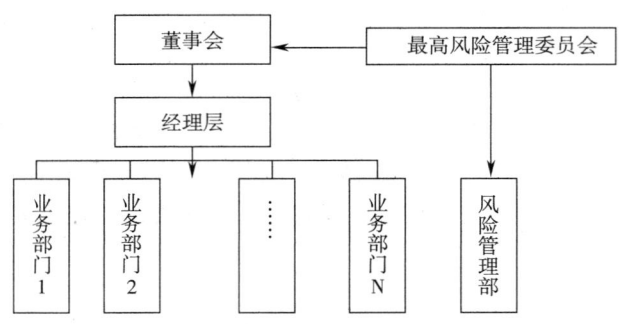

图 7-1 农村金融机构风险管理组织结构图

与金融风险管理相关的专门委员会即最高风险管理委员会，还可以根据自身的实际状况设立合规管理委员会、关联交易控制委员会等，也可以全部合并至最高风险管理委员会。

最高风险管理委员会负责制定农村金融机构的风险管理战略、风险管理框架，负责审定风险管理制度和审议审批日常风险管理报告。

2. 风险管理部

风险管理部是由农村中小金融机构董事会授权在最高风险管理委员会领导之下专门负责统筹协调各经营部门、业务线的风险管理工作的专业风险管理部门。

3. 内审部门

农村金融机构应建立独立、专业的内部审计和制度。内审部门不直接参与风险管理的日常工作，但是定期检查评估风险管理制度的运行情况，监督风险管理政策的执行，并向董事会和监事会报告风险管理机制运行效果的评估情况。

4. 其他业务部门

农村中小金融机构内部各业务部门是具体执行各项风险管理措施的具体部门，包括授信部门、会计部门、人事部门、信息科技部门、安全保卫部门等，在日常工作中面临各类风险，这些业务部门有责任按照风险管理部提出的要求和具体措施来对各类风险进行控制。

三、市场风险管理

（一）市场风险的分类

根据市场价格波动因子不同，市场风险可以分为利率风险、汇率风险、证券价格风险和商品价格风险。

1. 利率风险

利率风险是指由于利率的不利波动造成金融机构资产和负债价值受到损失影响的可能性。利率是资金的价格，也是国民经济指标当中的一个枢纽性指标，几乎所有的经济活动都受利率的影响，银行或金融机构的资产负债价值更是与利率关系紧密。市场利率的上升与下降都将对金融机构的资产负债产生不同程度的影响。

2. 汇率风险

汇率是不同国家货币之间的兑换比率，可以看作不同国家货币的价格。汇率风险则是由于汇率的不利变动而给银行或金融机构业务活动带来损失的可能性。一旦银行参与涉及外汇的相关业务活动，汇率风险便随之而来。本币与外币之间汇率的波动，外币与外币之间的汇率波动，都会对银行的外汇资产和外汇负债产生影响。

3. 证券价格风险

证券是指股票、债券及相关金融衍生产品。证券价格风险是指由于股票等证券价格的波动，而给银行或金融机构持有的证券头寸带来价值损失的可能性。

4. 商品价格风险

商品价格风险是指由于石油、大宗农产品、贵金属等商品价格的不利变动而给银行或金融机构持有的商品头寸带来价值损失的可能性。

（二）交易账户与银行账户的区分

在市场风险管理活动中，金融机构首先应根据监管部门的要求，对其账户的性质进行划分。按照中国银保监会的要求，应划分为交易账户和银行账户，不同的账户性质，市场风险的管理要求是不一样的。

1. 交易账户

交易账户记录的是银行为了交易或者管理交易账户其他项目的风险而持有的可自由交易的金融工具和商品头寸。我国监管当局的有关法规明确规定了交易账户中应包含以下三项内容：

（1）商业银行从事自营而短期持有并旨在日后出售或计划从买卖的实际或预期价差、其他价格及利率变动中获利的金融工具头寸。

（2）为执行客户买卖委托及做市而持有的头寸。

（3）为规避交易账户其他项目的风险而持有的头寸。

哪些项目应当归入交易账户，除严格按照监管当局的规定外，可以把握这样两个原则：其一，归入交易账户的项目应当是可自由交易的；其二，归入交易账户的项目其头寸目的是为了获取短期收益。

归入交易账户的项目是按照市场价格进行定价的，如果缺乏可参考的市场价格，也可以根据模型来进行定价。

2. 银行账户

没有归入交易账户的项目，均应归入银行账户。银行账户项目通常是按照历史成本进行定价的。

3. 不同账户市场风险的管理要求

中国银保监会在《商业银行市场风险管理指引》中明确要求：商业银行应按照中国银监会关于商业银行资本充足率管理的有关要求划分银行账户和交易账户，并根据银行账户和交易账户的性质特点，采取相应的市场风险识别、计量、监测和控制方法。

根据巴塞尔协议及中国银保监会相关规定，交易账户与银行账户需要考察的市场风险不一样，交易账户中的项目主要考察利率风险和股票风险，银行账户主要考察汇率风险和商品价格风险。

（三）利率风险度量与管理

在前面市场风险的分类中我们已经讨论过利率风险的定义，利率风险的产生需要两方面的条件：一是市场利率的波动；二是金融机构资产负债在期限上的错配。市场经济条件下，利率的形成是由资金的供给和需求决定的，市场利率总是在不断地变化当中，而金融机构的资产和负债不可能做到完全的期限匹配，因此，金融机构总是暴露在利率风险之中，管理利率风险对于金融机构至关重要。尤其是对于农村金融机构而言，市场风险中的汇率风险、股票价格风险以及商品价格风险涉及较少，其市场风险主要就是利率风险，因此，利率风险管理基本上成为农村金融机构市场风险管理的主要内容。

利率风险度量与管理的方法比较多，其中较为科学合理的方法是久期模型。

1. 久期的定义与计算

久期（Duration）是由美国经济学家麦考利（Frederik Macaulay）于 1936 年提出的。久期度量的是当市场利率发生变化时，资产或者负债的价值将发生何种变化。其计算公式如下：

$$D = \sum_{t=1}^{T} \frac{tC_t}{(1+y)^t} / P$$

$$D^* = \frac{D}{1+y}$$

式中：D 为麦考利久期；D^* 为修正的久期；C_t 为未来各期的现金流；P 为未来一系列现金流的现值；T 为未来现金流的期数；y 为将未来各期的现金流贴现至今天所用的贴现率。

麦考利久期在久期模型中很少用到，该指标在某种程度上是为了纪念麦考利而存在的。在利率风险管理中，修正的久期才是我们常用的指标。修正的久期度量的是当市场利率发生变化的时候，债券的价值或者说未来一系列现金流的现值将发生多大百分比的变化。修正的久期值越大，说明资产受利率变化影响越大，利率风险越大；修正的久期值越小，说明资产受利率变化影响越小，利率风险越小。举例来说，某项资产的修正的久期等于 9，那么当利率水平增加 1% 时，该项资产的价值将下降 9%，当利率水平减少 1% 时，该项资产的价值将增加 9%。

2. 利用久期进行资产负债的利率免疫

修正的久期可以用来度量资产的利率风险大小，同时利用久期这一指标可以进行资产负债的利率免疫管理。

由于久期的大小度量了利率风险的大小，因此，如果我们能够通过改变资产负债的属性使总体的久期值等于零，就意味着把利率风险给冲销了。这种通过合理的配置资产负债的期限结构从而使资产负债的久期值完全相等的做法，被称为资产负债的利率免疫措施。具体做法如下：

首先，计算金融机构的资产的修正的久期 D_A^* 和负债的修正的久期 D_L^*。资产的修正的久期的计算是通过分别计算各项单个资产项目的修正的久期，然后以单个资产占全部资产的比重为权重，将久期进行加权平均得到整个资产的修正的久期。负债的修正的久期也是如此计算。

其次，比较资产的久期和负债的久期。如果 D_A^* 大于 D_L^*，我们称为出现了久期的正缺口，意味着当利率上升时，资产价值的降低大于负债价值的降低，从而给金融机构带来损失；如果 D_A^* 小于 D_L^*，我们称为出现了久期的负缺口，意味着当利率下降时，资产价值的上升小于负债价值的上升，也会给金融机构带来损失。

最后，通过调整资产负债的期限结构，使 D_A^* 等于 D_L^*，则利率的上升或者下降将导致资产负债价值同样方向同样幅度的变化，我们称为做到了资产负债的利率免疫。

（四）VaR

VaR 指标的英文是 Value at Risk，直译过来是在险价值。该指标最早由 J. P. 摩根提出，并由 G30 集团在 1993 年发表的题为《衍生产品的实践和规则》的报告中加以推荐，使该方法成为金融界度量市场风险的主流方法。以该方法为基础，J. P. 摩根推出了用于计算 VaR 的 Risk Metrics 风险控制模型和软件，被众多金融机构广泛采用。国外一些大型金融机构已将其所持资产的 VaR 风险值作为其定期公布的会计报表的一项重要内容。

VaR 的含义可以表述为：在正常市场条件下，投资组合在未来特定时间段内、在一定的置信水平之下可能发生的最大损失。用公式来表达，可以写成：

$$P(\Delta V \leqslant -\text{VaR}) = 1 - c$$

式中：P 为概率值；c 为置信水平；ΔV 为资产组合的价值变化。公式的含义用文字表述为，资产组合的价值损失超过 VaR 值的概率等于 1 减去事先所设定的置信水平。

VaR 指标总是有两个参数：时间和置信水平。

举例而言，某个金融机构公布了其全部资产组合的 VaR 值如下：

$$\text{VaR}(5\text{day}, 95\%) = 1\text{ 亿元人民币}$$

其含义是，在未来 5 个工作日的时间段里，该机构的全部资产组合最大亏损为 1 亿元人民币，且说此话的把握性为 95%。或者说，该机构认为，他们有 95% 的把握在未来 5 个工作日内资产组合最多亏损 1 亿元人民币。

VaR 指标之所以成为众多金融机构度量市场风险的主要方法，在于该指标的一系列特性。

1. VaR 指标具有高度概括性，并且易于理解和交流

VaR 用一个数字就概括了资产组合受各种市场风险因子影响的结果，使其能在不同业务种类和风险种类之间进行比较、汇总，也容易被金融机构的高管和员工用来了解市场风险的总体状况，方便各部门之间对风险状况进行描述和交流。

2. VaR 可以作为风险管理措施当中设定风险头寸和配置资源的工具

VaR 便于风控人员了解金融机构所面临的市场风险到底有多大，在事前可以设定一定的 VaR 值作为风险头寸的限额，VaR 动态值超过设定的限额了，则可以采取一定的措施来降低 VaR 值，防止交易活动中承担过多的风险。还可以根据各种资产的 VaR 值将全部的资金在各类资产之间进行风险和收益的合理配置。

3. 可以作为绩效考核的依据

目前，经风险调整的资本收益率（RAROC）成为银行绩效考核的主要方法，该方法有别于传统资本收益率的地方在于，不仅考察经营产生的收益，还考察是承担了多大的风险才获得如此的收益。VaR 就可以作为所承担的风险大小的一个度量值进入绩效考核当中。

VaR 的具体计算主要有三种方法：

（1）历史数据法。历史数据法是 VaR 各种计算方法中最为简便易行的方法。它利用资产的历史价格数据来模拟资产组合未来的收益率分布，它不对资产收益率的分布作任何假设，直接从历史数据中获取所需要的收益率来对未来的最大可能损失进行估计。

（2）方差—协方差法。方差—协方差方法是对资产收益率的分布进行一定的假设，根据假设估计出单个资产收益率的方差以及各种资产收益率之间的协方差和相关系数，然后得到资产组合的收益率方差，进而得到相应的 VaR 值。

（3）蒙特卡洛模拟法。蒙特卡洛模拟法是在一系列分布假定的基础上建立市场风险因子的随机游走模型，模型的参数从历史数据中估计出来或者人为设定，利用计算机产生的随机数，模拟出市场风险因子未来的随机分布，根据模拟出的随机数据，计算资产组合的 VaR 值。

目前，我国农村金融机构在用 VaR 方法进行市场风险的计量方面还处于探索阶段。由于知识储备、样本数据收集、计算技术等方面条件的限制，广泛采用 VaR 方法还不太现实。但是 VaR 方法始终是风险管理技术将来的发展方向，也是风险管理水平先进的标志，农村金融机构的管理者和风控人员应该将其定为未来的发展目标，当前就可以展开一系列基础性工作，如历史数据的收集整理、人才的储备与培养、技术方法的学习和研究、软硬件设施的准备等。

四、操作风险管理

（一）操作风险的表现形式

金融机构的操作风险可以按照人员因素、内部流程、系统缺陷和外部事件四个大的类别进行划分，而在这四个大的类别里面，各自又有其具体的表现形式。

1. 人员因素方面的具体表现形式

人员因素导致的操作风险主要有金融机构内部员工发生内部欺诈、失职违规、员工知识技能的匮乏、核心雇员流失、违反用工法律等方面的具体表现。

2. 内部流程方面的具体表现形式

内部流程导致的操作风险主要有金融产品和服务的设计缺陷、财务会计处理的错误、合同文本的缺陷、结算和支付的错误、交易与定价的错误等方面的具体表现形式。

3. 系统缺陷方面的具体表现形式

系统缺陷导致的操作风险包括系统开发与维护方面的问题、系统稳定性和兼容性的问题、系统安全问题和数据质量等方面的具体表现形式。

4. 外部事件方面的具体表现形式

外部因素给金融机构带来的操作风险包括以下方面：外部欺诈、洗钱活动、政治与社会的动荡、自然灾害、恐怖威胁等。其中，外部欺诈是我国金融机构损失最大、发生频率最高的操作风险之一。

（二）操作风险度量技术

操作风险的评估与计量是风险管理工作中的难点，但是学术界与实务界仍然努力开发出各种方法对操作风险加以计量和评估。根据巴塞尔协议的建议，金融机构可以采用基本指标法、标准法和高级计量法对其操作风险加以计量和评估。

1. 基本指标法

在基本指标法之下，银行或金融机构的操作风险资本按照以下公式加以计量：

$$K = GI \times \alpha$$

式中：K 为操作风险所要求的资本；GI 表示金融机构前三年总收入的平均值；α 为巴塞尔委员会设定的系数，等于15%。

基本指标法的计算比较简单，其基本思想就是，金融机构的规模越大，其操作风险越大。对于规模，采用总收入来代表。将整个金融机构视为一个整体，对其业务结构不加以分类，只分析其总体的操作风险水平。计算出来的 K 值，既是资本监管中针对操作风险所要求的资本，也是金融机构操作风险大小的一个度量。该值越大，说明操作风险越大；该值越小，操作风险越小。

2. 标准法

在标准法之下计量操作风险，首先须将银行或金融机构的业务按照巴塞尔协议提供的标准分类方法加以分类，不同类别的业务分别计算其前三年的总收入，并且分别设定操作风险所要求资本的系数，具体分类和系数的设定如表7-1所示。

表7-1　　　　　　　　标准法下的业务分类及系数设定　　　　　　　单位：%

序号	业务分类	β 系数
1	公司金融业务	18
2	交易与销售业务	18
3	零售银行业务	12
4	商业银行业务	15
5	支付与清算业务	18
6	代理服务	15
7	资产管理业务	12
8	零售经纪业务	12
9	其他未归入上述分类的业务	18

在标准法下,操作风险所要求的资本计算公式如下:

$$K = \sum_{j=1}^{3} \max\left(\sum_{i=1}^{9} GI_j \times \beta_i, 0\right)$$

式中:K 为操作风险所要求的资本;GI 为某个业务分类的总收入;β 为该业务类别对应的系数。

标准法的计算中,首先是将各业务类别的当年总收入计算出来,分别乘以对应的系数,进行加总后,得到当年的 K 值(如果小于零,则取零),前三年的 K 值再进行平均,则得到最终需要的操作风险所要求的资本。

标准法比基本法有所进步,对银行的业务结构进行区分,能够体现不同业务类别占的比重不同而导致的操作风险差异。

3. 高级计量法

无论是基本法还是标准法,在对操作风险的度量方面,都有武断的成分在里面,且对金融机构的风险管理产生不好的导向。越是管理较好,操作风险较低的企业,由于其管理好,总收入增加,度量出来的操作风险反而越大。因此,这两种方法都有着固有的缺陷,为了避免这种缺陷,巴塞尔委员会鼓励银行与金融机构自己开发模型来对其操作风险进行度量。由银行和金融机构在满足巴塞尔协议提出的一系列标准的前提下,自己开发出来的操作风险度量模型,被称为高级计量法。

高级计量法有内部横量法、损失分布法、计分卡方法和极值理论等。目前还有大量的模型和方法正在研究中。

对于农村金融机构而言,业务不复杂,规模不大,缺乏评估和计量操作风险所要求的数据、模型和软件工具,在操作风险的计量方面,采用基本法较为合适,同时也比较容易实施,计算成本低。

第四节 农村金融风险监管

一、巴塞尔协议与金融监管

巴塞尔委员会成立于1974年底。1983年发布了"跨境银行境外机构监管原则",确定了母国监管当局和东道国监管当局对境外机构监管责任的划分原则。1997年发布了《有效银行监管的核心原则》,为世界各国加强和改进银行监管提供了指导性原则,提高了全球金融体系的稳定性。巴塞尔委员会影响最大的工作则是制定了一系列以资本监管为核心内容的巴塞尔协议。

自1988年7月巴塞尔委员会发布第一版资本协议起,巴塞尔委员会根据全球经济金融的发展,不断地对巴塞尔协议进行修正,陆续发布众多版本的巴塞尔协议:1988年巴塞尔协议Ⅰ,建立了以资本充足率为核心的监管理念;2004年发布的巴塞尔协议Ⅱ,将市场风险和操作风险均纳入资本监管的范畴,标志着银行业风险管理和监管进入全面风险管理阶段；2010年底，巴塞尔委员在总结反思2008年国际金融危机的基础上，提出了巴塞尔协议Ⅲ，并于当年韩国首尔的G20峰会上获得了一致通过。巴塞尔协议Ⅲ的副标题是《更具稳健性的银行和银行体系的全球监管框架》。2011年，巴塞尔委员会又分别发布了《确保丧失生存能力情况下吸收损失的最低资本要求》和《关于双边交易对手信用风险资本要求》两个补充文本。巴塞尔协议Ⅲ的发布和完善是对过去金融监管理论实践的总结，也将对全球未来的金融监管实践产生深远的影响。

从巴塞尔协议的发展历程，可以看到金融风险监管发展的主要趋势和变化：
（1）资本监管仍然是行之有效的金融监管制度。
（2）危机过后，金融监管对金融风险的关注领域在扩大。
（3）金融监管将更为强调金融机构吸收损失的能力，强调普通股在金融机构负债结构中的地位。
（4）强调微观审慎和宏观审慎相结合。

二、农村金融风险监管

农村金融市场的结构与城市金融市场有着极大的不同，如果将金融市场的业务活动分为银行、保险和证券三类的话，我国农村金融市场占主体的仍然是银行类业务，将来在相当长一段时间里，农村的金融业务仍将集中于银行类业务，农村的金融机构也将以银行类机构为主。① 因此，农村的金融监管相应地也应该以对银行类机构及其业务活动的监管为主。

（一）农村金融监管主体

农村金融监管主体是指依法实施监管行为的部门，主要包括以下部门：
（1）中国人民银行、中国银保监会及其在各地的派出机构。
（2）农村金融机构的行业归口管理部门。
（3）政府其他监管部门，如工商、税务等部门。
（4）其他利益相关方。

（二）农村金融监管的主要方法

1. 市场准入

市场准入是指监管部门通过行政许可手段审查、核准市场主体进入某一业务领域从事相关业务活动的制度。农村金融市场准入则是金融监管部门决定和选择什么样的金融机构可以在农村开展金融业务、可以开展什么类型的金融业务。实施金融市场准入的目的在于：
（1）保证在农村从事金融业务的机构具备良好的资质，防止不良机构进入农村金融市场，保持农村金融市场的稳定与安全。

---

① 我国农村信用社属于银行类金融机构，农村合作银行和农村商业银行由农村信用社发展而成，更是自不待言。

（2）维持有效率的农村金融市场，通过市场准入制度，可以防止农村金融市场的过度竞争或者产生垄断，从而维持一个高效率的农村金融环境。

（3）保护公众的利益，市场准入制度通过设定进入农村金融市场的机构的资本金等方面的要求，使金融机构有足够的偿付能力和应对风险的能力，从而保证公众的利益不受伤害。

农村金融市场准入制度主要包括下面三个方面的内容：

（1）机构准入，由金融监管部门依据相关法律法规，批准金融机构法人或分支机构设立。

（2）业务准入，由金融监管部门依据法律法规，按照农村金融市场发展的要求，批准金融机构的业务范围，批准金融机构开发新的业务种类。

（3）高管人员的准入，由金融监管部门对农村金融机构的高级管理人员任职资格进行核准。

2. 资本监管

资本充足率是衡量银行综合经营实力和承担风险能力的重要指标。最低资本充足率要求是巴塞尔协议各阶段版本的主要内容，资本充足率也成为金融风险监管的主要内容之一。根据巴塞尔协议Ⅱ，资本充足率的计算公式如下：

$$总资本充足率 = \frac{总资本}{信用风险加权的资产 + 12.5 \times (市场风险所要求的资本 + 操作风险所要求的资本)}$$

$$核心资本充足率 = \frac{核心资本}{信用风险加权的资产 + 12.5 \times (市场风险所要求的资本 + 操作风险所要求的资本)}$$

在实际操作中，要想准确计算出资本充足率，必须对资本给予严格的界定和划分，还必须对信用风险加权的资产、市场风险所要求的资本及操作风险所要求的资本进行精确的计算，巴塞尔协议各个阶段的版本对上述问题均有详细的描述。

从资本充足率的计算公式来看，资本充足率越高，银行或金融机构的风险承担能力越强；资本充足率越低，银行或金融机构的盈利能力越强。从市场经营主体银行的角度出发，它们总是有追求利润的冲动，从而会不自觉地保持较低资本充足率，导致自身承担风险的能力降低。为了抑制金融机构忽视风险单纯追求利润的冲动，监管部门应该设定最低资本充足率，并要求金融机构严格遵照执行。

3. 差别监管模式和风险监控体系

农村金融市场与城市金融市场无论在规模、产品类别、市场环境各个方面都有着巨大的差别，对农村金融市场和金融机构的监管自然而然应该采取差别监管的模式，在全国统一的监管框架内，对农村金融市场采用不同的监管指标，即使是同样的监管变量，城市和农村也应采取不同的数值水平，使农村金融监管更能符合农村的实际情况，更好地规范和支持农村金融的发展。如2014年初及后来，中国人民银行多次对农村金融机构采用了定向降低准备金率的做法，就是这一思想的体现。

金融监管机构可依据监管对象的基本经营和管理情况，分别确定不同金融机构的业务经营风险和管理控制风险类别，划分不同的监管档次，分配相应的监管资源，对监管对象的内部控制、组织结构、产品设计和业务经营等各个风险点予以关注和监控。

4. 农村信用体系建设

在中国人民银行的主导下，我国城市居民已经建立个人信用征信系统，对城市金融市场的监管与风险管理发挥了很好的作用，也成为金融监管体系中重要的一环。而农村金融市场上，个人与企业征信系统的建设则相对落后，不利于农村金融监管与风险管理。

发挥政府主导作用，加快农村信用体系建设，在当前非常必要。具体做法主要有：一是尽快完善各项金融法律法规，加大对失信行为的打击约束力度，有效保护债权人的经济利益；二是建立完善的社会信用体系，将县域各类经济主体信用全部纳入中国人民银行征信数据库系统，建立覆盖全部企业和个人的信用数据库，实现社会信用信息资源共享，降低金融机构的经营管理成本；三是积极发展政府担保、龙头企业担保、行业协会担保、中介机构担保和农户联保等多种形式的担保机制，有效地解决农户和中小企业贷款担保难问题。

5. 建立农村金融机构风险保障补偿机制

存款保险制度是金融监管中的重要一环，也是金融宏观风险管理所必需的。长期以来，我国都没有建立起存款保险制度，但是基于农村金融市场脆弱性考虑，完全有必要在农村金融市场引入一定的金融机构风险保障机制，建立存款保险制度，即金融机构按存款余额一定比例缴纳保险准备金，一旦投保金融机构发生支付危机，则由存款保险机构向其提供资金援助，最大限度地保护存款人的合法权益，及时防范和化解金融风险，维护金融稳定。2015年2月17日，我国发布了《存款保险条例》，2015年5月1日正式实施。其中明确规定，在我国境内设立的商业银行、农村合作银行、农村信用合作社等吸收存款的银行业金融机构，应投保存款保险。存款保险实行限额偿付，同一存款人在同一家投保机构（上述银行业金融机构）所有被保险存款账户的存款本金和利息合并计算的资金数额在最高偿付限额以内的，实行全额偿付，最高偿付限额为50万元人民币。超出最高偿付限额的部分，依法从投保机构清算财产中受偿。这对我国银行业金融机构尤其是农村银行业金融机构的正常经营发展具有重大意义。

关键术语

金融风险　金融风险管理　金融风险监管　金融风险识别　金融风险度量　金融风险监测　金融风险控制　农村金融风险　风险管理文化　风险管理组织　信用风险　市场风险　操作风险　巴塞尔协议　资本监管　存款保险制度

复习思考题

1. 什么是风险和金融风险？金融风险有何特征？
2. 金融风险管理的基本步骤有哪些？
3. 金融风险管理的策略主要有哪些？

4. 什么是农村金融风险？农村金融风险的成因主要有哪些？
5. 简述农村金融风险管理与监管的意义。
6. 简述风险管理文化建设的主要内容。
7. 结合我国实际，谈谈如何进一步加强农村金融监管。

第八章

国外农村金融

农村金融体系是一国金融制度的重要组成部分,它不仅可以为农村和农业的发展筹集和分配资金,组织和调节农村的货币流通,而且在宏观上还可以作为调控农业和农村经济发展的重要杠杆,进而促进农业乃至整个国民经济协调发展。本章主要介绍美国、日本、印度和孟加拉国农村金融的经验及对我国农村金融发展的一些启示。

第一节 美国的农村金融

一、美国的农村金融体系

美国是世界上农业最发达的国家之一,这与其具备比较完善的农村金融体系是密不可分的。长期以来,美国构建农村金融体系的基本原则是为农业发展提供资金支持。经过多年的发展和不断完善,美国从整体上形成了多层次、全方位的农村金融体系,是复合型农村金融模式的主要代表国家之一。这种模式的主要特点为:一是在提供农业信贷资金的机构中,既有专业的农村金融机构,也有其他类型的金融机构;二是合作性金融机构、商业性金融机构及政策性金融机构等多种金融机构并存。这些金融机构既分工又协作,较好地满足了美国农业和农村发展的资金需求。具体见图 8-1。

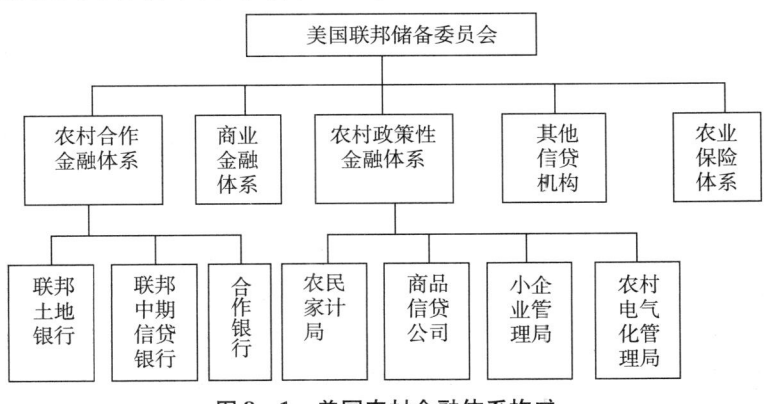

图 8-1 美国农村金融体系构成

(一) 美国的农业合作性金融体系

美国虽然有着非常发达的商业银行体系，但是商业银行在分布上并不均衡，主要集中在东部工业地区。这一方面是为了防止东部的工业集团通过银行设施将西部地区的资金转移出去；另一方面是由于商业银行主要提供短期信贷资金的融通，难以满足农业对长期资金的需求。因此，美国政府于1916年开始制定了一系列农贷法律，其主要目的是通过对农业相关组织、农业发展项目融通资金，扩大农业可用资金的来源，加快农业发展，增加农民收入。

美国农村金融体系是在1916年美国国会通过《联邦农业贷款法案》的基础上建立起来的。最早的农村合作金融组织是联邦土地银行，其主要职责是为农业办理长期贷款。随着美国农村经济的发展，对贷款的需求不断增加，美国通过政府干预的形式建立了其他的农村合作金融组织，这些金融组织对于组织和动员社会资金向农业投资、促进农业现代化发展方面，起到了显著的作用。

美国农业合作金融体系的构成和业务简介如下。

1. 联邦土地银行

联邦土地银行是根据1916年通过的《联邦农业信贷法》于当年建立的。全美12个农业信贷区每个区设有一家联邦土地银行，同时建立国民农业贷款协会，即现在的联邦土地银行协会，作为联邦土地银行的地方机构，协会下设办事处，形成遍布全美的营业网络。

联邦土地银行创立时其资本完全由联邦政府提供，每家土地银行最初资本额为75万美元，由美国财政部通过购买股票的方式提供。1947年联邦土地银行归还了政府股本，其全部股份由借款人持有，成为真正意义上的合作金融组织。

联邦土地银行的资金来源主要有：

(1) 资本金。资本金形成于借款人入股和盈余积累。按照规定，借款人在得到贷款时，必须购买相当于贷款金额5%~10%的联邦土地银行协会有投票权的股票，借款人成为联邦土地银行的会员，而联邦土地银行协会再转而购买等额的所在区联邦土地银行的股票，成为该区土地银行的股东。这样，所有借款人都是协会的股东，而协会则是土地银行的股东。协会的股东有一人一票的投票权，选举协会董事会，参与协会管理工作。在偿还全部贷款后，借款人可以退股，不过大多数人不愿意退还，以便再次贷款时可以抵充股份。但是，如果借款人两年内没有新的借款，所持股份则转为无投票权的股份，只能享受相应的经济收益。另外，联邦土地银行还发行没有投票权只能参与分红的"参与证"，其目的在于既能够广泛吸收资本金，同时又能够保证协会及土地银行的管理权受当前的实际借款人控制。

(2) 发行债券。联邦土地银行的信贷资金一部分来源于发行债券。合作农业信贷系统根据各自的需要，经过农业信贷委员会和政府有关机构同意，可以向金融市场发行统一的农业信贷债券和票据，吸收社会资金。联邦土地银行的债券以借款人的借款合同和不动产抵押作保证，一般期限较长。

(3) 借款。联邦土地银行除可向本系统之内的其他银行借款以外，还可以向商业银行、联邦中期信贷银行以及保险公司等金融机构借款,以满足其开展业务、服务农业的资金需要。

联邦土地银行的贷款对象主要是营业地区的农场、其他农业生产者、为农业服务的商人及农村居民等。贷款以不动产作抵押,额度相当于抵押品价值的85%,贷款主要用于购买土地、修建房屋及生产设施等,期限可由5年到40年不等。借款时,一般由协会受理申请和进行审查,然后由银行发放贷款,双方共同负责,也有由协会独立放款,自行负责的。发放贷款时要扣除应缴股金,贷款本息则按余额计息法分期摊还,贷款可提前归还,也可以预存由银行付息的还款准备金,以便日后按期归还。贷款期满前,如因扩展经营需要增加贷款的,可以连同未到期清还的部分一并订立新的借款合约。

联邦土地银行的借贷利率在20世纪60年代中期以前年息一直是4%,之后随着资金成本的增加而逐步提高,20世纪80年代后超过了10%。由于贷款期限较长,一般新借贷款利率要高于平均利率,同时一笔贷款的利率在借贷期内也可根据市场情况浮动。不过,由于农业信贷债券信誉好,且债券持有人的收益免征各州的地方所得税,因而销量大,资金成本低,此外土地银行和协会也享有税收优惠,又较少分配股息,因而其贷款利率总是低于其他信贷机构。土地银行一般不会因为农场还款有困难就轻易拍卖其抵押品,因而受到农民的信赖,在办理长期农业贷款方面占有重要地位。

2. 联邦中期信贷银行

联邦中期信贷银行是根据1923年《农业信贷法》建立起来的。在美国,每个农业信贷区设立一家联邦中期信贷银行,全国共有12家,其下有400余家生产信贷协会,协会还设有1600余家农村办事机构及一些分支机构,构成美国农业生产信贷体系,主要提供以动产作抵押的中短期农业贷款。

联邦中期信贷银行在股本形成、认股办法、信贷资金来源、贷款对象等方面均与土地银行相类似,其资金主要运用于以下四个方面:(1)贴现。联邦中期信贷银行创建的目的就是为商业银行及其他金融机构为农业生产者办理短中期票据的贴现业务。生产信贷协会办理贷款后,可用贷款合同、财产抵押单等票据向中期信贷银行以贴现方式获得资金。(2)目标贷款。联邦中期信贷银行除对协会提供资金外,还向少数不属于农业生产信贷系统的其他金融机构(如信贷信托公司、储蓄贷款机构、信用合作社等)办理的农业贷款提供资金,有时也通过这些机构直接发放贷款,但数量不多。联邦中期信贷银行贴现和贷款的条件是,必须用于扩大对农业的融资,参与农业贷款等。(3)参与贷款。联邦中期信贷银行通过生产者协会参与由商业银行和其他金融机构发放的农业贷款。(4)融资性租赁。为农场主提供大型农业机械租赁活动。

联邦中期信贷银行的贷款主要用于支持农牧业和水产业的生产经营,如购买种子、肥料、饲料、生产设备、燃油料和各种经营费用,也可用于生活支出。贷款以农作物、农产品、设备和个人财产作担保,修建房屋的则以住宅担保,也发放无担保品的信用贷款。联邦中期信贷银行的贷款期限因贷款用途的不同而不同,可从几个月到最长7年不等,期限较长的贷款可按月、季度或年分期摊还。

联邦中期信贷银行的利率一般高于土地银行的长期贷款利率且低于市场利率,各信贷区乃至各协会的利率有较大差异。除实行固定利率外，多数贷款按月计息，且实行浮动利率，利率在贷款期内随协会贷款成本的升降而浮动，浮动区间一般为 8% ~ 10%。

由于联邦中期信贷银行经营方式灵活，融资渠道广泛，资金实力雄厚，因此其贷款业务呈上升趋势，其发放的中短期农业贷款在全国所占比重仅次于商业银行，居第二位。

3. 合作银行

合作银行是根据 1933 年通过的《农业信贷法》建立的，其职能主要是为各种类型的农村合作社提供贷款，是合作社经营资金的主要提供者。美国在 12 个信贷区各自设立 1 家合作银行，并在科罗拉多州丹佛市设立了中央合作银行。中央合作银行除参与和独家承办大额贷款外，也向区合作银行及其他专业银行调剂资金和办理结算业务，同时也为农产品出口提供资金支持。

合作银行的资本金和信贷资金的来源与土地银行基本相同，不同之处在于借款的合作社要按借款利息的 10% ~ 25% 认购合作银行有投票权的股份，同时合作银行出售无投票权的股票以筹集资金，这样在不改变合作银行合作性质的基础上壮大了合作银行的实力。另外，合作银行也可以发行债券和票据或向其他农业信贷机构和商业银行借款筹措资金。

合作银行由入股的合作社投票选举银行的董事，参与银行管理。中央合作银行由 12 个区的农业信贷信用委员会各选一名董事，另由联邦农业信用管理局指定一名董事，13 人组成董事会对银行进行管理。

合作银行的资金主要向农场主组织的农业合作社提供资金支持，帮助农业合作社扩大农产品销售、促进农产品出口、保证农业生产资料供应和开展与农业有关的其他业务活动。贷款分为三类：第一类为设备贷款，即向合作社购买开展业务的土地、房屋及设备等提供贷款。这类贷款以不动产作抵押，贷款期限最长可达 20 年，贷款额度一般不超过抵押物价值的 60%。第二类为经营贷款，即向生产资料供应以及为农业提供其他服务的合作社提供贷款。经营贷款属中短期贷款，无抵押或以不动产作抵押，贷款期限由几个月到 2 年不等。第三类为商品贷款，即为合作社支付社员所交售的农产品价款所需资金提供的贷款，商品贷款属短期贷款，以所交售产品作抵押，产品出售后即行归还。合作银行的贷款利率一般为浮动利率，在贷款期限内均按当时的资金成本进行浮动。

20 世纪 80 年代中期，美国农业严重衰退，合作农业信贷系统贷款量下降，贷款损失增加，并于 1985 年出现了全系统整体亏损。为扭转不利局面，美国国会从 1985 年开始，连续三年相继公布了三个《农业信贷修正法》，对合作农业信贷系统进行了全面改革。主要措施有：

（1）取消联邦信用委员会，改设全系统的三人董事会，以加强监督管理机构权力。

（2）联邦土地银行协会和生产信贷协会分别调整合并，减少数量，扩大规模，由实行联营逐步合并为农业信贷服务中心，统一提供中短期贷款和长期贷款。

（3）在三个专业银行实行联合经营的基础上，联邦土地银行和中期信贷银行合并为农业信贷银行，以利于集中灵活地调度资金。

(4) 区合作银行和中央合作银行合并为国家合作银行，实行分支行制度。

(5) 成立联邦土地信贷银行筹资公司，自办发行全系统统一农业贷款债券和贴现票据，并在二级市场交易。

(6) 成立农业信贷系统资本公司，由专业银行和协会提供资金，实现资金的相互融通。政府对全系统的财政支持也由该公司统一运用。

以上措施均已先后付诸实施。合作农业信贷系统在经过长期发展之后，着重从集中统一方面加强经营管理，其目的是减少层次、减少人员、提高效率，以期更好地促进美国农村经济的发展。

(二) 美国的农村商业性金融体系

美国商业银行历史悠久、机构多、实力强，早在20世纪30年代以前就普遍发放农业贷款，有比较完备的制度和较强的竞争力。到1986年，商业银行提供的中短期农业贷款约占全国中短期农业贷款的35%，提供的长期农业贷款约占全国长期农业贷款的11%。

办理农村信贷业务的商业银行大多设在小城镇，又称乡村银行。这些银行分布广，为农村办理贷款、存款和储蓄等多种金融业务，并且熟悉农场主的信用状况和经营情况，因而贷款迅速，手续简便，在提供农村贷款方面一直发挥着很重要的作用。为鼓励商业银行办理农业贷款业务，联邦银行规定，凡农业贷款占贷款总额的比重达到或超过25%的商业银行，可以在税收等方面享受优惠待遇。

美国商业银行是私营金融机构，其信贷资金的来源主要依靠吸收存款，营利性是它经营农村信贷业务的首要原则。为使贷款能够及时安全地回收，商业银行在农业贷款业务中很重视贷前审查，并配备专职农业贷款人员办理贷款过程中的有关业务，如分析农场的财务报告、对抵押品进行调查和评估等。此外，商业银行还对客户提供非营利性的贷后服务，如帮助客户制订生产计划和财务计划、为客户提供市场信息等。

商业银行发放的农业贷款绝大部分是用于一般性生产经营的中短期贷款。商业银行提供中短期农业贷款占美国中短期农业贷款总额的比重在不断增加，商业银行在提供中短期农业贷款促进农业发展方面起着举足轻重的作用。

(三) 美国的农村政策性金融体系

美国农村政策性金融机构包括农民家计局、商品信贷公司、小企业管理局及农村电气化管理局等。其中，农民家计局是美国农业部的直属机构，主要向低收入农民提供小额长期农业贷款和担保等，2007年共投入资金137亿美元，其中直接向农民提供贷款70亿美元，并提供20亿美元的资金担保，创造了140亿美元农业直接投资。[1] 商品信贷公司主要对农场因自然灾害造成的减产给予补贴，并对农产品进行价格支持，以维护农民的利益。小企业管理局则主要对涉农中小企业提供贷款。下面分别对其进行简要介绍。

---

[1] 汪小亚．农村金融体制改革 [M]．北京：中国金融出版社，2009.

1. 农民家计局

农民家计局是美国农业部的直属单位，下设各州办事处及1750多个县级办事处，是美国政府办理农业信贷的重要机构。其创建宗旨是，扶持自耕农户、改进农业生产和改善农民生活。它不以盈利为目的，在借贷者无法从商业银行及其他农业信贷机构获得贷款时，农民家计局将给予信贷支持。

农民家计局的资本金由政府提供，而信贷资金主要来源于政府预算拨款和发行债券。此外，农民家计局还动员其他金融机构按照农民家计局的贷款条件向农民发放贷款，贷款贴息由家计局支付。一般来说，农民家计局的贷款期限长、利率低，贴息及其他方面的最终损失由国会在年度预算中拨款弥补。

农民家计局的资金主要用于两个方面：

（1）提供贷款。农民家计局贷款分为直接贷款和紧急贷款两种。直接贷款包括农场所有权贷款，即为购买、建设农场的农民提供的贷款，该项贷款为不动产抵押贷款，最高额度为20万美元；农民建设贷款，即为低收入农民修缮和购置房屋提供的贷款，该项贷款最长期限可达40年；经营贷款，即为农民因经营需要而发放的贷款，该项贷款额度一般为10万美元，期限最长为7年，在农民获得收入时逐步还款。紧急贷款主要是为那些因遭受自然灾害及从其他渠道不能获得贷款的农民提供的贷款，其额度最高为40万美元，期限最长为7年。

（2）担保。农民家计局还对商业银行以及其他金融机构按照家计局的贷款计划为农民发放的贷款提供担保，并补贴由此产生的利差。农民家计局通过担保的方式动员了大量资金投入农业以及与农业有关的生产活动，促进了美国农业的发展。

从农民家计局的贷款可以看出，它有以下几个特点：一是贷款是有条件的。其贷款对象主要是那些不能从其他正常渠道（如商业银行和其他农业信贷机构）获得贷款的农民。一旦借款人条件改善，可以从其他渠道获得贷款，就不再属于农民家计局的贷款对象。可见，农民家计局贷款是"雪中送炭"而非"锦上添花"。二是贷款利率低，期限长。农民家计局贷款以中长期贷款为主，利率明显低于市场利率。对于那些低收入农民，其贷款往往还有贴息。三是农民家计局贷款风险高。由于农民家计局贷款对象是那些低收入以及从其他渠道难以获得贷款的农民，并为农民从其他金融机构贷款提供担保，所以农民家计局在经营过程中面临较大风险。为了减小经营过程中的风险，农民家计局及其办事处要对贷款人的经营活动进行指导和监督。

2. 商品信贷公司

商品信贷公司是1933年美国政府为了应对经济危机、扶持美国农业而建立的。它是美国农业部农业稳定保护局下属的一个公司组织，其任务是对农产品进行价格支持和给予农业生产补贴，借以调节农业生产，稳定农民收入。商品信贷公司的资金全部由政府国库拨付，主要用于提供贷款和支付补贴，对借款人的基本要求是遵守农业部休耕计划和仅种植规定面积的农业生产者。具体包括以下四个方面：

（1）农产品抵押贷款。这是向执行休耕计划的农场提供的农产品抵押贷款，贷款额度由抵押品的品种、数量和贷款率决定。贷款额一般高于农产品的市价而略低于政府规定的支持价格，利率比较优惠。贷款到期时，如果市价较低，农场主可将抵押品出售给商品信贷公司，相应地充当全额支付贷款本息；如果价格较高，农场主可将抵押品按市价出售，从而还清贷款本息并获得额外收益。由此可见，商品信贷公司实际上是美国政府为农场提供价格支持和补贴的一种行之有效的组织形式。

（2）灾害补贴。执行休耕计划的农场在遭受自然灾害，其主要作物达不到规定的种植面积，或有足够的面积但总产量大大低于正常产量时，由商品信贷公司按损失量 1/3 的价值给予补贴。

（3）差额补贴。遵守休耕计划的农场如果作物产量正常，但在出售作物时因市场价格低于政府支持价格，出现收入损失时，则由商品信贷公司给予差价补贴，但一个农场的补贴以 2 万美元为限。

（4）有追索权贷款。农场在添置仓储、烘干设备时，商品信贷公司可提供普通的有追索权的贷款。贷款额度为设备价值的 25%，期限最长为 8 年，每一农场最多贷款 10 万美元。此项贷款无须以参加休耕计划为前提。

3. 小企业管理局

小企业管理局成立于 1953 年，是由美国政府拨款创建的一个独立的政府贷款机构。其资金主要来源于国会拨款的周转基金和收回的贷款本息等，主要向不能从其他渠道获得充足资金的小企业①提供融资帮助，对从事农副产品加工储藏以及为农场提供服务的企业经营进行扶持。20 世纪 70 年代后，也对年收入在 100 万美元以下，因遭受自然灾害而造成财务困难，且经济实力又超过农民家计局贷款范围的大农场提供贷款。

小企业管理局与农民家计局既分工又合作。当借款者经济状况不好且贷款额度较小时，由农民家计局提供资金支持，当借款者收入增加，经济条件得到改善后，其更多的贷款则由小企业管理局提供。

4. 农村电气化管理局

成立于 1935 年的农村电气化管理局是美国农业部的下属机构，主要是为改善农村公共设施和环境而设立的，对农村非营利的电业合作组织及农场发放贷款，用于架设电线、组建农村电网、购买相关设备等。20 世纪 70 年代成立由借款人任董事的乡村电话银行，另外还设立了农村电气化及电话周转基金和实行保证贷款。电气化管理局的贷款期限最长为 5 年，利率最低为 2%。其主要职责是对农村电业合作社和农场等借款人发放贷款以提高农村电气化水平。

（四）其他农业贷款渠道

1. 人寿保险公司

人寿保险公司只向农业提供长期贷款，用于土地和设备的添置、土地改良等。人寿保险公司虽不以提供农业贷款为主，但所提供的农业贷款额却不小。人寿保险公司提供

---

① 所谓的小企业是指独立经营的与农业生产有关的企业，如屠宰加工企业、农产品储藏企业、饲料加工及为农场管理、土地规划提供服务的企业等，但不包括直接从事作物和牲畜生产的企业。

的长期农业贷款一般高于同期商业银行长期农业贷款所占比例。

2. 经销商

这里的经销商包括为农业生产提供产前产后服务的厂商及其代理人，他们通过赊销和预付的方式向农户提供商业信用。这种商业信用由于方便农民，同时又有助于推销产品或保证货源，因而得到广泛运用，成为农场短期资金和中期资金的重要来源。

3. 个人

个人贷款是美国农村信贷资金来源中不可忽视的一个部分。在中短期贷款方面，农场主经常通过亲友及乡邻调剂资金，以供周转。在长期贷款方面，农场主或是和出让土地的农民订立分期付款的购地合同，或使用土地作抵押向私人借贷。在美国长期农业贷款的各项来源中，个人提供的长期农业贷款一直占有重要地位。

（五）美国的农业保险体系

美国的农业保险体系是在经过不断探索的基础上发展起来的。早期美国农业保险是由私营保险公司提供的，但由于风险大，私营保险公司的经营往往以失败告终。为了帮助农民分散农业生产中的风险，美国政府积极参与农作物保险计划，并于1938年颁布了《联邦农作物保险法》。经过70多年的发展，美国形成了比较完备的农作物保险业务，对稳定农业生产、提高国民福利水平起到了重要作用。

目前，美国的农业保险主要由商业保险公司经营和代理，商业保险公司在经营农业保险时政府往往会给予保费补贴及其他费用方面的优惠。美国农作物保险的运作主要分为三个层次：第一层次为联邦农作物保险公司（风险管理局），主要负责全国性险种的制定、风险管控和向私营保险公司提供再保险支持等；第二层次为有经营农业保险资格的私营保险公司，其与风险管理局签订协议并执行风险管理局的相关规定；第三层次为农作物保险的代理人和查勘核损人，美国农作物保险主要通过代理人销售，这些代理人负责具体业务的实施。它们之间的关系如图8-2所示。

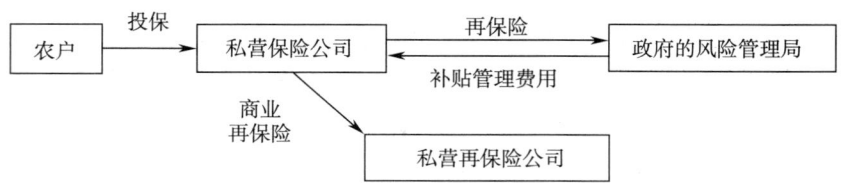

图8-2 农户、私营保险公司、私营再保险公司和政府的风险管理局之间的关系

1. 风险管理局（联邦农作物保险公司）

根据美国《联邦农作物保险法》，1938年农业部成立了联邦农作物保险公司，负责全国农作物保险的经营和管理。为了加强对农作物的风险管理，1996年，美国又成立了风险管理局。从美国农作物保险的管理体制来看，联邦农作物保险公司所有的职责都由美国农业部风险管理局负责履行，两者实质上只不过是一套人马两块牌子，联邦农作物保险公司只不过是风险管理局便于资金管理的一个机构。风险管理局下设10个办事处，每个办事处管理3~14个州的具体业务。

2. 私营保险公司

在美国,现在由于政府对开展农作物保险提供保费补贴、再保险支持及在税收上给予支持,农业保险只要妥善经营就会有利可图,因此,私营保险公司都愿意参与农业保险业务。私营保险公司在从事农业保险时,首先要提出申请,经过联邦农作物保险公司核准后才能够经营政府核准并给予补贴的农作物保险业务。

二、美国的农村金融发展简评

(一) 体系完善、金融供给渠道多样化

美国的农村金融体系由多种金融机构组合而成,各种金融机构在竞争基础上形成了一定的分工,起着相互补充的作用。例如,商业银行等私营金融机构分布广、业务多,侧重于发放以盈利为目的的中短期贷款,联邦土地银行侧重于发放利率较低的长期抵押贷款,联邦中期信贷银行则向为农民服务的金融结构提供资金支持,政策性农贷机构则向低收入者和遭受自然灾害的农场主以及中小企业发放贷款,从而形成一个职责明确、分工协作的农村金融体系,保证了整个体系成功运作。

(二) 多种政策性金融机构并存

设立政策性金融机构,发放政策性、公益性专项贷款,为私营保险公司提供再保险,对商业保险公司给予补贴,这些做法对稳定农业生产起到了积极作用。美国政府本着积极引导、办而不包的原则,在提供一定财政资金支持的同时,着力建设农村金融生态环境,运用经济手段,多方动员社会资金及金融机构共同参与,有效解决了农村信贷资金匮乏的问题。政策性金融机构作为农民的最后依靠,为稳定农业生产、降低农业风险、增加农民收入起到了无可替代的作用。

(三) 注重贷前审查和贷后服务

美国商业银行在这些方面做得较好,它们配备专职农业贷款人员,在发放贷款时,要对借款人的品德、资本、经营能力、经营效益、偿还能力及风险承担能力进行全面严格的审查,合格者才能签订贷款合同。贷款后,商业银行还要提供多功能的贷后服务,如提供信息咨询和财务辅导,协助制订生产计划,帮助改进生产技术,这样不仅有利于农村资金利用和经营管理水平的提高,还利于促进农村经济的发展,更有利于商业银行提高自身的盈利水平。

(四) 具备比较完善的合作金融体系

美国的合作农业金融体系是对世界信用合作的创新,具体体现在:美国政府首先提供创办资本金,依法由上而下建立农业信贷系统;其次,在政府的监督和控制下,具体业务则交给借款人自下而上进行管理,借款人缴纳股金与取得成员资格和实际使用贷款联系起来。由此可见,合作金融体系的合作性质更多体现在把群众组织起来,从金融市场筹措和运用资金,从而迅速发展成为农业信贷资金供给的主渠道。

(五) 以发达的金融市场作依托

美国农村金融体系得以成功发展得益于美国非常发达的金融市场。首先,发达的商

业金融以及保险公司已经成为美国农村金融的重要组成部分,是整个农村金融体系中不可或缺的重要力量;其次,发达的金融市场为农村金融体系提供了源源不断的资金支持,有效解决了农业金融体系资金匮乏的问题。

(六)以完备的法律体系作保证

市场经济是法制经济,任何经济活动都需要法律的保证和规范。美国农村金融的运作也不例外。在美国,农村金融体制在其组织建设、资金来源、利率管理等方面,都做到了有法可依、有章可循。这样就使其经营管理更加制度化、规范化,从而更有利于其发挥支农作用。美国政府还不断根据农村经济形势的变化对该系统进行多方面的改革,而且每次改革均是首先由国会通过有关法令,然后再依法进行,避免了改革的随意性和盲目性,因而成效比较显著。

第二节 日本的农村金融

一、日本的农村金融体系

日本农村金融体系主要由政策性金融和合作性金融两部分组成。政策性金融是由政府推动或是直接办理的金融事业,如日本的农林渔业金融公库[①]。日本的农村合作金融是指农林渔业协同组合(农协)按照会员相互扶助原则,为会员提供金融服务的信用事业。此外,日本也具有比较完善的农村保险体系。政策性金融、合作性金融和农业保险共同构成了日本比较完备的农村金融体系。

(一)日本的农业政策性金融

在日本,从事农、林、渔、牧生产的主要是个体农户,他们在生产中所需要的资金数量较少而且比较分散,农、林、渔、牧业本身又具有生产周期长、季节性强、易受自然灾害影响的特点。因此,一般的商业性金融机构不太愿意为农业提供贷款。为此,日本政府按照相关法律法规建立了专门服务于农业的金融机构,即农林渔业金融公库和日本中小企业金融公库。

1. 农林渔业金融公库

农林渔业金融公库是1945年根据《农林渔业金融公库法》设立的,其宗旨是为那些难以从一般金融机构获得资金支持的农林渔业生产者提供期限长、利率低的贷款支持,以促进农业生产,推进农业现代化。

从日本农林公库的体制来看,它的结构比较简单,只有总行和21家分支机构。其领导决策机构为理事会,设有总裁和副总裁各1名,理事会由8名成员组成。在管理方

[①] 在日本,从事农林渔牧业生产的主要是个体农户,他们所需要的资金数量少且分散,一般金融机构是不愿意提供的,为此,日本政府为了解决该问题,设立了专门服务于农林渔牧业的政策性金融机构,即农林渔业金融公库(以下简称农林公库)。

面它直属日本大藏省（财政部），与财政部关系比较密切，获得比较多的财政补贴。

农林公库的资本金由大藏省提供，其他资金主要来源于邮政储蓄吸收的居民存款，这些资金由大藏省资金运用部通过"财政投融资"计划分配给农林公库使用。

农林公库在资金运用上，主要是投向与农业有关的产业，具体包括四个方面：一是农业贷款业务，占贷款总额的60%左右，该部分贷款用于改良农业用地、购买农机具、果树栽培等；二是林业贷款，占贷款额的24%左右，用于植树造林、建设和改造林中道路等；三是渔业贷款，占贷款额的5%左右，用于建造渔船、购置渔机具等；四是加工和流通贷款，占贷款额的11%左右，用于建造农林渔牧业相关设施的建造、完善销售市场等。

农林公库的贷款方法主要有两种：一是委托农林中央金库、信用农协、信用金库、商业银行等金融机构发放贷款；二是直接贷款。在实际操作中，委托贷款比重较大，占贷款额的60%左右。农林公库的贷款期限平均为20年，最长可达55年，贷款利率一般比商业贷款低2~3个百分点。

2. 中小企业金融公库

中小企业金融公库成立于1953年。其宗旨是向那些难以从一般金融机构获得贷款的中小企业提供资金支持。其资金来源除资本金外，主要靠借款和发行中小企业债券筹集。其业务主要是对中小企业提供设备资金贷款和长期周转资金贷款。

（二）日本的农村合作金融

日本的农村合作金融体系不是一个独立的系统，而是依附于农业协同组织，是农业协同组织的一个子系统，同时又具有独立融资功能的金融部门。农协中的合作金融机构由三个层次、三个类别组成。三个层次分别是基层农协信用合作组织、中间层的信用联合会以及最高层次的农林中央金库和全国信用联合会；三个类别是指农业、林业、渔业，它们有分别为其服务的机构，如信农联、信林联、信渔联。三个类别中林业、渔业信用机构数量较少且多数活动与农业信用机构类似，因此这里重点介绍农业信用机构。

1. 基层农协

基层农协是日本合作金融中的基层组织，全国范围内有1000多家，日本全国300多万农户中绝大部分为其会员。农协实行一人一票，入会者享有事业权、分红权、退股权等自益权和选举权、被选举权、表决权等公益权。基层农协可设理事会和经营管理委员会，① 理事会以地区代表的农业人员为核心组成。农协除经办信用业务外，还兼营保险、供销等其他业务。根据日本《农业协同组合法》规定，基层农协所办信用业务主要包括两个方面：一是对会员生产、生活中的资金需要发放贷款，二是吸收会员的活期和定期存款。各基层农协的信用业务以此二者为中心，并结合剩余资金的运用开展其他附带业务。

（1）存款业务。存款主要分为普通存款、活期存款、定期存款及零存整取存款等。其中普通存款和活期存款均可以随时提取，但活期存款必须使用支票。

---

① 日本并没有规定农协一定要设置经营管理委员会，一部分农协采取该项制度。

与其他金融机构相比,农协的存款具有明显的季节性和个人存款比例高两个特点。每年9月秋收以后到年底是出售大米和其他粮食的季节,政府的收购价款一般全部或大部分转入农户的存款账户,这时农协的存款余额就会大幅度上升;4月底农忙季节存款又被陆续支用而减少。但近年来随着兼业农户非农产业收入增加,存款季节性的特点也有所改变。

农协的存款自1955年以后一直处于上升的趋势,年增长率一般超过10%甚至高达20%以上。存款增长较快的原因一方面是由于农户收入增长较快,另一方面则是由于农协采取了一些措施。其措施主要包括:①提高利率。根据日本《临时利率调整法》规定,农协的利率可以比一般银行的利率高1厘,这样就可以调动农户存款的积极性。②方便农户。农协普遍使用了电子计算机自动记账和自动存取款机方便存取款,有时还上门服务,受到农户的普遍欢迎。③实行非现金结算制度。农协规定农户出售农产品、购买生产资料和耐用消费品等活动,一律通过农协进行非现金结算,这在一定程度上避免了存款的外流。

(2) 贷款业务。农协的贷款可分为长期和短期贷款两种。最初农协的贷款以短期为主,但现在长期贷款所占比重已经超过短期贷款。长期贷款主要用于农业及建筑业等项目,包括购买生产性设备资金、非农业生产投资、消费性贷款和新建住房所需资金、耐用消费品的购置资金等;短期贷款则主要用于各种农业、非农业经营及农民生活开支,包括农业生产周转资金和非农业生产周转资金等。农协贷款利率比其他金融机构低0.1%,由政府提供利率补贴的贷款则利率更低。据统计,农民在农协的借款占其全部借款的60%以上,如果加上农协经办的政府金融的贷款,则其比率更是高达80%以上。

农民向农协申请贷款要经过严格的审批程序,主要程序如下:

①农民向农协信用业务的经办人提出口头申请,阐明贷款的金额、期限、用途及贷款项目的经营方法和预期效果等有关问题。

②递交书面申请。当农民的口头申请基本符合贷款条件时,还需要递交书面申请及有关资料。这些资料包括贷款项目计划书、贷款项目预期效益、偿还期限、还款来源及偿还计划表,说明自有资金、各项借入资金计划运用情况的资金运用计划表。农协信用业务经办人要根据当地经济情况对上述资料进行认真审查。

③进行贷款审查。贷款审查既包括利用档案进行的审查,也包括利用现场调查进行的审查。日本农协各级信用机构的信贷部门都对辖区内的基本情况及客户的有关情况建立了经济档案。通过分析这些档案,可以对借款人的基本情况进行初步的审查。同时,农协有关工作人员还直接通过现场调查,审查贷款项目有关情况,然后填写意见书,向上级报告客户的业务经营、政策执行、经营管理、财务会计等有关情况。根据上述资料,有关工作人员对客户进行评级,提出是否发放及如何发放贷款的具体意见,供上级领导审批参考。

④农协贷款实行自下而上的审批办法,各级信用机构根据贷款金额拥有不同的审批权限。

为了保证信贷资金的安全,农协信用机构要求客户在取得贷款之前,必须取得担保。担保形式既可以是以不动产担保,也可以是以有价证券担保,还可以是以保人担保。如果贷款到期而债务人无力偿还,又无正当特殊理由申请延期的,可收回同额抵押财产或由担保人代为偿还。对于逾期贷款,将根据不同情况,区别对待。如确实因客观情况不能按期还款,经过批准后,可以延期;如因发生天灾人祸等特殊原因无法还款,经批准后,可以减息,否则,酌情加息。

（3）剩余资金的利用业务[①]。根据有关规定,农协的剩余资金可用于三个方面:一是转存于本县的信联中,以供本系统内调剂利用;二是用于购买有价证券或做信托业务,以谋取可靠的收益;三是用于同业拆放和系统外存款。

2. 信农联

信农联是信用农业协同组合联合会的简称,设在都、道、府、县一级,属农协系统的中层金融机构,其服务对象是基层农协。信农联通过存贷款业务调节各个基层农协的资金余缺,指导基层农协的工作,同时作为农林中央金库的会员在农协和农林中央金库之间起桥梁纽带作用,协调信农联和农林中央金库的关系。

（1）存款业务。信农联的存款主要来自基层农协的转存款,以及来自作为会员的其他团体,如经济联、共济联等,此外还有一些来自"孙会员"（信农联所属会员的会员）、准会员和系统外的存款。信农联的存款与基层农协的存款状况有密切关联。随着基层农协存款的增加,信农联的存款也在不断增加,并且随着农民收入的增加,其定期存款所占比例一直保持在90%以上。

（2）贷款业务。信农联的贷款对象主要是基层农协及其会员农户（"孙会员"）,其次是经济联等会员团体和准会员。20世纪70年代后期以来,为了给剩余资金寻找出路,信农联增加了员外贷款（对农协系统外企业和团体的贷款）。长期贷款采取订立借据的方式,而短期贷款则采取期票贷付[②]、票据贴现和存款透支等方式。

（3）剩余资金的利用。信农联的剩余资金十分充裕,如何合理利用这些剩余资金、增加信农联的收益成为一个重要问题。按照有关规定,信农联的剩余资金与农协类似,只可用于三个方面:一是转存于农林中央金库,供本系统调剂利用;二是购买有价证券或做信托业务;三是用于同业拆放和系统外存款。至于各部分的运用比例则往往取决于利率的高低。一般来说,当银根较紧时,信农联除增加农业贷款外,还往往增加其他贷款;而当银根较松时,则往往增加对有价证券的投资。

3. 农林中央金库

农林中央金库是农协系统的最高金融机构,起到总行的作用。其主要职能是负责协调全国信农联的业务活动,按照有关法律运营系统内资金,同时向信农联提供信息咨询,指导信农联的工作。根据《农林中央金库法》,农林中央金库除可以办理存款、贷款、汇兑等业务外,还有权发行农林债券,以筹集资金,供中长期贷款使用。

---

① 剩余资金是指农协存贷款的差额。自20世纪60年代后期以来,随着农户收入的不断增加,农协存款不断增长,剩余资金一直较多,必须寻求出路。

② 期票贷付是指由借款人开出以贷款人为承兑人的期票,代替借据,凭此用贴现方式支用贷款。这种方法比订立借据简便一些。

农林中央金库是日本全国农协系统的中央信贷专业机构，其业务可分为金库固有业务和委托代理业务两大类。金库固有业务包括对会员的存、贷、汇等业务和农林债券发行业务，而委托代理业务主要包括农林渔业金融公库的委托放款和粮食收购款的代理支付业务。

（1）存款业务。原则上农林中央金库只接受会员团体的存款，其中主要是信农联等农业团体的存款。农林中央金库对信农联存款给予的利率较高，而且还加付系统利用奖励金，而其他会员团体或系统外的存款则无此优待。信农联由于存款增长较快，剩余资金不断增加，于是将大量资金存入农林中央金库，而且其中绝大多数为定期存款。随着信农联转存款的大量增加，农林中央金库的存款余额也在不断上升，资金出现剩余也在所难免，如何利用其剩余资金也成为近年来的难题之一。

（2）贷款业务。原则上以信农联等所属团体为主，但在资金富余时，经主管部门批准，也可以对系统外有益于农林水产业的有关产业和其他金融机构发放贷款。对系统外的贷款原则上要求为短期贷款，并且利率也要比对信农联的略高。自20世纪70年代以来，由于信农联等所属团体资金日益充裕，所以对系统外贷款已经逐步超过了对所属团体贷款。

（3）汇兑业务。农林中央金库及其支库，与代理此项业务的信农联和信渔联共同组成了一个全国性的汇兑网，为其所属团体办理汇兑业务。同都、道、府、县的基层农协、渔协相互间或与其上级信农联、信渔联相互间的汇兑，称为县内汇兑，按本县信农联或信渔联所制定的县内汇兑办理准则和规章进行处理；涉及县外的农协、渔协、信农联、信渔联、农林中央金库相互间的汇兑，称为县外汇兑，按农林中央金库所制定的系统汇兑办理准则和规章进行处理。目前，农林中央金库和多数信农联、信渔联加入了全国银行国内汇兑系统，从而使农协系统的汇兑网与其他汇兑机构可以直接通汇。

（4）农林债券发行业务。根据有关规定，农林中央金库可以发行农林债券作为其中长期信贷资金的来源。债券可以分为两类，一类为附息债权，按其所附息票付息；另一类为贴现债券，发行时折价发行，到期时按面额偿还。农林债券的最高发行限度为实交股本和内部积累之和的20倍。

（5）委托代理业务。根据有关规定，经主管大臣批准，农林中央金库可以接受国家、地方公共团体和其他非营利法人以及其他金融机构的委托，代理某项业务。现在办理的主要有农林渔业金融机构的委托贷款，还有年金福利事业团体、国民金融公库、日本银行等机构的委托代理业务。

（6）剩余资金利用业务。按规定，农林中央金库的剩余资金除存入银行外，还必须购买国家公债、地方公债和经主管大臣批准的其他有价证券。农林中央金库剩余资金量大，往往会购买大量的有价证券，对金融市场具有极大的影响力。

上述农协系统的三级金融机构虽有上下级关系，但在经济上实行独立核算与自主管理。此外，还有全国信联协会，它由各信农联和农林中央金库共同参加组成，是各地信农联的中央联络机关。全国信农联协会不办理信用业务，而是通过调查研究，为会员提供信息、协调关系,以防范风险、提高会员收益。

二、日本农村合作金融体系的风险防范机制

为保护农户利益,保证农村合作金融的稳健运行,日本建立了比较完备的农村合作金融风险防范机制,全方位、多途径地支持农村合作金融事业的发展。

1. 存款保险制度

存款保险制度是在政府的主导下建立的对农协合作金融的一种制度安排,该保险与一般商业保险的最大区别在于被保险者只限于在农协的储户,储户只要在农协系统存款,储户、农协、保险机构之间的保险关系就自动成立。其运行规则是,当农协的经营出现问题,不能兑付储户存款或是农协破产并解散时,保险机构直接向储户支付保险金,对单个储户支付保险金的上限为 1000 万日元,储户存款超过 1000 万日元的部分自动转为对农协的债权,待农协对债务进行清理后再给予补足。

2. 相互援助制度

相互援助制度是农协系统自主设立的,以相互援助为宗旨,与存款保险制度互为补充的一种保险制度。按规定,农协各级部门每年必须将其吸收存款的 10% 作为专项资金储备,交由农林中央金库统一运用和管理。其具体方案为,当某个农协经营出现问题时,可通过该制度向该农协提供一定数量的低息贷款,帮助该农协渡过难关。

3. 农业信用保证制度

日本政府为了农村金融机构的利益建立了综合性最强、规模最大的农业信用保险体系。该体系包括两类业务:损失补偿和债务保证。

(1) 损失补偿。损失补偿是指由第三方对金融机构与贷款人之间的债权债务契约作出保证,当借款人不履行债务时,由第三方对债权人的损失进行赔偿。

(2) 债务保证。债务保证是指设立专门的保证机构,该机构接受债务人的委托,对其债务作出保证,当债务人不能偿还债务时,由保证机构代其偿还相关债务。日本政府出资设立了债务保证机构,当农民不能按时偿还债务时代其偿还相关债务,以保护农民的利益。

三、日本的农业保险制度

日本是一个自然灾害频发的国家,自然灾害给日本农业带来巨大损失。为了保护农民利益,降低农民负担,促进本国农业的发展,日本政府从立法、财政投入等方面给予农业保险大力支持,构建了一个功能完善的农业保险体系。

1. 完善的法律法规是日本农业保险得以顺利展开的基础

农业保险作为一种农业发展和保护制度,需要相应的法律法规作为支撑。为此,日本政府制订和实施的农业保险计划是作为政府的法令以立法形式出现的。早在 1929 年日本就制定了《牧畜保险费》,1939 年又制定了《农业保险法》,1947 年颁布的《农业灾害补偿法》及后来制定的《农协法》《农业协同组合法》则是对日本农业保险相关法律法规的补充和完善,这些法律法规的颁布,促进了日本农业保险的不断发展。

2. 政府的财政投入保证了日本农业保险的可持续发展

为了降低农业保险经营单位的运营成本和风险，日本政府对农业保险的经营者提供业务费用补贴，政府承担共济组合联合会的全部费用和农业共济组合的部分费用。同时，提供再保险业务，具体由都、道、府和县的共济组合联合会以及中央政府为市、町、村的农业共济组合提供再保险。另外，日本政府还对参加农业保险的农民给予保费补贴，降低农民的负担。

3. 自愿加一定程度的强制性是日本农业保险顺畅发展的基本原则

日本法律明文规定，对具有一定规模的农户实施强制保险。1947 年颁布的《农业损失补偿法》规定，一旦村、镇设立了农业互济会，这一区域的所有农民只要其种植的农作物面积达到 0.1 公顷的法定保险下限，就必须购买保险。这一强制性保险条款引起了日本低收入农民的不满，后来为了解决这一问题，避免低收入农民的抵制，1957 年日本政府提高了法定农作物保险面积的下限，只有种植面积超过 0.3 公顷的农民才被强制购买保险。1972 年日本开始的《新作物保险计划》，尽管实行在自愿基础上参加保险，取消了强制保险的做法，但同时规定，凡是通过农业信贷结构贷款种植的农作物，必须依法强制参加保险。

四、日本农村金融发展简评

（一）政策性金融和合作性金融相互配合、优势互补

农林中央金库作为全国农协系统的中央信贷机构，在其成立时，是一个政府与农林渔业团体共同合办的半官方组织，政府曾出资创办，并有权参与经营管理和任命监事。20 世纪 60 年代，农协资金力量增强，政府逐步退出资本，农林中央金库成为纯粹的民间机构，但与官方机构的联系仍相当密切。在农村，政府金融的一些贷款项目主要是通过农协实现的。1977 年，政府对农协的农业现代化资金贷款的利息补贴占到了当年度农协所收利息的 45%。政府与农协组织密切配合，使农村经济和农村合作金融都得到了大力发展。

（二）合作性金融机构上下紧密相连而又相对独立

日本合作金融机构自下而上逐级投资入股，逐级推选理事会，把实际上不同性质的三级机构从经济上、组织上联系起来，并保证各自在运营上的相对独立。上级机构不能随意调剂和使用下级机构的资金，只能通过法律规定来确定存款准备金比率和协商上缴存款比例及资金使用范围，从而做到有计划地调剂资金。农协的信用部门将其盈利的一部分用于给会员分红，同时对会员的存贷款利率给予优惠，使农协会员之间在经济上紧密联系在一起。

（三）内外活动严密，既有分工而又相互合作

日本农村信用活动是农协整个合作事业的一个组成部分，它与供销、加工、保险、经营管理指导事业都有密切联系。这些经济活动均在农协的统一领导下密切配合，相互促进，在促进农村经济发展中能发挥各自所长，达到最佳经济效果。农协不

仅办理信贷，而且办理保险和其他福利事业。凡信贷不应解决或无力解决的问题，都可以通过其他方面得到解决，便于信用部门集中力量及时调节资金。信用部门事业内部分工配套也很严，三层次三类别的组织机构形式，便于动员各地区和全国的资金力量，调剂余缺。长期贷款风险性较大，容易造成呆坏账，所以不仅大额贷款多由上级机构承办，而且为了保证贷款安全，又特设了农林信用基金协会和农业信用保险协会，实行保证保险制度和一定程度的强制保险制度，环环相扣，使农村信用事业获得坚强可靠的后盾。

第三节　印度的农村金融

印度作为发展中国家，其农业在整个国民经济中具有举足轻重的地位。为促进农村经济的发展，解决农民贫困问题，印度建立起了覆盖范围广泛的农村金融体系。

印度的农村金融体系主要由四个部分组成，其中以合作金融为基础，以国有商业银行的农业贷款业务为主体，以地区农村银行为辅助，并由国家农业和农村发展银行统筹管理，具体框架如图8-3所示。

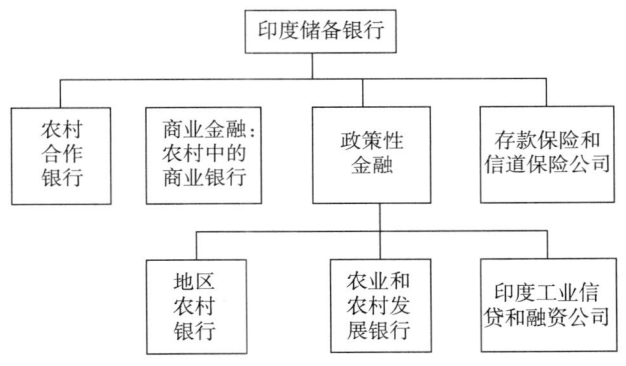

图8-3　印度农村金融体系构成

从印度农村金融体系的结构和功能来看，其具有鲜明的多层次性，各机构之间既有分工又有合作。印度的农村金融体系不仅覆盖面广——几乎覆盖了整个农村地区，而且覆盖程度深——各家分支银行机构只需为15000户农民提供金融服务，平均每8个村就建立一家农村金融机构。

一、印度的农村合作金融体系

印度的农村合作金融包括中短期信贷合作金融机构和长期信贷合作金融机构两大系统，前者又包括初级农业信用合作社、中心合作银行和邦合作银行，而后者包括初级土地开发银行和邦中心土地开发银行。

(一) 印度中短期信贷合作机构

1. 初级农业信用社

初级信用合作社是乡村级的合作信贷机构，规模较小。一般村民不分种性、宗教和经济状况，只要在政府登记注册，10人以上即可自愿组成。其资金来源主要包括社员的股金、社员和非社员的储蓄存款、中心合作银行及政府的贷款等。

初级社直接向社员提供贷款，期限一般为一年，利率长期固定在6%的低水平上。印度自实施《农村信贷一体化规则》以来，为满足农民生产、加工、购销等多方面的需要，初级信用社大部分转为综合社。信用社的账目要受政府审查，盈余可以免交所得税，利润除留下一定的储备基金以外，可用于打井、修校舍等公益事业。

初级农业信用社自从建立以来，其机构数量及入社社员呈逐渐增加之势，业务以及活动范围不断扩大，目前在印度全国农村98%以上的地区设有分支机构。

2. 中心合作银行

印度的中心合作银行是一定区域内初级社的联合机构，处于初级社和邦合作银行之间，在较大范围内聚集和平衡资金，以满足成员社贷款的需要。中心合作银行的资金来源包括股份基金（包括邦政府以成员身份认缴的股金）、储备基金、社员和成员社的存款、邦合作银行的贷款等。中心合作银行的主要贷款对象是其成员社。

3. 邦合作银行

邦合作银行是印度各邦信用合作的最高机构，成员是中心合作银行。邦合作银行是沟通印度储蓄银行、邦政府及城市金融市场向本系统输送资金的渠道，并在各中心合作银行之间平衡和调剂资金。该行除向成员行提供资金外，在没有中心合作银行的地区，则直接向初级信用社提供资金，并监督其信贷活动。

邦合作银行的资金来源除股份基金、储备基金和广泛吸纳的系统内外存款之外，最主要的还是印度储蓄银行和国家农业和农村发展银行提供的中间贷款。也就是说，邦合作银行通过其资金营运，把政府的财政支援、外资及城市资金导入农村，从而强化了其在农村合作金融机构中的地位。

(二) 印度长期信贷合作机构

土地开发银行是印度负责发放长期贷款的金融机构，包括邦中心土地开发银行和县（区）初级土地开发银行两级，其中初级土地开发银行在农村与农民直接交往，中心土地开发银行则负有向初级土地开发银行提供资金的职能，并在初级土地开发银行和其他金融机构之间起着桥梁纽带作用。

1. 土地开发银行的资金来源

土地开发银行的资金来源包括股本金、储备基金、国家农业和农村发展银行和邦合作银行的贷款、发行债券等。发行债券是土地开发银行筹措长期信贷资金的主渠道，土地开发银行发行的债券主要由合作银行、商业银行及国家农业和农村发展银行优先认购，多余部分则由印度储蓄银行购买。1957年以后，邦政府还授予土地开发银行发行特别农村债券的权利。该种债券由富裕农民、乡村行政委员会等认购，以此拓宽其资金来源。土地开发银行发行的债券的本息均由邦政府担保。

2. 土地开发银行的资金运用

土地开发银行以土地抵押方式，向农民提供长期贷款以购买价值高的农业设备、改良土壤、偿还旧债等，贷款期限一般为5~10年，利率一直保持在6%~19%。多年来，随着农村经济的发展，该行放款目的和额度也有所变化。20世纪50年代中期，贷款强调以发展农业生产为主，而不是偿还旧债；20世纪60年代后期起，为适应"绿色革命"①的需要，规定放款额度应根据申请人的经营状况和偿还能力，而不是单纯按照抵押土地的价值和土地效益而定。相应地，主要用于发展小型灌溉、购买机器和生产设备，特别是支援牧业、农村工业等的综合发展。

3. 土地开发银行的放款程序

首先，由广泛分布于农村的县（区）初级行接受农民的贷款申请，对提供抵押的土地、经营情况及还款能力等进行审查后向邦中心行推荐；其次，经进一步评估同意后，再由中心行提供资金，由初级行发放。没有初级行的地区，则由中心行直接办理。贷款利率比债券应付利率高出1%，初级行向农民发放时另加1%。农民获准贷款时，按贷款额的5%向初级行缴纳股金，初级行再向邦中心行缴纳股金，同时，邦政府也以成员身份向邦中心行缴纳股金，以支持其发展。

印度的农村合作金融，长期以来按短期贷款和长期贷款分为两个系统，农民不能从同一机构得到其所要的各种贷款，很是不便。为了改变这种情况，政府建议合作银行和土地开发银行合并为国家开发银行，统一提供长期、中期、短期贷款，方便农民，并建议采取由合作银行增加长期贷款、土地开发银行增加生产性贷款的方法，为逐步合并奠定基础。

二、印度农村金融中的商业银行

在印度多样化、多层次的农村金融体系中，商业银行发挥了重要的作用，为印度农村提供了大约2/3的正式信贷。印度现有97家商业银行及67118个分支机构，其中32212个（48%）位于农村。

为发展农村经济，配合印度的"绿色革命"，从1969年起，印度对其主要的大商业银行实行国有化改造后推行面向大众的政策，重点面向农村特别是偏僻地区，推行灵活多样的方针，大力扶持中小企业、家庭手工业和农业。根据有关规定，国有银行在贷款方面要将其贷款的16%投向农业，并且其中的1%的贷款为低息扶贫贷款，另外，国有商业银行必须在没有银行分支机构的农村地区开设四家分支机构以后，才能在城市开设一家分支机构。通过国有化改造，印度国有商业银行成为农村信贷活动的重要力量。

---

① "绿色革命"是指在生态学和环境科学基本理论的指导下，人类适应环境、与环境协同发展、和谐共进所创造的一切文化和活动。印度的"绿色革命"是指1967—1968年，印度开始了靠先进技术提高粮食产量的第一次试验，结果粮食总产量得到大幅提高，印度农业发生了巨变。

为鼓励商业银行增加对农业的贷款,印度政府还推出了一些优惠政策。例如,商业银行依法经营的农村信贷可以享受免税待遇、低息扶贫贷款可以得到政府的财政补贴等。

然而,强制商业银行在农村设立网点,其后果是印度商业银行竞争力下降。20世纪90年代初的亚洲金融危机迫使印度政府重新考虑该问题的合理性。在印度第一届金融改革委员会的主导下,银行业开始放松对分支机构设立、贷款投向、流动性限制、利率方面的管制。目前,基于效率的考虑以及农村合作金融的发展壮大,印度商业银行开始收缩农村业务,农村金融中商业银行的地位在逐渐下降。

三、印度农村政策性金融机构

印度农村政策性金融体系十分庞杂,主要由地区农村银行、国家农业和农村开发银行、印度工业信贷和投资公司等组成。其中,又以印度国家农业和农村发展银行为核心。

1. 国家农业和农村发展银行

成立于1982年的印度农业和农村发展银行是印度当前最高一级的农业金融机构,隶属于印度中央银行,是印度农村政策性金融的核心机构,其资本金由印度政府和印度储备银行各出一半组成。该银行在全国共设置了28个地区办公室和次一级办公室,这些机构均设在帮/盟政府所在地,另外还设有320个区域办公室和一个设在斯利那加的特别办事处。

根据印度议会颁布的法令,该行的任务是为农业及其相关的活动以及乡村小工业与传统手工业筹措和提供资金,为那些在农村地区从事开发性信贷和投资的企业提供融资。除此之外,它还为信用合作机构、地区农村银行及从事农村信贷业务的商业银行提供再融资服务以及监督、恢复及改组信贷机构,培训人员,协调与政府、储备银行和外国金融机构的关系。

印度农业和农村发展银行主要通过以下渠道筹措资金:一是吸收存款;二是印度政府担保发行债券;三是发行免税债券筹措投资于乡村基础设施的资金;四是发行农业投资债券;五是从国家储备银行借入资金;六是从金融市场拆入资金;七是接受外援。

2. 印度地区农村银行

地区农村银行于1975年设立,其设立的宗旨是满足农村地区贫穷的农民、小手工业者的金融需求,发展农村经济,促进贫穷落后地区经济发展,缩小地区的差距。

地区农村银行的营业网点通常设在农村信贷机构比较薄弱的地区,贷款对象主要是自耕农、无地农民和农村中的小手工业者,另外提供消费贷款给贫苦农民以维持生计,贷款利率相对比较低。按照相关规定,地区农村银行不按商业原则经营,每家地区农村银行只在一个邦的某一特定区域内从事经营活动,有特定的贷款对象。每家地区农村银行均有一家商业银行主办,其资本金由中央政府、帮政府和主办银行分别认缴50%、35%和15%组成。地区农村银行的资金来源除资本金外,还可以通过吸收存款、发行债券、使用中间信贷资金等来筹集。

3. 印度工业信贷和投资公司

印度工业信贷和投资公司的资本金有80%为政府所有。其主要任务是为固定资产投资提供中长期贷款、投资和租赁及向中小企业提供金融服务。

四、印度农村金融发展简评

(一) 资金来源多样化，但资金缺口仍然偏大

印度农村金融机构普遍可以吸收存款、发行债券，并得到政府资金和外资的大力支持。但是，资金来源的多样化并没有解决印度农村资金缺乏的问题。印度农村的"绿色革命"正在向更广阔的地区推广，加上农户经营规模小，贫困人口多，将合作金融的贷款需求与合作金融所能提供的贷款规模相比，还有很大的缺口。同时，长期以来，印度各地区农业发展很不平衡，农村合作信贷机构的分布也不均衡，贫苦农民和富裕农民获得贷款的机会也不均等，大多数长期贷款落到了富裕农民手中。

(二) 合作金融发展速度较快，但高利贷仍然普遍存在

印度的合作金融自1904年开始起步以来，特别是从20世纪50年代中期开始实行《农村信贷一体化规划》以后，有了很大的发展。目前信用合作社已深入农村各地，全国98%以上的农村地区都建立了信用合作社，形成了庞大的农村合作金融网络。

但是，在这种表面繁荣背后的事实却是，印度全国约有一半的农户并未加入信用社，并未从合作金融中受益，反而陷入高利贷的债务之中，高利贷信用占农村贷款总额的比重一直在50%左右徘徊。因此，印度农村合作金融的发展还任重道远。

(三) 政府对农村金融大力支持，但合作金融在农村仍不占主导地位

印度合作金融的发展得到了政府的大力支持。印度合作金融在机构建设、资金来源、经营管理等各个方面，都得到了政府从人力、物力和财力上的大力支持，但经过几十年的发展，无论是从认识上还是从实际上来看，合作金融都未能成为农村金融的主要力量，而政府金融则占绝对的主导地位。在农村，印度主要是通过各级政府、印度储备银行及各大国有商业银行直接或间接提供资金。而对合作金融来说，则被政府通过参股等形式，直接或间接地纳入政府金融的一部分。在沟通城乡经济、支援农业发展等方面，合作金融的作用还远远没有得到充分发挥。

第四节 孟加拉国的农村金融

一、孟加拉国的农村金融体系

孟加拉国是世界上最不发达的国家之一，生产力落后，经济基础薄弱，国民经济主要依靠农业。2004—2005财年孟加拉国农业生产总值为5596亿塔卡，比上年增长了4.4%，农业生产总值占国内生产总值的21.9%，孟加拉国85%的人口生活在农村。对

于这样的农业国家，发展农业显得尤为重要，而要发展农业，离开金融的支持显然是不行的。但是由于孟加拉国经济基础薄弱，政府没有足够资金支持农业的发展，因此，经过多年探索，该国逐渐建立起了一套适合本国农业经济发展的金融制度。

近年来，以小额信贷为主要产品的微型金融机构获得蓬勃发展，而正规金融机构却发展状况不佳。孟加拉国的正规金融体系主要由中央银行、4 家国有商业银行、18 家私人银行、12 家外资商业银行和 4 家国有专业化银行组成。在大型金融机构中，有两家为农业服务，其中一家由私人银行出资，但由合作社联盟管理，另一家由国有商业银行出资，受孟加拉国农村发展委员会的领导。

孟加拉国农村金融机构有三种主体：国有商业银行和金融发展机构、乡村银行和各种非政府微型金融组织。其中，国有商业银行和金融发展机构是农村地区的正规金融机构，这部分金融机构不断扩大在农村地区的分支机构和数目，并按中央银行的规定，将不低于 5% 的贷款投向农村，贷款主要投向种植业，贷款对象主要是个体农民。该部分贷款一般来说利率比较低，因此，孟加拉国政府对于这部分贷款给予一定的补贴。乡村银行是为穷人设立的特殊金融机构，鼓励同一村庄有相同收入来源的穷人组成小组共同贷款。而孟加拉国的微型金融组织是向低收入者提供包括信贷、存款、保险等金融服务的组织，尤其向穷人提供小规模贷款以使其开展生产的机构。

孟加拉国的微型金融组织在 20 世纪 70 年代出现，经过 30 多年的发展，其发展模式趋于成熟。该金融组织是一种民间自发组织起来的金融机构，其特点是贷款规模小，期限短，基本上是流动资金贷款，借款人要制定还款时间表，定期归还一部分欠款，贷款时采用循环贷款的方式鼓励贷款人及时还款，通过这样的方式使借贷双方得以保持紧密的关系。微型金融组织的贷款利率一般比较高，信贷管理人员的效率也比较高。总体来看，微型金融组织灵活性比较强，可以根据贷款人的需求提供多样性金融服务。

孟加拉国的乡村银行是微型金融组织的代表，它是由该国的默罕默德·尤努斯（Muhammad Yunus）教授在 1974 年孟加拉国发生严重饥荒后，开始小额信贷扶贫试验的基础上发展起来的。经过 30 多年的发展，乡村银行逐渐发展成为遍及全国的金融机构、服务于全国 64 个地区的 68000 个村、还款率高达 98% 以上的庞大的乡村金融网络。

乡村银行具有典型的层级组织结构，包括乡村银行自身组织结构和借款人组织结构两个相互连接的部分。首先，设在首都的乡村银行总行构成自身组织的第一个层次，分布在各地的分行构成第二个层次，每个分行下辖 10 个左右的支行，支行是乡村银行的基层组织。每个支行有 6~7 个工作人员、2~3 个培训人员、1 个会计和 1 个经理。每个支行管理 120~150 个乡村，支行在财务上自负盈亏。支行之下设有营业所，直接面向贷款小组开展业务。其次，乡村银行的传统模式是实行小组联保制度。借款人组织由"会员—联保小组—乡村中心"组成，构成乡村银行运行的基础。一般地，村庄中每 5 个人自愿组成一个借款小组，成员间负有连带担保责任，而每 6 个小组组成一个乡村中心。每个小组选出组长，小组长选举乡村中心主席，乡村银行要对小组组长和乡村中心主席进行特别培训。乡村银行在发放贷款时，首先发放给每个小组中最穷的两个人，然后发放给另外两个人，最后发放给小组长。还款义务则由整个小组共同承担，并根据各个小组的信贷记录决定将来的信贷额度。贷款小组每周召开一次小组会议,在会议上进行贷款、还款及农业生产知识培训,整个过程保持高度的透明性。小组成员间负有互相帮助、互相监督的责任,如果有一个成员违约,整个小组就会失去借贷资格。乡村银行借款期比较短,一般为一年,实行"整借零还"制度。

在乡村银行发展的历程中,经历了"传统模式"的第一代乡村银行和"广义化推广模式"的第二代乡村银行两个阶段。其变化发生在2001年,但其酝酿过程则始于1998年孟加拉国严重的洪涝灾害,这次灾害使许多农民变得一穷二白,不再能够适应传统模式中严格而明确的还贷规则,这些规则事实上是对借贷者的严格束缚,一旦借贷者违背相关规则,就很难重新获得乡村银行的接纳。因此,在矛盾不断扩散并可能导致普遍危机的情况下,乡村银行进行了影响深远的变革,从而塑造了第二代乡村银行的发展模式。

乡村银行的传统经营模式是向客户提供标准化的、操作简单、规则明确的金融产品,而这一模式的缺点是缺乏灵活性,在客户出现违约的情况下,缺乏可行的补救措施。第二代乡村银行经营模式克服了传统模式缺乏灵活性的缺点,旨在为客户提供量身定做的更为周到的金融服务。一是在第二代乡村银行经营模式下,小组成员之间不再承担连带担保责任,小组成员也可以一起得到贷款,而不用遵循先前的"2+2+1"的贷款顺序了。第二代乡村银行模式的业务基础,事实上已经从联保小组转移到了会员个人,小组的作用减弱了,成员之间更多是互相帮助,并以道德约束互相督促按时还款。二是贷款具有较灵活的期限,分期还款计划可以灵活处理,每次还款额度可以不等,期限也可以变化,借款人可以提前偿还所有贷款。三是在发生违约的情况下,可以在借贷双方协商的基础上将贷款调整为"灵活贷款"。

二、孟加拉国乡村银行成功经验述评

1. 政府的扶持是乡村银行得以发展壮大的基石

由于金融业关系到一个国家经济及金融的安全,因此,很多国家都对金融业实行严格的管制。特别是一些小额信贷机构,在成立初期政府往往对其实行严格的监管,直接导致小额信贷机构不能够为客户提供全方位的金融服务,尤其是不能够吸收存款,其后果是这些小额信贷结构资金来源匮乏,缺乏发展后劲。在孟加拉国,随着乡村银行在扶贫、支持农民脱贫上效果显著,孟加拉国政府通过立法给予其合法地位,并在融资、税收及贴息贷款方面大力扶持,使乡村银行得以赢利并实现了可持续发展。

2. 市场化运作是乡村银行得以成功的经济因素

市场经济使每个人都能够自由地作出选择,自由地使用自己的经济资源从而获得成功。孟加拉国乡村银行根据市场规律专注于发放小额贷款,是其获得成功的经济因素。一是信贷活动商业化。孟加拉国乡村银行的经验表明,小额贷款的成功应该包括两个方面,即项目的可持续性和项目要有一定的覆盖率。小额贷款是一种经济行为,不是权宜之计,这就需要运用各种风险管理工具提高其经营水平。比如,孟加拉国的乡村银行的小额贷款,初始借款额较低,而且还款期限较有规律,统一为3~12个月。另外,适当的激励约束机制也是非常重要的，即通过最初的小规模信贷，在借款者获得一定成功后，再逐步加大扶持力度。二是利率市场化运作，即坚持小额贷款的市场化运作，根据成本等因素确定适当的利率水平，使利息收入能够覆盖运营成本和呆坏账损失。三是小组担保机制。由于缺乏担保品和抵押品是农民获得贷款的主要障碍，因此在互助自愿的基础上，农民形成小组担保，从而达到相互帮助、相互监督，这样既降低了违约风险，也促进了农村经济的发展。

3. 有效的监督机制是乡村银行成功的制度因素

孟加拉国乡村银行要求农民以小组为基础，形成同一社区社会经济地位相近的贫困人口在自愿的基础上组成贷款小组（以贫困妇女为主），形成"风险共担，利益均沾"的机制。如果该小组有一成员不能按时还款，其他成员有义务和责任代其还清相应款项，否则整个小组成员会被全部清理出该组织，永远不得在乡村银行申请贷款，该方式使小组成员努力用好贷款并积极还款。

4. 贷款对象定位的准确性是乡村银行成功的关键因素

孟加拉国乡村银行的贷款对象主要是农村妇女，其比例高达96%。妇女在孟加拉国虽然地位低下，但是一般来说，妇女比男人更要面子。如果某位妇女因还不起借款而受到银行或是贷款小组的惩罚，那她就会在社区内受到其他小组成员的唾弃。另外，妇女的流动性也比男人低，她们外出的成本会更高，因此，她们的还款意愿更强。

第五节 国外农村金融发展的启示

总的来看，美国、日本、印度和孟加拉国的农村金融体系是比较完善的，且发展较好，我们认为主要是处理好了以下四个关系：一是政府和市场的关系。政府和市场对农村金融的影响和支持究竟应该在哪个阶段和哪个层面，农业政策性金融、合作性金融和商业性金融的分工与协作应该如何划分与配合，这些都处理得较好。二是个体和农协的关系。农村金融的发展离不开个体的支持，个体和组织必须很好地结合起来才能够充分发挥农村金融的优势。三是上级和下级的关系。这主要涉及农村金融的管理问题，既不能统得过死，也不能放任自流。四是安全性和营利性的关系。发展农村金融的目的是从根本上推动农业的稳健发展，在保证安全性的前提下实现盈利是农村金融机构的重要目标之一。

同时，国外农村金融发展的实践也对我国具有重要的启示和借鉴意义，归纳起来主要有以下六个方面。

1. 健全的金融组织体系是农村金融市场健康发展的基础

为了促进农村经济的发展，西方发达国家以及一些发展中国家都在立足于农村金融需求多样化的基础上，建立起了一个商业金融、合作金融、政策性金融组织并存的农村金融组织体系，这些农村金融组织层次分明、分工合理、功能互补、适度竞争，从不同角度、不同层次去满足农村金融需求，有力地促进了农村金融市场的可持续发展。

2. 政府强有力的支持是农村金融市场健康发展的重要条件

由于农业属于弱质产业，生产周期长，盈利水平低，容易受季节因素影响，决定了农业的发展很难得到商业资金的支持，而农业本身的重要性和脆弱性又必须获得充足的资金支持，因此政府的金融支持是农业发展的关键。

一般来说，政府应在四个方面加大对农业的支持。一是实行税收优惠和减免政策，增加农业的收入，以便吸引商业资金进入农业；二是政府直接向农业注入资金，政策性资金是农业发展资金的重要组成部分，发达国家对涉农金融机构均有大量的专项资金注入；三是直接增加对农业的补贴，以增加农民的收入，提高农村金融的活力；四是允许农村金融机构进入票据市场，发行金融票据筹集资金，以此降低农村金融机构的融资成本。

3. 合作金融模式适合农村金融的发展

合作金融模式是被实践证明适合农业发展的一种金融组织方式。由于农业经营的规模相对较小，自身力量有限，只有集中起来才能得到有效发展，农村合作金融组织就是在这样的前提下发展起来的。农村合作金融组织通过把分散的资金集中起来，有针对性地投入到急需资金而又有发展前景的行业中去，有效地提高了资金的效率。

4. 完善的融资担保体系是农村金融发展的关键

无论是农业发达的美国、日本还是相对比较贫穷的孟加拉国，它们要么通过建立贷款保险公司，要么通过建立比较完善的担保体系，以解决农民在借贷过程中的担保问题，同时也有效降低了农村金融体系的风险。

5. 农村金融管理要有层次性

农业的特点决定了农村金融的服务对象大多是小规模的企业或是农民个体，但是农业的发展作为一个整体来说又是一个规模巨大的系统性工程。因此，要解决好农业问题，就需要与之相匹配的农村金融管理体系，科学合理、符合实际的管理制度与方法有利于管理的有效性，从而节约经营管理成本，提高管理效率。

6. 农村金融发展离不开法律法规的制度保障

农村金融发展比较成功的国家无一例外地通过立法形式推动农村金融组织体系建设，以保障农村金融市场的健康运行。如美国依据1916年的《联邦农业贷款法案》建立联邦土地银行系统；日本依据1945年的《农林渔业金融公库法》设立农林渔业金融公库等。健全的法律体系，不仅规范了农村金融组织的业务行为，也维护了农村金融市场的交易秩序，促进了农村金融的规范化发展。

关键术语

无追索权贷款　有追索权贷款　绿色革命　农民家计局　商品信贷公司

复习思考题

1. 美国农村金融体制具有哪些特点？美国农村金融体系是如何构成的？

2. 农业政策性金融有何特点,在各国金融体系中有何作用?
3. 美国政策性金融有何特点?
4. 简述美国合作性金融的特色及对我国的借鉴意义。
5. 日本的农村合作性金融有何特点?
6. 日本农村保险体制有何特色?
7. 日本发展农村金融的模式对我国构建农村金融体制有何借鉴意义?
8. 印度农村金融体制与我国农村金融体制有哪些区别?
9. 孟加拉国乡村银行的成功经验对我国大力发展村镇银行有何借鉴意义?
10. 如何控制合作性金融在运行中的风险?
11. 国外农村金融发展经验对我国有哪些启示?

第九章

我国农村金融的改革与发展

我国经济改革从农村起步。四十多年来，我国农村经济社会发生了翻天覆地的变化。伴随这一伟大的历史巨变，我国农村金融改革也取得了显著成效，为推动农村经济社会发展提供了强大的金融动力。本章阐述我国农村金融改革的基本历程，改革发展的总体目标，当前我国农村金融改革中存在的主要问题，以及未来发展的基本思路。

第一节 我国农村金融改革基本历程

四十多年来，我国农村金融的改革和发展，基本顺应了农村经济体制改革要求，逐步由计划向市场转轨。目前，我国农村金融已由最初的动员储蓄、分配资金、汇兑结算，逐步发展为有效配置金融资源、调节农村经济、分散农业风险、打造诚信环境的重要行业。

一、中央一号文件记录了农村金融改革的基本历程[①]

自 1978 年底我国实行改革开放以来，中共中央、国务院先后发布了二十一个以农业、农村和农民为主题的中央一号文件，对农村改革和农业发展作出具体部署。在这些文件中，大都涉及对农村金融体制改革方方面面的政策。

1982 年 1 月 1 日，中共中央发出第一个关于"三农"问题的一号文件《全国农村工作会议纪要》，对迅速推开的农村改革进行了总结。由于改革刚刚展开，1982 年中央一号文件基本上没有涉及农村金融问题。

1983 年中央一号文件《当前农村经济政策的若干问题》指出，中国农业银行和农村信用社应改善服务态度，在聚集资金、办理信贷、监督资金的使用方面发挥应有的作用，农村信用社应坚持合作金融组织的性质。值得关注的是，文件开始对农村金融体制变革予以强调，对中国农业银行和农村信用社改革提出了要求。

1984 年中央一号文件《中共中央 国务院关于 1984 年农村工作的通知》提出，农

[①] 刘敏，周莘. 8 个中央一号文件：记录农村金融改革历程[N]. 金融时报，2006-04-13.

村信用社要进行改革，真正办成群众性的合作金融组织，在遵守国家金融政策和接受中国农业银行的领导、监督下独立自主地开展存贷业务。农村存款要优先用于农村，多存可以多贷。在保证农业贷款需要的前提下，可以经营农村工商信贷业务，贷款利率可以浮动。中国农业银行要努力改善经营，切实做好农村信贷服务工作。该文件对农村信用社改革提出了具体要求，允许农村信用社经营农村工商信贷业务，在放活农村金融服务体系方面进行了初步的有益探索。

1985年中央一号文件《中共中央 国务院关于进一步活跃农村经济的十项政策》提出，农村信用社实行独立经营、自负盈亏。所组织的资金，除按规定向中国农业银行交付提存准备金外，全部归自己使用。在保证满足社员农业贷款之后，可以余款经营农村工商信贷。存放利率允许参照银行所定基准利率上下浮动，甚至可以接近市场利率。农村信用社必须遵守国家金融政策并接受中国农业银行业务领导。中国农业银行要实行企业化经营，提高资金营运效率。该文件取消了30年来农副产品统购派购的制度，对粮、棉等少数重要产品采取国家计划合同收购的新政策。在这个文件里，"独立经营""自负盈亏""企业化经营"这些字眼有力地体现了农村金融系统开放搞活的发展方向。

1986年中央一号文件《中共中央 国务院关于一九八六年农村工作的部署》提出，中国人民银行、中国农业银行要制定不同区域和产业的信贷政策，支持产业结构调整和农业技术改造。1985年一号文件对农村信用社规定的各项政策和国务院有关农村信用社体制改革的各项规定，应逐项落实。要分地区适当降低农村信用社提存准备金比例，不得向农村信用社下达指令性转存款指标，保证农村信用社多存多贷。积极发展农村各种保险事业。该文件进一步摆正了农业在国民经济中的地位，强调进一步深化农村改革，强调发展国民经济要以农业为基础，必须坚定不移地把它作为一个长期的战略方针，并首次提出因地制宜制定区域、产业信贷政策。

时隔18年后，从2004年开始，中共中央再次发布关于"三农"问题的中央一号文件。

2004年中央一号文件《中共中央 国务院关于促进农民增加收入若干政策的意见》提出，改革和创新农村金融体制。要从农村实际和农民需要出发，按照有利于增加农户和企业贷款，有利于改善农村金融服务的要求，加快改革和创新农村金融体制。建立金融机构对农村社区服务的机制，明确县域内各金融机构为"三农"服务的义务。扩大农村贷款利率浮动幅度。进一步完善邮政储蓄的有关政策，加大农村信用社改革的力度，缓解农村资金外流。中国农业银行等商业银行要创新金融产品和服务方式，拓宽信贷资金支农渠道。中国农业发展银行等政策性银行要调整职能，合理分工，扩大对农业、农村的服务范围。要总结农村信用社改革试点经验，创造条件，在全国逐步推开。继续扩大农户小额信用贷款和农户联保贷款。鼓励有条件的地方，在严格监管、有效防范金融风险的前提下，通过吸引社会资本和外资，积极兴办直接为"三农"服务的多种所有制的金融组织。

2005年中央一号文件《中共中央 国务院关于进一步加强农村工作提高农业综合生产能力若干政策的意见》提出，推进农村金融改革和创新。要针对农村金融需求的特点，加快构建功能完善、分工合理、产权明晰、监管有力的农村金融体系。抓紧研究制定农村金融总体改革方案。继续深化农村信用社改革，要在完善治理结构、强化约束机制、增强支农服务能力等方面取得成效，进一步发挥其农村金融的主力军作用。抓紧制定县域内各金融机构承担支持"三农"义务的政策措施，明确金融机构在县及县以下机构、网点新增存款用于支持当地农业和农村经济发展的比例。采取有效办法，引导县及县以下吸收的邮政储蓄资金回流农村。加大政策性金融支农力度，增加支持农业和农村发展的中长期贷款，在完善运行机制基础上强化中国农业发展银行的支农作用，拓宽业务范围。中国农业银行要继续发挥支持农业、服务农村的作用。培育竞争性的农村金融市场，有关部门要抓紧制定农村新办多种所有制金融机构的准入条件和监管办法，在有效防范金融风险的前提下，尽快启动试点工作。有条件的地方，可以探索建立更加贴近农民和农村需要、由自然人或企业发起的小额信贷组织。加快落实对农户和农村中小企业实行多种抵押担保形式的有关规定。扩大农业政策性保险的试点范围，鼓励商业性保险机构开展农业保险业务。该文件要求，按照既有的各项政策和规定，推进农村金融各项改革和创新。

2006年中央一号文件《中共中央　国务院关于推进社会主义新农村建设的若干意见》提出，加快推进农村金融改革。巩固和发展农村信用社改革试点成果，进一步完善治理结构和运行机制。县域内各金融机构在保证资金安全的前提下，将一定比例的新增存款投放当地，支持农业和农村经济发展，有关部门要抓紧制定管理办法。扩大邮政储蓄资金的自主运用范围，引导邮政储蓄资金返还农村。调整中国农业发展银行职能定位，拓宽业务范围和资金来源。国家开发银行要支持农村基础设施建设和农业资源开发。继续发挥中国农业银行支持农业和农村经济发展的作用。在保证资本金充足、严格金融监管和建立合理有效的退出机制的前提下，鼓励在县域内设立多种所有制的社区金融机构，允许私有资本、外资等参股。大力培育由自然人、企业法人或社团法人发起的小额贷款组织，有关部门要抓紧制定管理办法。引导农户发展资金互助组织。规范民间借贷。稳步推进农业政策性保险试点工作，加快发展多种形式、多种渠道的农业保险。各地可通过建立担保基金或担保机构等办法，解决农户和农村中小企业贷款抵押担保难问题，有条件的地方政府可给予适当扶持。

该文件在农村金融体制改革上迈出的步伐很大，有不少重大突破和亮点。

第一，首次提出改革创新农村金融体制，建立农村金融的多元化投融资体系。这是对农村金融改革进行的全面部署，目的是从农村实际和农民需要出发，按照有利于增加农户和企业贷款，有利于改善农村金融服务的要求，加快改革和创新农村金融体制。这意味着中国农村金融体制将出现重大突破。改革和创新农村金融体制是这次农村改革的最大亮点。文件提出，改革和创新农村金融体制要从多方面进行：县域内各金融机构要将一定比例的新增存款投放当地，引导邮政储蓄资金返还农村；调整中国农业发展银行职能定位，国家开发银行要支持农村基础设施建设和农业资源开发等。

第二，引导农户发展资金互助组织。文件的第25条中提到"引导农户发展资金互助组织"，这是从1996年以来到2006年，10年来第一次见到中央正式文件重提农民的互助组织。众所周知，土地、劳动力、资金三个要素必须有机地结合在一起才能够形成生产，缺了资金就不能形成要素的合理结构。由于农村资金的极度稀缺，导致生产要素成本价格很高，农民即使有了收益也很容易被抵消。所以，要解决这个难题，辅以非正规的商业金融如农民的互助金融，就是一件顺理成章的事。因此，中央一号文件明确提出"引导农户发展资金互助组织"，便有了很重要的现实意义，很符合农村的现实需要。

第三，允许私有资本和外资参股乡村社区金融机构是一个重大突破。政策鼓励在有条件的地方，在严格监管、有效防范金融风险的前提下，通过吸引社会资本和外资，积极兴办直接为"三农"服务的多种所有制的金融组织，其中就包括允许私有资本和外资参股乡村社区金融机构，这是一个划时代的重大突破。

2007年中央一号文件《中共中央 国务院关于积极发展现代农业扎实推进社会主义新农村建设的若干意见》提出，要深化农村综合改革，统筹推进农村其他改革，进一步发挥中国农业银行、中国农业发展银行在农村金融中的骨干和支柱作用。要大幅增加对"三农"的投入。各级政府要切实把基础设施建设和社会事业发展的重点转向农村，国家财政新增教育、卫生、文化等事业经费和固定资产投资增量主要用于农村，逐步加大政府土地出让收入用于农村的比重。要建立"三农"投入稳定增长机制，积极调整财政支出结构、固定资产投资结构和信贷投放结构，中央和县级以上地方财政每年对农业总投入的增长幅度应当高于其财政经常性收入的增长幅度，尽快形成新农村建设稳定的资金来源。2007年，财政支农投入的增量要继续高于上年，国家固定资产投资用于农村的增量要继续高于上年，土地出让收入用于农村建设的增量要继续高于上年。建设用地税费提高后新增收入主要用于"三农"。加快制定农村金融整体改革方案，努力形成商业金融、合作金融、政策性金融和小额贷款组织互为补充、功能齐备的农村金融体系，探索建立多种形式的担保机制，引导金融机构增加对"三农"的信贷投放。加大支农资金整合力度，抓紧建立支农投资规划、计划衔接和部门信息沟通工作机制，完善投入管理办法，集中用于重点地区、重点项目，提高支农资金使用效益。要注重发挥政府资金的带动作用，引导农民和社会各方面资金投入农村建设。

2008年中央一号文件《中共中央 国务院关于切实加强农业基础建设 进一步促进农业发展农民增收的若干意见》明确提出加快农村金融体制改革和创新。加快推进调整放宽农村地区银行业金融机构准入政策试点工作。加大农业发展银行支持"三农"的力度。推进中国农业银行改革。继续深化农村信用社改革，加大支持力度，完善治理结构，维护和保持县级联社的独立法人地位。中国邮政储蓄银行要通过多种方式积极扩大涉农业务范围。积极培育小额信贷组织，鼓励发展信用贷款和联保贷款。通过批发或转贷等方式，解决部分农村信用社及新型农村金融机构资金来源不足的问题。加快落实县域内银行业金融机构将一定比例新增存款投放当地的政策。推进农村担保方式创新，扩大有效抵押品范围，探索建立政府支持、企业和银行多方参与的农村信贷担保机制。制定符合农村信贷业务特点的监管制度。加强财税、货币政策的协调和支持，引导各类金融机构到农村开展业务。完善政策性农业保险经营机制和发展模式。建立健全农业再保险体系，逐步形成农业巨灾风险转移分担机制。

2009年中央一号文件《中共中央 国务院关于2009年促进农业稳定发展农民持续增收的若干意见》提出，要加快发展地区性中小银行，增强农村金融服务能力。抓紧制定鼓励县域内银行业金融机构新吸收的存款主要用于当地发放贷款的实施办法，建立独立考核机制。在加强监管、防范风险的前提下，加快发展多种形式新型农村金融组织和以服务农村为主的地区性中小银行。

鼓励和支持金融机构创新农村金融产品和金融服务，大力发展小额信贷和微型金融服务，农村微小型金融组织可通过多种方式从金融机构融入资金。积极扩大农村消费信贷市场。依法开展权属清晰、风险可控的大型农用生产设备、林权、四荒地使用权等抵押贷款和应收账款、仓单、可转让股权、专利权、商标专用权等权利质押贷款。

对涉农贷款定向实行税收减免和费用补贴。抓紧出台对涉农贷款定向实行税收减免和费用补贴、政策性金融对农业中长期信贷支持、农民专业合作社开展信用合作试点的具体办法。放宽金融机构对涉农贷款的呆账核销条件。

加快发展政策性农业保险，扩大试点范围、增加险种，加大中央财政对中西部地区保费补贴力度，加快建立农业再保险体系和财政支持的巨灾风险分散机制，鼓励在农村发展互助合作保险和商业保险业务。探索建立农村信贷与农业保险相结合的银保互动机制。

2010年中央一号文件《中共中央 国务院关于加大统筹城乡发展力度 进一步夯实农业农村发展基础的若干意见》高度重视农村金融问题，该文件第三条的题目就是"提高农村金融服务质量和水平"，其主要内容包括以下六个方面。

（1）一个衔接，一个引导。加强财税政策与农村金融政策的有效衔接，引导更多信贷资金投向"三农"，切实解决农村融资难的问题。

（2）三个优惠政策完善落实。落实和完善涉农贷款税收优惠、定向费用补贴、增量奖励等政策。本地存本地用政策：进一步完善县域内银行业金融机构新吸收存款主要用于当地发放贷款政策。

（3）农村金融体系建设。第一，加大政策性金融对农村改革发展重点领域和薄弱环节支持力度，拓展农业发展银行支农领域，大力开展农业开发和农村基础设施建设中长期政策性信贷业务。第二，中国农业银行、农村信用社、中国邮政储蓄银行等银行业金融机构都要进一步增加涉农信贷投放，推广农村小额信用贷款。第三，加快培育村镇银行、贷款公司、农村资金互助社，有序发展小额贷款组织，引导社会资金投资设立适应"三农"需要的各类新型金融组织。第四，抓紧制定对偏远地区新设农村金融机构费用补贴等办法，确保3年内消除基础金融服务空白乡镇。第五，创新金融产品和服务方式，加强和改进农村金融监管。第六，建立农业产业发展基金。

（4）农业保险改革。积极扩大农业保险保费补贴的品种和区域覆盖范围，加大中央财政对中西部地区保费补贴力度。鼓励各地对特色农业、农房等保险进行保费补贴。发展农村小额保险。健全农业再保险体系，建立财政支持的巨灾风险分散机制。

（5）农民建房也可以贷款。鼓励农村金融机构为农民建房、购买汽车和家电等提供消费信贷，加大对兴办农家店的信贷投放力度。

（6）合作社可以办农村资金互助社。支持有条件的合作社兴办农村资金互助社。

2011年中央一号文件《中共中央 国务院关于加快水利改革发展的决定》提出，农村经济发展不仅要靠财政投入，还要靠金融、信贷来支持。目前财政投入已经有了明显变化，但农村金融在满足农民需求和农业发展方面的成效还不显著。要引导更多信贷资金投向"三农"，切实解决农村融资难的问题；落实和完善涉农贷款税收优惠、定向费用补贴、增量奖励等政策；县域内银行业金融机构新吸收存款主要用于当地发放贷款政策；加大政策性金融对农村改革发展重点领域和薄弱环节支持力度，拓展农业发展银行支农领域，大力开展农业开发和农村基础设施建设中长期政策性信贷业务；鼓励农村金融机构对农民建房、购买汽车和家电等提供消费信贷；中国农业银行、农村信用社、中国邮政储蓄银行等银行业金融机构都要进一步增加涉农信贷投放；加快培育村镇银行、贷款公司、农村资金互助社，有序发展小额贷款组织，引导社会资金投资设立适应"三农"需要的各类新型金融组织；抓紧制定对偏远地区新设农村金融机构费用补贴等办法，确保3年内消除基础金融服务空白乡镇。

2012年中央一号文件《中共中央 国务院关于加快推进农业科技创新 持续增强农产品供给保障能力的若干意见》提出，要提升农村金融服务水平。加大农村金融政策支持力度，持续增加农村信贷投入，确保银行业金融机构涉农贷款增速高于全部贷款平均增速。完善涉农贷款税收激励政策，健全金融机构县域金融服务考核评价办法，引导县域银行业金融机构强化农村信贷服务。大力推进农村信用体系建设，完善农户信用评价机制。深化农村信用社改革，稳定县（市）农村信用社法人地位。发展多元化农村金融机构，鼓励民间资本进入农村金融服务领域，支持商业银行到中西部地区县域设立村镇银行。有序发展农村资金互助组织，引导农民专业合作社规范开展信用合作。完善符合农村银行业金融机构和业务特点的差别化监管政策，适当提高涉农贷款风险容忍度，实行适度宽松的市场准入、弹性存贷比政策。继续发展农户小额信贷业务，加大对种养大户、农民专业合作社、县域小型微型企业的信贷投放力度。加大对科技型农村企业、科技特派员下乡创业的信贷支持力度，积极探索农业科技专利质押融资业务。支持农业发展银行加大对农业科技的贷款力度。鼓励符合条件的涉农企业开展直接融资，积极发展涉农金融租赁业务。扩大农业保险险种和覆盖面，开展设施农业保费补贴试点，扩大森林保险保费补贴试点范围，扶持发展渔业互助保险，鼓励地方开展优势农产品生产保险。健全农业再保险体系，逐步建立中央财政支持下的农业大灾风险转移分散机制。

2013年中央一号文件《中共中央 国务院关于加快发展现代农业 进一步增强农村发展活力的若干意见》突出强调改善农村金融服务。文件提出，要加强国家对农村金融改革发展的扶持和引导，切实加大商业性金融支农力度，充分发挥政策性金融和合作性金融作用，确保持续加大涉农信贷投放。创新金融产品和服务，优先满足农户信贷需求，加大新型生产经营主体信贷支持力度。加强财税杠杆与金融政策的有效配合，落实县域金融机构涉农贷款增量奖励、农村金融机构定向费用补贴、农户贷款税收优惠、小额担保贷款贴息等政策。稳定县（市）农村信用社法人地位，继续深化农村信用社改革。探索中国农业银行服务"三农"新模式，强化中国农业发展银行政策性职能定位，鼓励国家开发银行推动现代农业和新农村建设。支持社会资本参与设立新型农村金融机构。改善农村支付服务条件，畅通支付结算渠道。加强涉农信贷与保险协作配合，创新符合农村特点的抵（质）押担保方式和融资工具，建立多层次、多形式的农业信用担保体系。扩大林权抵押贷款规模，完善林业贷款贴息政策。健全政策性农业保险制度，完善农业保险保费补贴政策，加大对中西部地区、生产大县农业保险保费补贴力度，适当提高部分险种的保费补贴比例。开展农作物制种、渔业、农机、农房保险和重点国有林区森林保险保费补贴试点。推进建立财政支持的农业保险大灾风险分散机制。支持符合条件的农业产业化龙头企业和各类农业相关企业通过多层次资本市场筹集发展资金。

2014年中央一号文件《关于全面深化农村改革 加快推进农业现代化的若干意见》就农村金融的改革创新作出部署，旨在让现代金融服务进村入户。文件指出，强化金融机构服务"三农"职责。稳定大中型商业银行的县域网点，扩展乡镇服务网络，根据自身业务结构和特点，建立适应"三农"需要的专门机构和独立运营机制。强化商业金融对"三农"和县域小微企业的服务能力，扩大县域分支机构业务授权，不断提高存贷比和涉农贷款比例，将涉农信贷投放情况纳入信贷政策导向效果评估和综合考评体系。稳步扩大中国农业银行三农金融事业部改革试点。鼓励中国邮政储蓄银行拓展农村金融业务。支持中国农业发展银行开展农业开发和农村基础设施建设中长期贷款业务，建立差别监管体制。增强农村信用社支农服务功能，保持县域法人地位长期稳定。积极发展村镇银行，逐步实现县市全覆盖，符合条件的适当调整主发起行与其他股东的持股比例。支持由社会资本发起设立服务"三农"的县域中小型银行和金融租赁公司。对小额贷款公司，要拓宽融资渠道，完善管理政策，加快接入征信系统，发挥支农支小作用。文件提出发展新型农村合作金融组织。培育发展农村合作金融。不断丰富农村地区金融机构类型。坚持社员制、封闭性原则，推动社区性农村资金互助组织发展。鼓励地方建立风险补偿基金。适时制定农村合作金融发展管理办法。文件要求，加大农业保险支持力度。提高中央、省级财政对主要粮食作物保险的保费补贴比例。扩大畜产品及森林保险范围和覆盖区域。鼓励开展多种形式的互助合作保险。规范农业保险大灾风险准备金管理，加快建立财政支持的农业保险大灾风险分散机制。

2015年中央一号文件《中共中央 国务院关于加大改革创新力度加快农业现代化建设的若干意见》提出，鼓励开展信贷资产质押再贷款试点，提供更优惠的支农再贷款利率。中国农业银行三农金融事业部改革试点覆盖全部县域支行。中国农业发展银行要在强化政策性功能定位的同时，加大对水利、贫困地区公路等农业农村基础设施建设的贷款力度，审慎发展自营性业务。国家开发银行要创新服务"三农"融资模式，进一步加大对农业农村建设的中长期信贷投放。提高农村信用社资本实力和治理水平，牢牢坚持立足县域、服务"三农"的定位。鼓励中国邮政储蓄银行拓展农村金融业务。提高村镇银行在农村的覆盖面。积极探索新型农村合作金融发展的有效途径，稳妥开展农民合作社内部资金互助试点，落实地方政府监管责任。做好承包土地的经营权和农民住房财产权抵押担保贷款试点工作。鼓励开展"三农"融资担保业务，大力发展政府支持的"三农"融资担保和再担保机构，完善银担合作机制。支持银行业金融机构发行"三农"专项金融债,鼓励符合条件的涉农企业发行债券。开展大型农机具融资租赁试点。完善对新型农业经营主体的金融服务。强化农村普惠金融。继续加大小额担保财政贴息贷款等对农村妇女的支持力度。

2016年中央一号文件《中共中央 国务院关于落实发展新理念加快农业现代化 实现全面小康目标的若干意见》提出,加快构建多层次、广覆盖、可持续的农村金融服务体系,发展农村普惠金融,降低融资成本,全面激活农村金融服务链条。进一步改善存取款、支付等基本金融服务。稳定农村信用社县域法人地位,提高治理水平和服务能力。开展农村信用社省联社改革试点,逐步淡出行政管理,强化服务职能。鼓励国有和股份制金融机构拓展"三农"业务。深化中国农业银行三农金融事业部改革,加大"三农"金融产品创新和重点领域信贷投入力度。发挥国家开发银行优势和作用,加强服务"三农"融资模式创新。强化中国农业发展银行政策性职能,加大中长期"三农"信贷投放力度。支持中国邮政储蓄银行建立三农金融事业部,打造专业化为农服务体系。创新村镇银行设立模式,扩大覆盖面。引导互联网金融、移动金融在农村规范发展。扩大在农民合作社内部开展信用合作试点的范围,健全风险防范化解机制,落实地方政府监管责任。开展农村金融综合改革试验,探索创新农村金融组织和服务。发展农村金融租赁业务。在风险可控的前提下,稳妥有序推进农村承包土地的经营权和农民住房财产权抵押贷款试点。积极发展林权抵押贷款。创设农产品期货品种,开展农产品期权试点。支持涉农企业依托多层次资本市场融资,加大债券市场服务"三农"力度。全面推进农村信用体系建设。加快建立"三农"融资担保体系。完善中央与地方双层金融监管机制,切实防范农村金融风险。强化农村金融消费者风险教育和保护。完善"三农"贷款统计,突出农户贷款、新型农业经营主体贷款、扶贫贴息贷款等。完善农业保险制度。把农业保险作为支持农业的重要手段,扩大农业保险覆盖面、增加保险品种、提高风险保障水平。积极开发适应新型农业经营主体需求的保险品种。探索开展重要农产品目标价格保险,以及收入保险、天气指数保险试点。支持地方发展特色优势农产品保险、渔业保险、设施农业保险。完善森林保险制度。探索建立农业补贴、涉农信贷、农产品期货和农业保险联动机制。积极探索农业保险保单质押贷款和农户信用保证保险。稳步扩大"保险+期货"试点。鼓励和支持保险资金开展支农融资业务创新试点。进一步完善农业保险大灾风险分散机制。

2017年中央一号文件《中共中央 国务院关于深入推进农业供给侧结构性改革加快培育农业农村发展新动能的若干意见》指出,要加快农村金融创新。强化激励约束机制,确保"三农"贷款投放持续增长。支持金融机构增加县域网点,适当下放县域分支机构业务审批权限。对涉农业务较多的金融机构,进一步完善差别化考核办法。落实涉农贷款增量奖励政策。支持农村商业银行、农村合作银行、村镇银行等农村中小金融机构立足县域,加大服务"三农"力度,健全内部控制和风险管理制度。规范发展农村资金互助组织,严格落实监管主体和责任。开展农民合作社内部信用合作试点,鼓励发展农业互助保险。支持国家开发银行创新信贷投放方式。完善农业发展银行风险补偿机制和资本金补充制度,加大对粮食多元市场主体入市收购的信贷支持力度。深化中国农业银行三农金融事业部改革，对达标县域机构执行优惠的存款准备金率。加快完善中国邮政储蓄银行三农金融事业部运作机制，研究给予相关优惠政策。抓紧研究制定农村信用社省联社改革方案。优化村镇银行设立模式，提高县市覆盖面。鼓励金融机构积极利用互联网技术，为农业经营主体提供小额存贷款、支付结算和保险等金融服务。支持金融机构开展适合新型农业经营主体的订单融资和应收账款融资业务。深入推进承包土地的经营权和农民住房财产权抵押贷款试点，探索开展大型农机具、农业生产设施抵押贷款业务。持续推进农业保险扩面、增品、提标，开发满足新型农业经营主体需求的保险产品，采取以奖代补方式支持地方开展特色农产品保险。鼓励地方多渠道筹集资金，支持扩大农产品价格指数保险试点。探索建立农产品收入保险制度。支持符合条件的涉农企业上市融资、发行债券、兼并重组。在健全风险阻断机制的前提下，完善财政与金融支农协作模式。鼓励金融机构发行"三农"专项金融债。扩大银行与保险公司合作，发展保证保险贷款产品。深入推进农产品期货、期权市场建设，积极引导涉农企业利用期货、期权管理市场风险，稳步扩大"保险+期货"试点。严厉打击农村非法集资和金融诈骗，积极推动农村金融立法。

2018年中央一号文件《中共中央 国务院关于实施乡村振兴战略的意见》指出，要提高金融服务水平。健全适合农业农村特点的农村金融体系，推动农村金融机构回归本源，把更多金融资源配置到农村经济社会发展的重点领域和薄弱环节，更好地满足乡村振兴多样化金融需求。要强化金融服务方式创新，防止脱实向虚倾向，严格管控风险，提高金融服务乡村振兴能力和水平。加大中国农业银行、中国邮政储蓄银行三农金融事业部对乡村振兴支持力度。明确国家开发银行、中国农业发展银行在乡村振兴中的职责定位，强化金融服务方式创新，加大对乡村振兴中长期信贷支持。推动农村信用社省联社改革，保持农村信用社县域法人地位和数量总体稳定，完善村镇银行准入条件，地方法人金融机构要服务好乡村振兴。普惠金融重点要放在乡村。制定金融机构服务乡村振兴考核评估办法。支持符合条件的涉农企业发行上市、新三板挂牌和融资、并购重组，深入推进农产品期货期权市场建设，稳步扩大"保险+期货"试点，探索"订单农业+保险+期货（权）"试点。改进农村金融差异化监管体系，强化地方政府金融风险防范处置责任。

2019年中央一号文件《中共中央 国务院关于坚持农业农村优先发展做好"三农"工作的若干意见》指出，要打通金融服务"三农"各个环节，建立县域银行业金融机构服务"三农"的激励约束机制，实现普惠性涉农贷款增速总体高于各项贷款平均增速。推动农村商业银行、农村合作银行、农村信用社逐步回归本源，为本地"三农"服务。研究制定商业银行三农事业部绩效考核和激励的具体办法。用好差别化准备金率和差异化监管等政策，切实降低"三农"信贷担保服务门槛，鼓励银行业金融机构加大对乡村振兴和脱贫攻坚中长期信贷支持力度。支持重点领域特色农产品期货期权品种上市。按照扩面增品提标的要求，完善农业保险政策。推进稻谷、小麦、玉米完全成本保险和收入保险试点。扩大农业大灾保险试点和"保险+期货"试点。探索对地方优势特色农产品保险实施以奖代补试点。

以上对中共中央发布的二十一个一号文件关于"三农"问题中的农村金融政策进行了系统的梳理与回顾,旨在通过这些文件,较好地了解和把握当时我国农村金融存在和亟须解决的主要问题,以及政府改革农村金融的方法、手段与措施。下面,我们来归纳分析中央二十一个一号文件关于农村金融政策演变的主要特点。

从以上文件对农村金融发展的阐述,可以较为清楚地看到,我国农村金融改革的重点其实每年都在围绕农村经济改革取向而不断发生着变化。许多专家认为,城乡统筹是21世纪以来一号文件的总纲领,尤其是2010年的中央一号文件更是体现了城乡统筹的战略思想。从农村金融政策演变中,可以明显发现,随着我国农村经济改革的不断深化,对"三农"金融服务也提出了明确的、更高的、更具体的要求,且这种要求从宏观、体制方面逐渐向微观、机制方面转变,向具体的政策要求转变,向惠农民生转变,政策措施越来越明确、实在。

具体而言,关于我国农村金融或"三农"金融政策的发展演变,我们认为,具有以下四个方面的特点。

1. 自上而下的行政性明显,政策空间越来越大

仍然实行政府主导下的强制性制度变迁,民间的、自发的农村金融组织越来越受到关注与重视,但缺乏具体的、强有力政策措施的支持,自下而上来自民间的金融推力还没有被充分激发出来。由于体制的局限,虽然很多政策的出台有着很好的出发点,但都是"光打雷不下雨",政策协调配合能力差,有的政策难以真正得以实施,有的效果被层层化解,到了基层,往往淡而化之。从既有的中央已经出台的关于农村金融的政策措施来看,无论是在所有制与民间资本放开上,在银行、保险和资本市场等领域,还是在财税、金融、产业政策等各方面,其政策允许和放开的程度空间已经越来越大,很多已经允许可以突破、可以做,但是各级相关部门的协调配合力不够、执行落实不到位,这是最核心、最实质、最关键的问题所在。

2. 渐进性

对农村金融改革认识上的渐进性决定了改革实践的渐进性,由于金融和农村金融的特殊性,我国金融改革落后于整个经济改革的步伐,而农村金融改革又落后于整个金融改革和农村经济改革。

3. 强调对实体经济和农业经营主体的金融支持

农业是典型的实体经济部门,农民或农户、专业户、专业大户、家庭农场、农民专业合作社、农村中小企业和龙头企业等是主要农业经营主体,高度重视与加强对农业及各类农业经营主体的金融支持服务,是真正抓住了"牛鼻子",使农村金融持续有力地发挥着对"三农"发展的重要引领与支持作用。

4. 政策愈趋具体化和强调金融创新

政策措施越来越具体实在,具有较大可行性和可操作性,不断强调金融创新,已成为中央农村金融改革政策的基本取向,同时对金融监管及风险防控也在不断加强,而且政策的多样化、立体化、配套性愈加明显,指导性、针对性也越来越强,农村金融组织创新、产品与服务创新、发展模式创新成为基本趋向。

二、中国农村金融改革的五个阶段[①]

四十多年前,我国的农村经济改革之路自下而上,从农民分田到户开始。与其同步的农村金融改革则选择了自上而下的路径,从恢复中国农业银行起步。回顾改革开放四十多年来我国农村金融改革的基本历程,我们可以将其大体划分为五个阶段,或者说经历了五阶段不同主题内容的改革历程。

1. 第一阶段(1978—1993年):重建农村金融体系

1978年之前,我国没有单独专门为农村真正服务的金融组织,下放给人民公社管理的农村信用社等金融部门,只作为储蓄动员的机器存在。

随着包产到户的实施,2亿多户农户从人民公社和生产大队的体制下逐步解放出来,重新成为农村经济主体,农村金融的交易对象一下子由原来的2.6万个人民公社突然变成了2亿多户农户,原有的城乡合一、动员储蓄的金融机制无法适应这种变化,重新构建单独的农村金融机构成为必然。于是,以恢复中国农业银行为标志的第一次农村金融改革轰轰烈烈地拉开帷幕。

1979年2月,国务院下发《关于恢复中国农业银行的通知》,脱离了人民公社时期"政社合一"体制的农村信用社找到了新的"婆家",成为中国农业银行的基层机构,由此走上了"官办"的道路,但这与改革的初衷并不一致。1984年8月,国务院转批《中国农业银行关于改革农村信用社管理体制的报告》,提出把农村信用社真正办成群众性的合作金融组织,恢复"三性",即组织上的群众性、管理上的民主性和经营上的灵活性。农村信用社实行经营责任制后,其实力得到明显增强,存贷业务占当时农村金融市场的六成以上。但由于其"官办"的行政色彩较浓,恢复"三性"成为一纸空文,得不到真正落实。1984年农村信用社的存贷比例为0.41,到了1996年下降为0.22,农村信用社从农村"抽血"明显。

家庭联产承包责任制使农村经济得到快速发展,而正规金融提供的金融服务远不能满足农村融资的需求,于是非正规的民间借贷、民间集资大量出现。当时中央政府肯定了民间借贷的积极作用,对其采取支持的态度。1984年,河北省康宝县芦家营乡正式建立了中国第一个农村合作基金会。由此开始,农村合作基金会呈星火燎原之势在全国各地迅速发展,但其操作上的违规和监管上的缺失等问题,给之后发生的农村金融风波埋下了重大隐患。

2. 第二阶段(1994—2002年):构建农村金融"三驾马车"

在这一阶段中,"三驾马车"的政策设计意图曾给改革的实践者和"三农"带来无限美好的期望。这一阶段改革的核心则是要把农村信用社从越走越远的"官办"路上拉回来,重新赋予"民办合作金融"的根本性质。

1994年4月,中国农业发展银行成立,承担从中国农业银行剥离出来的政策性金融业务,由此被赋予了政策性农村金融的使命,中国农业银行则开始向国有商业银行转

[①] 中国乡村发现网. 中国农村金融改革31年历程回顾 [EB/OL]. 2011-07-15.

型。1996年8月,《国务院关于农村金融体制改革的决定》明确要求,农村信用社与中国农业银行脱离行政隶属关系,由中国人民银行监管,逐步改为"由农民入股、由社员民主管理、主要为社员服务的合作性金融组织"。至此,以农村信用合作社、中国农业银行和中国农业发展银行为主的农村金融"三驾马车"的基本框架已构建形成。按照改革的顶层设计意图,中国农业银行发放商业性贷款,中国农业发展银行发放政策性贷款,农村信用社则按照合作制原则发放小额农户贷款,最终形成商业性金融、政策性金融和合作性金融三位一体、分工合作的正规农村金融体系。但是,实际运行的结果却与政策意愿大相径庭,我们没有看到"三驾马车"并驾齐驱、争先恐后的支农景象,反而陷入了农村资金供求矛盾日益恶化的窘境。实际上,"三驾马车"都在不同程度上偏离了"三农"发展的轨道。

20世纪90年代后期,以中国农业银行为主的国有商业银行在商业逐利动机下纷纷撤离农村,农村信用社也开始收缩营业网点,中国农业发展银行只负责政策性的粮棉油的收购资金。中国邮政储蓄银行是唯一遍及我国县乡的金融机构,它们为农民提供存款、汇兑等基本金融服务,但长期以来"只存不贷",被称作从农村吸取资金回流城市的主渠道。于是,农村信用社便逐渐成为农村金融的"主力军",甚至被赋予支农的政策性职能,呈现出"一农支三农"的难堪局面。

在这一阶段,最大的震荡莫过于20世纪90代末爆发的农村合作基金会风波。农村合作基金会最早产生于20世纪80年代中期,是主要依赖于农户资金注入的具有互助合作性质的准正规金融组织。在经营管理过程中,由于大多数农村基金会的运作都违背了合作基金会的互助宗旨,把农村基金会变成了办理存贷业务的第二个农村信用社。加上普遍的高息揽存、内部管理混乱、基层政府行政干预及缺乏必要的金融监管,农村合作基金会很快出现了大面积的兑付风险,甚至在局部地区出现了挤兑风波。1997年亚洲金融危机爆发后,农村合作基金会内部矛盾进一步激化,各地普遍出现挤兑风潮,严重危及农村社会的稳定。1997年11月,中央决定全面整顿农村合作基金会。1999年1月,国务院正式宣布全国统一取缔农村合作基金会。这一问题的出现使中央政府对民间借贷的态度发生了重大转变,非正规金融开始受到严厉打压,不得不转入地下。

3. 第三阶段(2003—2005年):改革农村信用社体制机制

正规农村金融"三驾马车"的改革设计走到了尽头,农村信用社成为唯一坚守在农村信贷市场的正规金融机构,自然而然地摆脱了前两阶段改革中配角的角色。因此,第三阶段改革的任务就落在了农村信用社身上。

2003年6月,《国务院关于印发深化农村信用社改革试点方案的通知》公布,正式开启了这一阶段农村金融改革的序幕。这一阶段农村信用社的改革,一是以法人为单位,改革农村信用社产权制度,明晰产权关系,完善法人治理结构;二是改革农村信用社管理体制,将管理交由地方政府负责,成立农村信用社省(市)级联社。2003年3月,中国银监会成立,农村信用社的监管职能转入中国银监会。这次改革取得了突破性进展,逐步形成了农村商业银行、农村合作银行、县级农村信用社统一法人、县乡两级法人等多种产权制度。2004年,我国农村信用社在整体亏损10年后,首次实现盈利。

4. 第四阶段（2006—2007年）：放开农村金融市场准入

2006年12月，中国银监会发布《调整放宽农村地区银行业金融机构准入政策的若干意见》，首次允许产业资本和民间资本到农村地区新设银行，并提出要在农村增设村镇银行、贷款公司和农村资金互助社三类新型金融机构，开放农村金融市场的政策意图十分明显，被金融业界称作新时期中国农村金融改革"破冰"之举。

2007年3月1日，四川仪陇惠民村镇银行和四川仪陇惠民贷款有限责任公司开业，成为我国第一批新型农村金融机构。3月9日，我国第一家全部由农民自愿入股组建的农村合作金融机构——百信农村资金互助社①在吉林四平梨树县闫家村正式挂牌营业。

新型农村金融机构和民间金融的日渐活跃，促动了老资历正规金融机构改革的进展。2007年3月，中国邮政储蓄银行正式成立，邮政储蓄只存不贷的历史宣告结束。为进一步推动农村银行业金融机构小额信贷发展，2007年8月，中国银监会发布了《关于银行业金融机构大力发展农村小额贷款业务的指导意见》，明确提出发展农村小额贷款业务应坚持以下原则：一是坚持为"三农"服务与可持续发展相结合；二是坚持发挥正规金融主渠道作用与有效发挥各类小额信贷组织的补充作用相结合；三是坚持市场竞争与业务合作相结合；四是坚持发展业务和防范风险相结合；五是坚持政策扶持与增强自身支农能力相结合。重点指出了农村小额贷款业务发展应注意的相关政策，包括进一步放宽小额贷款对象、提高小额贷款额度、科学确定小额贷款利率、简化小额贷款手续、改进小额贷款服务方式、强化动态授信管理、完善小额贷款激励约束机制等，同时也强调了加强农村小额贷款的风险控制、加强农村小额贷款业务监管等问题。

5. 第五阶段（2008年至今）：农村金融制度建设"破冰"

2008年，中国银监会决定扩大调整放宽农村地区银行业金融机构准入政策试点范围，将试点省份由内蒙古、吉林、湖北、四川、甘肃、青海6个省（区）扩大到全国31个省、自治区、直辖市，要求按照"先试点、后推开；先努力解决服务空白问题、后解决竞争不充分问题"原则进行试点。2008年5月，中国银监会与中国人民银行共同出台了《关于小额贷款公司试点指导意见》后，小额贷款公司发展迅猛。2009年6月，中国银监会本着积极审慎、有效防范风险的原则，制定发布了《小额贷款公司改制设立村镇银行暂行规定》，小额贷款公司达到相关条件可以升级为村镇银行，在相当大的程度上传递了加快发展力度的意图，由此小额贷款公司作为"正规军"的补充力量得到了快速发展。截至2017年底，全国小额贷款公司达8551家，从业人员达10.39万人，贷款余额达9799亿元。从2008年底的不到500家，发展到2017年底，小额贷款公司增长达17倍之多。

这一时期，村镇银行发展速度也非常快。2008年底，我国村镇银行数量为91家，2013年底，村镇银行迅速发展到1071家，2017年底则达到1601家。中国银监会除鼓励民营资本组建村镇银行外，还鼓励和允许外资下乡组建村镇银行，尤其是2008年后，汇

---

① 百信农村资金互助社注册资本10.18万元，由闫家村32位农民发起，经四平市银监分局批准成立。会员以最低100元作为入会费，可以享受入会费10倍以内的贷款额度。

丰银行、花旗银行、渣打银行、澳新银行等外资银行已在中国开设了多家村镇银行。外资银行的进入，使农村金融服务得到了有力补充。更值得一提的是民营银行的发展，彻底打破了长期以来民营资本不能设立银行的制度禁锢，2014年我国首批5家民营银行试点获批，2015年11家民营银行获批，2017年1家民营银行获批，截至2018年9月，我国共有17家民营银行。我国农村金融不缺大银行，缺的是小而强、贴近农村的中小型银行、小微银行、社区银行和民营银行，缺的是不同所有制的银行和非银行类金融机构。因此，尽管近些年来我国农村金融制度不断创新，但构建完善的多层次、广覆盖、可持续的现代农村金融体系还有很长的路要走。

三、我国农村金融改革演变评析[①]

四十多年来，我国农村金融改革经历了从政府主导到逐步重视市场驱动的政策转变。1979年3月13日，国务院发布《关于恢复中国农业银行的通知》，中国农业银行正式恢复营业。按照该通知的精神，中国农业银行是国务院领导的直属机构，主要任务是：统一管理支农资金，集中办理农村信贷，领导农村信用社，发展农村金融事业。恢复营业之后，中国农业银行迅速自上而下在全国建立分支机构，业务网点延伸到乡镇一级，加上其管理的农村信用社，从而形成了一个十分庞大的业务网络，散布于农村各地。

1985年"拨改贷"[②]推广实施后，中国农业银行同其他三家国有独资银行实际上成为国家经济改革的忠实资金支持者和国家金融政策的坚定执行者。直到1993年，由于银行业准入管制，农村金融市场几乎由中国农业银行及其管理的农村信用社垄断。这期间，中国农业银行一身二任，既从事商业性金融又开展政策性金融业务。按照国家和地方政府的政策发放贷款，其中有相当一部分是政策性的。由于无竞争地大量动员农村地区的储蓄转而向各种政策性和商业性项目提供贷款的利率执行国家规定的利率水平，它通常会大大低于民间市场利率，这无异于对贷款对象提供了实实在在的补贴。据统计，20世纪90年代以前，扣除不良贷款，银行存贷利差长期为"负利差"，1989年的净利差甚至一度跌到-3.5%的令人吃惊的水平。这一改革实践是农业信贷补贴理论的实际运用。

应该看到，中国农业银行对农业和农村的支持和补贴得以实行，是因为它的国有独资产权性质和国家对银行和利率的管制。但是，正因为如此，创造了一种斯蒂格利茨所言的"特许权价值"，难免成为腐败和寻租的温床。作为代理人的银行经理人员有机会将廉价贷款与利益追寻者做交易，致使部分政策性贷款项目走样，最后得到贷款的不全是国家政策支持的项目，需要贷款的穷人就更难得到贷款。而且，作为代理人的国有银行兼营商业金融和政策性金融，难免出现道德风险，导致委托人即国家利

---

① 姚海明. 中国农村金融改革与发展探索[J]. 现代经济探索，2009（10）.
② "拨改贷"，即国家对基本建设投资拨款改为贷款的简称，于1979年开始试点，逐渐扩大范围，1985年1月起，在全国各行业全面推行。

益损失。由于市场化和分权化改革,各级地方政府、国有企业及其他机构都成为相对独立的利益主体,各级地方政府和国有企业都不同程度地患上了"投资饥渴症",以增加地方收入和社会稳定。在政府储蓄能力下降和非银行的融资渠道严重不畅及"拨改贷"政策实施的情况下,各级地方政府和有关利益方各显神通地影响国有银行的信贷,倒逼银行信贷扩张,"特许权价值"的存在也激励银行的经理人员自觉或不自觉地扩大贷款规模,年初的信贷计划到年底总是被无情地突破,致使经济的货币化率(M_2/GDP)不断攀升。到1993年,这一比率首次闯过了100%的关口,通货膨胀率居高不下,经济出现过热,包括中国农业银行在内的国有银行的财务状况出现恶化,国家不得不为此埋单。

1993年12月25日,《国务院关于金融体制改革的决定》出台。该决定中涉及农村金融改革的核心思想是分工与转型。分工就是中国农业银行不再从事政策性金融业务,专门从事商业性金融业务,中国农业银行原来的政策性贷款(债权)剥离给新成立的中国农业发展银行,后者承担国家粮棉油储备和农副产品合同收购、农业开发等业务中的政策性贷款,代理财政支农资金的拨付及监督使用。转型就是中国农业银行要从专业银行向商业银行转型。

应该指出,这种分工与转型的动因主要是国有银行的财务困境和当时金融市场秩序的紊乱,而不是满足日益增大的农村金融需求。实际上,直到此时,农村金融改革一直是一种供给引导型的思路,以为建立起了一套正规的农村金融机构,并对某种政策性项目实行政策性融资,自然就能满足农村的金融需求。殊不知,官办的庞大的中国农业银行与分散的小额的农村金融需求之间存在严重的信息不对称,农村的贷款难问题更加严重,商业化进程中的中国农业银行以安全性、流动性和盈利性原则考量农村小型企业融资需求时,定会将其中多数拒之门外。而且,在国有独资产权性质未变的情况下,银行商业化反而使银行及其经理人员利用"特许权价值"追求银行和个人利益有更大的空间。因此,分工与转型的改革对于缓解农村金融的困境几乎是隔靴搔痒,因此有必要从需求的角度来认识和解决农村金融问题。

1996年8月22日,《国务院关于农村金融体制改革的决定》颁布。该决定就试图从需求与供给相结合的思路来解决问题,提出要建立和完善以合作金融为基础,商业性金融、政策性金融分工协作的农村金融体系。要求按合作制原则重新规范农村信用社,把农村信用社逐步改为由农民入股、由社员民主管理、主要为入股社员服务的合作性金融组织,并明确了今后中国农业银行不再领导管理农村信用社。

至此,在正规的农村金融体系中,合作性金融、商业性金融和政策性金融的"三驾马车"格局初露端倪。但遗憾的是,这"三驾马车"力不能逮。首先,由于历史上产权和管理关系上几经变更,农村信用合作社早已失去了合作的基础,其"三性"不可能真正恢复,合作金融的性质名存实亡。实际上还出现了商业金融的倾向,部分农村网点被撤销进入城市。其次,1997年亚洲金融危机,使决策层对国家金融业的稳定和发展更加重视。中央政府出于防范金融危机和对国有银行居高不下的不良资产的担忧,对国有银行股份制改造的思路日益清晰。在这一年召开的中央金融工作会议确定了"各国有商业银行收缩县（及以下）机构，发展中小金融机构，支持地方经济发展"政策，据此，中国农业银行的机构网点不断撤出农村，贷款权纷纷上收，留在县和县以下的少量分支机构主要以吸收存款为主，然后将其投资于回报率更高的产业和城市地区。商业化中的中国农业银行越来越不姓"农"。最后，中国农业发展银行的业务也越来越萎缩，对农业的政策性支持不尽如人意，最后几乎成了专门的"粮棉油收购银行"。1998年4月，国务院决定深化粮食流通体制改革。与此相适应，中国农业发展银行的业务范围被缩减，将原来由农业发展银行承担的提供贴息、农副业综合开发等非粮棉油企业贷款划回中国农业银行。1998年11月，又将中国农业发展银行承担的粮棉加工、粮棉企业附营企业贷款划转到中国农业银行。因此，农业发展银行的贷款业务只剩下单一的粮棉油储备、收购、调销等纯政策性贷款。

政策设计者期望的农村金融"三驾马车"成了"跛足的马车"，拉不动也走不远。所幸的是，农村信用社的主要网点仍留守在农村，但存款市场与中国农业银行相比处于劣势，而贷款市场不得不唱主角。因此，农村信用社的改革和发展就成为农村金融下一步改革的重点。

2003年6月27日，在江苏省农村信用社改革试点的基础上，国务院出台了《深化农村信用社改革试点方案》，决定扩大试点范围，由此开始了新一阶段农村金融改革。该方案要求加快农村信用社管理体制和产权制度改革，把农村信用社办成由农民、农村工商户和各类经济组织入股，为农民、农业和农村经济服务的社区性地方金融机构。

这次农村信用社改革不再拘泥于合作制幻想，而是鼓励发展形式多样的产权制度，有农村商业银行、农村合作银行、县级统一法人的农村信用社、县乡两级法人体制的农村信用社等，丰富了农村金融服务机构体系。尽管政府注销了农村信用社的部分不良资产，但改革后的农村信用社还是难以摆脱治理结构、文化结构和业务结构的路径依赖。孱弱的农村信用社无法破解复杂的农村金融问题，无法承受满足大量的、分散的、个性化的农户金融需求之重。后者的需求在农村金融需求的版图上仿佛处于"被人遗忘的角落"。然而，如果说改革初期被人遗忘尚有情可原，那么，进入21世纪后理应置于"聚光灯"下受到积极关注。因为在21世纪中国二元经济结构的困局仍未解决的背景下，农村非农产业总体上发展迟缓、城市产业结构的升级和新的《劳动合同法》的实施提高了用工的边际成本，二者合力作用导致农民收入增长缓慢，城乡收入差距呈扩大之势。因此，农民增收难已成为国家高度重视的一个问题。显然，这需要多管齐下。其中有效办法之一是小额贷款。农村有大量闲散的劳动力，其中不乏从城市打工返乡的欲创业者，也有具有一定文化和创业意识的本地能人，这是国家经济增长和个人收入增长的资本。但他们往往受困于资金不足，而无法将生产要素有效组织起来。如果有机构向他们提供部分创业资金或创业后的流动资金，创办小微企业或有盈利前景的项目，则能有效地解决农民增收难等一系列难题。于是，进一步的金融改革呼之欲出。

2006年12月，中国银监会发布《调整放宽农村地区银行业金融机构准入政策，更好支持社会主义新农村建设的若干意见》，提出要在农村增设村镇银行、贷款公司和农村资金互助社三类金融机构，即我们通常所说的三类新型农村金融机构。新型农村金融机构的准入，是农村金融市场的一次意义深远的对内开放，旨在满足多样化的农村小额贷款需求。

所谓新型农村金融机构，从金融机构发展史来看，其实并不新。村镇银行不过是由现有银行控股的微型银行，贷款公司在农村早有类似民间组织，资金互助社本质上是信用合作社，所以，不如称为微型金融机构。但是，在前述的农村金融"三驾马车"并不成功的情况下，微型金融的引入确实为解决农村金融的困局进行了有益的探索，监管层也因此赢得了政策创新和致力于缓解"三农"问题的赞誉。

微型金融机构对于资本要求不高，人员不多，服务于某个社区，人员大都本地化。机构与本地的信息对称程度高，能较好地利用"局部知识"和"社会资本"。所谓局部知识是指分散在社会的许许多多"角落"和基层的知识和内部信息，一般不为外界所熟知。传统的农村社会是一种民俗社会或礼俗社会。社会学家雷菲尔德认为："民俗社会的典型形态是和现代社会相对立的。小型、封闭性、不开化和同质性是这种民俗社会的基本特征，而且这种社会还具有很强的群体团聚感；民俗社会的行为是传统的、自发的和个人的；没有立法和经验惯例，也没有对理智、目的思考；家庭包括它的各种关系和制度就是典型的经验范围，而家庭群体是行动的基本单位。"民俗社会是个孤立生存的小世界，在这个世界里，全体成员以"局部知识"认识生活中发生的问题。中华人民共和国成立以后，农民尽管社会地位有了极大提高，但由于经济发展相对缓慢，加上目前仍以家庭为单元的农业生产责任制，农村，特别是边远农村，总体上看仍具有民俗社会的某些特征。在这样一个民俗社会中开展经济活动，社会资本是一种非常重要的资源。熟悉"信用、规范和关系网络"构成的社会资本的人通常也是深谙"局部知识"的"内部人"，而"局外人"往往不明就里。因此，一些农村地区，特别是边远农村地区，民间金融机构存在一种只在"熟人圈"放贷的现象。在"熟人圈"内，有足够的了解和信任，且双方的行为结果是可预期的，能很好地控制放贷风险。这种现象可称为"信用岛"现象。据此可推知，本土的微型金融机构在熟悉的社区内开展金融业务，有着外来的大型金融机构不可企及的信息优势，能较好地筛选贷款对象，有效地监督和执行合同。即使是大型金融机构看作的农户的"天然弱点"：抵押物不足、农业弱质性隐含的还贷风险和非生产性借贷，那些土生土长的微型金融机构也可借助于细致的局部知识中的"软信息"和现代金融手段有选择地开展业务。从国外一些成功的微型金融机构实践来看，它们利用局部知识和社会资本形成了有效的筛选机制、监督机制和激励机制。比如，将社区农民分成若干小组，由小组成员对其他人的借款承担连带责任，有时还有小组成员对某人的借款进行审议，对于及时还款者的下一笔借款给予利率等方面的优惠，从而形成了有效的监督和激励效应。因此，在大量分散的"信用岛"存在的情况下，如果微型金融机构在其间有效地、可持续地、不违反国家政策法律运作，则大型商业银行从农村撤出于己是理性的，于社会是有效率的。微型金融的准入，预示着农村金融改革走入了一片新天地。

第二节 我国农村金融改革的总体目标

改革开放以来，以家庭联产承包责任制为基础的农村经济体制改革，极大地促进了农业和农村经济的发展，在广大农村形成了多层次贸、工、农综合经营的格局。农村经济发展的多层次，要求既要有以工商企业为主要服务对象的商业性金融机构，也要有主要为农户服务的合作金融机构，还要有支持整个农业开发和农业技术进步、保证国家农副产品收购的政策性金融机构，以形成一个能够为"三农"发展提供及时、有效服务的金融体系。

目前，我国已经形成了较为完善的合作性、商业性和政策性农村金融组织体系，但由于农村金融机构相互间的关系还没有理顺，没有建立起科学合理的管理体制和良好的运行机制，农村金融体制还不太适应农村经济发展的需要。例如，不少农村信用合作社已失去了合作性质，也偏离了为"三农"服务的发展方向；中国农业银行作为已经上市的国有商业银行，如何通过设立"三农事业部"等给"三农"以更多的支持；中国农业发展银行如何走出狭小的粮棉油资金收购业务成功向商业银行转型；中国邮政储蓄银行如何真正进入银行领域开辟农村金融新产品和新业务，补充"三农"资金供给不足；国有大银行的"社会责任"和使命对农村金融、普惠金融发展的重要性和必要性，以及农村民间金融的进一步开放与开发问题，等等。因此，有必要进一步深化农村金融体制改革，在理论和实践上不断进行创新。

一、农村金融改革指导理论

前已述及，自20世纪80年代以来，国际上农村金融理论形成了"农业信贷补贴论""农村金融市场论"和"不完全竞争市场论"等多种理论流派，前者实质是一种政府主导的思想，中者是市场驱动理论，后者则是对前二者的折中。

就我国农村金融而言，由于1978年之前的农村金融是整个计划经济体制的一部分，因此，研究1978年之后我国农村金融问题，实际上是研究它的改革发展问题。关于我国农村金融的改革，是依据以上理论流派选择改革方向，还是另辟蹊径，多年来也一直是个有争议的问题。

一种观点认为，我国农村社会经济的基础条件不适应市场经济条件，农村金融应该强调政策性，同时，国家支持的农民互助的合作金融也是应坚持的发展方向。在一些贫困地区，其经济活动所产生的资金流量和经济效益根本无法支撑任何商业性的金融机构的运行，这些地区农民的资金需求只能靠政策性的金融机构来解决（李剑阁，2001）。农村金融市场是一个分散的、小额的、个性化的市场，农村信用社的特点基本适应农民分散的、多样化的融资需求，特别是低廉的管理监督费用和信息费用使其面对微小利差的小额贷款也游刃有余（丁为民，1998）。此类观点类似于"农业信贷补贴论"和"不完全竞争市场论"的综合。

另一种观点认为,农村金融改革和发展的重点应转向组建和发展股份制商业银行。我国农村信用社从诞生时就没有实行真正的合作制,贷款程序与商业银行基本相同,农民从来不认为它是互助性的金融机构,农村信用社所有权和社员基本权利缺乏法律保障,农村信用社主任的提名和财务状况、人员变动等从来不向社员公开(谢平,2001)。此类观点实际上暗含"农村金融市场论"。

还有一种观点认为,要以农村金融需求为导向,从整体角度调整农村金融组织的区域布局,构建需求型导向的农村金融组织体系。为此,要按照市场需求调整农村金融组织结构,处理好农村金融发展与农村经济增长的关系,大力发展农村中小型金融机构和社会公共投资机构,实现金融机构的多元化,以及组织结构调整要有前瞻性,能适应经济进一步开放和发展的要求等(何广文,2005)。此类观点超越了以上两种理论流派,更切合我国市场经济转型发展的基本背景和当前农村经济发展的实际,但对目前我国实际上采行的"不完全竞争市场论",如何充分发挥市场主导、政府有为,政府如何快速有效弥补市场缺陷,不同区域实行什么样的农村金融模式,以更好地满足分散化、多样化和不断个性化的农村金融需求,相关研究和理论指导还很不全面。

农村金融改革以什么理论为指导,其实与农村金融改革的目标有密切关系。下面重点探讨我国农村金融改革的目标问题。

二、农村金融改革总体目标

目前,"三农"问题已从根本上制约了我国经济的快速发展、社会的和谐稳定、国家的现代化进程,进而制约了"中国梦"的实现,已成为我国相当长时期内的弱点、热点与焦点所在。因此,如何解决"三农"问题便成为我国面临的重要难题。据此,我国农村金融改革的基本理念与思路、方法和措施等必须立足"三农"、面向"三农"、服务"三农",从"三农"出发,以满足"三农"金融需求为最终目的与归宿。

鉴于"三农"问题的重要性以及农村金融对"三农"的强大支撑作用,我国农村金融改革的目标显然应定位于服务"三农",增强农村金融服务功能,发展普惠金融,改善农村金融服务水平,使农村金融尽可能地适应和满足"三农"发展需求,以促进农村经济持续、快速和稳定发展。

因此,我国农村金融改革的总体目标可以概括为:建立多层次、广覆盖、可持续的现代农村金融体系,通过健全机构、创新产品、强化服务,为社会主义新农村建设提供一个良好的金融生态环境。

"多层次",主要包括银行信贷市场、资本市场和保险市场等。就银行业来讲,又包括政策性金融、商业性金融和合作性金融,以及民间非正规金融。多层次还体现在同一个组织内,针对不同客户群,推出不同的金融产品等。

"广覆盖",是指农村金融机构及其服务应覆盖到每一个乡镇,让所有农民或农户得到应有的、最基本的金融服务。

"可持续",是指农村金融机构在财务经营上的可持续发展,能够保本微利经营,能够立住脚,业务得以正常开展并不断发展壮大。

三、农村信用社改革目标和模式选择

农村信用社是我国农村金融体系的最重要组成部分，因而农村信用社的改革在很大程度上决定着整个农村金融改革的成效与成败。正因为如此，这里主要就农村信用社的改革目标和发展模式进行专门阐述，其他农村金融机构不再述及。

长期以来，我国农村信用社在发展中日益凸显出产权不明晰、法人治理结构不完善、管理体制不顺、历史包袱沉重等一系列问题，严重影响其发展和提高效益，进而成为制约"三农"发展的重要"瓶颈"。正是基于此，2003 年 6 月，国务院决定在浙江等 8 个省（市）实施农村信用社改革试点，一年后，即 2004 年 8 月，农村信用社改革全面推广，由此拉开了新一轮农村信用社改革的序幕。

（一）我国农村信用社改革的三种模式

2000 年，在中国人民银行的推动下，我国农村信用社进行了三种模式的试点：一是省级联社模式，即 2000—2001 年进行的以县为单位统一法人、组建省联社为标志的江苏模式；二是商业银行模式，即 2001 年在农村信用社基础上改组成立的常熟、张家港、江阴三市农村商业银行模式；三是合作银行模式，即 2003 年 4 月在农村信用社基础上改组的浙江鄞州农村合作银行试点模式。

（二）我国农村信用社改革的基本目标是社区银行发展模式

1. 我国农村信用社具有社区银行的特征

我国农村信用社具有社区银行的特征主要表现在：（1）规模都较小，在所属辖区内向中小客户提供金融服务，相对大银行而言成本较为低廉；（2）贷款资金主要来源于当地的存款，且资金主要投向于本地，满足本地客户的资金需求；（3）委托治理层次少，资金自主支配权大，决策机制灵活，深化农村信用社改革后，目前已初步具备社区银行的雏形。

2. 农村信用社建成为社区银行的有效性

一是弥补基层金融供给不足。近年来，四大国有商业银行纷纷进行战略调整，撤并县级网点向大中城市收缩。此外，由于股份制商业银行的营业网点主要设立在大中城市等经济相对发达地区，其对小城市或县乡的基层金融需求也是爱莫能助。四大国有商业银行的撤离和股份制商业银行的无暇顾及，使基层金融信贷服务日益萎缩、金融机构服务功能单一。二是有利于疏通中小企业融资渠道。目前，中小企业在国民经济中的地位越来越重要，但其融资渠道仍然不畅通，所占用的金融资源占商业银行信贷总额的比重非常低，民营中小企业占比则更低。我国民营中小企业大多集中于中小城市及广大农村地区，它们在创业发展阶段急需资金支持，而社区银行由于贷款门槛较低、贷款程序快速简便，能满足广大民营中小企业对资金的迫切要求。三是有助于满足客户个性化金融服务需求。居民消费水平的日益提高将带动居民的消费信贷需求急剧增加。居民的消费信贷个性化很强，且具有额小、量多、面广的特点。大银行出于规模效益的考虑，只能提供少量的标准化无差异信贷产品，而且为规避风险往往要求严格的抵押担保条件。而

社区银行由于不具备规模优势，无须实行成本优先战略，因而更适合做"零售型"业务。加之与当地居民熟悉，不仅能针对社区居民的具体要求为其设计个性化的金融产品，而且还能进一步挖掘和引导社区居民形成新的消费信贷类型，进一步释放居民的消费潜能。

第三节 当前我国农村金融改革中存在的主要问题

改革开放以来，党中央、国务院对农村金融改革发展始终高度重视，制定了一系列方针政策，我国农村金融经历了一个起点低、速度快、成效大的发展历程。伴随着改革的全面深化，我国农村金融发展取得了显著成效。但是，受多种因素影响，目前我国农村金融仍然是整个金融改革中最为薄弱的环节，农村金融发展仍面临着许多问题，而最基本最主要的问题则是金融供给与金融需求的矛盾，"三农"金融需求日益强烈，而供给却严重不足，现有农村金融体系难以向"三农"主体提供充足有效的金融供给服务，这在中西部农村表现更为突出，不仅金融资源数量供给不足，而且供给结构不合理，金融供给主体缺位、错位，各类金融机构发展不合理、不协调，协同效应发挥不够，不仅"融资难"，而且"融资贵"，农村金融对"三农"的支持作用尚未得以充分发挥。

具体来看，当前我国农村金融改革中存在的主要问题，可以归纳为以下七个方面。

一、多元化农村金融体系还不健全，农村金融的功能配置也不合理

20世纪90年代后期，国有银行和农村信用社不断商业化，致使其纷纷撤离农村，农村金融机构及其营业网点迅速减少，金融服务"三农"明显弱化。

中国农业银行属于商业银行，商业资本的逐利性促使其陆续淡出农村领域。中国农业银行战略的调整，导致其对"三农"的服务功能减弱，大部分地区出现服务真空现象。

中国农业发展银行作为唯一一家专业支农的政策性银行，承担着为农村经济发展提供政策性贷款支持的职责，但中国农业发展银行先是剥离了对农业的综合开发、扶贫、技改、粮棉油加工贷款等职能，减少了一部分贷款。面对粮食流通企业改革，政策性贷款将进一步减少，政策性金融对农村经济的投入明显减弱，已远不能体现对农村经济的政策性支持，其信贷支农的作用明显弱化。农发行业务单一，服务农村经济的功能缺陷明显，目前仅承担农村粮食收储贷款业务，事实上已成为粮食部门的总管，已经逐渐演变成"粮食收购银行"，不能真正承担起政策支农的重任。

农村信用社作为"三农"金融服务的主力军，其服务功能远不能满足农村经济发展的需要。目前，直接为"三农"提供融资服务的金融机构主要是农村信用社，而"一农难支三农"，力量明显不足，也不符合多元化金融体系发展趋势。随着农村经济的发展，"三农"对资金的需求不再是单方面的基本生产资金投入，更多的资金需求在扩大再生

产、农业基础设施、农机具及生活消费等方面，需求的资金数量也日益增加。农村信用社受资金实力、人力的影响，贷款能力有限，贷款种类单一，不能适应农业资金需求多样化。目前农村信用社贷款主要是支持农户基本生产资金需要的小额农户贷款，虽然贷款涉及面已达70%左右，但没有满足农民扩大再生产资金需求及种养大户对贷款的需求，更不用说向农业基础设施、农业综合开发投放贷款。

当前，农村金融尚没有形成针对不同客户、不同需求，提供差异性金融服务的农村金融体系，导致农村金融供给总量不足、金融产品单一、服务质量较差。一方面，农业发展银行虽然定位于政策性银行，但无法从事农业基础设施建设、扶贫开发等支农事业；另一方面，作为商业性的中国农业银行，农村信用社又承担了部分政策性金融业务。政策性金融与商业性金融相混合，定位混淆不明，贷款性质不清，最大限度地降低了其支农贷款的比重，同时也降低了其商业性金融的效率。

农村金融机构的业务流程沿袭传统，产品和服务创新不足。目前新型农村金融机构无论是在机构设置、治理和监管上，还是在人员配备上，都与传统金融机构存在或多或少联系，业务差异性不大，不能较好地适应"三农"需求主体对金融产品和业务的具体需求。

总体而言，目前我国农村金融基本上还处于机构设置不灵活、业务较为单一、管理较为粗放、金融创新动力不足等问题的改革阶段，银行、证券、保险、信托、基金多元化的农村金融体系还未真正形成，农村金融的功能配置也不太合理，缺位、错位等问题并存。政策性金融改革有待进一步推进，中国邮政储蓄银行县域分支机构和大中型银行县支行存贷比总体较低，资金上存问题普遍存在，农村信用社被迫补位，承担了服务金融空白乡镇、贫困农户等大量政策性任务。游离于法律法规规范和监管之外的多主体、多性质的农民资金互助社、互联网金融等组织大量出现，风险隐患不容忽视。

二、农村信贷结构与农村经济结构调整还不适应

第一，农村资金需求增长与资金流失加剧的矛盾，削弱了金融支农能力。随着农业产业化和农村经济结构调整步伐的加快，农村资金需求呈高速增长态势。但与此同时，农村资金流失现象却日趋严重，使稀缺有限的农村金融资源愈加显得不足。

第二，农村信贷结构不平衡，局部供求矛盾突出。农村金融最基本的矛盾是金融供给与金融需求的矛盾，现有农村金融体系难以向农民提供充足有效的金融服务，在中西部县域表现更为突出。一是城乡不平衡，县域存贷比远低于城市地区。二是区域不平衡，中西部县域存贷比远低于东部县域，"抽瘦补肥"现象较为突出。三是农业产业链上下游不平衡。农林牧渔业贷款增速远低于城市企业涉农贷款，产业链前端贷款增速缓慢。随着农业现代化和城镇化的推进，局部供求矛盾有可能进一步加剧。

第三，信贷资金管理集约型与农村资金需求粗放型的矛盾，制约了金融支农力度。

第四，信贷额度及期限控制与农村发展生产对资金需求的矛盾，影响了金融支农效应。农村信用社按照等级条件给予农户的资金额度不能满足许多农户扩大再生产和调整产业结构的需求。例如，贷款期限一般都是10个月或一年期以下，而农牧业的生产周

期较长，尤其是养羊、养牛等养殖业及一些农林产品如三七、天麻、橡胶等种植业，期限较长。这种贷款期限与农林牧业生产周期的不协调、不匹配，不适应现代农业经济的发展规律，正常合理的农业发展资金得不到相应的满足，直接影响了贷款金融机构的效益和农民增收。

第五，农业产业化和规模化发展与现行信贷政策的矛盾。新兴的农村小规模经济联合体出现后，对资金需求数额的增长，受到信用程度、抵押担保等诸多因素的限制而难以得到满足。

三、农村金融压抑仍较严重与民间金融作用发挥不够

在农村金融供给不足的同时，农村金融压抑现象又十分突出。随着农业产业化经营的发展和农业企业化程度的加深，农村的种植业、养殖业、零散手工业等经营规模日益扩大，同时由于农产品的季节性因素，使农户对资金的需求量不断增大，需要进行大量借款，但是基于安全性、盈利性及成本考虑，正规金融机构普遍出现"惜贷"情况，而民间金融由于民营资本难以真正设立属于自己的金融机构如民营银行、民营保险公司等，使农村经济发展难以形成有效的金融供给，在一定程度上也限制了国家经济政策对整个农村经济的刺激作用，难以发挥金融对农村经济的推动作用。

四、金融机构支持"三农"的激励机制还不到位

从金融渠道看，在城乡统筹发展的背景下，目前城乡资金呈现双向流动特征。从资金流入渠道看，农民进城务工收入逐年增多，通过中国邮政储蓄银行或其他金融机构汇回农村地区；中国人民银行对农村信用社和农业发展银行给予再贷款支持，并对农村信用社改革提供资金支持；农业发展银行利用金融市场筹集社会资金，以粮棉油收购贷款等渠道支持"三农"。从资金流出渠道看，主要有农村金融机构购买债券、拆借和上存资金等方式。鉴于农村经济产业收益率较低，农户等农村经济主体缺乏有效的抵押担保品，一些地区交通不便且金融生态环境不够理想，导致农村贷款交易成本高、风险大。解决农村资金外流问题，主要靠改善农村经济与信用环境，为金融机构在农村提供有效金融服务创造商业上可持续的激励机制。此外，农村金融扶持政策的协调性和合力尚有提升空间，现有扶持政策的统一协调及力度有待加强，激励作用有待进一步发挥。考虑到现阶段农村金融发展面临着地区差异、机构差异、业务差异等问题，需要进一步完善扶持政策体系，加大对产粮大省、老少边穷等困难地区，以及农村信用社、农业产业链前端信贷投放等领域的支持力度。

五、农村金融风险分散机制未有效建立

1. 农村信用担保体系建设滞后

缺乏抵押担保品是农民贷款难的重要原因之一。当前我国农村信用担保业务开展时间较短，信用体系不健全，还处于摸索阶段。农村信用担保机构较少，管理运作也不规范。如何运用部分财政资金引导农村开展抵押担保值得研究。国际上，如荷兰等国家采

取财政出资建立担保基金等形式，促进农村信贷发展；美国通过以农产品保护收购价格作为计价基础，要求信贷部门可以用农产品进行抵押担保。目前我国农村信贷抵押担保及其创新显得严重不足，发展较为滞后。

2. 我国农业保险深度和广度有待提升

目前，农村缺乏把富余资金转化为信贷投入的机制，农民缺乏抵御农业生产自然风险和农产品市场风险的能力。涉农信贷风险尤其是因重大自然灾害形成的巨额信贷损失缺乏分散渠道和补偿安排。我国农业保险的规模与农村经济对农业保险的需求不相称。农业的高风险属性使商业保险公司对开展农业保险业务缺乏积极性，农业保险机构萎缩，政府重视与扶持力度也还不够，农民参保意识较弱，保险承受能力差，业务规模增长较为缓慢。农业保险发展滞后，一方面导致"三农"经济收入平稳增长缺乏保障；另一方面也导致农村金融市场的信贷风险较高。

六、农村金融人才匮乏，从业人员素质整体偏低

随着我国农村金融的准入政策逐渐放宽，放开农村金融，发展农村金融，会大范围促进金融业对专业人才的需求，尤其是对农村金融人才的需求将不断增加。目前，我国农村金融机构员工文化程度普遍较低，高素质人才匮乏，年轻员工占比低，年龄趋于老化，人力资源结构性矛盾和队伍素质问题日渐突出。其中，抽样调查农村合作金融机构员工本科学历占比不到1%，平均年龄接近40岁。我国银行专业从业人员目前也只有近16万人获得银行业专业从业人员单科或多科次资格认证证书，占我国银行业从业人员的5.2%，而获得证书的金融人才90%以上集中在大中城市，农村金融机构获得证书的还不到10%，这直接影响了农村金融和农村经济的健康发展。

当前，我国农村金融人才匮乏，已直接影响到农村金融的做大做强，影响到农村金融风险的有效防范，也影响了农村金融服务水平的提高，更影响到国家各种涉农金融政策的有效发挥，削弱了农村金融对农村经济发展的有效支撑。可以说，农村金融人才的缺乏，在一定程度上已成为影响农村金融改革的主要制约因素。如何为新农村建设培养大量的德能兼备、掌握较好经济金融基础知识的大量高素质应用型金融人才，成为当务之急。

七、农村金融经营环境较差

我国农村金融经营环境和生态环境长期以来较差，一些问题根深蒂固，成为农村金融改革发展的重大阻力和障碍。

1. 农村金融经营环境较差，尤其在西部欠发达农村表现明显

主要反映在以下方面：一是在竞争环境方面，低水平竞争、恶性竞争比较严重；二是在信用环境方面，农村征信体系不完善，覆盖面不足，一些农村尚未建立征信体系，逃废债现象严重，执法环境也比较差；三是担保体系建设滞后，缺乏专业化的资产评估、抵押登记和担保机构，银行押品处置渠道不畅；四是农产品期货价格信息传递渠道建设滞后，大量分散生产和经营的农户缺乏价格引导，难以规避市场风险；五是在监管

环境方面,农村金融主要按照行政区划设置,地方行政干预仍然不同程度地存在。

2. 部分监管制度一定程度上也阻碍了新型农村金融机构的发展

如以小额贷款公司为例:一是小额贷款公司被政策定位于"不吸收公众存款,经营小额贷款业务的有限责任公司或股份有限公司",小额贷款公司仅在注册登记管理形式上具有工商企业属性,不具备金融企业的本质属性。面对旺盛的"三农"资金需求,资金供给难以持续。二是对于小额贷款公司资金来源的规定源渠道狭窄,后续资金不足成为制约小额贷款公司发展的主要问题。三是对小额贷款公司转制为村镇银行的规定。《村镇银行管理暂行规定》明确指出:"村镇银行最大股东或唯一股东必须是银行业金融机构。"这与小额贷款公司的主发起人身份存在矛盾,小额贷款公司发展成熟、规模扩大后,按照现有规定,如果不放弃控股权,让金融机构控股,仍无法转型为村镇银行,这在很大程度上影响了小额贷款公司转制为村镇银行。

3. 农村有效抵押担保品不足

作为农民最主要资产的农村宅基地使用权、土地承包经营权、林权等,抵押、确权、登记、交易等问题尚存在法律障碍。县域存款市场竞争日趋激烈,农村资金外流问题依然严重,无法通过市场和政策引导得到解决。农民享受金融服务的成本较高,金融风险防范能力较差,农村基础金融知识普及工作缺乏系统性安排。目前,解决农村抵押担保难、遏制农村资金外流和加强农村金融消费者保护是当前需要通过立法予以解决的重点问题。

第四节 深化农村金融改革的基本思路和政策措施

鉴于以上主要问题,我们认为,我国农村金融改革一定要以服务"三农"为根本出发点和最终归宿,以市场化改革为基本导向,实施体制和机制再造,不断加大金融支持"三农"力度,更好地满足"三农"金融服务需求。为此,我国农村金融改革发展的基本思路应该是:深入推进农村金融体制和机制改革,完善农村金融法律制度,健全农村金融市场体系,规范发展多种形式的新型农村金融机构,不断推进农村金融组织、产品和服务创新,大力发展普惠金融、数字金融、县域金融与民生金融,充分发挥地方政府的作用,构建良好的农村金融生态环境,为农村金融的可持续发展创造有利条件。

一、完善农村金融机构组织体系

完善农村金融机构组织体系,一个重要的方面就是要不断扩大农村金融发展空间,培育适度竞争的农村金融市场,建立正规金融和非正规金融相结合的多元化农村金融组织体系,使其真正担负起支持"三农"发展的历史责任。

1. 强化中国农业银行的支农责任

中国农业银行要继续深化"三农金融事业部"改革,做实"三级督导、一级经营"——总行、一级分行、二级分行"三级督导",县支行"一级经营"的管理体制和

"六个单独"的运行机制①，引导其重点支持农村企业和县域发展。作为农村金融体系骨干和支柱的中国农业银行，应继续坚持为农服务方向，稳定和发展农村服务网络，更好地支持"三农"和县域经济发展。鉴于中国农业银行的趋利性和大量分流农村资金的状况，国家可规定中国农业银行向农业投放贷款的比例，促进资金回流农村，充分发挥中国农业银行资金实力雄厚、服务手段先进、网点众多的优势，鼓励其与农村信用社等农村金融组织合作，参与一些投资大、周期长的农业基础建设贷款，以分担风险；在互惠互利的基础上，开展资金结算、产品创新、网络共享等金融合作，共同为"三农"发展提供优质、高效的金融服务。

2. 作为农村金融主力的农村信用社，要在保持县域法人地位不变的前提下，继续稳步推进产权制度和组织形式改革，进一步提高对"三农"的服务能力

加快推进农村信用社股份制改造，改善法人治理结构，使其发展成为产权明晰的社区性农村金融机构，充分发挥农村信用合作社的合作金融功能。明晰农村信用社的产权结构，增强其独立自主、自负盈亏的能力，调动内部的积极性和主动性。对经营较好、更适合商业化运作的农村信用社，应尽快转变为地方性股份制商业银行即农村商业银行。在适合合作金融发展的地区，应该建立充分体现社员权利和义务的真正的合作金融组织，原有的国有股本也可以逐步出售给社员，同时通过吸收社会资本、民间资本参与进来，不断提高其服务能力。

3. 完善邮政储蓄制度，建立有效的农村资金回流渠道

改变由邮政储蓄的盈利来弥补邮政业务亏损的现有体制，将县以下邮政储蓄吸收的存款，通过中国人民银行全额用于增加对农村金融机构的再贷款，并将此作为一项制度稳定下来。虽然中央政府已经调低了邮政储蓄新增存款转存中国人民银行的利率，但是从长远来看，应逐步取消邮政储蓄机构相对其他金融机构的超国民待遇。另外，还可以法律的形式规定商业银行每年新增存款的一定比例投放到农业或涉农领域；建立规范化的中国人民银行对农村信用社的再贷款支持制度，扩大利率浮动幅度，借此缓解农村资金外流；鼓励中国邮政储蓄银行发挥网点渠道优势，通过农户联保贷款、农户保证贷款、商户联保贷款、商户保证贷款以及小额质押贷款等为县域内的广大农户、个体工商户和私营企业主等经济主体服务，推动小额贷款扩面增量工作。中国邮政储蓄银行可与涉农金融机构探索办理资金批发业务的途径，全方位引导邮政储蓄资金更多地投向农村。

4. 完善中国农业发展银行的政策性金融机构功能

中国人民银行应适当放宽中国农业发展银行的职能范围，将产业化龙头企业的收购

---

① 中国农业银行从 2010 年 5 月起，在前期试点的基础上，开展深化"三农金融事业部"改革试点，推行"六个单独"运行机制：单独核定三农金融部营运资本，逐级配置经济资本，以资本约束县域支行风险增长；单独制定"三农"信贷政策制度、业务流程和转授权管理办法，建立"三农"审查审批通道；单独建立会计核算体系，实现三农金融部小账与全行大账"分得开、算得准、说得清、信得过"，单独足额计提"三农"风险拨备；单独及时核销"三农"呆账贷款，确保"三农"风险得到有效控制；单独制定三农金融部资金管理办法，赋予事业部相对独立的资金平衡自主权；单独建立三农金融部考评体系，建立差异化的县域支行员工激励机制。

资金纳入中国农业发展银行的支持范围。要改变目前中国农业发展银行只负责国家粮棉油收购贷款的格局，扩大其业务范围。一是重新对中国农业发展银行进行市场定位，进一步调整中国农业发展银行信贷结构，拓展中国农业发展银行支农领域，鼓励在继续做好粮棉油收购资金供应和管理的同时，加大对农村基础设施建设、农业综合开发、农村教育和卫生、农业产业化、林业产业化、农村流通体系、农村中小企业、农村扶贫、农业科技转化项目等方面的支持力度，形成多方位、宽领域的支农格局；二是将国家开发银行农业信贷业务、国际金融机构农贷的转贷业务划归中国农业发展银行管理；三是改变目前农业政策性金融资金来源渠道过于狭窄、资金来源不稳定的现状，通过发行农业金融债券和建立农业发展基金面向农民筹资及境外筹资等多种渠道筹集资金。

5. 规范发展多种形式的新型农村金融机构和以服务农村地区为主的地区性中小型银行

要采取措施，办好以服务"三农"、支持农村经济发展为重点的小额贷款公司，积极发展适合农村需要的各种小额信贷及微型金融服务的村镇银行和互助合作金融组织，鼓励、引导和督促小额贷款公司、贷款公司、村镇银行、农村资金互助合作社等新型农村金融机构以面向农村、服务"三农"为目的，扎扎实实依法开展业务经营，在不断完善内控机制和提高风险控制水平的基础上，立足地方实际，坚持商业可持续发展，努力为农村提供低成本、便捷、实惠的金融服务。优化农村金融基层机构的功能，赋予其相对独立的经营自主权，努力把基层网点打造成专注为农户、个体工商户和农村中小企业提供金融服务的经营单位。减少银行机构在网点空白乡镇增设网点的成本，增设成本可算、安全到位，具备存款、取款、汇款等基本功能的简易农村金融机构网点，满足贫困地区基本金融需求。特别是要重点引导各类资本到金融发展严重滞后的地区投资并设立相关机构，改善农村落后地区金融服务。

二、加大农村金融组织创新、产品创新和服务方式创新

垄断容易造成金融服务供给不足和资金价格过高，过度竞争也不利于农村金融机构的可持续发展。在考虑农村金融机构可持续和市场容量的基础上，应逐步放宽市场准入，允许多种所有制金融机构提供农村金融服务，鼓励适应农村金融需求多样性特点的金融产品和服务方式创新，完善农村信贷市场，逐步形成适度竞争的农村金融市场，从根本上改变农村金融服务落后不足的状况。

1. 稳步推进农村金融组织创新

我国各地农村经济发展水平和生产经营具有较大差异，应根据农村金融需求多样性的特点，在加强监管、防范风险、总结试点经验的基础上，鼓励和支持适合农村需求特征的金融组织创新。特别是要重塑农村微观金融主体，大力发展微型金融。同时，要建立微型金融机构与商业银行等金融机构之间的合作机制，允许村镇银行进入现有的银行间市场，进入支付清算系统。坚持现有商业银行等对经营良好、诚信可靠的微型金融机构发放批发贷款的政策，这样既有利于商业银行业务和利润的增长，也有利于通过商业银行对微型金融机构的政策引导。还可以通过微型金融机构代理商业银行的理财产品，

扩大市场份额。微型金融机构，特别是贷款公司，通过与商业银行的合作，可以保持业务的可持续性。在金融组织创新试点过程中要合理设计"止损机制"和试点方案，严格控制创新过程中产生的风险。从农村金融创新的国际经验来看，越来越多的先进技术被运用到金融创新中来，如手机银行的诞生、互联网金融的兴起、先进信用系统的应用等。鼓励各地探索与先进技术结合的金融创新方式，以此来降低金融机构的运作成本并提高其抵御风险的能力。

2. 培育农产品期货市场和农业保险市场，促进订单农业发展

大力发展订单农业，鼓励开展与订单农业相结合的农村信贷产品创新。加快发展农产品期货市场，开发农产品期货新品种，完善市场品种结构，适时推进期货期权，试点设立期货投资基金，研究引入期货市场的 QFII 制度，鼓励农产品生产经营企业进入期货市场开展套期保值业务。鼓励发展以农业订单为依据的跟单农业保险，鼓励商业性保险公司开拓农村保险市场。进一步完善农村地区的信贷市场、保险市场、期货市场，建立功能完备、分工合作、竞争适度的农村金融市场体系。

3. 建立农地金融制度，创新农村信贷抵押品

过去，我国农村金融发展停滞不前，除一些历史遗留的原因以及农业投资周期长、利益低、回收慢、正规机构追逐利益等原因外，还有一个重要原因就是缺乏抵押品。农村中小企业和农民之所以贷款难，一个重要的原因是缺乏担保和抵押品。而农地金融是一种以土地为抵押的旨在为农业提供长期贷款的资金融通形式。通过建立农地金融制度，以土地使用权抵押为条件，借此发行土地债券，可以聚集大量的社会资金，然后再以低利率贷给农民，使农民获得低成本的中长期贷款。近年来，全国各地林权制度改革创新的实践已经充分证明了农地制度创新对农村金融发展的积极作用。农地金融制度可以在一定程度上缓解困扰农业发展的中长期资金投入不足问题，提高农民从金融机构的融资能力。

4. 积极推动土地经营权、宅基地使用权与林权的确权、颁证、登记、流转等，探索开展农村"三权三证"融资抵押试点，用足用好农村有限担保资源。探索建立农村产权交易市场，培育资产评估等中介组织，鼓励地方政府积极采取各种措施，引导设立各类担保机构并加大对"三农"的服务力度。探索发展农业产业链金融，大力推广农村微贷技术[①]，引进城乡皆宜的金融产品，普及应用现代金融工具，更好地满足农村多元化、特色化的金融服务需求。

5. 鼓励担保机构和担保方式创新

有条件的地区，可由政府部分出资、农民和农村企业参股，成立符合现代企业制度

---

① 微贷不同于一般的小额贷款和小微企业贷款，是专门针对那些缺乏担保人、抵押物，且经营正常低端的小企业、个体经营户和农户，为其提供融资服务。担保方式上，微贷主张以"纯信用"的贷款产品为主体，贷款额度一般控制在 500 万元以下。微贷技术从本质上理解就是破解微贷业务短板制约的技术，其从业务环节到职责分工与传统贷款业务有着明显的区别，更加注重贷前调查的数据化与参数化，并将调查的量化与非量化数据资料纳入系统相应的"微贷评分卡"评分，由系统自动核算是否准入、参考安全额度，在贷后管理上根据贷后检查数据的录入，实行"贷后风险预警"亮灯的设置管理。

的股份制担保基金或担保公司。扩大有效抵押品的范围，如增加存货、应收账款等动产抵押和权利质押。保护担保债权的优先受偿权。探索发展农业信贷保险，发挥保险在农村信贷中的保障作用。

6. 正确处理组织创新与机构升级之间的关系

金融业务经营的特点决定了金融机构在发展到一定程度时都有扩张的愿望，应鼓励农村金融机构在进入一定经营发展层级后继续探索符合新的经营阶段的组织与产品服务方式创新。一般来看，机构升级与组织创新之间具有内在联系与必然要求，鼓励各类适合农村金融发展的金融组织转型升级，如小额贷款公司和村镇银行等。

三、建立健全农村金融风险管理体系

商业性金融是农村金融服务的主力军，只有商业上可持续，才能吸引更多的社会资金投向农村。实践证明，利率市场化并使之能覆盖风险和成本，有利于商业性金融实现可持续发展，也有利于满足农村的金融需求；反之，用行政手段压低利率，对商业性金融具有排挤效应，会减少农村的信贷供给。同时，低利率信贷成为稀缺资源，反而使普通农民不容易得到贷款。在推进农村金融机构利率市场化改革的同时，必须逐步培育金融机构产品创新和自主定价能力，以不断提高其盈利水平。另外，政策性金融也要做到在财政补贴后可持续。财政补贴规则要事先确定，对市场透明。补贴之外的风险由从事政策性金融业务的机构承担。凡是具备条件的政策性金融机构和商业性金融机构均可以通过竞标从事政策性金融业务。

1. 加快推进利率市场化进程，完善利率覆盖风险机制

适度放开贷款利率上限有利于推进农村金融改革，建立公平、合理的农村金融格局，充分发挥农村信用社支农主力军的作用，也有利于增加支农资金供应，提高农民贷款的可获得性。下一步应尽快放开利率限制，适时放开农村信用社贷款利率上限，使金融机构能够根据自身经营成本和管理能力自主定价，实现利率覆盖经营风险和成本。

2. 探索多种形式的风险补偿方式

在总结农村信用社小额信用贷款和联保贷款经验的基础上，鼓励在农村地区探索各种类型的信用贷款模式。鼓励农村金融机构运用"龙头企业＋小额贷款"、互保基金等形式提高信贷资金的安全性和盈利性。同时，鼓励农村金融机构根据当地农业发展的特点，发展各类与农产品期货市场、订单农业生产相联系的新型贷款方式，发挥订单农业、期货市场在抵御风险中的重要作用。积极推动各种类型农业保险在农村地区的试点和发展。

3. 正确发挥财政补贴的作用，实现成本可覆盖

借鉴扶贫贴息贷款管理体制改革的经验，转变财政补贴支持方式。坚持农村金融以商业性运作为主的方针，按照市场化原则经营，建立有效的风险防范机制，努力实现农村金融机构可持续发展。对于农村金融中具有政策性特点的业务，财政应给予一定补贴，补贴方式可根据业务和机构运作特点进行选择（可采用招标的方式），但要事先明确补贴机制和内容，提高补贴资金的运用效率。这样，从事具体业务的金融机构就可以

根据风险情况，计算在获得财政补贴之后是否可以实现保本微利，从而决定如何投标。在这种机制下，财政补贴调动了金融机构做这项业务的积极性，又不会降低在整个贷款业务过程中管理风险的责任心，不会造成道德风险。

4. 利用信息技术降低金融机构风险

农村金融机构在提供服务时，除了要克服经营成本较高等困难，还面临着信息不对称所带来的风险。要鼓励现有的农村金融机构利用先进技术手段，多方面获取开展业务所需的信息，积极利用和开展互联网金融和金融科技等。目前，中国人民银行的支付清算系统和征信系统已在农村地区开展较大范围的服务，现有农村金融机构可以通过与这些信息系统的联通来获取较全面的有关农户和农村企业的信息。农村金融机构应充分利用先进技术，加快建立信息化、数字化、网络化的业务管理系统，进一步规范借款人信用评价方式方法，将基于计算机模型的信用评价结果引入信贷审批流程，以此降低经营中的风险，巩固现有改革成果。

5. 建立存款保险制度，完善农村金融机构市场退出机制

存款保险制度是一种市场化的风险补偿机制，我国已于2015年正式实施。该制度的有效运作能够发挥存款类金融机构相互间的承保能力，农村金融机构参加存款保险，缴纳存款保险费，将有利于保护存款人利益，也有利于形成有效的农村金融机构风险化解和市场退出机制。存款保险的有限补偿制度，也有助于提高存款人的风险意识，发挥市场对农村金融机构的约束作用。

四、大力发展农村普惠金融

普惠金融是一种理念，是一种能有效地全方位为社会所有阶层和群体提供服务的金融体系，在此它更加强调和侧重的是低收入阶层与贫困群体，因而事实上涵括了民生金融与县域金融。只有每个人应该拥有并实际获得金融服务的基本权利，才有机会参与经济发展，当然前提是必须具有偿还能力。在农村，普惠金融的主要任务就是为传统或正规金融机构服务不到或服务不够的广大中低收入阶层甚至是贫困人口以及小微企业提供金融服务。近年来，我国"三农"金融服务已经取得了长足的进步，几乎所有涉农金融机构都在一定程度上提供普惠金融服务，但主力军依然是农村信用社及其改制而来的农村商业银行与合作银行，这为农村普惠金融发展打下了很好的基础。

总体来看，目前我国农村中经营较好的龙头企业和农民中的经营大户融资已经不是很难。"惠"普得不够的，是那些需求金额较少，又没有什么抵押品的小农户以及贫困地区的农户。尽管各金融机构也采取了信用村、信用户、惠农卡、五户联保、公务员担保、"建档立卡""三权三证抵押贷款"等各种方式来解决小农户贷款难的问题，但仍然难以根本解决。对于小农户来说，往往是发卡、评户的规模都不小，但一旦需要钱时到这些金融机构去借，各种新的规定以及各种繁杂的手续都来了，最后真正能得到的贷款并不多。这里核心的问题还是老问题，比如，给小农户发放小额贷款不赚钱、成本高，或者没有贷给龙头企业、农业大户赚的钱多。在贷款规模有限、人手有限的情况下，小农户贷款被挤压自然不可避免。

因此，未来农村金融改革，要实现"普惠"，就需要建立一些新机制，采取一些新举措。

1. 要重建草根的农村合作金融体系

目前的农村信用社已经脱离了真正的合作机制。根据中国银监会《关于加快推进农村合作金融机构股权改造的指导意见》等相关制度办法，大部分现有农村信用社将组建成股份制的农村商业银行。即使还有一部分机构保留农村信用社的牌子，其股权机制也会更多地通过引进新的优质股东优化产权结构，从资格股向投资股转化，从而失去合作金融的内核。从日本、韩国、中国台湾等国家和地区的农村发展经验来看，农村不仅需要商业化的金融机构，更需要能扎根基层的真正的农村金融合作机构。这些机构对服务农户，特别是中小农户有着特有的优势。小农户数量很大，各家的情况比较复杂，很多农户住家距离城镇又远，商业化农村金融机构的信息采集与运营成本太高。因此，在进行农村信用社商业化改革的同时，重构草根的合作金融机构与体系，必须提到农村金融改革的议事日程上。由农民自己组织起来自己管理的合作互助金融机构，如近年来成立的各类农民专业合作社内部的信用事业部及各类性质的农村资金互助社等，能够发挥出草根金融的应有特点与积极作用。而改制后的农村商业银行、合作银行及现有的农村大中型金融机构可以给这些组织委托和批发贷款，这样也能克服其信息不足和运营成本过高的问题。

2. 引进一些民间的以扶贫、支农为目的的社会投资型的小额贷款机构与社会公益机构，专门给贫困地区及贫困户提供贷款

对这些人群的融资完全用商业办法是无法解决的，必须在政策上有所创新。事实上，在各地还有这样的一些机构，它们以小额贷款试点机构、社会组织的名义出现，不以盈利为目的长期工作在普惠金融第一线。然而，这些机构的持续发展存在着一些问题：一是后续资金不足。这些机构成立时往往是由国际组织或地方政府提供的一些启动资金开展起来的，但它们很少能得到这些资助者的持续投资。因为它们不是正规金融机构，不能吸收存款，又缺乏从其他金融机构得到批发贷款的机会，这就极大地限制了它们发挥普惠式金融的作用。二是存在税收歧视。尽管小额贷款公司从事的是金融业务，但却是按一般公司标准纳税，从而加大了小额贷款公司的税务负担。经过了十多年的发展，这些公益性与准公益性的小额贷款机构能够在没有很多政策支持甚至没有名分的条件下艰难地活下来，说明它们还是很有生命力的，可以考虑由它们去承担一部分特别是那些商业银行不愿意参与的贫困地区的小农户贷款的零售业务，由农村金融机构给它们批发贷款的合作方式。国家还可以通过招标的方式，由商业银行或国家开发银行给运营好的小额贷款公司提供批发贷款，必要时国家给予部分担保。

3. 对从事小农户贷款的农村金融机构，政府应给予更多的政策优惠

首先，要解决农村商业银行在扩大小农户贷款时会增加不良贷款率的后顾之忧。在计算银行的不良资产率时，可以考虑把对小农户贷款与其他贷款的不良率用不同的方法分别计算。同样地，如果能在贷款额度、存款准备金、存贷差等方面对小农户贷款"网开一面"，与银行的其他贷款分开处理，这样便可以加大银行对农户贷款的激励。其次，

为鼓励农村商业银行多向小农户贷款,还应该加快建立小农户贷款风险补偿基金,制定风险补偿发放的规则。除经济手段之外,还可以采取一些行政及社会监督的措施。例如,可以建立一种机制,对小农户贷款做得好的银行给予表彰,对迟迟不采取行动或行动相对落后的银行给予批评。可以考虑建立每季度或每半年一次的信息公开与评比制度。如同公布统计数据一样,定期向社会发布各个银行给小农户贷款的数量、比例,形成银行间的竞争。

4. 采用一定的行政手段,把对小农户贷款作为金融企业的一部分社会责任

在泰国、印度等国就有这样的规定,金融机构要把一定比例贷款贷给农户等。我们也可以规定对在农村的金融机构要有一定比例的小农户贷款。对这样的规定,要通过认真调研,使之在金融机构可以承受的范围内。而且,对此必须严格检查,保证每个金融机构都严格执行,防止出现老实执行规定的吃亏、弄虚作假的受益的现象。

5. 加快村镇银行等新型农村金融机构的发展,大力发展民营银行

目前,我国村镇银行发展速度较快,已达上千家,但是一定要正视和解决其面临的各方面问题,如资金来源渠道狭小、筹资困难问题,大股东牵头的限制问题,税收优惠问题,财务可持续发展问题,金融风险监管问题等,要找出一种能大规模地复制和发展村镇银行等新型农村金融机构的新模式。其最根本的办法还是要进一步放宽农村金融准入门槛,鼓励支持民间金融合法化、规范化,大力发展民营银行,对涉农金融机构及其涉农贷款实行财税与货币等政策优惠,使其能够做到保本微利经营,从而能够真正扎根农村、服务"三农"。

6. 要加快普惠农业保险的发展

美国早在1938年就颁布了《联邦农作物保险法》,对开展农作物保险的目的、性质、开展办法和经办机构等作出了明确的规定。可以考虑由国家组建一些不以营利为目的的政策性农业保险机构,进行农业保险的产品设计、管理和经营。建立政府主导和管理、市场化经营的政策性农业保险运作模式,支持与监督基层农业保险机构,并作为最后保险人接受基层保险机构的分保。把农村新型的信用合作机构、小额贷款机构、中国邮政储蓄银行动员起来,承接商业及政策性的农业保险零售工作。中央财政与地方财政要加大对农业保险保费的补贴,落实各级财政对农业保险的补贴责任。发达省份的农业保险补贴主要由各省财政负担,西部省份和农业大省的农业保险补贴可由中央和地方财政共同负担。对给小农户提供的农业保险与小农户贷款一样,要给予特殊的关注、特殊的补贴。对从事小农户保险的机构与险种,在税收、补贴、再保险上都要给予特殊的优惠安排。

五、构建涉农金融机构优惠政策支持体系

我国目前的涉农金融机构主要有农村信用社、中国农业银行、中国邮政储蓄银行、中国农业发展银行、农村商业银行、农村合作银行、村镇银行、小额贷款公司等。无论从现有涉农金融机构的格局看,还是从主要涉农金融机构的发展趋势看,商业性金融机构都是"三农"金融业务的供给主体。要让涉农金融机构积极主动地去服务"三农",

重要的是在外部环境上配套有关的激励政策，对涉农金融机构给予必要的政策扶持，构建起对涉农金融机构进行支持的优惠政策体系，为此我们建议：

（一）财政税收政策

对涉农金融机构的优惠财政税收政策可以包括以下内容：

（1）实行优惠的营业税和所得税政策。

（2）储蓄存款实行免缴利息所得税政策。

（3）贷款实行财政贴息政策。

（4）政策性亏损实行财政补偿政策。

对涉农金融机构特别是对农村中小金融机构给予财政资金的支持，这在国外也是常用的政策支持手段之一。

（二）优惠货币政策

根据国外经验，结合我国实际，通过优惠货币政策支持涉农金融机构发展，主要可采取以下手段。

（1）实行差别准备金政策。目前，我国针对大中型银行金融机构和农村金融机构已经实行了差别准备金率，以体现对农村金融机构的支持，近年来更是实行定向降准政策，对符合审慎经营要求，且"三农"贷款、"支小支微"贷款达到一定比例的县域农村商业银行和农村信用社，定向下调存款准备金率，以体现存款准备金政策的差别性与精准性。

（2）实行差别利率政策。我国目前的利率（特别是存款利率）基本上仍属于官方利率，中国人民银行公布的存贷基准利率也是全国统一的无差别利率。这种利率政策对涉农金融机构特别是农村中小金融机构非常不利。从扶植涉农金融机构发展的角度出发，应当对农村中小金融机构实行差别利率政策。

（3）实行优惠的不良资产处置政策。对农信社不良贷款的处置，不能寄希望于一次性地彻底解决，而应探索建立一种经常性的帮助其处置不良资产的政策或机制。

（三）担保政策

建立针对涉农金融机构的担保制度，主要是贷款担保制度，通过设立专门的"三农"贷款担保机构，有利于打通信贷"瓶颈"制约，促进金融机构正常健康高效运行。

（四）监管政策

对涉农金融机构的政策支持还应包括相对差异化的监管政策。

（1）在资本比例上应适当降低对农村中小金融机构的要求。在发达国家，监管当局通常也对一些弱势金融机构实行较低的资本比例要求，我国也应在资本比例要求上对农村中小型金融机构区别对待。

（2）在相关风险控制指标的确定上也应当与其他大商业银行有所区别。相对于城市和工商业贷款，"三农"贷款风险较大，如果严格实行商业银行的风险控制标准，农村金融机构的经营将会受到很大影响，因此，在风险监管方面实行与大型商业银行区别对待的政策，也应构成对农村金融机构政策扶持的一项内容。

六、加快农村金融法律制度建设,加强农村金融监管

国际上,几乎所有取得农村金融改革成功的案例都是在改革之前制定了农村金融法,并在改革中不断调整法律使之与农村金融发展相适应。《泰国农业和农业合作社银行法》1966年立法,经过1976年、1982年、1999年三次修改。泰国农业和农业合作社银行依据该法案于1966年11月1日在原合作社银行基础上建立。该法为泰国农业和农业合作社银行长期稳定发展奠定了良好的基础。泰国农业和农业合作社银行与我国的农村信用合作社非常相似,也是经过了改革才发展起来的,这对于我国的农村信用社改革有非常重要的借鉴意义。印度国家农业与农村发展银行经营管理的依据是1981年制定的《国家农业和农村发展银行法》。法律对农村发展银行的外部制度安排和内部经营管理进行了全面的规定,是农村政策性经营重要的制度保障。美国、加拿大、日本和菲律宾等国家开展农业保险较早的国家,都以专门的法律对其地位和运作规则进行了特别规定。市场与法律之间存在一个正相关的均衡,要想市场化程度越高,与之相对称的法律体系就应越健全。我国农村金融改革的主要任务是建立一个有效的农村金融市场体系,而离开法律是不可能实现的。为此,完善农村金融法律法规体系是我国农村金融改革实现预期目标的前提条件。因此,我国应尽快制定《农村金融法》或《农村合作金融法》等相关法律法规。同时,继续探索完善分类监管制度,加强涉农贷款的投向监管,保证有效支持实体经济。认真落实《农业保险条例》,加强配套制度建设,推行"惠农政策公开、承保情况公开、理赔结果公开、服务标准公开、监管要求公开"和"承保到户、定损到户、理赔到户"的"五公开、三到户"的服务规范工作要求,规范农业保险市场秩序。建立健全资本市场投资者适当性制度,加大对农户等中小投资者的保护力度。同时,要加强农村金融知识的宣传与普及工作。

七、发挥政府在农村金融发展中的重要作用

市场在农村金融资源配置中要发挥决定性作用,但恰如其分的政府定位及其作为关系到农村金融改革的成败。我们认为,政府尤其是地方政府在推动农村金融发展上具有举足轻重的作用,特别是在改善地方金融生态环境,维护金融稳定,引导金融机构支持"三农",加强地方法人金融机构管理、鼓励各类新型农村金融服务机构及农村金融创新等方面,地方政府的作用较大。概括起来,政府在农村金融改革中具体有四大功能,即政策性功能、管制性功能、转移支付功能和服务功能。但政府也要注意不应干涉农村金融市场的具体业务,应尊重市场主体的独立性、自主性。政府必须明确在农村金融市场改革中的定位,如果定位不准,越权或者是没有起到应有的作用都不利于农村金融市场的发展。我国改革开放中农村金融出现的很多问题实质上都与政府行为不当或定位不准有着或多或少的关系。

我们认为,充分发挥政府在推动农村金融发展中的作用,应主要从以下几方面努力。

1. 利用扶持政策推进农村金融改革

健全完善农村金融政策扶持体系,加大政策支持力度,发挥好杠杆作用,引导更多

金融资源投向"三农"。在财政、税收和存款准备金政策上给予农村金融机构一定优惠，建立扶持农村金融服务的长效机制。把行之有效的政策明确并固定下来，并且政策要事先透明，只有政策透明，才能达到引导预期、稳定预期的效果，才能把资金引向农村，才能明确激励和约束机制。具体来看，一是要发挥财政政策的杠杆作用，引导和带动更多社会资金投向农村。在财政政策上，核心是"多予"，重点是建立农业贷款贴息政策。加快制定出台农业贷款贴息办法，发挥"财政小补贴撬动信贷大资金"的政策效应。鉴于农业贷款的高成本、高风险和低收益特点，通过对发放农业贷款、农村保险的机构或贷款（投保）对象，提供财政贴息、保费补贴等方式合理补偿，提高其风险覆盖能力。二是要发挥货币政策在扶持农村金融发展中的引导作用。在货币政策上，核心是"放宽"，重点是完善差别准备金制度。根据银行业金融机构涉农贷款占全部贷款的比重，按年度设定并动态执行相应的准备金率。对农村金融机构，尤其是农村合作金融机构和新型农村金融机构应继续实行差别存款准备金政策，增加可运用资金，提高信贷支农投放实力。不断改进和完善支农再贷款政策，更好地发挥支农再贷款作用。同时，要坚持统筹区域发展，对欠发达地区特别是贫困地区采取导向性更强、力度更大的差别化扶持政策，支持当地农村金融加快改革发展，促进缩小区域发展差距。三是要发挥税收政策的激励作用。在税收政策上，核心是"少取"，重点是加大税收减免优惠。加快建立以县域机构和涉农贷款投放双层纬度的税收减免制度，适当扩大所得税优惠范围，并予以长期化、制度化。当前要充分运用好农村金融机构优惠税收政策消化历史包袱。今后，在较长时期内，继续保持减免农村金融机构营业税、所得税政策，缓解高成本压力，提高农村金融机构的生存能力；同时，通过减免营业税、所得税等政策措施，鼓励商业性保险公司和外资保险机构经营农业险，创造宽松的内外环境。四是建立由中国银保监会、农业部、财政部、中国人民银行、税务总局、中国证监会等有关部门参加的协调机制，重点是系统梳理完善现有政策措施，提高政策支持的针对性和有效性，加快建立导向明确、激励有效、约束严格、协调配套的长期化、制度化的农村金融政策扶持体系。

2. 建立和完善政策性农村保险制度

农业生产特别是种养业的风险特点决定了有许多领域需要依赖政策性农业保险支持。

首先，抓紧制定并组织实施"农业保险法"。用法律形式确立农业保险为政策性法定保险，确立农业保险的地位和作用，明确农业保险的指导思想、基本原则、组织形式、保险金额的制定、保险费率的厘定、保险条款的核定、税收减免政策、财政补贴方式等，建立农业保险风险基金，对规模经营的农业产业化龙头企业实行强制保险等，以法律手段约束各方行为，提高全社会的保险意识。

其次，由国家组建专业的政策性农业保险公司，贯彻国家农业保护政策，经营管理国家农业风险基金，为农业信贷机构提供风险保障，监督和管理众多农业保险基层机构。在农业保险实施方式上应采取强制保险和自愿保险相结合的方式，以降低道德风险和逆向选择。对关系到国计民生的农作物保险实施强制保险，其他险种则可实行自愿保险。在险种设置上，要注意针对各类农业经营主体不同层次的保险需求，不断开发适合其需求的险种；要提高保险服务质量，尤其要改善理赔状况，这样才能提升保险在"三农"中的形象地位，加快农村保险业的发展。

3. 推动农村诚信建设，为农村金融发展提供良好的金融生态环境

地方政府在维护市场秩序和完善法治环境等方面大有可为。广大农村地区加强诚信建设，推广信用户、信用村、信用乡（镇）建设，形成良好的金融生态环境，离不开地方政府的有力支持。维护金融和社会稳定既是地方政府的重要职责，也是金融业健康发展的必要保障。地方政府应制定金融稳定工作预案，配合监管部门做好金融风险防范处置工作。严厉打击非法集资等金融犯罪行为。牵头组织打击逃废金融债权，切实维护金融消费者和金融机构的合法权益。

关键术语

"拨改贷"　"投资饥渴症"　微型金融机构　农村金融组织体系　普惠金融　民间金融　利率市场化　农地金融制度　农业保险风险基金　金融生态环境

复习思考题

1. 改革开放以来中央一号文件关于农村金融改革的主要精神及其演变的方向是什么？
2. 我国农村金融改革可分为几个阶段？每个阶段改革的主要内容是什么？
3. 我国农村金融政策演变的主要特点是什么？
4. 我国农村金融改革的总体目标是什么？
5. 结合实际，分析当前我国农村金融改革发展中存在的主要问题。
6. 结合实际，谈谈深化我国农村金融改革的基本思路和具体措施。

参 考 文 献

[1] 陈雨露．中国农村金融论纲［M］．北京：中国金融出版社，2010．
[2] 董晓林．农村金融学［M］．北京：科学出版社，2012．
[3] 王曙光，等．农村金融学［M］．北京：北京大学出版社，2008．
[4] 曾康霖．二元金融与区域金融［M］．北京：中国金融出版社，2008．
[5] 杜晓山，等．小额信贷原理及运作［M］．上海：上海财经大学出版社，2001．
[6] 邹帆，李明贤．农村金融学［M］．北京：中国农业出版社，2006．
[7] 张杰．中国农村金融制度：结构、变迁与政策［M］．北京：中国人民大学出版社，2003．
[8] 中国农村金融学会．中国农村金融改革发展三十年［M］．北京：中国金融出版社，2008．
[9] 韩俊．中国农村金融调查［M］．上海：上海远东出版社，2007．
[10] 韩红．中国农村小额信贷制度及管理［M］．北京：中国社会科学出版社，2010．
[11] 冉光和．现代农村金融制度构建与创新［M］．北京：科学出版社，2013．
[12] 丁忠民．农村金融市场成长机制与模式研究［M］．北京：中国农业出版社，2009．
[13] 王双正．中国农村金融发展研究［M］．北京：中国市场出版社，2008．
[14] 唐青生．西部农村金融资源配置研究［M］．北京：经济科学出版社，2010．
[15] 张庆亮．中国农村民营金融发展研究［M］．北京：经济科学出版社，2008．
[16] 钱水土，等．中国农村金融服务体系创新研究［M］．北京：中国经济出版社，2010．
[17] 李树生，等．中国农村金融创新研究［M］．北京：中国金融出版社，2008．
[18] 李喜梅．基于功能视角的我国农村金融发展研究［M］．北京：中国金融出版社，2009．
[19] 焦瑾璞，等．小额信贷和农村金融［M］．北京：中国金融出版社，2006．
[20] 何广文，李树生．农村金融学［M］．北京：中国金融出版社，2008．
[21] 刘仁伍，等．新农村建设中的金融问题［M］．北京：中国金融出版社，2006．
[22] 刘锡良．中国转型期农村金融体系研究［M］．北京：中国金融出版社，2006．

［23］中华人民共和国农业部．农村金融知识 100 问［M］．北京：中国农业出版社，2009．

［24］徐忠，张雪春，等．中国贫困地区农村金融发展研究［M］．北京：中国金融出版社，2009．

［25］谢平，徐忠．新世纪以来农村金融改革研究［M］．北京：中国金融出版社，2013．

［26］张文远．农村金融［M］．北京：北京工业大学出版社，2014．

［27］何广文．农村金融学［M］．北京：中国农业大学出版社，2011．

［28］雷启振．中国农村金融体系构建研究［M］．北京：中国社会科学出版社，2010．

［29］刘磊，韩晓天．新型农村金融服务体系的构建研究［M］．北京：中国物资出版社，2011．

［30］郭延安，陶永诚．现代农村金融［M］．北京：中国金融出版社，2009．

［31］王世英．农村金融学［M］．北京：中国金融出版社，1992．

［32］徐唐龄．中国农村金融史略［M］．北京：中国金融出版社，1996．

［33］舒子唐．农村金融学［M］．上海：复旦大学出版社，1989．

［34］白钦先，等．各国农业政策性金融体制比较［M］．北京：中国金融出版社，2006．

［35］陈雪飞．农村金融学［M］．北京：中国金融出版社，2007．

［36］张健华，汪小亚．中国农村金融服务报告（2010）［M］．北京：中国金融出版社，2011．

［37］中国人民银行农村金融服务研究小组．中国农村金融服务报告（2012）［M］．北京：中国金融出版社，2013．

［38］中央财经大学，中国金融发展研究院．中国农村金融风险若干问题研究［M］．北京：中国社会科学出版社，2011．

［39］赵伟．农村信用社风险监测与预警研究［M］．北京：经济科学出版社，2008．

［40］温涛．农村金融风险控制与战略重组研究［M］．成都：西南师范大学出版社，2008．

［41］应寅锋，赵岩青．国外的农村金融［M］．北京：中国社会出版社，2006．

［42］何广文，刘勇．小额信贷运作与管理［M］．北京：中国金融出版社，2011．

［43］董新旺．草根银行的成长之道［M］．北京：中国金融出版社，2010．

［44］安菁蔚．农村小额信贷［M］．北京：中国农业出版社，2011．

［45］刘文璞．小额信贷管理［M］．北京：社会科学文献出版社，2011．

［46］中国金融教育发展基金会，中国人民银行金融研究所．中国小额信贷案例选编［M］．北京：中国市场出版社，2009．

［47］沈颢．小额贷款操作实例：微型金融方法与案例［M］．北京：二十一世纪出

版社，2013.

［48］中国银行业从业人员资格认证办公室. 风险管理［M］. 北京：中国金融出版社，2013.

［49］焦瑾璞. 农村金融体制和政府扶持政策的国际比较［M］. 北京：中国财政经济出版社，2007.

［50］汪小亚. 农村金融体制改革研究［M］. 北京：中国金融出版社，2009.

［51］陈军，曹远征. 农村金融深化与发展评析［M］. 北京：中国人民大学出版社，2008.

［52］杨小玲. 中国农村金融改革的制度变迁［M］. 北京：中国金融出版社，2011.

［53］张俊刚. 境外农村金融运行特点及其启示［J］. 国际经济合作，2009（12）.

［54］刘祚祥，等. 农户的融资需求及其约束条件［J］. 中国改革论坛，2008（11）.

［55］韦耀莹. 广西农村金融需求制约因素及对策研究［J］. 经济与社会发展，2008（1）.

［56］谢平，徐忠. 公共财政、金融支农与农村金融改革［J］. 经济研究，2006（4）.

［57］韩正清. 农村金融供给不足与供给型金融抑制问题的探讨［J］. 金融经济，2004（8）.

［58］旷红梅. 农村金融改革动力机制研究［J］. 人民论坛，2010（32）.

［59］陈雨露，马勇. 中国农村金融：现实困局与发展路径［J］. 货币金融评论，2009（12）.

［60］何广文. 中国农村金融供求特征及均衡供求的路径选择［J］. 中国农村经济，2001（10）.

［61］计承江. 农村金融创新中的担保问题探讨［N］. 金融时报，2012-11-19.

［62］褚继田. 我国农村金融存在的问题与对策［J］. 中国金融，2010（22）.

［63］汤敏. 普惠型金融与农村金融改革［J］. 中国金融，2012（16）.

［64］姚海明. 中国农村金融改革与发展探索［J］. 现代经济探索，2009（10）.

［65］张艺良，郝飞. 邮储银行探路5年［N］. 农村金融时报，2012-03-27.

［66］孔祖根. 打造普惠型农村金融模式［J］. 中国金融，2013（5）.

［67］古学彬. 国外农村金融支农模式评述与启示［J］. 金融理论与实践，2013（6）.

［68］中国农业银行官网，http://www.abchina.com/cn.

［69］中国农业发展银行官网，http://www.adbc.com.cn.

［70］中国人民银行官网，http://www.pbc.gov.cn.

［71］Mckinon, R. I. Money and Capital in Economic Development［M］. Washington D. C.：Brookings Institution，1973.

［72］Shaw, E. S. Finanial Deeping in Ecomonic Development［M］. New York：Oxford University Press，1973.

［73］Anette Mikes. Enterprise risk managementin action［R］. The London School of

Economicsand Political Science, Working Paper, 2005.

[74] Reed Howard. The Pre－eminence of International Financial Centers [M]. New York Praeger Publisher, 1981.

[75] Das, Sanjay Kanti. Micro Finance and Empowerment of Rural Poor in India [M]. New Century Publication, 2012.

[76] Chen, Yulu. The Development of Rural Finance in China [M]. Enrich Professional Publishing Private, Limited, 2012.